# SILET

CAMPO FREUDIANO
NO BRASIL

Coleção dirigida por Jacques-Alain e Judith Miller
Assessoria brasileira: Angelina Harari

Jacques-Alain Miller

# SILET

## Os paradoxos da pulsão, de Freud a Lacan

Jorge Zahar Editor
Rio de Janeiro

Tradução: Celso Rennó Lima
Texto estabelecido por: Angelina Harari e Jésus Santiago
Revisão de texto: André Telles e Neide Peluso


Jorge Zahar Editor Ltda.
rua México 31 sobreloja
20031-144 Rio de Janeiro, RJ
tel.: (21) 2240-0226 / fax: (21) 2262-5123
e-mail: jze@zahar.com.br
site: www.zahar.com.br



CIP-Brasil. Catalogação-na-fonte
Sindicato Nacional dos Editores de Livros, RJ.

---

Miller, Jacques-Alain

M592s Silet: os paradoxos da pulsão, de Freud a Lacan/Jacques-Alain Miller; tradução: Celso Rennó Lima; texto estabelecido por Angelina Harari e Jésus Santiago. — Rio de Janeiro: Jorge Zahar Ed., 2005

(Campo freudiano no Brasil)

ISBN 85-7110-833-1

1. Lacan, Jacques, 1901-1981. 2. Freud, Sigmund, 1856-1939. 3. Teoria das pulsões. 4. Psicanálise. I. Título. II. Série.

CDD 150.195

04-3381 CDU 159.964.2

---

# Sumário

# Apresentação

É o próprio autor que concebe esse livro como um relato exaustivo das aventuras de Jacques Lacan com a pulsão freudiana. De início, caracteriza-se o modo como a primeira concepção lacaniana do tratamento analítico se baseia na lógica implacável de redução da pulsão freudiana com o simbólico. O fato de que a libido se apresente significantizada nesse momento acarreta inúmeras conseqüências. Propõe-se, por exemplo, que o que resiste no sintoma é uma verdade, um significado à espera de ser promovido e liberado. É a definição do sintoma que grita a verdade do desejo e, portanto, não corresponde ao que no sintoma se refere, mais tarde, como a comemoração do gozo irredutível.

Com efeito, o propósito do livro é deter-se nas referências e citações dos *Escritos* e *Seminários* que permitiram a Lacan postular os princípios que embasam o período clássico de seu ensino. Pretende-se, também, mostrar como a lógica presente nessas indicações se dissolve por meio da descoberta de que a repetição significante – concebida como o próprio substrato da cadeia significante – torna-se repetição de gozo. Antes mesmo da consolidação desse processo de dissolução – que culmina com a referência, em *Televisão,* das chamadas "cadeias de gozo-sentido" –, é preciso localizar a distinção entre o momento inaugural e o momento propriamente típico do que compõe o chamado primeiro classicismo clínico de Lacan.

Enquanto, num primeiro momento, trabalha-se com a hipótese da disjunção entre o imaginário e o simbólico, no segundo, o imaginário é concebido como algo induzido, deduzido e, mesmo, produzido pela articulação simbólica. O princípio norteador desse momento inaugural da clínica lacaniana é que não há solução para o sujeito do inconsciente no terreno do imaginário; há apenas deslocamentos dos impasses subjetivos. Eis, então, o essencial do que se encontra formalizado por meio do famoso *Esquema L.* Há, assim, uma radical separação entre o gozo aprisionado pelos impasses imaginários e a questão propriamente dita do inconsciente, questão que deve ser, necessariamente, situada no Outro simbólico. A partir dessa idéia, Lacan pôde sustentar a tese clínica de que os reflexos, as sombras e os enganos imaginários apenas servem para tornar inacessível a questão inconsciente.

O que, em seguida, será identificado como o momento propriamente clássico do primeiro ensino de Lacan é a introdução da problemática do imaginário como um efeito induzido do simbólico. É isso que a *metáfora paterna* busca exprimir, visto que o falo imaginário resulta da função simbólica do pai. Na verdade, Lacan se dá conta de que não se pode ir muito longe na abordagem da experiência analítica apenas com os poderes intersubjetivos da fala, relegando-se para as trevas exteriores do imaginário os impasses do gozo. Considerando-se a dinâmica própria desse ponto de partida, o gozo passa a ter assento também no simbólico. A inserção do gozo no simbólico acontece de duas maneiras distintas: uma, pela via do significante privilegiado, o "significante dos significantes" que é o falo; a outra, pela formulação do conceito de desejo. A força que esse conceito assume na releitura da obra de Freud diz respeito às transferências e às transposições da libido, que deixam de ser vistas como transferências imaginárias de gozo e tornam-se a metonímia simbólica do desejo. Em suma, todo o avatar do último ensino de Lacan é mostrar que a função do desejo não é a palavra derradeira para tratar as questões cruciais e as exigências com as quais nos defrontamos na atualidade da clínica psicanalítica.

ANGELINA HARARI
JÉSUS SANTIAGO

## – Lição 1 –

# Falar do silêncio

### A pulsão silenciosa

Agradeço por estarem me esperando. Embora este curso tenha sido anunciado discretamente, para que eu pudesse acalentar a idéia de falar apenas a alguns. Peço-lhes desculpas pelo atraso que, hoje, ultrapassou o acadêmico habitual, devido à pessoa que me trouxe ter-se perdido.

A escolha de um título tem implicações. Desta vez, senti o peso disso, em se tratando desse curso, no qual me introduzo às cegas ou, pelo menos, às apalpadelas, pois o tenho ainda como pesquisa, sem conhecer *a priori* a matéria de busca.

É o princípio do paradoxo exposto no *Menon* de Platão. Como se pode procurar conhecer o que, em absoluto, não se conhece? *Mais non, mais non!*[*] Foi aí que Platão introduziu, pela primeira vez, a hipótese da reminiscência, segundo a qual conhecer é lembrar. Por esse caminho, a psicanálise seria um exercício eminentemente platônico. Pode-se imaginá-lo se negligenciarmos que o sujeito suposto saber, pelo qual ela opera, implica um desconhecimento do inconsciente.

A hipótese segundo a qual: "conhecer é lembrar" autoriza desconfiar da própria idéia de pesquisar o que não se conhece. Pode-se dizer que a pesquisa seria apenas uma chamada, um retorno, a suspensão de um desconhecimento. É assim que deve ser entendida a fórmula "Tu não me procurarias se já não me tivesses encontrado." No exato momento em que o procura, na aflição, Deus está ali, junto a Agostinho. E o absoluto do nosso caro Hegel está aqui, junto a nós – ou quer estar –, antes mesmo de se empreender a odisséia da fenomenologia.

Existe também a solução de Epicuro, que talvez me agrade mais. Recorre, para resolver o paradoxo, ao neologismo que ele forjou da *prolepse*, antecipação,

---

[*] [Ah não, Ah não!] Mantivemos a forma em francês para evidenciar o jogo de falas a partir da homofonia, em francês entre "*mais non*" e "*Menon*". (N.T.)

que está sempre ali, sem dúvida, mas, como escreveu um excelente comentador: sempre em atividade no funcionamento da linguagem e do pensamento.

Portanto, ao dar um título para o que eu ainda não disse, eu antecipo. No título, antecipo também o que descobri em três conferências anteriores. Em Paris, uma conferência dedicada ao texto de Freud, "Construções em análise", após ensaio em Milão, onde comentara "Análise finita e infinita"; em Buenos Aires, sob o título-tema das Jornadas de Estudos, "Imagens e olhar"; e em Atenas, onde a anunciei sob um título que acreditei astucioso, por utilizar uma fala grega para me dirigir aos gregos pela primeira vez: "O ágalma de Lacan". Desencantei-me ao descobrir que, em grego moderno, *ágalma* quer dizer, apenas, estátua. Portanto anunciei: "A estátua de Lacan". E aquilo me surpreendeu muito, pois, no fundo, parto dessa confusão. Será que aquilo significava que eu estava erigindo uma estátua a Lacan? É possível. Ou queria dizer que eu reencontrava a estátua de Lacan? Quando deparamos com o estado em que se encontram as estátuas por lá ! ....

Em suma, percebi que essas três pequenas falas giravam em torno do mesmo ponto – embora as tivesse empreendido sem sabê-lo – e que, a cada vez, eu o fazia apenas aflorar, passava por ele virando um pouco a cabeça, voltava para lhe lançar um olhar, mas, enfim, não o olhava de frente. E dei-me conta de que o caminho percorrido no último ano, através de seus meandros, levava-me até ele.

Um título é classicamente curto, é a elipse do conteúdo, seu resumo. É bem difícil encontrá-lo no que ainda não existe. Pode ser, por exemplo, o enunciado da forma. Montaigne disse *Ensaios*, designando a nova forma dada por ele a seu discurso; Lacan disse, friamente, *Escritos*.

Perguntei-me: a partir de que forma poderia criar meu título? Encontrei algo como "Solilóquios em ziguezague". Sou o único que falo, mas com o suporte da presença de vocês. E como não sigo em linha reta, o ziguezague descreve bem esta marcha cheia de obstáculos, entrecortada, cada um dos discursos semanais tendendo a se fechar sobre si próprio, chamando o complemento por vir. "Solilóquios em ziguezague" não foi o título mantido, pois valeria para o conjunto do curso, intitulado "A Orientação Lacaniana" – mais sério. O que designo como "A Orientação Lacaniana" aponta a bússola escolhida para o que enuncio. Tento acioná-la na forma de contra-dogma. Daí ela me inspirar ziguezagues.

Portanto, o título não será nem a elipse do conteúdo, nem o enunciado da forma, porém um simples significante. É curioso que o termo "significante", nos dicionários Bloch e Wartburg, e talvez mesmo no Littré, apareça como obsoleto. Depois, encontrou vida nova! É simplesmente o significante sobre o qual se apóia o ponto de partida, o fio, o corrimão e, para este ano, eu o escrevo: *Silet*.

É latim. Para lhes dar uma referência gramatical e léxica precisa, é a terceira pessoa do presente do indicativo do verbo *silere*, que pode ser traduzido como a atividade de "permanecer silencioso", no sentido do verbo ativo. Quando se diz "calar-se", imaginamos sempre que alguém nos faz calar. Todavia, no fundo, trata-se da atividade de guardar silêncio. E se o ponho em latim, é porque *Silet* é um sintagma completo. Não é preciso acrescentar um substantivo ou pronome para indicar o sujeito do verbo. A ambigüidade permanece: é "ele" ou "ela"? Precisamente por essa razão é que o digo em latim.

Quem permanece silencioso na psicanálise? É o analista. Pode-se censurá-lo por isso: – Você não diz nada! Eis o tema das Jornadas de Estudos que acontecerão dentro de um ano, cujo título foi dado para centrar a questão da interpretação: Você não diz nada. É o analista que permanece silencioso, mas também a pulsão. A pulsão silenciosa. E Freud evoca, ao final de "O eu e o isso", "à meia luz", diz Lacan, o silêncio que as pulsões de morte fariam reinar no isso. O silêncio é a relação eminente do sujeito com o significante e encontra-se na encruzilhada entre o analista e a pulsão. Poderia introduzi-lo sob a forma de uma adivinhação: O que há em comum entre analista e pulsão? Resposta: o silêncio.

## A fala guarda o silêncio

Gostaria de falar do silêncio. E como é difícil falar do silêncio, falar à altura do silêncio, falar da força presente no silêncio, no nada dizer, no não dar um pio, *motus* e boca fechada. Eu estava fazendo a lista das Jornadas de Estudos, e vi que uma delas deve acontecer dentro de um ano, sob o título *Os poderes da palavra*. Há, sobre ela, um cartaz genial. Para ilustrar os poderes da palavra, representam uma boca fechada. Nada poderia dizer melhor.

Vocês podem, com certeza, tomar o silêncio do outro por consentimento: Quem cala consente. Mas o consentimento, nesse caso, é a interpretação que vocês dão ao silêncio, por sua própria conta e risco. O que pode obrigar o analista a abrir a boca é esta interpretação: "Não estou de acordo!" Eis aí uma intervenção preciosa do analista, seu eventual: "Não estou de acordo."

Porém, gostaria sobretudo de falar do silêncio. É isto que faz o analista: falar do silêncio. Quando ele fala, fala ou deveria falar a partir do silêncio. E, guardar o silêncio, mesmo quando fala. É o segredo da interpretação. Preservar o lugar do que não se diz, ou do que não pode se dizer. Atribuir menos sua fala à fala do outro do que com o que ela cala. Pois o sujeito do verbo *silet* poderia também ser a fala. A fala guarda o silêncio. E falha diante do gozo. É o que se percebe quando Freud propõe o paradigma da fantasia, "Uma criança é espancada". Ele observa, no curso da demonstração, que a confissão dela extraída é a mais sofrida, a mais difícil de dizer. Observa também, que o pivô da fantasia é o "não lembrado", o que não tem reminiscência, o que se é obrigado a reconstruir, respondendo a uma necessidade lógica, ao "logo", e, dizendo de maneira materialista: a algo que não se pode dizer. Há silêncio no coração da fantasia, que se revela de maneira patética, quando o sujeito se descobre nas garras de uma pulsão, na qual ele não se reconhece.

É como o jovem que deve admitir ser um exibicionista, e que, haja o que houver, não pode se impedir de servir a uma pulsão que ele próprio reprova. E, embora seja um sujeito expressivo, isso pode ser designado como um *fading* da fala. Então, *silet*. Já é extraordinário que ele tenha, apesar de tudo, encontrado o caminho da análise, tentando ganhar terreno sobre o silêncio.

Disse que gostaria de falar do silêncio, das afinidades entre o silêncio e o gozo. Essas afinidades recaem no neurótico, uma vez que vergonha e culpa se ligam de bom grado ao gozo, envenenando sua fonte.

Há, contudo, e isto me parece essencial, uma afinidade mais profunda entre o silêncio e o gozo, um desfalecimento da fala diante do gozo. A respeito da mulher, Lacan disse: *silet*. Ela guarda o silêncio sobre seu gozo, sobre o gozo mais-além.

Na verdade, eu gostaria de falar do silêncio e de suas afinidades com o gozo também a partir de uma constatação clínica: o afinco que me é necessário para falar. Neste Curso, passei, em público, da posição de professor à de analista – já há mais de uma década –, à de analista profissional. Ao fazê-lo, descobri algo que poderia chamar gozar do silêncio, quando alguém, em análise, pára de me falar. Mas isso não é o mais importante. Este *não falar* é o gozo insidioso recomendado para o analista. Falar apenas de forma econômica ou, pelo menos, com conhecimento de causa. Falar um pouco mais quando necessário. Todavia, saber sempre que sua posição está assentada sobre um... *silet*. Isso se infiltra de gozo! Aliás, sem dúvida, isso torna o fato de ensinar, de falar em público, tanto mais necessário.

Existe, porém, o gozo de não falar. Eu poderia ter dado o título "Jacques-Alain silet", e, assim, permaneceria no gozo de não falar. Ou teria dito: *"Sileo"* – guardo silêncio –, e permaneceria mudo, faria silêncio. Eu diria que Lacan foi em direção ao silêncio, em direção ao silêncio público; e não me pareceria abusivo dizer: "Lacan *silet*" – Lacan faz silêncio. Empreendo este Curso e outras iniciativas de ensino sem dúvida para encobrir o silêncio. Todo o nosso palavrório é feito para encobrir o silêncio, o que o torna muito mais presente.

O silêncio de Lacan deve ser interpretado: Será que ele consente, ou guarda um silêncio reprovador?

As afinidades entre gozo e silêncio podem ser aproximadas a partir deste pequeno afeto de que fui testemunha. Sem dúvida, a fala, a partir de Lacan, é a experiência da falta-a-ser. É, para o sujeito, a experiência de uma divisão, é a máquina de se perder: diz-se mais do que se quer, diz-se menos do que se quer, diz-se outra coisa, diz-se algo parecido, diz-se o contrário. A essa máquina, Lacan chamou os "desfilamentos do significante". Ela própria impõe a falta e a perturbação, um erro de cálculo em algum lugar. No entanto, não é certo que o gozo seja do registro da falta. E mesmo, por seu viés mais profundo, ele não deixa lugar à falta.

## A pulsão silenciosa

É aqui que a diferença entre prazer e gozo merece ser lembrada. O primeiro tem um contrário, o sofrimento ou a dor: Prazer/Sofrimento é um binário significante.

A idéia surgiu antes de Freud, no século XVIII, com a filosofia das Luzes: agir sobre o homem através desse binário prazer/sofrimento, associar o bem ao prazer e o mal ao sofrimento, e encorajar o homem a progredir no bom senso, o que supõe, cabe dizê-lo, um controle totalitário do meio ambiente, de tal maneira que as experiências do pequeno homem estejam conformes e que, a cada vez que ele fizer o mal, ele o pague com sofrimento dosado e justo, de modo a se pôr novamente no eixo que convém. Assim, todos os sadismos de uma idéia filantrópica são desfraldados

A idéia simples que opõe prazer e sofrimento responde à experiência imediata e se acompanha da noção antiga de que o homem busca o próprio prazer. Pode-se refinar essa noção, dizendo que ele busca sua própria vantagem, as satisfações do amor-próprio, do amor de si mesmo. La Rochefoucauld assim considerou o conjunto do comportamento humano, com o intuito de desiludir o leitor, uma vez que a bússola não muda, permanecendo fixada no norte do amor de si. E, refinando ainda mais, do fim *único* do homem pode-se fazer o útil: o que implica, eventualmente, um cálculo suplementar no que concerne ao prazer. Isso supõe levar em consideração que o prazer imediato pode trazer inconvenientes posteriores. Portanto, para maior vantagem, é necessário saber suportar um desagrado momentâneo. Assim, o útil torna-se a bússola do homem.

Esse binário foi abalado pela noção que surgiu antes de Freud: é possível encontrar prazer na dor e, até mesmo, felicidade no crime. Evidentemente, tal noção abala essa construção. Freud estabeleceu que, subjacente ao que se distingue na experiência do prazer e do sofrimento, há algo que invariavelmente se satisfaz e do qual não se sabe . Lacan deu-lhe o nome francês de *jouissance* (gozo):

$$\frac{\textit{Prazer} \;/\; \textit{Sofrimento}}{\textit{Gozo}}$$

Logo, pode-se dizer que prazer também é gozo. Mas gozo pode ser tanto o prazer quanto o sofrimento experimentados. Lacan especializou, progressivamente, o termo gozo para qualificar a satisfação dita inconsciente, a satisfação da qual não se sabe. De tal forma que, aqui, neste nível, nada de falta. Sem dúvida podemos extrair de Freud a noção de que o funcionamento do que ele chama aparelho psíquico conduz, invariavelmente, à insatisfação. Porém, ao mesmo tempo, encontramos nele a demonstração de que isso goza sempre. Nesse nível, que está por ser esclarecido, há como uma completude: seja qual for a via por onde isso passe, o resultado é gozo. E o sujeito, nesse momento, não se reconhece aí, não se encontra aí. Foi o que levou Lacan a traduzir a pulsão como acéfala; ou ainda a escrever no lugar de "isso goza", "se goza", e a passar do "Eu penso, logo eu sou" ao "Eu penso, logo se goza".

Essa é uma notação expressa, de forma elementar, no *Seminário 11*, p.158, no início do capítulo intitulado "Desmontagem da pulsão", que situa o paradoxo do gozo, sempre presente: "... os pacientes não se satisfazem, como se diz, com o que são. E, no entanto, sabemos que tudo o que eles que são, tudo o que eles vivem, mesmo seus sintomas, resulta da satisfação." Este *nós,* nesse contexto, refere-se aos analistas e é apresentado como dado imediato da experiência. Na verdade, o paradoxo é: "... encontrando-se nesse estado tão pouco contentador, eles, contudo, se contentam assim mesmo. Toda a questão é justamente saber o que é este *se* que aí está contentado."

Eis a perspectiva tomada sobre o sujeito – não é a única a que se pode aderir. Parece desumana, pois conduz a deixar entre parênteses a queixa, o sofrimento expresso, declarado, a fim de buscar onde se encontra o contentamento daquele que ali está a protestar. Como isso se torna, segundo a expressão de Lacan, "seu tipo próprio de satisfação"? Com efeito, "seu tipo próprio de satisfação" indica, diz existir aqui algo como um *x*. É uma satisfação, não se sabe qual. Mas "o que temos diante de nós, em análise, é um sistema ... que atinge seu tipo próprio de satisfação." É o ponto de vista de Lacan resumido em uma frase de *Televisão*: "O sujeito é feliz."

Isso justificaria a sessão única com que sonhou um colega americano, que, aliás, a considerava bastante longa. Ao constatar que nas primeiras sessões de análise vem à tona uma abundância do material informativo, e que, por razões da Previdência Social, já se tenderia a fazer tratamentos breves de doze sessões reembolsáveis, ele, por uma passagem quase ao limite, pensou reduzir as doze a uma, bastante longa, um dia inteiro. Tal iniciativa permitiria convencer o sujeito, ao final da exposição de seus males, não sem um bom aperto de mão, de que nem tudo se pode arranjar, mas de que tudo já está arranjado.

Porém, não é assim que acontece. E autorizamo-nos a nos intrometer em alguma coisa. O paradoxo, neste nível – nada de falta –, é o de que a retórica da falta não é válida na perspectiva em que se tem o pleno. E Lacan convida a pensar que, se nos intrometemos nesse sistema que funciona tão bem, que se mantém, é porque "o estado de satisfação deve ser retificado" no nível da pulsão. Isso é crucial.

Trata-se de saber como a experiência da falta-a-ser, constituída pela fala, será suscetível de obter que o estado constante de satisfação seja retificado. Eis o ponto que destaco, que retorna, e para o qual, definitivamente, nunca olhei de frente. Como a fala permite retificar o estado constante de satisfação desse sistema em que tudo se acomoda?

## O gozo *silet*

Sob o título *Silet*, gostaria de proceder ao estudo do que é necessário pluralizar, ou seja: os modos de gozo. É o que já está implícito na idéia de "tipo próprio de satisfação". A partir do momento em que se tomou a perspectiva do registro onde não há falta, *se,* contudo, se trata de uma modificação, sobretudo de uma retificação, *então* somos necessariamente conduzidos à pluralização. Se não existe falta, convém que se possa passar de um modo de gozo a outro, e o resultado permanecerá sempre como saldo positivo, porém obtido diferentemente. A diferença deve estar na maneira de obter esse resultado constante. É então inevitável entrar nas diferenças dos modos de gozo.

Eu poderia ter dito, no lugar deste austero *Silet*, "maneira de gozar". Mas, preferi *Silet*, que conserva a noção de finalidade única – trabalha para o gozo –, isto é, tudo para o gozo. A diferença introduz-se no nível dos meios. Quanto mais acentuamos a positividade e a unicidade da finalidade do funcionamento do aparelho psíquico, mais é preciso diferenciar os modos de gozo.

Isso se sustenta no fato de Lacan ter feito do próprio sintoma – no fio dessa problemática – um modo de gozar. Ele já está incluído nessa diferença. O sintoma, motivo de queixa, é gozo ou, mais precisamente, um modo de gozar pelo sofrimento. Essa fórmula, que se apresenta como um aguilhão do ensino de Lacan, é também a retranscrição que faz valer o fundamental do ponto de vista analítico: o sintoma como modo de gozar. Eis a primeira precisão para o nosso estudo sobre os modos de gozo: gozar do inconsciente. Apenas o sintoma é um modo de gozar do inconsciente? Não!

Ainda que a operação analítica tenha por objetivo modificar o modo de gozar do inconsciente, pode-se dizer – e eu o disse ano passado, de leve, porque isso é como pisar na brasa – que ela própria poderia ser um outro modo de gozar do inconsciente. E o melhor que se pode supor é que seria necessário ao sujeito passar por esse modo de gozar do inconsciente, modo analítico, a fim de mudar, retificar seu modo de gozar do inconsciente, ainda que, muitas vezes, acreditando passar, apenas fique a ele colado.

Eis, então, meu ponto de partida.

A verdade, animada por Lacan – sua marionete –, diz na famosa prosopopéia "Eu falo". O gozo, porém, não diz "Eu falo", tampouco diz "Eu não falo", aqui ele seria pego em flagrante delito de contradição. A Coisa poderia dizer "Eu falo". Lacan poderia ter imaginado a prosopopéia da Coisa, *das Ding*. Mas o gozo, não! O gozo *silet*.

Já nos demos conta de que a verdade é bastante duvidosa, e é muito duvidoso que possa dizer a verdade sobre o gozo. Lacan inventou a noção de semblante para poder dizer que, sobre o gozo, a verdade só pode dizer em termos de semblante. Talvez a verdade seja um gozar de fazer semblante.

## Poética da obra freudiana

Quanto a "Construções em análise", de Freud, para o qual inventei uma fórmula de tipo einsteiniana – com certeza um semblante de Einstein –, eu a introduzi através de uma informação sobre os poderes da palavra, que ainda vou retomar. A partir dos poderes da palavra, eu os conduzi ao silêncio. Essa é a primeira via.

Interessei-me pelos poderes da palavra porque era preciso dar uma fórmula para as Jornadas de Estudos sobre a interpretação. Propus o sintagma "os poderes da palavra" porque ele resume bastante bem a inspiração do ponto de partida de Lacan em seu relatório "Função e campo da fala e da linguagem": uma exaltação dos poderes da palavra. A terceira parte desse texto *princeps* é dedicada à técnica do tratamento, destinada a valorizar o modo de servir-se da fala na experiência analítica, para obter os efeitos esperados. Portanto, a parte que incide sobre a técnica da interpretação e sobre a função do tempo. A escansão temporal: "É o bastante, volte na próxima vez", é, no fundo, o próprio corte da interpretação, no sentido de Lacan.

O sintagma "os poderes da palavra" foi anteriormente utilizado por René Daumal, pessoa bem localizada na cartografia da poesia francesa, pois foi um dos animadores do movimento para-surrealista que seduziu André Breton e que se chamou "O grande jogo". René Daumal, a quem Breton se dirigiu em um manifesto, dedicou um estudo preciso à retórica da Índia, antes da guerra, sob o título "Os poderes da palavra". A tese que exponho, bem rapidamente, é a de que o artigo "Os poderes da palavra" é uma fonte não citada de Lacan na terceira parte de "Função e campo da fala e da linguagem". Esse artigo é de 1938 e foi retomado, em 1940, em *Para conhecer a arte poética hindu*. René Daumal foi um lacaniano *avant la lettre*, pois tentou um matema do poder da palavra. Sua referência não é Saussure, mas a retórica hindu, que fez da fala a associação entre os fonemas e o sentido. Eis a equação:

$$\textit{palavra} = \textit{fonema} + \textit{sentido}$$

Há três tipos de sentido. É precisamente o sentido que é batizado com a expressão "um poder".

Primeiramente, o sentido literal, que se encontra no dicionário. Em segundo lugar, o sentido figurado, derivado ou metafórico, que também se encontra no dicionário.

O terceiro, o que conta, Daumal denomina-o "sentido sugerido", uma vez que não podemos codificá-lo. É o sentido cujo efeito depende da circunstância, do lugar e do momento. Depende da ocasião. O terceiro poder da palavra, em relação aos sentidos codificados encontrados no dicionário, é o "mais-de-sentido", expressão tão lacaniana, mas que, de fato, é de René Daumal. Ela não deixou de ter ecos no próprio Lacan. E Daumal propõe o matema do mais-de-sentido, introduzindo-o assim: pode-se escrever o valor do sentido figurado – $f$ – pela relação com o sentido literal – $l$ – mais $x$, que é o mais-de-sentido.

$$f = l + x$$

Daumal construiu esse mais-de-sentido com a palavra *dhvani* (sânscrito), traduzida por "ressonância da palavra":

*palavra* = *dhvani*

*fonemas* + *sentido*

$$f = l + x$$

A palavra *dhvani,* traduzida por ressonância, chamou a atenção de Lacan que a usou três vezes nos *Escritos*, páginas 294-295 e 317.

Na retórica hindu distinguem-se, classicamente, 5.355 ressonâncias da palavra – variedades de mais-de-sentido –, que, segundo Lacan, constituem o coração do que chamou de "poética da obra freudiana", o fio condutor de nosso trabalho deste ano.

*23 de novembro de 1994*

## – Lição 2 –

# O silêncio do analista

Se eu tivesse que dar um título, mais um, ao que vou apresentar hoje, seria *O avesso de Lacan.*

Se escolhermos devidamente os ditos afirmativos justapostos em seu ensino, parece não haver dúvidas de que, neles, há Lacan e seu avesso. É preciso tomar esses ditos em momentos distantes um do outro, porque a passagem para o avesso se faz continuamente.

Não podemos assinalar uma virada, como fez Heidegger, por exemplo. Ele mesmo assinala que, uma vez concluída sua grande obra, *Ser e tempo*, e, após se deter um pouco sobre o alcance desse trabalho, reviu e reconsiderou suas posições, ressituando e abandonando sua referência ao *Dasein*, como sendo ainda antropológica, para destacar mais apuradamente a questão do ser e fazer, dessa própria virada, um tema de reflexões e meditações que não a reduzisse a simples revisão.

Não há nada semelhante em Lacan. Ele deveria ter completado o que foi seu primeiro resultado do retorno a Freud.

Isso não impede que, por estarmos a uma certa distância, pontuemos uma inversão de posição fundamental, e que não pode escapar. É o que eu gostaria de expor, hoje, não em todos os detalhes, mas para fazer uma cartografia e definir os marcos onde inscrevemos nosso ponto de partida.

### Narcisismo e intersubjetividade

A primeira dificuldade com a qual nos deparamos é a relação do dizer ao gozar.

Tal dificuldade implica pôr em questão a impotência do dizer quanto ao gozar. É o mesmo que dizer que o que é posto em questão é a impotência da própria psicanálise em relação ao gozar. Não é uma questão que nos isola em um registro teórico, pelo contrário, ela está engajada na prática cotidiana da psicanálise. Trata-se de saber o que pretendemos com essa operação e se os obstáculos que ela pode encontrar se atêm, essencialmente, a seu *modus operandi*, à sua maneira de operar, a seus meios de operar, e se esses meios são suscetíveis de melhoria.

O que a fala pode mudar no modo de gozo de um sujeito?

Dou apenas a forma explícita a uma preocupação, uma inquietude atual. Será que foi por termos esperado demais da psicanálise que essa inquietude se apresenta? Será a prática falha? Teremos de examiná-la.

Esse limite é encontrado, às vezes, muito rapidamente. Ele se torna manifesto quando, por exemplo, um sujeito homossexual masculino se engaja em uma análise e, bem depressa, seu modo de gozo parece cavilhado o bastante para que se possa admitir como objetivo do tratamento, como objetivo da cura analítica, modificá-lo, invertê-lo em heterossexualidade. Eis aí uma promessa que, via de regra, não se faz. O limite, então, é familiar.

Na última vez, mencionei a terceira parte do "Relatório de Roma", de Lacan, seu texto "Função e campo da fala e da linguagem em psicanálise". E essa terceira parte nos dá uma referência sobre a dificuldade que enfrentamos ao delineá-la de modo extraordinário. Um delineamento que se acompanha, uma vez surgida a questão, de uma minoração.

Tomo, portanto, esta referência como um passo em nosso caminho.

Essa terceira parte tenta especificar as incidências técnicas e práticas da doutrina da fala e da linguagem, exposta nas duas primeiras partes. Ela tenta tirar conclusões práticas da inovação teórica trazida inicialmente. No fundo, há no texto uma vontade, digamos assim, de ser completo a esse respeito.

De fato, podemos exigir de alguém que traz novidades à psicanálise que nos dê uma tradução prática disso. Eventualmente, isso seria a pedra de toque da validade de seu aporte. Não basta a coerência interna de seu discurso.

Digamos a propósito que talvez tenha sido isso que faltou a Freud numa certa virada de sua elaboração, ao produzir "O eu e o isso", quando da revisão de sua primeira tópica: inconsciente, pré-consciente, consciente, para adotar a segunda, dita estrutural, distinguindo o eu, o isso e o supereu.

Freud não apresentou, de forma evidente, as conseqüências práticas dessa inovação teórica. Temos mais tarde, e de maneira alusiva, alguns vislumbres dela, mas não temos – como no texto de Lacan – uma parte que diria em que a técnica da interpretação é remanejada e ressituada por essa nova tópica. Isso fez falta na história da psicanálise. Seus alunos e colegas foram engolidos por essa ausência ao elaborarem uma técnica modificada de análise. E deve-se a esse movimento um certo número de textos não dos pós-freudianos, mas dos contemporâneos de Freud. São escritos técnicos sobre os quais vale a pena se deter, particularmente os produzidos para o Congresso de Salzburgo, em 1924. E temos ainda, na linha reforçada por Melaine Klein, o grande texto de James Strachey "A natureza da ação terapêutica da psicanálise".

No "Relatório de Roma", porém, há uma doutrina que comporta um capítulo técnico, justamente o terceiro. Aliás, o próprio texto é percorrido por indicações técnicas, reunidas nessa terceira parte.

Se eu tentar resumir em um princípio e nos termos que são os nossos o que disso se deduz, como nossa proposta para este ano, apenas diria que ali onde se trata de gozar, nada há para o analista dizer. Essa me parece ser a tradução prática da famosa oposição, hoje desgastada, entre a fala vazia e a fala plena. É o que se conclui desta oposição *motus* para o analista, ali onde se trata do gozo do sujeito em análise. Essa oposição de Lacan se deixa ler num movimento *a posteriori*, a partir do esquema cruzado que viria um pouco mais tarde e que vocês conhecem:

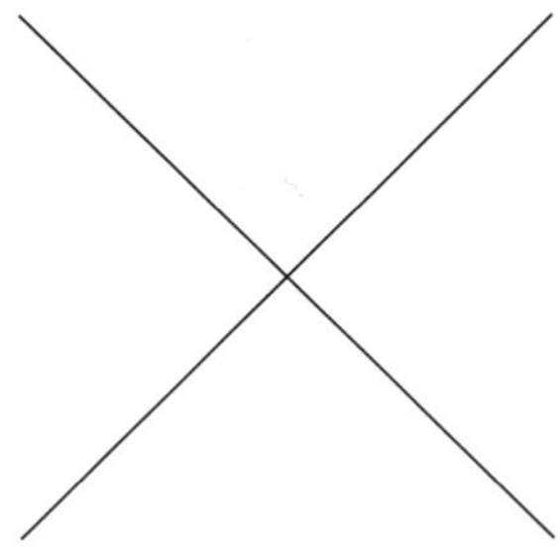

É minha maneira de simplificar, ainda mais, o esquema dito *L* por Lacan, seu esquema em Z, cuja base é dada pelo cruzamento de dois eixos, um simbólico e o outro imaginário que se interpõem:

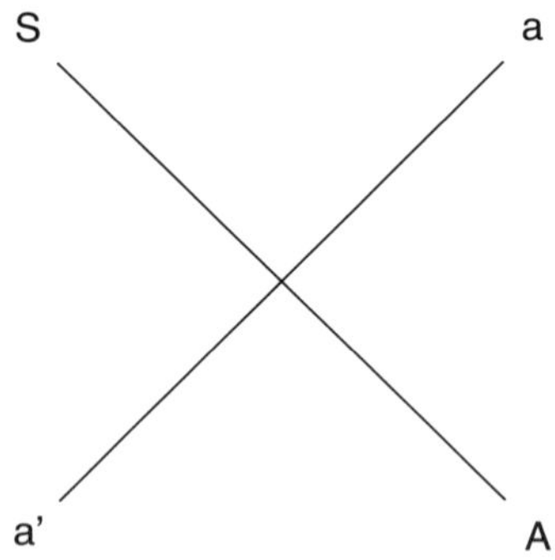


Não me apresso em colocar o *a'* : devo colocá-lo onde se trata do outro, ou onde se trata do eu? Vocês sabem que, no próprio *Escritos,* encontramos as duas versões:

– *a'* colocado no alto, é a primeira versão. Ela supõe que o outro imaginário é segundo em relação ao eu, como a imagem no espelho é segunda em relação a quem se olha;

– e a segunda versão, mais surpreendente, mais distante da experiência, coloca o *a'* onde está o eu, acentuando a dependência desse instante.

Escolhi a segunda versão:

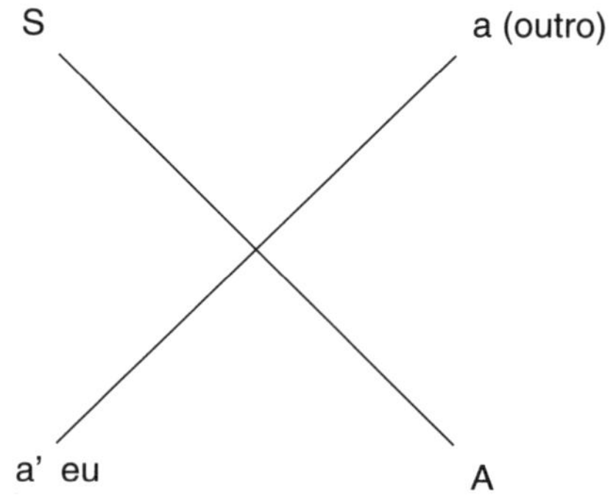


Esse esquema serve para situar as categorias opostas da fala vazia e da fala plena.

Ninguém, com um pouco de familiaridade com esses termos – é o caso de muitos de vocês –, hesitará em situar a fala vazia sobre o eixo do imaginário, e a fala plena sobre o eixo do simbólico:

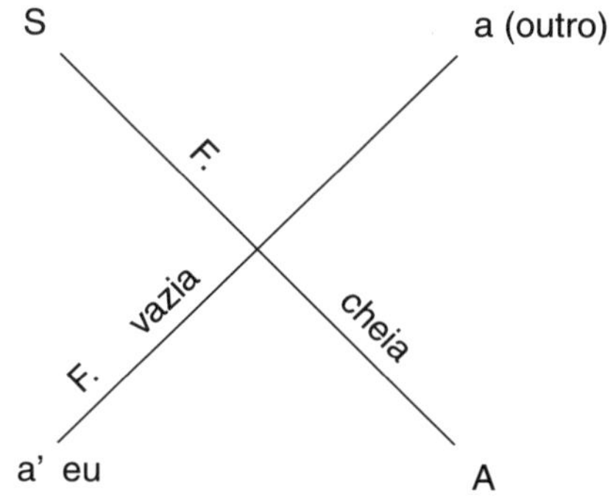


A fala vazia é suportada e comenta o que se pode chamar "narcisismo", ao passo que a fala plena só merece tal qualificativo ao dar lugar à intersubjetividade.

Oponhamos, superponhamos às duas categorias do vazio e do pleno, do ponto de vista da fala, narcisismo e intersubjetividade. Mas, entre *a* e *a'*, onde existe a relação narcísica, trata-se do gozo.

Portanto:

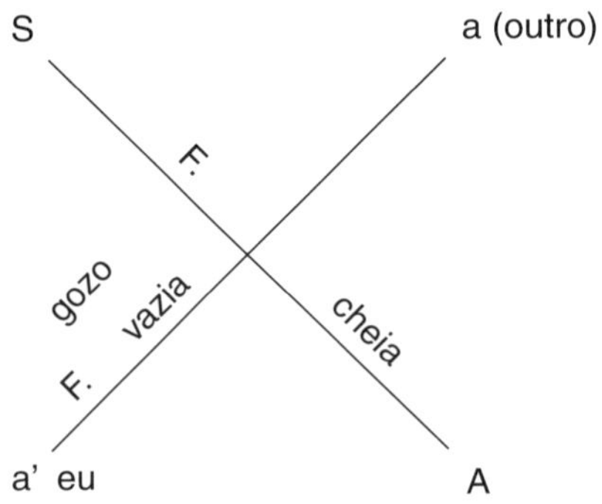


Isto está em conformidade com o formulado por Freud, em uma virada de sua obra, quando faz do eu o reservatório da libido. Logo em seguida, porém, ele aponta o isso como o reservatório da libido. E sai dessa aparente contradição fazendo valer que o que ele chama de eu seja uma diferenciação interna do isso.

Nesse ponto inicial da elaboração de Lacan, ele trata da questão do gozo sobre o eixo imaginário, ali onde há, onde se multiplicam os impasses do narcisismo.

Em contrapartida, sobre o outro eixo, não é questão de gozo. É questão de verdade:

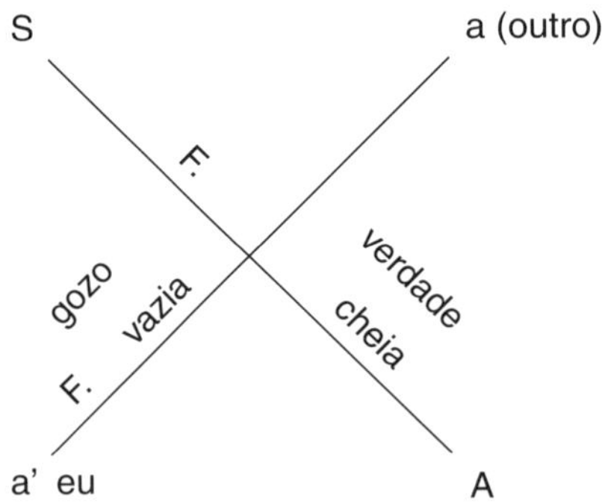


## Saber calar-se

É precisamente ali que a fala se esforça para acompanhar o gozo, que ela diz menos, que ela vale menos.

E é precisamente ali que reina a frustração, a frustração inerente ao eu como imaginário, em sua relação com o outro simétrico que está fadado, por estrutura, a subtrair-lhe o gozo. De tal sorte que, se a fala, aqui, se empenha em comentar os avatares do gozo oprimido pela frustração, ela, por outro lado, apenas repercute uma frustração fundamental do ser.

E Lacan detalha isso num tom delicioso: "Ali, o sujeito se engaja em uma despossessão cada vez maior de seu ser imaginário." E, definitivamente, é sempre o outro que goza em seu lugar. Portanto, é sobre esse eixo que se multiplicam as agressões, visto que seu gozo se faz cada vez mais alienado, alienado ao outro.

Então, quando o sujeito fala nesse nível em que tenta comentar, acompanhar, cingir, recuperar o gozo que se subtrai, quando ele fala nesse nível, o princípio técnico é: o analista nada tem a dizer! Saber calar-se. Como Lacan o formula explicitamente: "... Não há resposta adequada para esse discurso, pois o sujeito tomará como desprezo qualquer fala que se comprometa com seu equívoco." E não adianta aprovar, superestimar, seja a frustração e até mesmo os sucessos que o sujeito comenta. No fundo, qualquer resposta será ainda mais frustrante do que o silêncio.

A noção que está em jogo aqui é a de que ali onde há gozo, há sempre narcisismo e ali onde há narcisismo, só há miragem.

No fundo, o que orienta Lacan nesse princípio muito consistente da interpretação é a idéia de que o gozar está especialmente ligado ao ver, ao campo escópico, à imagem.

No caso Schreber, por exemplo, vemos emergir de sua catástrofe, de modo muito depurado, como uma referência, o gozo da imagem narcísica em relação à qual ele recompõe uma das zonas de estabilidade que contribuem para a reorganização de seu mundo.

Então, como no neurótico esse nível de gozo é sempre desprovido de certeza – diferentemente do que o psicótico ali encontra –, a fala será sempre decepcionante.

Por essa razão, o silêncio do analista se impõe. É a crítica feita por Lacan a toda prática anterior. O erro dos analistas foi querer falar nesse nível e se decepcionarem porque, segundo Lacan, desconheciam os poderes da fala, uma vez que tentaram usá-los precisamente em um registro onde ela é vazia de toda certeza. Nesse nível, eles simplesmente experimentaram as resistências que o eixo imaginário opõe à fala plena. Por isso fizeram a análise das resistências, um esforço para obter um franqueamento – está é, pelo menos, a direção do movimento – no sentido da fala plena.

O resultado previsível de querer operar pela fala no nível onde há gozo é a aparição e o desencadeamento da agressividade. Disso decorre o desenvolvimento teórico sobre o lugar central da agressividade no ser humano.

Portanto, o ponto técnico que Lacan elabora consiste em sublinhar que o dizer conta, e está em seu lugar, ali onde não se trata do gozar.

Então, trata-se de quê?

Digamos, ali onde se trata de ser, de ser verdadeiramente, trata-se da verdade do ser e não de seu gozo.

No fundo, a vontade de gozo, a intenção de gozar, é sempre decepcionante. É a lição imediata da referência ao paradigma do estádio do espelho: a vontade de gozo só libera um falso ser, sempre alienado ao outro imaginário.

E é somente a vontade de verdade – por que não chamá-la assim –, como dizia Michel Foucault, que é suscetível de fazer surgir um ser que resista.

Lacan designa essa vontade de verdade com uma expressão que não aparece em Freud, uma vez que, de fato, ela foi importada diretamente de Hegel, *via* Kojève: o desejo de reconhecimento.

Como um meteoro, o desejo de reconhecimento entra na psicanálise para fazer alguns estragos, operar alguns remanejamentos absolutamente essenciais. Uma vez operadas essas reestruturações, Lacan logo o remeterá ao depósito de acessórios. Esse desejo de reconhecimento supõe que o primeiro objeto do sujeito não é gozar, mas ser reconhecido como sujeito por um outro sujeito.

## Verdade e gozo

Isso é bem conhecido, ainda que implique, de certo modo, a exclusão do gozar da verdade do ser. E foi nesse sentido que Lacan pôde definir a psicanálise propriamente dita, a partir e exclusivamente a partir do eixo simbólico, quando a definiu como: "Uma prática que se funda sobre a intersubjetividade", observação que encontramos na página 331 dos *Escritos*.

Creio não ser excessivo retomar esses dois eixos, do modo como os vejo hoje, para fazer deles dois vetores em sentidos opostos:

*Verdade* →

← *Gozo*

O movimento do tratamento analítico, tal como ele o delineia, é feito, de um lado, pelo vetor inferior, efeito de uma decomposição da estrutura do eu. Progressivamente, os objetos que retiveram o sujeito em sua história se esvaziam, as experiências de impotência ou de insatisfação chegam para partir e, assim, descasca-se, de alguma forma, o eu. Regressão. Do outro, porém, como ele assinala à página 289, essa regressão: "Implica uma dimensão progressiva da história do sujeito." E à medida que a regressão comumente sublinhada pelos analistas se desenrola, opera-se, em sentido contrário, uma progressão nomeada por Lacan como a realização psicanalítica do sujeito.

De um lado, decomposição regressiva do eu e, do outro, realização progressiva do sujeito.

Sobre o modo de gozo propriamente dito, de fato, pouco se fala. Nesse escrito, talvez possamos encontrar alguma menção a ele, reduzido, porém, ao que Lacan chama de fatores psicofisiológicos individuais, acerca dos quais diz, de modo notável, que "permanecem excluídos da dialética da análise". Por essa razão, não é exagero forçar as coisas até esse esquema. Há uma inércia dos fatores psicofisiológicos com os quais nada temos a fazer, ali onde opera a psicanálise.

Se pudéssemos aderir a essa posição, não teríamos tanto com o que nos preocupar e inquietar. Não podemos, diz Lacan, "ter como objetivo da análise modificar sua inércia própria ...". Dito de outro modo, ele aceitou o fato de que a dialética da verdade se paga com a inércia definitiva dos fatores psicofisiológicos. Uma vez realizada a decomposição da estrutura do *ego*, pois bem, é preciso acostumar-se com o que resta e não pedir à psicanálise para modificar isso!

No fundo, ele não aceita que a análise definida como uma prática fundada sobre a intersubjetividade seja confrontada a esses dados iniciais, designados de modo a serem rejeitados: fatores psicofisiológicos.

A análise das resistências é uma prática da psicanálise que se acomoda no nível em que atua essa inércia própria. Ao passo que a interpretação recomendada por Lacan deve situar-se no nível propriamente dialético da verdade, ou seja, no nível em que não se trata de desenvolvimento, mas sim da história, isto é, no nível em que se trata de ressubjetivar o que foi, nível no qual a fala plena está à altura de dar sentido *a posteriori*. Dito de outro modo, o objetivo que se pode atribuir à psicanálise em tais condições é: restabelecer a continuidade do discurso consciente, reparar a tela do consciente na qual o inconsciente só pode ser definido como o que faz furo, e ser uma solução de continuidade, uma interrupção, um capítulo censurado, na continuidade do discurso consciente.

Uma vez que o inconsciente é apenas uma solução de continuidade para o discurso consciente, ele só pode ser definido como discurso. No fundo, esta a tese comentada no "Relatório de Roma": o inconsciente é discurso e o sintoma é mensagem, mensagem a ser decifrada.

Por isso, pode-se dizer que o sintoma – e Lacan foi muito longe nesse sentido, que, sem dúvida, explica sua passagem ao avesso – é apenas um modo inconsciente de dizer.

Ao retomar, também de modo notável, o termo freudiano "conflito", ele o define como não passando de peripécias da subjetividade.

Na verdade, isso supõe deixar fora de sua consideração toda a teoria das pulsões. Certamente, aparecem, aqui e ali, algumas definições. Nenhuma, porém, é sequer comparável à extraordinária declaração, à página 265: "Freud situa a teoria dos instintos – tradução, na época, aceita para pulsão – em um nível secundário e hipotético." No que concerne à clínica, isso traz conseqüências bastante perceptíveis, como por exemplo no caso do Homem dos Lobos, trazido como referência.

Lacan o reparte em duas vertentes – tal como Moisés, ele divide as águas: de um lado, as águas do gozo, do outro, a verdade e o que verdadeiramente é da ordem simbólica. Assim, ele pôde situar:

– de um lado, o que chama a captura homossexual sofrida pelo eu, remetida à matriz imaginária da cena primitiva. Dito de outro modo, Lacan situa claramente sobre o eixo imaginário tudo o que procede da busca ofegante sobre a cena primitiva, como indicam os termos escolhidos por ele: a captura, eu, matriz imaginária;

– do outro lado, o isolamento simbólico do "Eu não sou castrado", forma compulsiva, ou que a explica, na qual permanece fixada sua escolha heterossexual. No fundo, heterossexual no simbólico, homossexual no imaginário. A noção implícita é a de que se deve confiar na fórmula simbólica, na qual a heterossexualidade do Homem dos Lobos está enraizada. Lacan extrai disso a noção prática de que o sintoma, do qual se deve aliviar o paciente, é estruturado como uma linguagem, linguagem cuja fala deve ser libertada. E os temas das ressonâncias da fala, do manejo do tempo, da sessão curta – a sessão variável – inscrevem-se nesse contexto.

Não devemos nos surpreender com o fato de que a segunda parte do "Relatório de Roma" comente, texto após texto, os três primeiros escritos de Freud associados à sua descoberta: "A interpretação dos sonhos", "Psicopatologia da vida cotidiana" e a obra sobre o *Witz*, "O chiste", que são a referência técnica de Lacan, a partir dos quais elabora suas conseqüências técnicas.

A conseqüência técnica é a de dar à fala – pela operação do analista – sua função constituinte para o sujeito, ou seja, que o sujeito seja intimado ou posto em condições de se fundar em sua fala.

Então, fundar-se em sua fala quer dizer que ele não se funda no gozo. O gozo não funda nada. O gozo captura. Lacan opõe, constantemente, a fundação na fala à captura pelo gozo, no sentido de que o sujeito pode ser cativado, capturado pela imagem que, então, lhe imprime uma marca. Mas nenhuma fundação no gozo. O próprio termo fundação só tem sentido na fala. Não há um "Eu gozo" constituinte, só há um "Eu sou" ou "Eu não sou" – castrado, por exemplo – constituinte.

## O segredo da interpretação

Lacan foi muito rigoroso na crítica da análise das resistências. E quando acompanhamos os abusos que essa prática comportava, sem dúvida não podemos não lhe dar razão.

Contudo, quando Lacan dizia "Não interprete a resistência!" estava, na verdade, dizendo "Não interprete o gozo!"

Ele nos dá exemplos práticos e precisos, recolhidos dos textos de Freud. Por exemplo, no relato sobre o Homem dos Ratos, Freud, em observação que se tornou célebre, percebe que o sujeito ao narrar o episódio do capitão cruel, deixa transparecer em seu rosto um gozo que ele próprio ignora. Freud percebe muito bem que o sujeito, naquele momento, o identifica a esse capitão cruel. O neokleinismo diria que o paciente projeta seu objeto mau e seu supereu malvado sobre o analista.

Lacan ressalta que Freud, embora o tivesse percebido, não interpreta isso. Freud se preserva de analisar a resistência, patente precisamente nessa evidência de gozo. E Lacan acrescenta que Freud, pelo contrário, parece entrar no jogo, visto que começa a doutrinar o paciente e a lhe enfiar na caixola um certo número de enunciados psicanalíticos que Freud sabe, por outras vias, que serão tomados por esse gozo e nessa disposição fantasística. Ele não lhe diz: "Escute, você me toma pelo capitão cruel, mas eu te garanto que eu não tenho nada parecido com um capitão cruel." Ele se cala sobre isso e o remete a uma intrusão doutrinante. Freud foi muito criticado na época da análise das resistências e no momento da *Egopsychology,* e como! Diziam que ele não sabia como lidar com o problema, caso contrário teria logo tentado desmontar esse dispositivo patente.

Lacan, pelo contrário, extrai disso uma lição de interpretação, do justo lugar da interpretação. Freud utiliza a própria resistência do sujeito para fazer ressoar outra coisa. Ele não se perde nos meandros do gozo, mas tenta fazer vibrar as ressonâncias da fala. É a isso que Lacan chama sua técnica renovada da interpretação. Ela consiste em se dirigir ao sintoma. Não percam tempo com os equívocos do eu! Dirijam-se ao sintoma fazendo vibrar a fala.

Poderíamos dizer que este é o princípio da interpretação simbólica: "Joguem com o poder do símbolo, evocando-o nas ressonâncias semânticas de suas formulações, joguem com as ressonâncias do sentido de uma forma calculada." Certamente vocês ressaltarão este "de uma forma calculada" que figura no texto de Lacan. É que, na época, ele tinha a idéia de um cálculo da interpretação, preciso, por meio do qual se poderia atingir o sintoma através da ressonância semântica. O sintoma, no fundo, só demanda ser ouvido, é uma mensagem inconsciente que só pede para ser ouvida. É como uma fala congelada, referência que será sublinhada por Lacan.

Isso supõe saber saltar sobre o eixo simbólico, se assim posso dizer.

Mas, para saltar sobre o eixo simbólico, é preciso trabalhar muito. Não é para chegar lá e dizer: "Pois é, meu caro! Você goza aqui, você me toma por outro."

Para saltar sobre o eixo simbólico e dar a interpretação justa, no sentido do Lacan de Roma, é preciso – vamos chamá-lo assim – o engajamento do analista, como sujeito. A interpretação analítica, no sentido de Roma, tem como condição que o analista seja sujeito e que ele próprio se funde na fala que entrega ao outro, dirigindo-se ao sintoma. É o que sobressai da leitura que Lacan faz dos casos de Freud, e é esta sua doutrina da interpretação nessa data: a interpretação só alcança seu alvo sob condição de que o analista, como sujeito, se funde nessa interpretação.

Vocês vão pensar que estou inventando e, no fundo, tenho a impressão de estar entrando nos subterrâneos desse texto tão percorrido. Cito Lacan: "O próprio Freud se fundava na interpretação que proferia."

Para que a interpretação simbólica alcance seu alvo, é preciso que a fala dita seja uma verdadeira fala, fala de reconhecimento, mas essencialmente mútua ou recíproca. E Lacan chega mesmo a dizer que é preciso que essa interpretação seja uma verdadeira fala tanto para um como para o outro. E não se pode negar que algo da prática de Freud, nesse exato momento da descoberta do inconsciente, passa por aí. Como princípio técnico da interpretação, isso é crucial. Foi a via que levou alguns a explicar como continuavam sua própria análise na análise de seus pacientes. Alguém comentou sobre isso, não há muito tempo.

Como peça de apoio, Lacan traz, por exemplo, o caso do Homem dos Ratos. Vocês conhecem a interpretação de Freud. O sujeito lhe conta que sua mãe o aconselha a abandonar a namorada pobre e a pensar em se casar com uma herdeira. Freud, de modo genial, visa de imediato a geração precedente e lhe diz: "Com seu pai, foi assim." É formidável! Ele acerta em cheio! E, mais ainda, isso amplia o caso individual até um dado transgeracional. Mas Lacan acrescenta: "Se Freud pôde dar essa interpretação, se ele foi bem-sucedido, foi por ele mesmo ter sido objeto de uma sugestão semelhante da parte de sua família." E essa não é uma notação qualquer. No fundo, ele opera com o que ele é como sujeito em sua busca da verdade. Portanto, a interpretação, sem dúvida, é para o outro, mas é também, em certo sentido, para ele. Eis o tema da transformação do sujeito que uma interpretação bem-sucedida comporta. Não vou desenvolvê-lo, até porque não está desenvolvido no próprio texto.

Assim, se buscarmos um paradigma da interpretação constituinte, no sentido de Lacan, o paradigma mais claro que encontramos está no texto do "Relatório de Roma": "Tu és minha mulher." É a fala por meio da qual, pela mediação do outro, o sujeito se constitui como esposo. Ele não diz *Eu sou*, diz *Tu és*, ou seja, reconhece o outro em sua qualidade para que retorne a ele próprio o que é de seu ser. Esse é o próprio modelo, a própria matriz da mediação simbólica.

Pode-se dizer que, definitivamente, tudo o que Lacan explica sobre as interpretações de Freud é "Tu és minha mulher". Ele não cessa de dizer alguma coisa dessa ordem. Em todo caso, esse é o paradigma mais claro, no "Relatório de Roma", do que é a interpretação.

Todavia, isso não é de todo satisfatório aos olhos de Lacan, o que o conduzirá à tese extremista, enfim, que consiste em formular: não que o sujeito só se realiza no reconhecimento do outro sujeito para que o outro o reconheça; não o que o sujeito é para um outro, mas sim, bem radicalmente – ao tornar acéfalo o significante – que o sujeito é um efeito do significante.

No lugar da teoria do reconhecimento, passa a existir a teoria que situa o sujeito, em sentido analítico, no lugar do significado.

Lacan, ao elaborar, a partir de Saussure, a teoria segundo a qual o significado é efeito do significante, chegará não por um salto, tampouco por um *fiat*, a identificar sujeito e significado, colocando-os no mesmo lugar para poder dizer: o sujeito é efeito do significante. E, de fato, com essa fórmula, o próprio tema da intersubjetividade irá progressivamente se esvaziando, desaparecendo de seu ensino.

Então, no lugar do extremismo da intersubjetividade, virá a transformação do esquema significante sobre significado, em outro esquema que situa o sujeito barrado sob o significante:

$$\frac{S}{s} \longrightarrow \frac{S_1}{\$}$$

ou seja, que faz do sujeito analítico um sujeito vazio. E, aqui, o vazio perderá sua conotação pejorativa para, ao contrário, ser valorizado, o sujeito vazio sendo apenas uma variável do significante, uma variável que toma seus valores segundo a cunhagem dos significantes. E isso conduzirá Lacan a completar o S por meio do par significante, e a indicar que o valor do sujeito é continuamente dado pela relação entre dois significantes:

$$\frac{S}{s} \longrightarrow \frac{S_1}{\$} \quad S_2$$

Temos, assim, de fato, uma teoria da interpretação que deixa de lado o engajamento subjetivo do analista. O esquema tenta dar conta da mutação subjetiva esperada da interpretação. O termo "mutação" é empregado por James Strachey, em 1934.

## O dizer e o gozar

É preciso dizer que toda essa doutrina da interpretação, que resumi, separa o dizer e o gozar. É uma migração progressiva indicando que o gozar não está somente sobre o eixo imaginário, mas engaja o sujeito do dizer. E assim, Lacan inventará mobilizar o sujeito do dizer tanto na fantasia como na pulsão. Isso supõe precisamente atrair para fora do eixo imaginário os termos que, em Freud, dividem o gozo como fantasia e pulsão. Lacan empregará as escrituras que vocês conhecem: para a fantasia, $, o sujeito do dizer em sua relação ao *a*, e, para a pulsão, $ em sua relação com a demanda:

$$F \quad (\$ \text{ a } a)$$

$$P \quad (\$ \text{ a D})$$

Vamos manter, por ora, que o sujeito do dizer se encontra aqui engajado nas categorias que dividem o gozo. E o *a*, que terá um grande futuro é, precisamente, o gozo. Mas não desconectado da linguagem; um gozo, caso fosse preciso situá-lo, que está em relação com o eixo simbólico, e não é sistematicamente repelido para fora desse registro.

Vinte anos mais tarde, é todo um outro panorama que se descortina.

Tomemos como referência *Mais, ainda*. Qual é o eixo desse seminário, que contém um certo número de temas, entre eles o da sexualidade feminina, que, nele, é renovado? Enfim, qual é o seu eixo?

O eixo desse seminário é, pelo contrário, associar de forma totalmente nova o dizer e o gozar, propondo uma nova significação para a formulação-chave do "Relatório de Roma": o inconsciente está estruturado como uma linguagem. Formulação que parece feita para separar o dizer e o gozar.

Pois bem, de jeito nenhum! Em *Mais, ainda*, Lacan explica o que diz ao dizer: o inconsciente é estruturado como uma linguagem. E o que ele diz, muito ao contrário do que poderia parecer, é que o inconsciente quer dizer que o ser, quando fala, goza.

É o que ele expõe, por exemplo, à página 77, quando propõe nova definição do princípio do prazer freudiano: "Eu o defino, diz ele, do que se satisfaz do blablablá. É isso que digo quando digo que o inconsciente é estruturado como uma linguagem." Ah! Ele não tinha se dado conta disso em 1953.

Então, o eixo desse seminário marca que a significação do inconsciente é: o ser, ao falar, goza. Portanto, longe de fazer uma oposição, inclusive em sentido contrário, entre o que se elabora na fala propriamente dita e o gozo, pode-se dizer que nele se consuma a própria identidade entre a palavra e o gozo.

É certo que *Mais, ainda* trata da questão de muitos gozos, e é voltado para esse tema.

Trata-se da questão do gozo do corpo. Inclusive, o gozo parece ligado ao corpo, uma vez que ele se goza, o que, deve-se dizê-lo, parece deixar o sujeito de lado. Aliás, Lacan formula, na ocasião, que um sujeito como tal não tem grande coisa a fazer com o gozo.

Há o gozo do corpo do Outro, o gozo sexuado. Há o gozo fálico. Há o gozo suplementar atribuído às mulheres.

Mas, no fundo, o cerne da demonstração de Lacan é o que ele chama de Outro gozo, o Outro gozo que se suporta da linguagem. E o que se satisfaz ao nível do inconsciente. Cito: "Desde que alguma coisa aí se diga e aí não se diga, se for verdade que o inconsciente está estruturado como uma linguagem." Pode-se dizer que, aqui, ao contrário, estamos no avesso da construção que destaquei no "Relatório de Roma"; tudo aqui está aparelhado diferentemente.

É, entretanto, no contexto de uma teoria da interpretação que separa rigorosamente o gozar e o dizer que Lacan justificava tanto o uso das ressonâncias da fala quanto seu manejo especial do tempo da sessão.

Todavia, encontramos evocada no "Relatório de Roma" uma certa ligação entre o gozar e o dizer, assim como a notação, rapidamente concluída, de que a linguagem é corpo e que, a esse título, pode ser tomada nas imagens corporais.

## Abraham

Com efeito, o que está aqui apontado é o que ele pode perceber do gozo em sua relação com a fala. Lacan faz referência a um artigo de um autor que ele acompanhava de tempos em tempos, Robert Fliess, o filho, do qual ele utiliza um certo número de comentários em seu seminário *A relação de objeto*. Robert Fliess, em 1949, escreveu um artigo que Lacan assinala sobre "Silêncio e verbalização". O próprio Fliess – e Lacan aponta isso também – inspira-se em um artigo de Abraham, uma conferência de 1924, que figura, hoje, no tomo II das obras de Abraham, página 245, e que se intitula "Contribuição do erotismo oral à formação do caráter". Não sei se hoje terei tempo de ir muito adiante, mas não posso deixar de assinalá-lo. Esta é uma referência um tanto obrigatória para este ano.

Trata-se de um estudo delicioso do investimento libidinal da boca, como se podia fazer em 1924. E Abraham sublinha – e esta veia será explorada por Melanie Klein e seus alunos – o valor essencial do prazer da sucção e as migrações a que esse prazer é suscetível, chegando a considerar que, às vezes, o estádio anal e o gozo que a ele se liga são supervalorizados, embora suas condições sejam formuladas *a priori* segundo a maneira como o sujeito experimentou o prazer oral: satisfeito suficientemente, não suficientemente, excessivamente. Ah, essas migrações, bom! A mais simples delas, é a passagem à mordida. Não posso desenvolver as diferentes considerações. Passo aos sujeitos que Abraham pôde isolar, como aqueles que tiveram uma insatisfação primária por ocasião de seu período de aleitamento. Enfim! Eles chegam a recompor essa experiência em análise, bom!

Abraham descreve um caráter construído em torno dessa insatisfação oral que chega a marcar o conjunto da personalidade. Isso concerne à boca e, portanto, passa naturalmente à fala:

> No curso do trabalho psicanalítico, todavia, observamos outros sujeitos que arrastam por toda a vida as conseqüências da insatisfação do período de aleitamento.
>
> Em sua conduta social parecem sempre demandar alguma coisa, seja sob a forma de pedidos modestos, seja sob a forma de exigência agressiva. A maneira como eles formulam seus almejos provém da sucção obstinada e permanente. Fatos brutais e argumentos razoáveis são impotentes para dissuadi-los; persistem suplicando e insistindo. Poderíamos dizer que eles "se colam nos outros como sanguessugas". Têm horror particular à solidão, e a impaciência é seu traço característico. Há também, nesses sujeitos, um elemento de crueldade: Ah!, com certeza!, porque a fase sádico-oral regride à da sucção. Então, ele mistura os dois, o que resulta em: "um elemento de crueldade que empresta algo de vampírico à sua posição para com o outro".
>
> Seu desejo ardente de se satisfazer na sucção transforma-se em necessidade de *dar* pela boca. E descobre-se neles, além do desejo permanente de obter

> tudo, a necessidade constante de se comunicar por via oral com os outros. Disso resulta uma logorréia ligada, na maior parte dos casos, a um sentimento de demasiada plenitude. Esses sujeitos têm a impressão de que a riqueza de seu pensamento é inesgotável e atribuem poder particular ou valor excepcional às próprias palavras. A essência de seu contato com os outros efetua-se sob forma de descarga oral. Pude constatar em tais indivíduos que, fora do domínio verbal, ficavam igualmente sem capacidade de se conter. Assim, não é raro encontrar neles a necessidade neurótica e exagerada de urinar, que pode aparecer, ao mesmo tempo, ou logo depois, de um fluxo de palavras.
>
> Nessas expressões do caráter pertencentes a fase sádico-oral, a fala toma a seu cargo a representação das pulsões recalcadas. Em certos neuróticos, a intenção hostil do discurso é surpreendente. Nesse caso, a fala serve ao desígnio inconsciente de matar o adversário. Às vezes, a fala exprime todas as tendências pulsionais. A necessidade de falar significa tanto desejar quanto atacar, matar ou destruir, e, ao mesmo tempo, toda sorte de evacuações corporais, aí compreendida a fecundação. Pela atividade fantasística desses sujeitos, a fala sofre uma valorização narcísica idêntica àquela que, no inconsciente, é atribuída às produções corporais e psíquicas.

Eis a pulsão oral, deduzida dos sujeitos que estão em estado de demanda permanente. Observem que a fala pode tomar a seu cargo a representação das pulsões recalcadas. E pode-se dizer que esse é o ponto de partida do que será a valorização da pulsão oral em todo o kleinismo.

A pulsão presentifica-se, especialmente na análise, pelo fato de que não se vêem os significantes recalcados da demanda. O que ali está presente como órgão é a boca, por onde sai toda demanda. Temos aqui uma ligação feita, a partir da pulsão, sob um modo talvez fora de uso na análise do caráter. No fundo, temos aqui a emergência do que, em Lacan, será o lugar central dado à demanda, em determinado momento.

E Robert Fliess estuda, na análise, a relação do ato físico de falar, tal como ele se exprime, com o que podemos chamar o gozo, com a erogeneidade. Ele constata que é preciso dar conta, em seus termos, dos efeitos erotógenos, dos efeitos de gozo, digamos, comportados, implicados pela regra fundamental da própria análise. Cabe observar que, embora seja constitutivo do discurso analítico, o convite para falar tem conseqüências de gozo. E é interessante que, de fato, Fliess o observe em determinados momentos da relação analítica.

Eis o que Lacan assinala no artigo. Ele o assinala porque esse artigo diz: o discurso pode ser objeto de uma erotização segundo os deslocamentos da erotogenia na imagem corporal. Ele traz de volta a imagem para ficar tranqüilo com o gozo. Contudo, aqui aflora a conexão da fala com o gozo.

Outra referência de Robert Fliess, além de Abraham, é um artigo de Ella Sharpe sobre os problemas psicofísicos revelados na linguagem. Ella Sharpe, notando que a aquisição da fala no desenvolvimento é contemporânea ao controle dos esfíncteres, ânus e uretra, indica que as tensões que se encontram restringidas, cuja descarga não é possível através dos outros orifícios do corpo, podem ter sua descarga produzida através da fala.

De modo singular, Robert Fliess, em seu artigo, estuda os silêncios. Lacan comenta ser notável ele ataque a questão a partir do silêncio. É como se Lacan dissesse: vocês tentam abordar a conexão entre a fala e o gozo, mas como os dois não são da mesma ordem, vocês são levados a atacar a questão a partir do silêncio. E, para fechar o parágrafo, diz Lacan: tudo isso é uma degradação da função da linguagem. E ainda: "Nós colocaremos a fala dentro do parênteses da resistência manifestada por ela." E continua sobre o advento da verdade etc. Está na página 303.

Ele distingue três tipos de silêncio em análise. É muito divertido.

Um pequeno silêncio, assim, normal, leva o analista a dizer: "Em que você está pensando?". E o paciente responde: "Ah!, eu estava pensando em ...". E Fliess observa: este é o silêncio uretral – o fluxo das palavras é interrompido como se interrompe o fluxo urinário.

Em contrapartida, podemos observar sujeitos que se calam, mas que parecem estar sofrendo muito. Sujeitos que se calam por estarem sujeitos a uma inibição, a certo desarvoramento momentâneo, mostrando um ar sofrido, um ar de luta – não sei como ele observa tudo isso se o paciente está sobre o divã! Este é o silêncio anal.

O pior de todos é o silêncio oral, quando o sujeito pára de falar por muito tempo. É um mutismo; ele não demonstra nenhum afeto particular, a não ser impotência para falar. Isso quer dizer que o sujeito regrediu verdadeiramente e que, por meio de uma regressão fulminante, tornou-se uma criança antes de ter adquirido o uso da fala.

Mas, no fundo, pode-se dizer que, por meio dessa tipologia dos silêncios, é traçada a prevalência da pulsão oral, que estará presente no movimento kleiniano e que, através dessa teoria da boca como órgão de interesse na análise, delineia uma conexão entre a fala e o gozo.

*30 de novembro de 1994*

# – Lição 3 –

# Linguagem e pulsão

Este ano, estamos preocupados com o poder da psicanálise sobre o que designamos "modo de gozo", expressão que deverá ser examinada, construída ou reconstruída. Sob essa designação, talvez aproximativa, caracterizamos uma instância, um dispositivo, uma zona, uma função que se encontra nos limites de nosso exercício, onde se acham convocadas palavras como "impotência" ou "impossível", razão pela qual nos inquietamos.

Se, a princípio, eu me detive na terceira parte do "Relatório de Roma", de Lacan, é porque ela apresenta o que parece ser o lugar próprio da teoria lacaniana da interpretação.

Ora, o problema que formulamos este ano está longe de ser desconhecido na história da análise. Nela, ele figura como o da relação entre a interpretação e a pulsão. E não me parece excessivo dizer que o que está em jogo na interpretação, na história da análise, sempre foi a pulsão. Por isso, abordei nossa questão deste ano pela interpretação, visto que esta seria, por excelência, o meio de operar transformações e mutações do sujeito na análise.

O fato de o lugar primeiro da teoria da interpretação em Lacan ser a terceira parte do "Relatório de Roma" traz dificuldades aos que orientam sua prática a partir desse ensino, embora os termos e as construções aí surgidos, pela primeira vez, perdurem no curso de seu ensino, com valor, significação e função bem diferente, o que vela, mais do que revela, a persistência dos mesmos significantes. No fundo, é quase sempre sobre significantes antigos, antigos em seu ensino, que Lacan verte seu vinho novo. No ponto em que estamos e tentados a tomar esse ensino como uma vasta dispensa, e a pegar aqui ou ali o que nos é evocador, o que ressoa para nós, acabamos amortecendo os relevos, as curvas e as contradições que animam a pesquisa. E por que não? Acontece que, na prática, isso não deixa de trazer embaraços.

Retorno a esse primeiro lugar para assinalar que talvez a própria facilidade que nele se manifesta na teorização da psicanálise, na definição do inconsciente, nas prescrições dadas quanto à ação do analista, deva-se ao fato de que, nele, a pulsão foi singularmente suprimida. O próprio esplendor da partida, seu lado fulgurante, a inovação que ele constituiu, na época, na elaboração psicanalítica, percebidos ainda hoje, todos esses efeitos positivos se devem, talvez, ao fato de que ali a pulsão freudiana esteja minorada, desvalorizada, suprimida.

E não se pode dizer que a questão não tenha sido formulada. Ela o foi precisamente na referência que lhes dei na última vez, o artigo de Robert Fliess sobre "Silêncio e verbalização", inspirado em Abraham e tomando apoio em Ella Sharpe. Esse artigo, à sua maneira um tanto primitiva e que provoca risos quando citado nos dias de hoje, tem contudo o mérito de abordar sumariamente o problema da pulsão na fala e de se interessar pelos diferentes modos nos quais a fala se erotiza, segundo – e esta é sua doutrina de referência – os diferentes estádios do desenvolvimento da libido.

Lacan menciona isso, não para fazer rir, mas para, por esse viés, interrogar o que acontece com a pulsão na fala. E não nega a descrição feita, pois admite que a fala possa adquirir – digamos em nosso vocabulário de hoje – o valor de gozo, segundo os diferentes estádios enumerados por Freud, e submetidos à cronologia por Abraham.

Ao mesmo tempo, situa o fenômeno, se assim posso dizer, no plano mais baixo. Seria como o grau zero da fala. E enfatiza o que vem apoiar essa perspectiva. Definitivamente, quando o valor de gozo se infiltra na fala, o melhor modo de balizá-lo é pelo silêncio. A pulsão infiltra a fala fazendo-a calar. A fala não alça seu vôo, e sobrevém o silêncio. E Lacan o ressalta dizendo: "É notável que o autor apreenda seu efeito, sobretudo nos silêncios que marcam a inibição da satisfação experimentada pelo sujeito", inibição da satisfação experimentada no produzir o fluxo da fala.

E, dessa maneira, ele descarta o que constitui a abertura de um capítulo: a pulsão na fala, ou linguagem e pulsão, ou o significante e o gozo. É o início desse capítulo que se apresenta como os tipos de entrada em cena de um bufão.

No sentido primeiro de Lacan, trata-se exatamente de uma degradação da função da fala. Isso figura sob a forma do verbo na frase: "A fala pode tornar-se objeto imaginário, e mesmo real, no sujeito" – esta é tradução dada por ele à erotização da fala – "e, como tal, ela pode degradar, sob mais de um aspecto, a função da linguagem." O termo "degradação", sob sua escrita, é, sem dúvida, o termo utilizado por Freud, ao falar da degradação da vida amorosa.

É o que Lacan descarta: "Nós a poremos então, diz ele, no parêntese da resistência que ela manifesta." E, a partir daí, ele avança para as altas funções da fala, as que não são degradadas, nas quais a fala não é objeto imaginário ou real, ali onde a fala não vale pela satisfação que comporta, mas pela verdade que veicula.

E o que chamei supressão, está expresso, sem equívoco, na frase seguinte: "Mas não será para excluí-la da relação analítica, pois esta perderia com isso sua própria razão de ser. A análise só pode ter por objetivo o advento de uma fala verdadeira." Cumpre-se aqui a retirada da questão concernente à satisfação da fala da operação analítica propriamente dita. Lembro-lhes que essa referência está na página 303 dos *Escritos*.

No entanto, é exatamente esse gesto de supressão da fala que constitui nosso tema deste ano.

O próprio Lacan o retomou. Ele não cessou de se inquietar com essa pulsão que situou na porta do banquete analítico e, progressivamente, a fez entrar, fazendo-a tomar parte nos ágapes de seu discurso.

## Interprete o ponto-sujeito

O lugar primeiro da teoria da interpretação ao qual nos referimos, essa paisagem desertada pela pulsão, é a intersubjetividade. A interpretação através da qual Lacan tentou renovar a prática da análise é a interpretação intersubjetiva, que chega a implicar, na interpretação, o analista como sujeito. Ela supõe o engajamento subjetivo do analista. Nessa época, diferentemente do que dirá mais tarde, Lacan não diz que o psicanalista paga com palavras. Não! A interpretação intersubjetiva supõe que o analista não pague com palavras, não pague com sua pessoa, mas sim com seu sujeito, com seu ser.

E, talvez o sucesso encontrado por essa perspectiva sobre a interpretação deva alguma coisa ao fato de que ela é, com certeza, a teoria mais satisfatória para o sujeito histérico que, em sua manobra na análise, deseja – e como! – a intersubjetividade, o engajamento subjetivo do analista.

E, quando Lacan disser mais tarde que o analista paga com palavras, ou que paga com sua pessoa, é como um eco e um desmentido trazido a esse princípio da interpretação intersubjetiva.

A implicação subjetiva do intérprete é regularmente ilustrada, no início do ensino de Lacan, por intermédio da prática de Freud. Lacan busca mostrar o quanto Freud se funda como sujeito em suas interpretações, uma vez que o intérprete, não menos que o interpretado, deveria se realizar como sujeito na fala, *deveria se fazer ser* como sujeito.

Nesse sentido, a problemática intersubjetiva da interpretação implica que ela seja decisão, ato, criação, e que se apóie em um *ex-nihilo* no analista, uma vez que ele tem de se fazer ser, fundar-se na interpretação. Ou seja, a interpretação parte do ponto-de-falta no analista. O analista opera uma conversão do nada em ser, da qual se beneficia pela fala fundadora. Assim, Lacan não encontra melhor paradigma lingüístico da interpretação do que a fala: *Tu és minha mulher*.

Da problemática da interpretação intersubjetiva, que pode parecer antiquada, mas cujos termos continuam a infiltrar o conjunto do ensino de Lacan, assim como nossa reflexão, mantenho que a interpretação tem sua origem, sua fonte na falta-a-ser do sujeito. E, ao empregar os termos que Lacan trará mais tarde, poderíamos escrever $\$$ para designar o ponto-de-falta do sujeito que deve se fazer ser na fala, e para dizer que todo significante da interpretação – que escrevo como S com o índex I maiúsculo –, $S^I$, tem relação com o ponto-de-falta do sujeito:

$$\not{S} \text{ a } S^{I}$$

Aqui também, em curto-circuito, para dar uma idéia da persistência e da modificação desse esquema, diria que ele se modifica quando Lacan relaciona a interpretação com a falta do Outro, com o significante da falta no Outro – S de A barrado –, ou seja, quando ele põe S (A) em relação com o significante da interpretação, $S^1$:

$$S(\not{A}) \text{ a } S^{I}$$

Cifro assim uma trajetória da qual ainda estamos distantes para marcar que, tanto numa quanto na outra versão, o que permanece é essa conexão – que pode tomar valores diversos – entre a falta e o significante da interpretação.

$$\not{S} \text{ a } S^{I}$$

$$\downarrow$$

$$S(\not{A}) \text{ a } S^{I}$$

E, talvez, toda teoria da interpretação analítica seja assediada pela função da falta – quando implícita – ou ligada à função da falta, quando explícita.

Nos últimos escritos de Freud, podemos observar o que ele chama *construção* – o trabalho do analista –, e que, para ele, está relacionada com a falta no Outro, com o furo no saber, com a malha saltada impossível de ser restabelecida na continuidade da reminiscência. A ocorrência dessa falha, quando o sujeito não pode dizer – e jamais poderá dizê-lo –, convoca o analista a lançar mão desse modo de interpretar chamado construção. Digo que é um modo de interpretação, visto que o analista a comunica ao sujeito.

No fundo, o que ele chama *construção é o* significante que vem do analista para tamponar o furo no saber inconsciente, o impossível de ser recuperado daquilo que, no entanto, deve estar lá.

Resumo aqui a leitura relativamente detalhada que fiz de "Construções em análise", e que foi publicada no número 3 de uma publicação intitulada *Cahier*.

Leitura que fiz ano passado, sob a forma de seminário, com diversas articulações, cujo centro de gravidade, porém, é a relação da construção, segundo Freud, com a falta. O que ele denomina construção é a fala que se levanta – dá vontade de dizer: por meio do analista –, ali onde o analisante não pode dizer. É como se, no fundo, o recalcado que quisesse retornar – o recalcado freudiano é animado pela vontade de retorno –, não podendo retornar via analisante, tivesse que buscar seu caminho via analista.

Assinalei o perigo de se ir muito longe nessa direção, que poderia fazer acreditar em uma comunicação de inconsciente a inconsciente, quando se trata de recompor a estrutura lógica, que, certamente, faz com que o que não pode ser dito de um lado, se faça ouvir do outro, deva ressoar do outro.

Na interpretação intersubjetiva, a fala parte, no analista, do ponto-sujeito, e visa, muito precisamente, no analisante, o ponto-sujeito.

Se há um princípio que possa emergir de tal perspectiva, é: "Interprete sempre o ponto-sujeito! E só interprete isso!"

## A resposta na pergunta

Há uma construção de Lacan a ser decomposta, mas é muito difícil fazê-lo porque estamos deslumbrados, fascinados pela segurança de sua dedução, e mesmo quando os encaixes não estão bem ajustados, temos a impressão de que o caminho está todo traçado.

E existe, com efeito, uma inegável coerência. E como estamos instruídos pelos problemas que são deixados de lado e que permitem essa coerência, podemos ver essa unidade demonstrativa se rachar.

Portanto, é preciso ir passo a passo para perceber as duas vertentes que parecem se unir, estar em continuidade, embora não estejam totalmente. O que permite ter um ponto de partida, fazer essa divisão bastante sutil entre as duas vertentes, é interrogar-se sobre a ação que deverá ser a do sujeito a quem nos dirigimos.

Para dizê-lo do modo mais simples: na primeira vertente, é preciso responder. A fala não pode cumprir sua mais alta função se cair no vazio. E o sujeito não pode se fundar nela se a resposta do outro não estampar seu selo sobre o que foi formulado. Portanto, nessa vertente, a resposta do analista é essencial. É a vertente mais fora de uso. No ensino de Lacan, ela não tem nenhuma perspectiva. É nela que se concentram os erros da interpretação intersubjetiva, na valorização da resposta do analista como sujeito.

A segunda vertente é imbricada à primeira, a ponto de nem sempre ser dela distinguida. No entanto, é preciso fazê-lo. Essa segunda vertente aparece aqui e ali. Nela, pelo contrário, a fala não tem necessidade da resposta do outro.

O próprio termo "resposta" pertence à problemática da intersubjetividade. A teoria da interpretação intersubjetiva se formula em termos de pergunta e resposta. Lacan, porém, ora insiste na necessidade da resposta do outro, ora indica não ser ela necessária.

O ponto comum é a definição da fala como questão. O que percorre toda a problemática é a noção de que a fala, no fundo, é pergunta, e a pergunta fundamental que habita a fala é: *Quem sou eu?*

E é preciso aqui um *Tu és minha mulher* como referência, para que se possa dizer: "De jeito nenhum, isso é muito pouco para mim!", ou, ao contrário, assumir a oferta de identificação.

Porém há uma outra perspectiva que toca de leve na primeira, embora seja bastante distinta. Ela implica formular que a resposta está na pergunta, não tanto que a resposta venha do outro, mas que está incluída na pergunta. Nesse sentido, a interpretação consiste em apontar que a resposta já está na pergunta, que o que a fala busca já está no que ela diz.

Quando alguém diz alguma coisa ao outro, diz algo de si mesmo; quando diz algo do outro, diz algo de si mesmo usando o outro como via.

Isso pode ser tomado sob dois ângulos. O que pode implicar a função decisiva da resposta do outro, ou implicar que essa decisão seja atenuada: apenas sublinhar que, ao falar, o outro já tem tudo o que procura.

Por um lado, Lacan faz o elogio da função decisiva da resposta do outro: "Tal é *a* responsabilidade do analista, diz ele, a cada vez que intervém pela fala"; e ele especifica que essa responsabilidade do analista o leva a reconhecer o outro como sujeito ou a aboli-lo. Por outro lado, estabelece a noção de que a fala inclui sua resposta de forma invertida. Na perspectiva da comunicação dita intersubjetiva, o outro não aparece tanto como um sujeito, mas como o lugar por onde sua própria mensagem retorna ao sujeito. Nessa vertente, não se trata da resposta do outro como sujeito que se funda na fala, mas da resposta do outro como lugar de eco. O outro é apenas o meio pelo qual o sujeito se escuta, ou seja, escuta tanto os sons de sua própria fala – quando se manifesta o distúrbio que aí traz a homofonia –, quanto as conseqüências de sua fala – quando se trata de acentuar o que se passa realmente –, se levarmos isso a sério. No efeito de retorno invertido da mensagem, o analista não está na dimensão na qual o outro teria de se fundar em sua fala como sujeito, outrossim temos de haver-nos com um outro que cumpre sua função através de um simples: *Você o disse (Tu l'as dit).*

Eis o enunciado maior da interpretação, transcrito foneticamente:

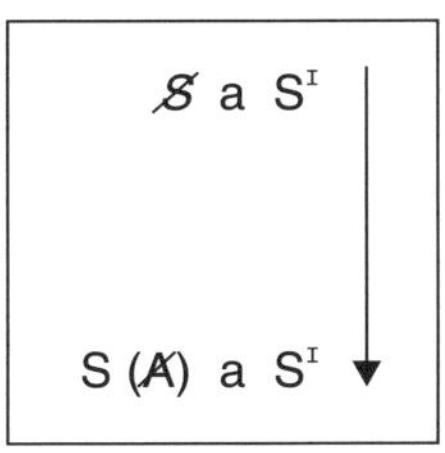


Tuladi

O Sr. 'Voceodisse' interpreta.

Pode-se dizer que esse é o ato da interpretação, caso haja um, que consiste em fazer ato. E, desse modo, propiciar ao sujeito a oportunidade de escutar os fonemas que produziu, desmentir, ou, eventualmente, tomar distância do sentido daquilo que disse. De qualquer forma, isso abre, na fala, um espaço novo para o som e para o sentido.

## *Support work*

Nem sempre é necessário chamar o Sr. 'Voceodisse' por seu nome. Ele nem sempre precisa fundar-se em sua fala ao se apresentar. Isso se dá ao se enfatizar o que foi dito, repeti-lo, escandi-lo, e outras tantas funções nas quais a resposta do outro não é da ordem da fundação, na fala, de seu ser de sujeito. Não pretendo fazer a fenomenologia das emissões sonoras do analista! Deve haver de todos os tipos, daria sem dúvida para se fazer uma recensão. Dizem que, às vezes, emito grunhidos! Enfim, essas emissões sonoras passam pelo que ficaríamos um tanto ruborizados de chamar "interpretações intersubjetivas". Será que o analista que grunhi se funda como sujeito na fala? Enfim, é duvidoso!

Sobre isso, consultei uma coleção que me caiu nas mãos, escrita por americanos e datada de alguns anos, que é muito divertida. Fala sobre linguagem e sexualidade e tenta estudar o uso diferencial da linguagem segundo os sexos. A obra científica, do grande período do feminismo, tem por objetivo mostrar como se efetua, concretamente, a dominação discursiva do macho, no diálogo entre homem e mulher. Para isso, eles inserem um gravador no meio da conversa e, depois, fazem estudos cifrados muito precisos e bastante instrutivos.

Um desses estudos incide, precisamente, sobre as interrupções e silêncios no diálogo. Bom! Não será agora que lhes darei as pérolas. Mas, nesse artigo, há uma parte sobre as emissões mínimas da fala: *Humm! Humm!*, *Ye!*, o que seria parecido com *Tá!*, ou algo assim. E eles observam que não são interrupções, pois, mediante o gravador, constata-se que, enquanto o interlocutor emite esses sons, o outro continua a falar. Portanto, não se trata, de fato, de um passar a palavra no diálogo, pois – e eles o observam muito precisamente – o locutor do *humm*! manifesta, assim, que seu interesse se mantém, que está participando do desenvolvimento do tema.

Pamela Fischman, em 1973, explicou que esses sons cumprem, no diálogo, o que ela chama um *support work*, um trabalho de sustentação, expressão cujo autor ela cita. Aliás, admiro nos americanos o sentido da citação que eles têm, ou seja, quando há uma expressão que vem de alguém, eles citam o artigo, o autor, a página etc. Portanto, esses sons são os indicadores de que o auditor está atento ao fluxo de palavras do locutor. No fundo, são falas cujo paradoxo está justamente em que esses sons, nós os dizemos como ouvintes, nós os dizemos – no vocabulário de Lacan – como receptor. Eles não fazem de nós um locutor no exercício de sua função. Pelo contrário, permanecemos ouvintes exatamente por emitir tais sons, assinalando assim que não nos tornamos locutores, que permanecemos ouvintes e que não sonhamos em ser outra coisa.

Não vou me estender sobre esse tipo de análise, mas o ciframento das alternâncias da fala entre homens e mulheres, em uma pequena sociedade mista, nos anos 1970, nos Estados Unidos, não deixa de ser algo delicioso.

Então, de certa maneira, esses sons são significantes. Será que podemos dizer que eles não têm significado? Digamos que eles não têm significado léxico, mas têm, contudo, significação. Têm a significação que podemos lhes atribuir, por exemplo: "eu estou bem aqui, eu escuto, eu estou te acompanhando". Portanto, eles têm uma significação de presença.

Gostaria de lhes fazer perceber, embora sem poder demonstrá-lo em todos os detalhes – seria preciso um seminário sobre o texto para fazê-lo –, que a interpretação intersubjetiva se divide, ou tende a se dividir, em duas vertentes: a primeira trata do reconhecimento do sujeito, da fundação recíproca dos sujeitos na fala. A segunda enfatiza o significante, faz ato do significante, como se, por sua simples emissão na fala, esse ato já realizasse.

A teoria formulada por Lacan naquela data era relativamente coerente, mas dividiu-se no decorrer de seu ensino. Por ter uma imagem relativamente coerente, essa teoria explodiu pressionada pela pulsão, para dar lugar à pulsão, na fala.

Aos poucos, Lacan abandonará o tema do reconhecimento e, inclusive, irá proscrevê-lo da psicanálise. Em contrapartida, preservará o circuito da fala, ou seja, a noção de que a fala encontra sua resposta na pergunta, sob uma forma invertida.

## A satisfação na fala

Posso então mostrar-lhes, também em curto-circuito, como nos orientarmos na entrada progressiva da pulsão na fala.

O par pergunta-resposta, fundamental para Lacan conceitualizar a comunicação no começo de seu ensino, foi substituído pelo par demanda-desejo. E o que é que faz com que o par demanda-desejo venha ocupar esse lugar?

O desejo, quando Lacan constrói seu conceito, é a reposta, uma vez que ela se encontra na pergunta.

Por essa razão é que, ultrapassando de uma só vez muitos elos intermediários, pude dizer que, definitivamente, quando Lacan formula o conceito de desejo, não é tanto no sentido de que o interpretemos, mas sim que *o desejo é, ele próprio, o intérprete*, já que ele designa uma função que já está no que é dito. Não se trata da resposta que virá do analista. Todo o caminhar de Lacan visa, em termos precisos, a desvalorizar o que vem do analista, chegando a introduzir uma prática da interpretação que se reduz ao silêncio, na medida em que é o desejo que interpreta.

O que mudou na orientação de Lacan pode-se ler no "Relatório de Roma": "O que eu procuro na fala, é a resposta do outro." O que resulta em definir a fala como pergunta que espera a resposta do outro, que a pesca. E tudo muda quando ele define a fala como demanda. Logo, não podemos mais dizer: "O que procuro na fala é a resposta do outro." O que podemos dizer então é: "O que eu procuro na fala é uma satisfação." A ênfase muda quando *demanda* substitui *pergunta.* Quando falo, demando satisfação.

A fala ligada à satisfação é reintroduzida no ensino de Lacan pelo viés do conceito de demanda. Ele partira da perspectiva de que o essencial era a fala ligada à verdade, e foi precisamente por ter antecipado, depurado, endurecido e radicalizado isso na psicanálise que surgiu o problema: Qual o lugar para a satisfação? Qual o lugar para o que não é o advento da verdade? Sua idéia era que, quando a verdade advém, a satisfação a acompanha. O general de Gaulle dizia: "A intendência acompanhará." E Lacan: "A satisfação acompanhará." A de vocês e a de todos, compatíveis entre si, já que o valor da fala se mede pela intersubjetividade do *nós,* e, se for o caso, a satisfação de um e de todos os outros a acompanha.

Eis, então, o pivô: a interpretação intersubjetiva é a interpretação identificada ao reconhecimento. O segundo ponto de partida de Lacan será, ao contrário, propor situar em pólos opostos a interpretação e qualquer forma de reconhecimento.

E ele o indica na página 629 dos *Escritos*, em "A direção do tratamento": "Fazer com que o sujeito se encontre como desejante no fluxo significante é o inverso de fazê-lo reconhecer-se ali como sujeito." É o que está reunido no conceito de desejo, construído por Lacan: o desejo não está para ser reconhecido, ele só é apreendido na interpretação. Ressaltei que a fórmula que figura em "A direção do tratamento" – "é preciso tomar o desejo ao pé da letra" – consagra o fato de que não se trata de reconhecer o desejo na análise, de que não há resposta decisiva do outro, e dá conta do que está incluído na fala.

Aqui se consuma a divisão de que lhes falei.

## Entrelinhas

Como se, na primeira vertente, existisse uma fala, de certo modo incompleta, que apela para a resposta do outro como seu complemento. Algo dessa idéia persiste em Lacan: o próprio complemento do que se produz no sujeito deve ser buscado no lugar do Outro.

Contudo, seu conceito de desejo foi elaborado – e aí está a segunda vertente – para dar conta do que acontece na própria fala. Por isso, ele fez desse desejo uma função que habita os próprios significantes da fala, que está entre os significantes, ou, como ele o diz até fazer sua teoria, *nas entrelinhas*.

No fundo, Lacan inventou o conceito de desejo para dar conta do que quer dizer procurar nas entrelinhas. E aqui, não se trata de reconhecer, de se dizer: "ele está nas entrelinhas, vamos trazê-lo e colocá-lo sobre as linhas". Não! O conceito de desejo implica que ele está estruturalmente nas entrelinhas, e para sempre. Desde então, não há que reconhecê-lo. Ele ali está e desliza.

Isso que lhes apresento gira em torno de quê? Em torno do que, talvez, seja o menos trabalhado no "Relatório de Roma": a noção de recalque.

No entanto, a teoria de Freud já comportava conceitos como os de recalque, censura e, portanto, de verdade interditada ou impossível de dizer: interditada, quando se trata de censura social, impossível, quando se trata do funcionamento psíquico.

E, desde o "Relatório de Roma", Lacan pôde dizer que a verdade assim censurada já está, na maioria das vezes, escrita em outro lugar, podendo ali ser reencontrada. E a metáfora é, eu o cito, sinônimo do deslocamento simbólico, posto em jogo no sintoma. Dito de outro modo, já há uma teoria do sintoma, uma teoria muito elementar, que consiste em formular que o sintoma tem a estrutura de uma linguagem, e é um significante cujo significado é recalcado.

$$\frac{S}{\ } \qquad \frac{S}{s}$$

Ou seja, segundo essa teoria do sintoma – escrevo sintoma com S – o significante do sintoma está presente, é o próprio sintoma, e o recalcado é da ordem do significado.

Torna-se então muito preciso o fato de que: o recalcado é o significado, e trata-se de fazê-lo retornar à consciência, isto é, obter um efeito que podemos chamar S, e, para significar a ultrapassagem, colocamos um + entre parênteses, e *s*:

$$\frac{S\ (+)\ s}{\ }$$

Eis o que se trata de obter: uma ultrapassagem da barra da censura, de maneira que o significado, enfim, reapareça. Digamos que o que Lacan chama de a verdade seja o significado como recalcado.

$$\frac{S\ (+)\ s\ -}{\ }$$

O que está no horizonte é que, operando pela interpretação, conseguimos, de fato, fazer retornar à consciência o significado recalcado e, desse modo, o sintoma se vai: "Como a inscrição que, uma vez recolhida, pode, sem perda grave, ser destruída."

## O impossível

Dito de outro modo, vislumbra-se no horizonte que a interdição é suspensa, a censura, a maldição – se quisermos – desaparecem e há absolvição, libertação. É o que Lacan denomina: o "perdão da fala", que permanecerá para ele como referência de todo o seu ensino. Será isso pensável? Ou seja, será que, sob a suspensão do recalque, há o perdão da fala?

Pois bem, no "Relatório de Roma", Lacan propõe, no horizonte da operação analítica, o fato de que liberar o significado recalcado, verdade do sintoma, absolve o sujeito da censura, efetuando-se, dessa forma, o perdão da fala.

No entanto, o que chamei seu novo ponto de partida em "A direção do tratamento", é, pelo contrário, marcar que não existe perdão da fala, que tal absolvição é, por estrutura, impossível. Precisamente nesse ponto, pelo menos nos *Escritos,* Lacan introduz o S barrado. Cito: "É de uma fala que suspenda a marca que o sujeito recebeu de seu dito, e apenas dela, que poderia ser recebida a absolvição que o devolveria a seu desejo." Esta frase remete, de modo exato, ao que está no horizonte do "Relatório de Roma", ou seja, à noção de uma fala absolutória, de reconciliação entre o significante e o significado, quando o sintoma é testemunha do recalque e, portanto, de um desacordo entre o significante e o significado. Ora, as coisas giram até ele reconhecer que a absolvição que traria a harmonia entre o sujeito e seu desejo e faria caminhar juntos significante e significado, é impossível. E ele pontua: o desejo nada mais é do que a impossibilidade dessa fala, o que nos fornece a arquitetura desse conceito de desejo.

Dito de outro modo, com o desejo Lacan inventou a noção de que a barra da censura é permanente, definitiva, e, assim, o significado permanece sempre discordante. E, do que há sob o significante, que chamamos significado, há algo que não pode vir "à consciência", não pode vir à fala.

Nessa báscula entre consciência e fala, efetua-se a construção do conceito de desejo.

O conceito de desejo impõe-se a partir do momento em que apreendemos a discordância entre o significante e o significado recalcado, do qual alguma coisa, estruturalmente, não pôde vir à fala, ou seja, há aí um impossível. Esse significado, visto não poder chegar à fala, é o que Lacan chama desejo.

Ele então escreve o sujeito com um S barrado, ou seja, ele inscreve a barra freudiana do recalque sobre o sujeito, para dizer que ele está definitivamente marcado:

$$\not{S}$$

E seu conceito de desejo fica então esclarecido, uma vez que ele não é o que dele fazemos em um manejo, às vezes, prematuro: o desejo é, por definição, incompatível com a fala e, inversamente, é compatível com o silêncio.

Propõe, então, como emblema da interpretação o dedo erguido de *São João* de Leonardo. Erguemos o dedo na falta de poder dizer. É o que será escrito como S de A barrado, significante do Outro barrado, como o dedo de Leonardo apontado em direção ao que, sob o significante, não podemos dizer:

$$S(\not{A})$$

Isso não é Wittgenstein. Isso não significa: o que não se pode dizer, se deve calar. Muito ao contrário: o que não se pode dizer, há que se dizer nas entrelinhas, só podemos dizê-lo nas entrelinhas, por alusão, de modo atravessado, só podemos *assinalá-lo.*

Prevalece o modo indireto.

Em meu comentário sobre "Construções em análise", de Freud, aponto – o que, aliás, está bastante evidente no próprio texto – a prevalência, para Freud, dos modos indiretos como expressão do inconsciente.

O que é interessante não dizermos sim ou não, mas o que passa ao lado, apesar do que se queira dizer, pela zona de contorno, por alusão. Em suma, o que vai passar, sem que se possa dizer: é isso! Muito cômodo para os culpados, eles são sempre inocentes do que disseram.

A problemática da interpretação intersubjetiva baseia-se na própria idéia de fundação do sujeito na fala, de que tudo pode ser dito – há no horizonte uma completude –, e na noção de que é o imaginário que faz obstáculo, porém, que sobre o eixo simbólico, a reconciliação e o acordo são possíveis.

Os símbolos que Lacan trará, em seguida, $\not{S}$ e $S(\not{A})$, tão familiares, que manejamos e evocamos, ali estão para dizer que não é o imaginário que faz obstáculo à verdade, que a contradição é interna ao simbólico, que a dificuldade decorre do próprio significante, que a impossibilidade decorre da lógica do significante, e não da interposição do imaginário travando o simbólico. Assim, o imaginário assume, na economia do discurso, um lugar secundário, passando ao primeiro plano a lógica do significante e das impossibilidades internas à ordem simbólica, que determinam o que não se pode dizer.

Portanto, se por um lado enfatizo a ruptura, por outro existem elementos de continuidade.

Gostaria de marcar a dificuldade presente na teoria de Lacan quanto às sessões curtas: a única teoria que ele forneceu de maneira articulada inscreve-se no quadro da interpretação intersubjetiva.

Vocês podem encontrá-la na terceira parte do "Relatório de Roma". A técnica é ali justificada pelo fato de que interromper a sessão marca um escandir no progresso dialético da verdade em marcha rumo à sua realização. Esse proceder, conforme ele próprio o anota, foi experimentado em um momento de seu trabalho, e, em 1953, ele afirma que tal momento chegou à sua conclusão. Não foi bem assim! Mais tarde, ele próprio anota: "Pedra de refugo ou pedra angular, nosso forte é não haver cedido sobre esse ponto." Bom, voltaremos a isso. Retomaremos essa questão visto que, aparentemente, o mesmo procedimento no qual Lacan confiava, chegando mesmo a enfatizá-lo, esse procedimento foi visivelmente referido a uma outra problemática inteiramente diferente da apresentada pela interpretação intersubjetiva. Todavia, devemos lembrar que sua primeira justificativa e emergência foi no contexto cujo horizonte propunha harmonizar significante e significado.

Na verdade, no horizonte estava o que Lacan denomina fala plena. Seu conceito de fala plena encontra, aqui, o seu lugar: é aquela na qual o sujeito – cito Lacan – converteria a verdade de seus sintomas, ou seja, aquela em que o significado recalcado encontraria seu significante na fala, e não no sintoma.

Nessa perspectiva, o sintoma deve desvanecer, à medida que seu significado encontra seu significante na fala.

Mais tarde, porém, Lacan redefinirá o sintoma como o nome mais autêntico da relação do sujeito com o significante. Diz ele: "o sentido do sintoma é o sentido da relação do sujeito com o significante", uma vez que, precisamente, o estado sintomático, é o estado normal do significante, se assim posso dizer. O significante, como tal, é uma intrusão no sujeito. O que melhor o demonstra é o estado sintomático do significante.

O que faz bascular a interpretação intersubjetiva e o fundamento buscado na intersubjetividade?

O que a faz bascular é o aprofundamento por Lacan do conceito de recalque, a noção do recalque originário.

Ele constata, seguindo as pegadas de Freud, retraduzindo-o em seus termos, que a discordância entre o significante e o significado é definitiva, e o status próprio do significado recalcado é estar nas entrelinhas.

O debate entre o sintoma e seu significado, entre significante do sintoma e significado do sintoma, este último recalcado, verdade que passa nas entrelinhas – debate sobre o qual Lacan acende todos os refletores, ainda que isso esteja velado nos *Escritos* porque ele joga muitas partidas de uma só vez –, esse debate será verdadeiramente estruturado e resolvido em "Instância da letra", quando Lacan distribui metáfora e metonímia: a metáfora do lado do sintoma e a metonímia do lado do significado recalcado, batizado como desejo.

Cinco anos após o "Relatório de Roma", novo equilíbrio se instaura. Esse equilíbrio não cai do céu nem vem de Jakobson, por mais que o que vem de Jakobson se ajuste como uma luva: a luva metáfora e a luva metonímia. É que, de toda parte, em razão de tudo o que precedeu e do que estava sendo instaurado, havia um apelo ao significante do sintoma e ao seu significado recalcado que corre nas entrelinhas. Para dar conta disso, Lacan propõe, então, mecanismos: o da metáfora, para dar conta da subsistência do significante do sintoma, e o da metonímia para explicar, em termos lingüístico-lógicos, a subsistência do significado entrelinhas. É surpreendente! Lacan procura, às apalpadelas, orientar-se com seus termos. E eis que lhe cai nas mãos, neste exato momento, o artigo de Jakobson, que constitui uma simplificação impressionante da retórica limitada às duas grandes figuras. Lacan logo utiliza e remaneja esses dois conceitos lingüísticos para resolver o problema já formulado antes.

Há conselhos muito precisos, concernentes à técnica da interpretação, que poderíamos extrair disso. Mas vou concluir com outra observação. Enquanto Lacan se debate entre o significante do sintoma e seu significado recalcado, há ausência total de referência à satisfação que o sintoma comporta. Toda a teoria anterior à "Instância da letra" de fato deixa de lado o que, no entanto, está na obra de Freud, repetido em todas as páginas, ou seja, o sintoma comporta satisfação.

## O real da pulsão

Gostaria de tomar de revés a famosa crítica feita por Lacan ao caso do "Homem dos Miolos Frescos" – desde então, não tão frescos assim! – de Ernst Kris. Caso haja aqui algum estudante do Departamento de Psicanálise, certamente já ouviu falar dele uma dezena de vezes. É um texto clássico, que Lacan utiliza para mostrar como se faz um *acting out* quando se está embrutecido.

Mas talvez, com nossa pequena e cuidadosa reconstrução de hoje, possamos tomar as coisas um pouquinho de revés.

Trata-se de um plagiário, obsessivo; na verdade, ele não plagia, mas acredita-se plagiário – em geral, ocorre o contrário, mas, enfim, esse é o caso dele –, e Lacan o cita para ilustrar um *acting out*.

Resumo. Em um certo momento, Ernst Kris interpretou o paciente dizendo: "Só as idéias dos outros são interessantes." E, no contexto do tratamento, isso produz um silêncio. – Silêncio! – que é assinalado por Kris. Diz ele: "Aguardo a reação." Após uma interpretação sensacional, ele aguarda a reação do paciente. E o paciente faz silêncio. Um silêncio nunca é indiferente. Como vocês sabem, ele é um significante maior. Passado algum tempo, diz o paciente: "Todas as tardes, depois da sessão, olho os cardápios dos restaurantes, e vou a um deles comer meu prato preferido: miolos frescos."

E Lacan comenta: "Kris toma isso como confirmação de sua interpretação, quando, de fato, é um *acting out*." O sujeito confessa – e, portanto, devemos acreditar – uma espécie de *acting out* regular que ele faz após cada sessão. O *acting out* seria ir se ocupar... com comida. Esse *acting out* traz à tona o fato de que – e isto não deixa de ser engraçado – esse falso plagiário gosta de miolos frescos!

E qual é o comentário de Lacan? Por que ele desdenha a manobra de Kris? Por vezes, Lacan é muito duro nas críticas que faz a seus colegas da IPA. Todavia, em relação a Kris, ele chega ao máximo do desagradável.

No fundo, o que Lacan reprova na interpretação de Kris é o fato de ter feito emergir a pulsão oral, acerca da qual diz que estava "primordialmente suprimida" no sujeito.

É como se dissesse: "Meu caro, com sua maneira de interpretar, você faz emergir a pulsão. Mas não se trata disso, de jeito nenhum. Você deveria saber fazer emergir a verdade dos sintomas." Devo dizer que, se pareço contente quando digo isso – satisfação na fala –, é porque, durante muito tempo, eu não tinha apreendido bem em torno de que essa crítica de Lacan a Kris se atarraxava. Crítica que tem muitos outros aspectos. Lacan prossegue dizendo, explicitamente: "O que emerge da pulsão nada tem a ver com a verdade dos sintomas."

Assim, Lacan desvaloriza o obtido por Kris, como um vulgar *acting out,* pontuando que uma interpretação intersubjetiva válida visa a verdade do sintoma e não a emergência da pulsão, e que uma nada tem a ver com a outra. Diz isso numa frase que para mim permaneceu misteriosa por muito tempo: "A resposta que essa interpretação atrai tem um valor de realidade, a título das pulsões do sujeito, que não é o que se faz reconhecer nos sintomas." Isso é crucial, pois diz que a resposta do sujeito, ou melhor, a emergência da pulsão oral tem valor de realidade, e que esse valor não é o que se faz reconhecer nos sintomas, que têm valor de verdade.

Portanto, ele utiliza o caso de Kris para reforçar a disjunção entre o sintoma e a pulsão e confirmar o édito da supressão da pulsão para fora do campo próprio à interpretação analítica.

Por isso, Lacan insiste no parentesco entre o *acting out* e a alucinação, inserindo ambos no capítulo das interferências do simbólico no real. Ele mostra como, na alucinação, o real reaparece de forma errática, e trata a emergência da pulsão oral da mesma maneira, como uma emergência errática do real. Na época, o que ele chama real é o que subsiste fora da simbolização.

Ele tem por objetivo mostrar que, em definitivo, se falhamos em alguma coisa na interpretação, fazemos emergir o real da pulsão. E ao fazer emergir o real da pulsão, pois bem, isso é um *acting out,* o que é muito ruim.

Lacan chama *acting out* a emergência da pulsão.

Certamente podemos valorizar a crítica de Lacan, mas, aqui, no contexto em que estamos, somos mais tentados a fazer o contrário, já que isso vem como um documento que atesta a pulsão como proscrita do campo operatório da interpretação.

*7 de dezembro de 1994*

# – Lição 4 –

# Dizer: valor de verdade, valor de gozo

Interessamo-nos, este ano, precisamente pelas mudanças, transformações e mutações que a análise pode ou não efetuar nos modos de gozo do sujeito.

Ao investigar esse assunto, tratamos dos limites que se impõem reconhecer ao efeito da ação da psicanálise, limites em geral admitidos, porém limitados ao discurso que temos sobre eles. E caminhamos na direção de considerar esses limites não no limite de nossa investigação, mas no centro dela. Eis nossa visada.

Para avançar nessa direção, não hesitei em retomar o ponto de partida de Lacan. No fundo, não temos outro, pois, para nós, até mesmo a abordagem da obra de Freud está condicionada, orientada pela refundação de sua descoberta empreendida por Lacan. Essa refundação, cuja evidência pode ser constatada, tem seu ponto de partida nos meios pelos quais se dá a operação analítica, ou seja: a fala, a escuta dessa fala, tanto no que concerne ao analista quanto ao analisante, e a interpretação, nome com que batizamos os enunciados que esperamos do analista.

Esse ponto de partida desenvolve-se no "Relatório de Roma", texto bastante amplo, cujo nome foi dado em função das circunstâncias nas quais foi proferido, e que ergue uma verdadeira *catedral da intersubjetividade*, prometendo que a interpretação, se autenticamente intersubjetiva, realiza, no sujeito, uma mutação de ordem simbólica.

Tal mutação, de maneira explícita, não pretende acontecer nos níveis dos modos de gozo, mas no nível simbólico. E o preço pago pela eficácia simbólica é o banimento da pulsão, situada no exterior dessa catedral da intersubjetividade:

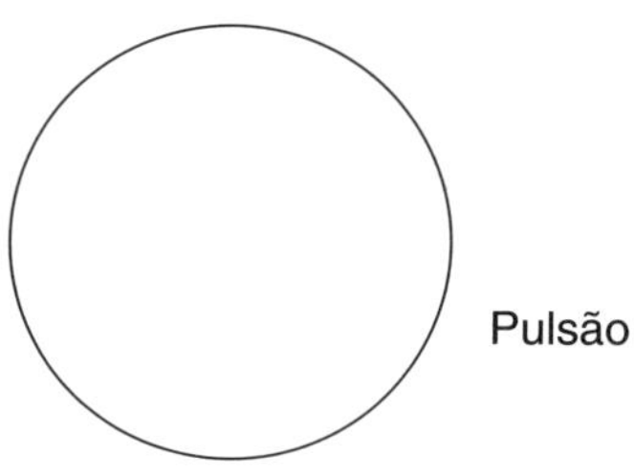

No ensino de Lacan, desenvolvido em três décadas, do qual ainda estamos dependentes, a mola de sua invenção está no fato de ter admitido a pulsão, incluí-la na catedral e, em função disso, impor condições e redefinições tanto da pulsão quanto do restante da problemática.

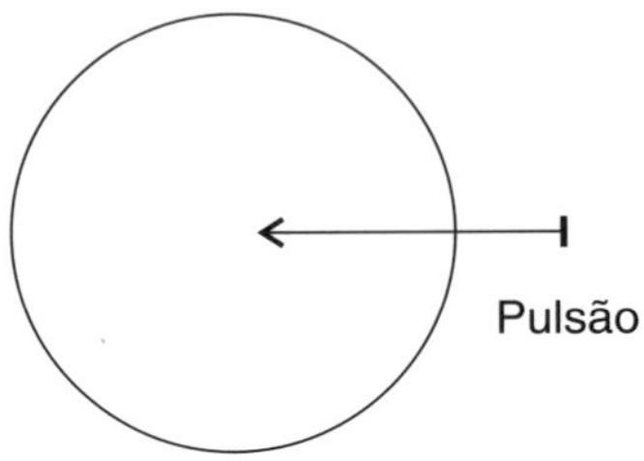


A famosa trilogia: necessidade, demanda e desejo, foi um conceito criado para admitir a pulsão no que chamei catedral. Essa trilogia esforça-se para circunscrever a pulsão na ordem simbólica, repartindo-a nesses três termos.

A necessidade, na pulsão, é o elemento bruto, que decorreria do que há de físico no que se impõe à experiência.

A demanda é o que, da pulsão, consegue passar à fala, anulando, convertendo nela o bruto da necessidade. Escrevemos, então, D sobre N marcado por uma barra de anulação:

$$\frac{D}{\not N}$$

E, se tudo da necessidade pudesse passar à demanda, se tudo do que Freud chamou pulsão pudesse ser convertido na fala, poderíamos escrever "zero" como resultado da operação indicativa de que o poder da fala chega a uma conversão exaustiva do que se impõe das exigências do corpo:

$$\frac{D}{\not N} \longrightarrow \underline{\underline{0}}$$

A operação, contudo, está articulada dessa forma para indicar, marcar que essa conversão não poderia ser exaustiva, pois dela fica um resto, que Lacan, em um momento de seu ensino, chamou desejo, ou seja, como a diferença entre a demanda e a necessidade, ou como o resíduo da operação anulatória:

$$\begin{array}{ll} \frac{D}{\not N} & \longrightarrow \underline{\underline{0}} \\ & \longrightarrow d \end{array}$$

O resto, isto é, aquilo pelo qual a pressão da necessidade ultrapassa a demanda, deveria ser considerado como um resto de necessidade. Mas não é sob esse ângulo que Lacan o traz.

Ele situa, conceitualiza, articula, escreve o resto do lado da demanda, como um resto que se manifesta do lado da demanda. Então, ele escreve esse resto, que poderia ser expresso do lado da necessidade, em termos de linguagem. Em referência à diacronia entre significante e significado, ele escolheu escrever o desejo como significado da demanda e, precisamente, como o que, do significado, ultrapassa sempre o significante:

$$\frac{S}{s}$$

Dito de outro modo, ele considera esse resto, sob a perspectiva da ordem da linguagem, como diferença inevitável, impossível de ser suprimida, entre o significante e o significado; diferença que faz existir sempre *um significado a mais*, que não chega a ser capturado pelo significante.

Contudo, na própria articulação entre necessidade, demanda e desejo, existe um resto que evidencia o fato de Lacan não ter exaurido o termo pulsão, e que, na realidade, essa tripartição não esgota a pulsão freudiana. Ao manter o termo pulsão, Lacan deixa claro que esse trio é um quarteto.

Resta ainda a pulsão concebida como demanda silenciosa, cujo paradoxo repercute o resto, que deve ser situado, desta vez, do lado "da necessidade". Algo da necessidade, dessa necessidade bruta surgida no início, subsiste após a operação de anulação, sem se deixar esgotar pelo significado suplementar, continuando silenciosamente a impor sua presença. Demanda silenciosa, articulação sem texto. Por isso, apesar da construção que nos leva ao D sobre *d* – D/*d*, no exato momento em que Lacan se orienta sobre a articulação e a antinomia entre demanda e desejo,

$$\frac{D}{d}\Big\|$$

ele inventa a escritura, S barrado, punção, D,

$$\mathcal{S\!\!\!/} \lozenge D$$

pretendendo traduzir a pulsão freudiana, traduzir seu empuxe na ordem da linguagem, sob uma forma na qual ela não diz nada, a não ser que ela ali está, impondo-se e, com ela, suas escansões, seus cortes.

Quando escrita assim, eu a tomo como uma articulação, mas sem enunciado.

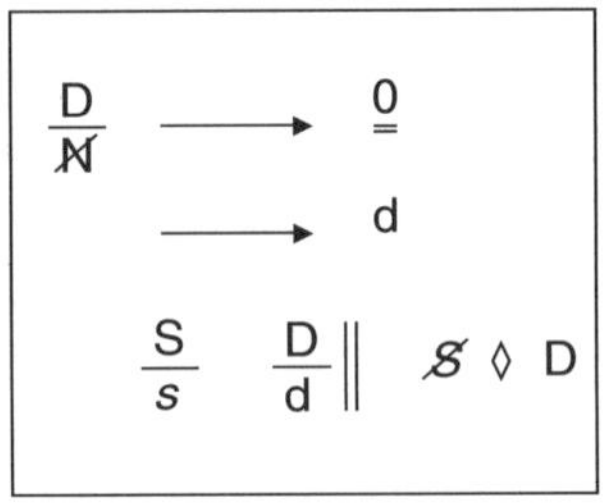

Para além desse ternário, está o próprio objeto *a,* inventado por Lacan na psicanálise, e que vem traduzir a pulsão freudiana na catedral erguida por ele no começo. O objeto *a* surge, de início, como resto, resíduo de uma operação que já me ocorreu escrever como A sobre G (gozo), barrado. O G barrado indica que, pelo efeito da linguagem, o gozo se esvazia, se anula, convertendo-se no significante, deixando um resto, um gozar a mais, para o qual Lacan utilizou um significante – antes destinado a outros usos –, visando situar a parte da pulsão freudiana que se traduz na ordem da linguagem e na função da fala:

$$\frac{A}{\not{G}} \longrightarrow a$$

Na perspectiva que tomo este ano, a mola da invenção conceitual de Lacan é a tradução múltipla e dificultosa da pulsão freudiana na ordem da linguagem.

Há dois marcos nessa investigação. O primeiro, no qual o ponto de partida é dado pelo dizer, em que o dizer é, antes de tudo, dizer o verdadeiro, e o sintoma é obstáculo ao dizer verdadeiro; nesse sentido, o tratamento consiste em liberar a verdade do sintoma, ao passo que o gozo é desvalorizado. O segundo, em que o gozar é que fornece a própria razão do dizer. É assim que se opõem o valor de verdade e o valor de gozo, criando o problema de sua conciliação. E conciliar o valor de verdade com o valor de gozo é *o* problema do ensino de Lacan.

## A fala plena não existe

Assinalei que a teoria inicial de Lacan quanto ao sintoma era notável pela ausência de qualquer referência à satisfação que ele comporta – ausência de referência ao seu valor de gozo –, mas unicamente ao valor de verdade.

O sintoma, no início do ensino de Lacan, é uma fala, e até mesmo uma mensagem, uma vez que Lacan conclui, da operação freudiana sobre o sintoma histérico, que a fala sintomática "inclui o discurso do outro no segredo de sua cifra". No fundo, o sintoma leva em conta o outro, o sintoma é um endereçamento. E, por isso mesmo, é um significante cuja particularidade é ter seu significado recalcado da consciência do sujeito, sendo portanto inconsciente. Também por isso, é um significante cujo suporte não é lingüístico, mas emprestado da carne do corpo ou do registro do imaginário. O tratamento analítico consiste, assim, em encontrar o recalcado, definido como significado, em devolver ao significante seu significado, isto é, o sintoma.

E permanecerá válido para Lacan, e também para nós, o fato de que a teoria freudiana do recalque encontra seu suporte na diacronia entre o significante e o significado. Razão pela qual ele não negará este ponto de partida: o recalque é o que separa o significado do significante no sintoma.

Disso decorre a ênfase sobre o conceito de fala plena, que seria, conforme eu deduzo do "Relatório de Roma": a fala sem recalque e que teria a propriedade de abolir o recalque, aquela na qual o sujeito converte a verdade de seus sintomas.

Essa fala sem recalque, cuja propriedade é abolir o recalque, reunir significante e significado, é, no fundo, *a* referência do ensino de Lacan a partir da qual nos damos conta de que não é assim.

Sem dúvida, de início, essa fala plena foi apresentada no "Relatório de Roma" como uma possibilidade da fala. No entanto, precisamente por introduzi-la como tal, Lacan pôde enumerar as razões para dizer: *a fala plena não existe*.

Essa fala plena seria, em primeiro lugar, aquela na qual apareceria o significado verdadeiro, ou seja, ela supõe que existe um significado verdadeiro para o significante, um significado que lhe é próprio. Em segundo, seria a fala na qual o suporte do significado se tornaria o do discurso concreto, ou, no dizer de Lacan, a fala na qual o suporte do significado se tornaria o significante lingüístico.

Nessa fala, o significado do sintoma poderia abandonar seu suporte corporal ou imaginário para encontrar, nela, seu suporte simbólico. Assim, ao emigrar para seu suporte simbólico, o significado do sintoma deixaria de se apoiar naquilo que, no corpo e no espírito, faz sintoma. No fundo, em virtude de poder dizer-se através de palavras, essa verdade não mais necessitaria utilizar como meios nem o corpo nem as imagens tomadas emprestadas da desagregação do eu. Eis o que seria a fala plena.

E o que chamamos o ensino de Lacan talvez não seja outra coisa senão o ensino do impossível da fala plena, o ensino no qual a verdade da fala não pode ser plenamente convertida na fala.

Essa impossibilidade de dizer na fala a verdade da fala, é o que, bem mais tarde, Lacan escreverá como S de A barrado:

$$S(\cancel{A})$$

E ele o formulará de maneira surpreendente dizendo: a verdade não é toda.

É também o que ele tentará designar ao dizer: há verdade, uma vez que não pode ser plenamente convertida na fala. A essa verdade que não pode passar à fala, Lacan dará o nome de desejo.

Enfim, desejo é o outro nome dado por Lacan *ao impossível da fala plena*. É o nome retórico, lingüístico, da impossibilidade da fala plena, com que ele tentará, mais tarde, construir um matema.

Lacan designou como desejo o que parece, do significado, resistir ao significante.

Desse modo, evaporou-se – como por milagre! – algo da pulsão freudiana, visto que ela não pode ser dita. E a negação aí está como a noite, de que fala Hegel, em que todos os gatos são pardos. O que não se pode dizer permite incluir, em seu parêntese, tanto o valor de gozo, quanto a parte do significado que não chega a se realizar no significante. Por essa razão, durante um certo tempo, o discurso sobre o desejo parece ter recoberto o obstáculo que o conceito freudiano de pulsão comporta.

Assim, ao final de uma elaboração que podemos seguir passo a passo, Lacan refundou sua articulação da psicanálise, em 1958, em seu texto sobre "A direção do tratamento". Texto que marca um tipo de recomeço e que, em sua conclusão, aponta a incompatibilidade do desejo com a fala, em oposição à orientação do "Relatório de Roma".

Não tratemos, porém, com indiferença a observação que ele acrescentou a esta fórmula: a incompatibilidade do desejo com a fala. Ele nota que ela causou espanto nos que o ouviam. Por meio dela, ele questiona a compreensão daqueles que o ouviam, visto ser o oposto do ponto de que partira cinco anos antes, ponto que propunha a existência da fala plena, ou seja, a perfeita compatibilidade da verdade com a fala, e não só compatibilidade, mas até mesmo o fato de que é somente através da fala que emerge a verdade propriamente dita

A partir dessa data, Lacan chamou desejo o que, da verdade, não pode emergir pela fala.

Aqui, percebemos, conseguimos situar melhor a expressão que Lacan tomou emprestado de Kojève, "desejo de reconhecimento", que considerou, até então, como o desejo fundamental do sujeito, ou seja, o desejo de uma fala do outro. Desejo de uma fala plena do outro que reconheceria o desejo do sujeito, fazendo-o passar à fala. Assim, por meio de sua fala, o outro sancionaria o desejo do sujeito, fala que teria lhe faltado em sua existência, e que o sujeito viria buscar na análise. Pelo viés do analista, o sujeito buscaria alcançar a fala plena, compatível com o desejo, fala que tornaria o desejo do sujeito compatível com a ordem do mundo, com os outros e com o discurso universal.

No horizonte da experiência analítica, haveria, na fala plena, o advento do desejo, que, por mais que fosse particular ao sujeito, seria reconduzido ao universal: que o desejo se humanize.

## A humanização do desejo

Lacan evoca a humanização do desejo através da fala de reconhecimento. Quando, no "Relatório de Roma", utilizou o termo "desejo", este teria, para ele, uma certa contigüidade com a pulsão freudiana. O que ele então chamava "desejo" era, em termos precisos – aqui, vou um pouco mais longe do que está formulado em termos explícitos –, o que, da pulsão, fundamentalmente sempre selvagem ou auto-erótica, era suscetível de ser reconhecido pelo outro. Por essa razão ele podia falar de humanização do desejo.

Ele evoca, por exemplo, a linguagem do desejo, linguagem primeira que fala nos símbolos do sintoma. Linguagem universal, por um lado, uma vez que se faz escutar em todas as línguas, e, com efeito, constituiu a orientação seguida, por exemplo, quanto ao simbolismo do sonho nos primórdios da psicanálise. Por outro, linguagem absolutamente particular ao sujeito, visto que, sendo do sintoma, cito Lacan, essa linguagem "apreende o desejo no próprio ponto onde ele se humaniza, fazendo-se reconhecer".

Dito de outro modo, quando anteriormente utilizara o termo "desejo", emprestado de Kojève, era para dizer que se tratava da parte da pulsão que pode se fazer reconhecer, que está à espera disso, que é compatível com a fala, que é humanizável.

A expressão "humanização do desejo" é reencontrada no ensino de Lacan, alguns anos mais tarde, quando ele trata do caso de André Gide. Ele continua a utilizá-la precisamente para dar conta do que, no jovem Gide, no pequeno Gide e no grande Gide, se mantém como masturbação, isto é, a satisfação selvagem da pulsão. Lacan relaciona a sobrevivência da masturbação à falta de uma fala que tivesse humanizado o desejo, falta esta referente à morte do pai. Morte que teria subtraído ao jovem Gide uma fala capaz de humanizar o desejo, de torná-lo compatível com o universal e, nesse caso, com o laço social, o laço sexual com o outro.

Aponto essa referência para destacar o valor dessa humanização do desejo e do que nela está em jogo: os destinos da pulsão.

A condição para que a pulsão entre na catedral da intersubjetividade é que sua exigência seja humanizada pela fala.

## A satisfação selvagem da pulsão

A interpretação intersubjetiva, como Lacan a constrói no início de seu ensino, é não só uma teoria que podemos expor, repetir, analisar, decompor, mas também uma máquina de guerra contra o que prevalece na psicanálise nessa época, ou seja, máquina de guerra contra a análise das resistências. E seus comentários mostram que ele espera provocar, com ela, uma reforma na prática analítica.

Para apreender nosso ponto de partida, penso não ser inútil retornar ao que foi chamado, na prática analítica, a análise das resistências, e ao problema que ela tenta resolver. Essa prática enfrentou, de maneira mais próxima do que Lacan, a problemática da pulsão, sem, contudo, efetuar seu banimento, via escolhida por Lacan para ficar fora desse "lodaçal".

A análise das resistências estava num lodaçal por ter acolhido a pulsão no âmago do trabalho psicanalítico. Não farei o elogio disso. Mas gostaria de tomá-la, aqui, por seu lado bom.

Vamos agora nos referir a um autor que praticou Lacan. Era um espírito enciclopédico, transmitiu muito do passado da psicanálise aos norte-americanos, depois de retornar do exílio em 1938, e tinha, tanto dos escritos de Freud quanto dos de seus alunos, um conhecimento, preciso dizê-lo, estonteante. Trata-se de... Fenichel.

Eu me reportei ao capítulo de seu tratado, que se chama *O método da psicanálise*, em que ele aborda a interpretação. Ao tomá-lo como referência, observamos que Lacan, ao priorizar a intersubjetividade e banir a pulsão, saltou para a outra extremidade da prática.

Pode-se rir quando Fenichel batiza a psicanálise de psicologia dinâmica. Não nos esqueçamos que Lacan, na mesma época, continuava a qualificar a psicanálise como psicologia. A palavra que nos importa é: dinâmica. Não se trata de intersubjetividade, de assunção, de fundação do sujeito, mas sim de forças, da experiência analítica considerada como campo de forças. Por trás do que é dito – e esta é a perspectiva em curso no pós-guerra –, o analista que se orienta na análise das resistências percebe ou supõe uma constelação de forças, ou seja, as pulsões que querem se descarregar. O termo descarga, tal como ele o emprega, designaria a satisfação das pulsões, às quais se oporiam outras forças inibidoras dessa descarga.

Assim, Fenichel pôde definir a psicanálise como a tarefa de eliminar o que se opõe à expressão direta dessas forças. Isso é bastante curioso. Poderíamos esperar que ele dissesse: eliminar o que se opõe à satisfação dessas forças. Mas, que nada! Reli essa passagem, e ele diz: o que se opõe à expressão dessas forças. Sem dúvida, ele tem de se haver com forças que querem se satisfazer, mas também com aquelas que querem "se" dizer, e que encontram obstáculos para "se" dizerem.

Então, para ele, tomando como referência a força da pulsão, o inconsciente, como ele diz, esforça-se por se exprimir. Para Fenichel, portanto, há um querer dizer incluído na força da pulsão. É assim que ele dá conta da regra fundamental da análise: *Dizer tudo*, ou permitir, no enquadre analítico, que as forças que querem se descarregar e "se" dizer se digam. Entretanto, permitir não basta para obter esse efeito. As impulsões inconscientes encontram resistências que Fenichel sustenta – e Lacan lembrará disso – como resistências do eu, sendo, em si mesmas, inconscientes para o sujeito. Há em Fenichel, apenas esboçada, não explicitada, uma diferença entre o eu e o sujeito.

Isso prescreve o que cabe ao analista: ajudar o analisante a eliminar as resistências.

Como fazê-lo?

Em primeiro lugar, ele as assinala, ou seja, torna o analisante consciente daquilo que faz obstáculo à confissão do que se trata, o que Lacan designou como a confissão do desejo. Em segundo – e esta é a interpretação propriamente dita –, ele diz a coisa mesma.

O analista, na análise das resistências proposta por Fenichel, é aquele que diz a coisa mesma, a que o analisante só diz de maneira enviesada, sem conseguir nomear. Desse modo, Fenichel já enfatiza a função do aludir, como Lacan o fará mais tarde. Porém, ele atribui a alusão ao paciente, é o paciente quem sempre faz alusão a outras coisas. Para ele, o dizer alusivo é o dizer do paciente.

Cabe ao analista deduzir – palavra empregada por Fenichel que detém nossa atenção – o que está por trás das alusões do paciente. No fundo, esse analista dá, ao paciente, as palavras que lhe faltam. Assim, o que ele chama interpretação é um procedimento de dedução do que o paciente quer verdadeiramente dizer. Nesse caso, a interpretação seria nomear o que está inconsciente para que se torne consciente. E o recalque é o operador que converte o consciente em inconsciente. Nesse sentido, a interpretação é o operador contrário, ou seja, o operador que converte o inconsciente em consciente. Portanto, entre interpretação e recalque, há uma espécie de espelho.

Isso supõe – e Fenichel assinala – que a interpretação leve em conta a função do *timing*. Segundo ele, ela só pode ser eficaz no momento em que o interesse do paciente é despertado. Não se trata de dar ao paciente um curso sobre o complexo de Édipo, mas sim, no momento em que se quer dizer algo sobre isso, que o analista possa apontar a conseqüência, que estava fora do alcance do sujeito.

Então, neste ponto, desliza-se da resistência à defesa, na medida em que as pulsões infantis, estando ao longe, não podem ser experimentadas no presente. Disso decorre, segundo ele, que a interpretação não pode visar nomear pulsões arcaicas. Ela pode somente visar seus derivados – termo que retorna com regularidade no tratado de Fenichel –, ocupar-se dos derivados das pulsões. Sua recomendação é, pois, interpretar as atitudes defensivas do sujeito em relação às pulsões, não nomeando as que estão em jogo. Aqui, ele se opõe claramente ao método kleiniano.

Fenichel recomenda o que chamamos interpretar pela superfície, não a interpretação direta visando a pulsão, mas visando as defesas contra ela. Atribui a Klein, não sem base, o fato de recomendar interpretações profundas desde o início da análise, o que, na prática kleiniana, implica elaborar o discurso sobre a pulsão que está por trás de tudo isso sem se preocupar de saber se o paciente compreende ou não.

Para Fenichel, isso não interpreta nada.

## É urgente interpretar?

Essa prática recomendada por Klein, a partir da psicanálise com crianças, pode ser encontrada no capítulo "A técnica da análise", no livro *A psicanálise das crianças*. Baseada no fato de que na análise com crianças a transferência se estabelece desde o princípio, ela deduz ser urgente interpretar, o que produz toda uma técnica da interpretação diferente da de Fenichel.

Há, na experiência de Klein, a urgência de interpretar o mais cedo possível, visto que o retorno do que é desagradável ao sujeito, do que não lhe dá vontade de pensar, traz como conseqüência normal e imediata uma transferência negativa. Portanto, mal vocês abrem as comportas com a regra fundamental, nem bem começando a permitir ao sujeito ter acesso ao que ele nunca teve vontade de dizer, e logo, logo, ele se aborrece. Então, apressem-se – interpretem! – a fim de acalmar essa transferência negativa que nasce com a fala. Por essa razão, Klein recomenda: o analista não deveria temer as interpretações em profundidade no início da análise. Trata-se de apaziguar a angústia que foi despertada. Isso se pauta na idéia de que, logo que tocamos no inconsciente, a angústia aparece, flui, e o aparelho psíquico está, antes de tudo, ocupado em dominá-la. Isso desponta com a regra fundamental e é urgente interpretar, interpretar sem mais delongas.

Na prática kleiniana, mal temos tempo de dizer alguma coisa e logo nos aplicam um cataplasma de interpretação. Na teoria de Melanie Klein, a urgência é dupla: por um lado, é preciso se apressar a interpretar – estamos sempre atrasados quanto à interpretação a ser dada. Por outro, faz-se necessário – recomendação técnica de máximo interesse – interpretar no ponto de urgência, ou seja, no ponto em que a pulsão pressiona. Não se trata de interpretar em geral; é urgente interpretar no ponto de urgência.

É uma concepção que também leva em conta a pulsão, mas de maneira oposta à de Fenichel. Ele recomenda, ao contrário, manter-se distante da pulsão, que, segundo ele, não se atualiza. Ali onde o analista kleiniano pensa que a pulsão se atualiza de imediato, para Fenichel a pulsão arcaica está muito longe. Devemos, então, interpretar pela superfície, através das defesas. Lacan tirará proveito de ambos. É sabido que ele assim fez com Melanie Klein. Sabe-se menos, talvez, do interesse de Lacan em relação a Fenichel, principalmente por este ter sido sempre atento a tudo o que fazia obstáculo ao que, da pulsão, se pudesse dizer.

No primeiro plano, ele situa a distorção sofrida pelos enunciados do paciente, que seriam mais exatos no momento em que chegam ao dizer. Fenichel chama resistência a essa distorção. Conseqüentemente, interpretar é desfazê-la, retificar a distorção ocasionada pela resistência. Isso o levou a desenvolver estudos do que denominou *the devices of distorsion* – os meios, os mecanismos da distorção. E me parece que o célebre parágrafo em que Lacan define o inconsciente como capítulo censurado é inteiramente compatível com o estudo de Fenichel sobre a distorção como resistência.

Ele enumera três meios principais:

Em primeiro lugar, podemos balizar, nos enunciados do paciente ligações faltantes, hiatos, brancos. A censura tem tesouras, diz ele. Eis o *capítulo censurado* com o qual Lacan definiu o inconsciente em um parágrafo célebre do "Relatório de Roma".

Em segundo, os afetos são suprimidos ou deslocados, e, cada vez que se produzem de maneira desproporcional à causa, pode-se dizer que se trata de um derivado da pulsão. Fenichel enfatiza o caráter de deriva da pulsão.

Em terceiro, encontramos no discurso do paciente idéias que são substituídas por outras, digressões entre o dito e o significado – *what is said and what is meant*. Precisamos saber reconhecer a alusão, ou rastrear as contradições dos enunciados.

Indiscutivelmente, é uma descrição bastante apurada da distorção dos enunciados, e penso que ela faz eco em Lacan.

A conclusão de Fenichel é a de que é importante ter muita empatia com o paciente, para poder rastrear os brancos, balizar a desproporção dos afetos e sua deriva como alusões e contradições. A condição para fazê-lo é simpatizar com o discurso do paciente. Ele esvazia toda a combinatória própria do discurso e chega a recomendar, como meio, que nos fiemos em nosso inconsciente.

Com efeito, pode-se dizer que todas essas conclusões são opostas às de Lacan. Ademais, ele tem uma doutrina do tempo, do *timing*: ele recomenda a interpretação quando a distância entre o dito e o significado, ou seja, entre o significante e o significado é mais curta.

Percebe-se, tanto em Melaine Klein quanto em Fenichel, a busca de uma doutrina do momento da interpretação. Acrescentam-se a essas as doutrinas nas quais não nos detemos, que suporiam o núcleo do *ego* ser racional e estar em condições de balizar, com a ajuda do analista, a intrusão de elementos irracionais. Para ele, a interpretação é sempre o apelo ao que é racional no *ego*, a fim de dimensionar as reações do sujeito. Ele supõe ser sempre possível ao analista fazer notar ao analisante em que medida os resíduos do passado perturbam os sentimentos presentes, e, em particular, a transferência. Para Fenichel, interpretar é demonstrar, e é também a fala que estabelece uma conexão entre presente e passado.

Há, pois, para ele, duas maneiras de avaliar partindo da associação livre: falar só do presente, ou falar só do passado, quando o essencial da análise repousa sobre a conexão entre os dois. Nesse sentido, ao fazer essa distinção, situando como resistência falar só sobre o que acontece no presente, ou só falar da história passada, a descrição fenomenológica não deixa de ser bem-vinda.

Eu dizia que isso desliza desde a resistência até a defesa, uma vez que a metapsicologia fundamental dessa técnica repousa sobre a noção do conflito. Eis a técnica que ele deduziu de "O eu e o isso" de Freud: o fundo do sintoma é um conflito entre o isso e o eu, podendo o supereu vir como reforço de um ou de outro. Quando lemos Fenichel, percebemos que a ambigüidade existente em Freud quanto ao supereu aparece de maneira explícita, pois, para Fenichel, o supereu pode reforçar o eu, visto que ele comportaria os valores oponentes ao reconhecimento da pulsão. É nesse sentido que o supereu se alia ao eu, embora existam nele valores que se opõem ao eu e o fazem aliado do isso.

Fenichel enumera, então, os mecanismos de defesa, na linha aberta por Anna Freud, fazendo uma lista cujos termos mereceriam ser comentados. Põe à parte a sublimação, porque é uma defesa bem-sucedida contra a pulsão, uma vez que permite a descarga, ao preço do deslocamento do alvo ou do objeto. Interessam-lhe, sobretudo, as defesas que impedem a descarga e que fazem com que as pulsões permaneçam em suspenso no inconsciente. Sua lista, que interessará Lacan, é a seguinte: negação, projeção, introjeção, recalque, formação reativa, a ação de desfazer o que foi feito, isolamento (quando falta emoção), regressão, bloqueio, deslocamento do afeto e outros.

## A parolice do sujeito

Lacan ataca explicitamente essa doutrina da resistência, logo depois de seu "Relatório de Roma". Na época, ele propõe ao filósofo Jean Hyppolite, freqüentador de seu seminário, um texto a comentar: "A denegação".

O comentário foi para Lacan a oportunidade de reformular, em seus termos, a interpretação da resistência. Utiliza, de Fenichel, as idéias de alusão, distorção, e discordância do enunciado. Propõe uma doutrina da resistência que lhe é própria e que repousa sobre sua concepção, opondo simbólico e imaginário.

Admite, na experiência, o momento da resistência. Ao que se pode relacioná-lo quanto ao impasse da pulsão?

O momento da resistência é, no analisante, o encontro de um impossível de dizer naquele momento. Isso supõe que, de tempos em tempos, haja algo possível de ser dito, formulado pelo sujeito. Podemos reconhecer, na experiência, certos tropeços da fala.

Ao que Lacan o relaciona? O que ele assinala neste momento? O que Lacan privilegia, quando se encontra um impossível – isto não é anotado por Fenichel, ele utiliza a notação de Freud –, é a emergência de um traço que se dirige ao analista, por vezes de maneira mal intencionada, um momento de agressividade. Diz ele: "A fala do sujeito bascula em direção à presença do ouvinte." Podemos tomá-la como observação nem sempre verificada, tanto mais porque ele acrescenta que a escansão suspensiva – termo pertencente ao tempo lógico – é, com freqüência, conotada por um momento de angústia. Essa notação é quase a mesma feita por Melaine Klein, com a diferença de que, nela, a emergência da angústia é evidente, já que essa angústia é o batismo do inconsciente.

Por que então ele enfatiza que o momento da resistência faz bascular a fala em direção à presença do analista? Para indicar que, quando a elaboração simbólica que se produz nesse vetor encontra um impossível de dizer, naquele momento, o sujeito repassa sobre o eixo imaginário:

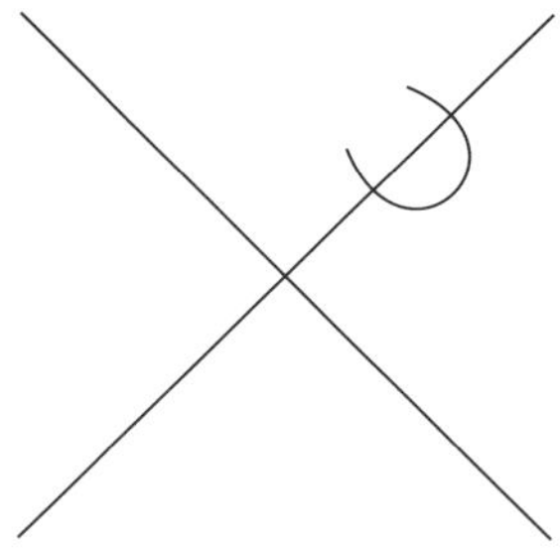

Dito de outro modo, no momento em que, em sua elaboração, ele encontra o impossível – vamos situá-lo aqui –, o sujeito salta sobre o eixo

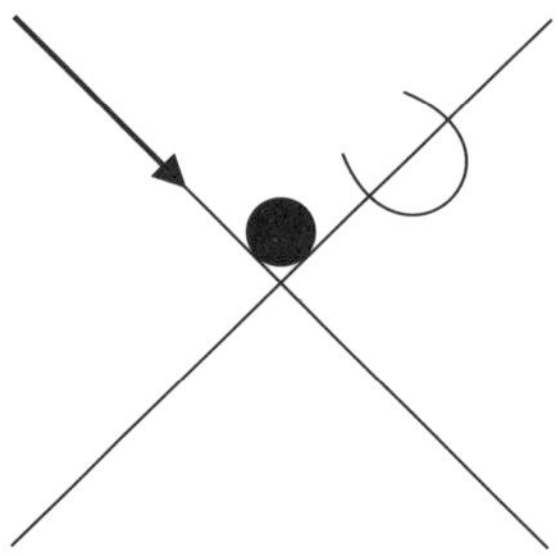

imaginário, e, nesse momento, ele se dá conta da presença do analista como pequeno outro, experimentando assim uma tensão agressiva:

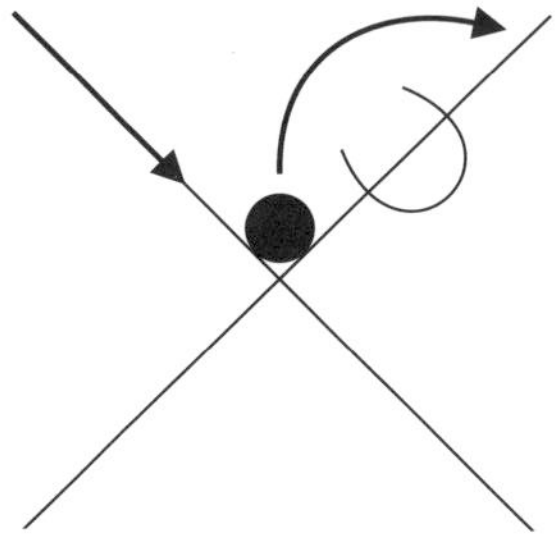

Por isso, Lacan recomenda que a interpretação desse momento de resistência procure ajustar-se ao discurso como tal – interpretar o momento de resistência que conduz o sujeito a se reportar sobre o eixo imaginário em função de sua posição sobre o eixo simbólico. E é o que ele exprime, dizendo: é preciso ajustar a parolice do sujeito a seu discurso. Isso é o que pode dar uma pontuação feliz ao momento da resistência.

Dito de outro modo, ele ressitua o momento da resistência na articulação entre o eixo imaginário e o eixo simbólico.

Assim, ali onde Fenichel tenta desajeitadamente rastrear, através da resistência, a defesa contra a pulsão e a própria pulsão, Lacan rebate a busca da pulsão sobre o eixo imaginário, e põe em evidência o retorno ao aqui e agora da relação imaginária com o analista.

Segundo ele, não se deve analisar a resistência, a defesa ou a pulsão, e tampouco nomear diretamente a pulsão – como sugeria Melaine Klein. É preciso fazer a volta e pontuar ao nível simbólico. O valor da interpretação simbólica, ninguém o ignora: não visar a pulsão na interpretação.

Para Lacan, será um ponto de ruptura reconhecer que a pulsão tem direito de cidadã em sua catedral, e ele o reconhecerá admitindo, através da enumeração dos mecanismos de defesa, tal como fez a *ego psychology*, que a pulsão se estrutura em termos de linguagem.

Tal ruptura, podemos datá-la, sob sua pena, à página 468 dos *Escritos*. O que lhe permite definir que a pulsão se estrutura em termos de linguagem é o exame dos mecanismos de defesa, cuja lista foi elaborada por Anna Freud e por Fenichel. Neles, Lacan reconhece – só ele poderia chegar a isso – o avesso dos mecanismos do inconsciente, que nada mais são do que figuras de retórica.

Fenichel fez uma lista de figuras de retórica que estão em ação no próprio discurso do analisante. E depois de uma polêmica irônica sobre a análise das defesas, um passo a mais é reconhecer que, um tanto desajeitadamente, de modo mecânico, no fio dessa análise das defesas se deixava transcrever, e acabava por aparecer, o caráter retórico das pulsões.

Termino então o primeiro trimestre apontando a dívida de Lacan para com a *ego psychology!*

*14 de dezembro de 1994*

## – Lição 5 –

# Homenagem a Serge Leclaire

Esta tarde gostaria de lhes dizer algumas coisas do âmbito da Seção Clínica, pois suponho que alguns de vocês acompanham o ciclo das quartas-feiras. Aceitei participar dele com o intuito de prestar homenagem a Serge Leclaire, o primeiro diretor deste Departamento de Psicanálise onde nos encontramos e que, além disso, é muitas outras coisas. Terei vinte minutos para falar. Assim, não poderei muito.

Retomando textos que não manejava há muito tempo, devo confessar, dei-me conta de que não caíam mal no fio do que sigo aqui. Portanto, no decorrer desta exposição, darei um lugar a eles. Darei um lugar ao contexto no qual se inscreve o aporte de Serge Leclaire sobre a interpretação.

### Lacan negligencia a pulsão?

Antes de fazer essas leituras que ratificam minha perspectiva, volto a partir do ponto em que enfatizei a proscrição da pulsão. Antes de examinar os modos de gozo no limite que trazem para a operação analítica, preferi retomar esse ponto de partida que não é irrelevante, pois ele abre um campo no qual, se patinha, se faz galhofa, esquecendo o que determinou esse campo, o que atrai, o que conduz nossos pensamentos a uma certa ordem, em uma certa direção.

Sem dúvida, o que encontramos hoje como uma dificuldade atual da prática da psicanálise, tal como ela se expandiu, também por ter admitido em seu exercício sujeitos inicialmente não previstos, por sua própria duração ter se prolongado para além do que era habitual a Freud – essa dificuldade talvez já estivesse presente, talvez fosse o motivo do que chamei a proscrição da pulsão no início do ensino de Lacan.

A refundação da psicanálise – não me parece excessivo qualificar assim tanto a intenção quanto o que se mostrou efetivo da incidência de Lacan no movimento psicanalítico – realizada por Lacan em seu "Relatório de Roma", implicava a proscrição da pulsão, mesmo que essa proscrição pudesse parecer transitória. Essa refundação, que ainda nos determina, se apresenta como uma interpretação a Freud. Em que medida? Caso seja uma interpretação, é do tipo que força. Falarei em seguida sobre as interpretações que forçam, que são violentas. Sem dúvida, elas são as melhores, mas é preciso que sejam aplicadas na hora certa, quando de fato se fazem sentir.

A interpretação teórica só pode escolher ser serva ou mestra. Aqui, porém, ela se fez mestra. Pelo menos, assim pareceu durante muito tempo aos que seguiam Lacan.

E o trabalho de Serge Leclaire, através do qual ele deixou marcas, permanece – sustentando-se precisamente na análise detalhada de um sonho – e se inscreve no movimento de um certo protesto, de uma certa contestação da interpretação de Freud por Lacan. E não é mal nos reportarmos a ela, também por isso. Estamos habituados a pensar que Freud e Lacan fazem par; aqui, todavia, há o sentimento de uma violência.

Eis o ponto de que parti este ano, sem pensar encontrar, reencontrar apoio nesse trabalho de Leclaire. Vocês não o encontrarão tão facilmente porque, logo depois, ele apagou um pouco esse traço, quando deu uma versão para o grande público do famoso "Sonho do unicórnio", em sua obra *Psychanalyser.* Assim, ele apagou o que seria o suporte de seu trabalho, tal como o havia apresentado, no qual se pode ler uma certa contestação da violência feita a Freud por Lacan.

Com efeito, Lacan não hesitou em contradizer o enunciado de Freud em nome da lógica da enunciação.

De certa forma, isso continua em alguns setores da psicanálise: não se parou de opor a Lacan, intérprete de Freud, enunciados de Freud que contradizem suas asserções. E é surpreendente que Lacan tenha seguido sua rota, no caminho que entabulou, estando acompanhado por esse cortejo de enunciados irrefutáveis de Freud dizendo o contrário daquilo que ele o fazia dizer.

Contudo, pode-se dizer que os enunciados minorados, desvalorizados, suprimidos do texto de Freud por Lacan continuaram a ter peso, e ele os admite, talvez sempre os tenha admitido, quando se sente habilitado a induzi-los sob suas próprias condições. Assim, a pulsão, por ele proscrita, pediu direito de cidadania e Lacan outorgou-lhe esse pedido, progressivamente.

De fato, há um progresso cujas etapas podem ser acompanhadas, assim como um corte, no momento em que se conclui sua admissão de pleno direito. Esse corte é datável de 1964, ano do *Seminário 11*, e também da redação do artigo intitulado "Posição do inconsciente", ao qual dediquei, no ano passado – pode-se dizer pela segunda vez, já que o havia feito no início deste curso –, um longo comentário.

O momento marcado pelo seminário e pelo escrito tem o valor de um momento de concluir sobre a pulsão. Isso não quer dizer que permanecemos ali, mas sim que se trata de uma escansão, escansão forte. E se eu buscar para vocês alguns traços que possam indicar esse momento de concluir, encontro o seguinte:

Em primeiro lugar, o fato de que, nessa data, e não antes, a pulsão, inicialmente proscrita na própria decolagem desse ensino, é admitida na categoria de conceito fundamental da psicanálise. Em outro momento, fiz notar o peso que se deveria dar, na lista dos quatro conceitos fundamentais, à separação entre repetição e a transferência, separação nada evidente, uma vez que a transferência fora confundida com a repetição. O que se havia enfatizado – e ainda o era na literatura psicanalítica – era o valor da repetição na transferência. A inovação foi inscrevê-los, um e outro separadamente, em uma lista restrita aos quatro termos dos conceitos fundamentais. Pois bem, promover o conceito freudiano de pulsão ao inseri-lo nessa lista seleta foi também uma inovação: na lista seleta dos quatro conceitos fundamentais para a psicanálise.

Em segundo lugar, foi ainda em 1964 que Lacan enfrentou, e comentou de forma detalhada, os enunciados de Freud em "As pulsões e sua vicissitudes". Sem dúvida, encontramos algumas indicações disso em seu *Seminário* e nos *Escritos.* Mas antes dessa época não havia a consideração, o comentário ponto por ponto, dos enunciados de Freud que, até então, eram precisamente opostos a Lacan, como demonstrando a torção, a infidelidade, a violência de sua interpretação de Freud.

Em terceiro, foi nesse momento que o objeto *a,* que deve seu nome a Lacan, se tornou matema e foi integrado ao conjunto dos matemas de Lacan. Enfim, foi em 1964 que a estrutura dita da alienação, de certo modo deduzida da interpretação, foi articulada, como operação, à estrutura da separação. Ou seja, entre as duas, há uma articulação necessária. Por essa razão, a estrutura da pulsão integra-se a título necessário, respondendo à estrutura das formações do inconsciente. Não lhe é justaposta, mas articulada por um laço de necessidade. De todo modo, isso é o que visa essa construção. Talvez seja apenas nesse momento que se demonstre a que matema a pulsão freudiana pode responder, a que necessidade lógica.

Podemos nos perguntar: o que é preciso para fazer um matema?

Não basta dar uma sigla, uma escritura que se apresente como formal, um símbolo artificial, artificioso, que permaneça constante, que não pertença à língua única, que não pertença à língua da fala, que possa ser eventualmente extraído dela, e que esteja fixado, separado de seu significado. Não bastam essas trapalhadas para fazer um matema. É preciso, ainda, que esse símbolo seja tomado em um funcionamento automático, às cegas.

Isso foi o que se realizou em 1964 e o que abriu caminho para o que Lacan formulará, anos mais tarde, sob a forma dos quatro discursos e de sua permutação. Remeto-os, por exemplo, ao *Seminário 17.*

## Análise do sonho do unicórnio

Como pretendo evocar rapidamente a contribuição de Serge Leclaire, ou melhor, a teoria da interpretação que lhe é imputada, a partir de sua análise do sonho do unicórnio, não posso deixar de lembrar que Lacan inscreveu seu texto "Posição do inconsciente no Congresso de Bonneval (1960, retomado em 1964)" em um lugar onde Leclaire estava implicado.

Uma palavra sobre esse Congresso.

Trata-se de uma jornada de estudos anual, para a qual Henri Ey, tido como autoridade na psiquiatria francesa da época, congregava regularmente em seu Hospital de Bonneval. Em 1960, ele decidiu dedicar esse Congresso ao tema do inconsciente. Sob sua égide, sem dúvida pela última vez, reuniram-se o próprio Lacan e seus alunos, os membros da Sociedade Psicanalítica de Paris e, além destes, alguns filósofos interessados no assunto, entre os quais Paul Ricoeur. Parece que Lacan guardou disso uma lembrança bastante mitigada.

No fundo, Henri Ey programou essa jornada sobre o tema do inconsciente com o intuito, seu ou que lhe foi soprado, de fazer conhecer o ensino de Lacan no exterior, de fazê-lo sair do confinamento em que se mantinha, e entabular um debate científico. Todavia, visivelmente Henri Ey objetivava também uma certa notoriedade – e tudo demonstra que não era esse o objetivo de Lacan –, o que se manifestou precisamente com a rápida publicação na revista intelectual, *Les Temps Modernes*, muito concorrida na época, em julho de 1961, do trabalho de Serge Leclaire com Jean Laplanche. Enfim, pela primeira vez, foi publicado um trabalho de inspiração lacaniana e todos, estudantes e professores, puderam ter fácil acesso ao ensino de Lacan. Quanto a mim, comecei a me interessar no final de 1963, início de 1964. Comprei o número do *Les Temps Modernes*, e fiquei muito contente de encontrá-lo em seu lugar.

Esse momento tem uma importância histórica, e prepara a publicação dos *Escritos*, cinco anos mais tarde, em 1966, que de uma só vez projetará Lacan ao nível dos grandes pensadores da época, como hoje dizemos de bom grado, esquecendo as injúrias e o silêncio profundo sofridos antes e depois dessa data. E eu me diverti muito ao ver o *Nouvel Observateur* inscrever Jacques Lacan na categoria dessas divindades tutelares, quando, até aquela data, não se percebia tal benevolência da parte deles, aliás, tampouco da parte de Lacan, visto que, se não me falha a memória, ouvi Lacan em seu seminário tratar esse órgão da imprensa de "esfregão".

Então, 1961 é uma data!

Ao longo do Congresso numerosas intervenções de Lacan não foram recolhidas, e ele se queixaria disso nos *Escritos*. Em lugar de suas intervenções, possivelmente improvisadas – Lacan dá a entender e diz explicitamente não ser casual a ausência de preocupação em recolher suas formulações nesse contexto –, três anos e meio mais tarde ele escreve "Posição do inconsciente". Broto e rebento desse Congresso, seu subtítulo alerta que não se trata de suas formulações, palavra por palavra, mas sim de uma retomada. Ele se distancia das circunstâncias, pois prefacia esse escrito com um pequeno texto – prefiro ser cuidadoso, uma vez que falei tanto dele no ano passado sem evocar seu contexto –, que termina com esta frase: "Que o leitor aceite que, para nós, esse tempo lógico pôde reduzir as circunstâncias à menção que delas é feita, num texto que se recenseia em uma reunião mais íntima."

De qual circunstância ele faz menção?

Ele menciona essencialmente a contribuição trazida por Laplanche e Leclaire, sob o título "O inconsciente, um estudo psicanalítico", editada como o conjunto das atas do colóquio, em 1966, em um volume publicado por Desclée de Brouwer. Nesse texto, a análise do sonho do unicórnio ocupa as partes III e V. Devo dizer que me diverti ao relê-lo atualmente. Acho até que o leio melhor agora, pois, naquela época, achei algumas partes confusas, e corri para os *Escritos* para melhor compreender o que aquilo queria dizer. Ele apresenta o ensino de Lacan em termos supostamente acessíveis às pessoas cultas. Esse é seu primeiro objetivo. O outro é confrontá-lo com o texto de Freud.

Essencialmente, o texto de Leclaire demonstra o ensino de Lacan na prática, através da análise do sonho – do qual falarei logo mais à noite –, questionando esse ensino, contestando-o buscando completá-lo, recusando-o parcialmente ao mesmo tempo que o prolongando. Eis aí, ao meu ver, as ambições dessa contribuição. Ela anuncia muitas coisas, entre as quais o volume de cisões do movimento psicanalítico em torno de Lacan, parte da história que não pretendo contar. Enfim, ela se apresenta como testemunho de compreensão de seu ensino, trazida, nessa data, por um universitário e um psiquiatra, ambos praticantes da psicanálise. É também uma afirmação, digamos, de liberdade intelectual, demonstrada no fato de que Lacan é remetido a Freud. No fundo, ao seu modo, os dois dizem – interpreto: "Há um outro maior do que você." O que retira, pelo menos um pouco, Lacan das costas deles, apontando aquele que fez a lei: "Não é ele, é o outro, o grande, que não está aí para se exprimir de outro modo senão pela boca de seus comentadores."

Assim, o dedo dos bons, dos excelentes, alunos de Lacan – isso não lhes pode ser tirado, foi a esse título que estavam nesse Congresso, e o próprio Lacan, três anos e meio depois, mantém essa qualificação –, foi colocado sobre o que eles sentiam, percebiam como insuficiência, déficit, distorção em seu ensino.

Há aí, em primeiro lugar, um testemunho de compreensão; em segundo, o esforço, a afirmação de liberdade intelectual; e, em terceiro, a tentativa de invenção que consiste em retorcer um matema de Lacan de maneira original para responder às suas próprias insuficiências e distorções.

## *Casus belli*

Pois bem, há algo a se aprender desse estudo psicanalítico. Em todo caso, comunico-lhes o que aprendi.

Lacan fez uso dos pós-freudianos. Eu, maliciosamente, acentuei isso ao sugerir o que ele poderia dever a Fenichel. Além disso, quando em "A coisa freudiana", ele lembra que, após a morte de Freud, o movimento psicanalítico orientou-se como antítese da essência da mensagem freudiana, ele diz, ao mesmo tempo: "Eu me apóio nessa antítese."

E, com efeito, o ponto de partida de Lacan é Freud, sem dúvida, mas é também uma partida contra a antítese pós-freudiana. Na verdade, uma partida contra, é um apoio.

Lacan não apenas guerreou contra os pós-freudianos, como, tratando-se precisamente dos que trabalharam e dialogaram com Freud – caso dos dois autores que citei –, pode-se dizer que tocaram nos pontos delicados da doutrina de Freud e que, ali onde a articulação era por vezes difícil, onde havia uma zona incerta, eles se perderam na via assim aberta.

No fundo, o trabalho de Laplanche e Leclaire naquele ano foi um estudo pós-lacaniano que também toca num ponto delicado do ensino de Lacan. Por essa razão, não se trata apenas de velharias, mas de dar lugar, hoje, ao que os fazia trabalhar, no final de 1960, momento em que Lacan iniciava seu seminário sobre a transferência. A melhor forma com que posso situar o que os fazia trabalhar no final de 1960 é dizendo-lhes que se tratava da natureza da pulsão. É o sentimento, a conclusão de que Lacan não deu à pulsão seu lugar.

Parece claro que o conceito de desejo não foi suficiente, aos olhos deles, para dar conta disso e que, sobretudo, não encontraram seu correlato em Freud. O desejo é, segundo eles, uma força psíquica, mas a pulsão é uma força biológica. Eles recorrem ao texto de Freud e encontram isto: que não se trata de uma força psíquica. Assim, enfatizam: não é sobre a pulsão que o recalque incide, e ela só entra no psiquismo pelos *Vorstellungsrepräsentanz*, pelos representantes. O grande debate da época era sobre como traduzir esse termo. Lacan propõe a tradução que desenvolveu em seu *Seminário 11*: "representante da representação". Laplanche, por sua vez, queria "representante representativo". Foi um *casus belli*, que rolou por vários anos e que produziu, na época, iras e cóleras terríveis no meio analítico, entre os partidários de cada uma das versões. Era como a visão, ora mesquinha ora grosseira, dos debates swifitianos a que Lacan aludiu. Cabe, porém, reconhecer que ele não foi nada indiferente, parecendo justificar que o essencial é marcar que alguém pode ser representante de alguma coisa, sem se parecer com o que representa. É, inclusive o bê-á-bá e, na falta dele, nos embolamos na questão. Retornaremos a isto.

Enfim, na época, o próprio trabalho de Laplanche e Leclaire é animado pela preocupação palpitante de encontrar representantes representativos. Eles esquadrinham o discurso da associação livre para poder dizer: "Aqui, é o representante representativo da pulsão." O que implicava a idéia de que a pulsão poderia ser um ente que afloraria nesses representantes representativos, que buscam nos representar, se assim posso dizer, em carne e osso. De todo modo, o fato é que, no final de 1960, estava-se atormentado pelo que, da metapsicologia freudiana, parecia não se enquadrar na teoria do desejo promovida por Lacan. E devemos reconstituir a questão pois, no fundo, eles atinaram com o problema. Não creio, porém, que, em 1960, Lacan tivesse chegado lá. Essa foi a contribuição maior e mais notória de dois de seus melhores alunos para o público.

Assim, o leitmotiv desse trabalho era: Lacan negligencia a pulsão ou, pelo menos, a energia pulsional ou libidinal, como biologicamente fundamentada, e a idéia de que o desejo não é suficiente para dar conta da pulsão, implicando também a busca de uma mediação – eu o cito – "entre energia pulsional e desejo", que Leclaire pensa encontrar e tenta identificar em *Vorstellungsrepräsentanz*.

Quais são as partes do discurso que representam a energia da pulsão?

Podemos dividir a contribuição de Laplanche e Leclaire. Afinal, cada um deles cuidou para indicar a sua, compondo uma fuga a duas vozes, com um certo efeito de espiral, de espiral interrompida como diz Lacan em "Posição do inconsciente". Laplanche, contudo, formula uma objeção fundamental, que circulou, por muito tempo, na história da psicanálise, pois, se não me engano, em minha primeira viagem à América Latina, há muitos anos, alguém fez a seguinte objeção fundamental: Lacan identifica o processo primário de Freud com as leis da lingüística. E – de modo implícito –, negligenciaria a diferença freudiana entre processo primário e secundário.

Ora, segundo Freud, tal como o lêem, o processo primário está onde a energia libidinal se escoa, desdobrando-se em seu livre jogo, e a linguagem não está nesse nível. Portanto, é a evocação de que Freud situa a linguagem – e isso pode ser mostrado em seu texto – no nível do processo secundário, precisamente por ela fazer obstáculo, como diz Laplanche, por opor seus diques e seus limites ao livre jogo da energia. A objeção de Laplanche é que a linguagem só está no nível do processo primário na psicose, o que leva os autores a elaborarem esquemas cujo princípio é simples: desdobrar o esquema saussuriano de Lacan. Laplanche o desdobra em duas linguagens: a linguagem no sentido banal e linguagem primária:

$$\frac{\textit{L. banal}}{\textit{L. primária}}$$

Digamos que a primeira responderia ao pré-consciente e a segunda ao inconsciente:

$$\frac{\textit{L. banal} \ - \ \textit{pré-consciente}}{\textit{L. primária} \ - \ \textit{inconsciente}}$$

Na primeira, encontraríamos as representações de palavras, como se expressa Freud, e, no andar inferior as representações de coisas:

$$\frac{\textit{L. banal – pré-consciente – representante de palavras}}{\textit{L. primária – inconsciente – representante de coisas}}$$

Isso implicaria, no nível superior, distinguir-se bem as imagens e as palavras, ao passo que, no inferior, só há imagens, que têm, ao mesmo tempo, função de significante e de significado.

## Desdobrar o esquema saussuriano de Lacan

Portanto, o que os orientaria seria a repartição que conduz, não ao esquema saussuriano simples, proposto por Lacan, mas a um esquema saussuriano renovado e ligeiramente modificado em sua parte inferior, pois não se teria, no nível primário, o que Lacan chama linguagem:

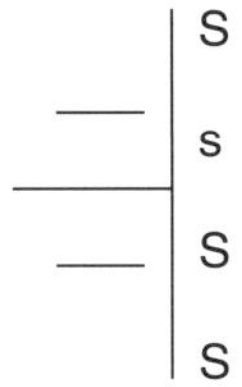


No entanto, eles preservam, para o nível inferior, a idéia de que se trata de uma linguagem, mas não da linguagem de Lacan. É uma linguagem feita de imagens, da qual se pode dizer que é puro sentido ou puro não-sentido, ou então que é aberta a todos os sentidos, expressão que Lacan estigmatiza em seu *Seminário 11*, em um capítulo dedicado à interpretação. Ele a detona sem piedade e propõe outra construção inteiramente diferente em seu lugar.

Nesse desdobramento, existe idéia de que a cadeia inconsciente tem leis inteiramente diferentes e é composta por elementos de natureza diferente da linguagem verbal. Estamos no nível primário, que pode ser chamado não verbal, mesmo tendo imagens com função significante como elementos.

E, nesse nível primário, nível de imagens significantes, ou das *imagos*, para tomar o velho termo freudiano, encontraremos frases especiais, próprias ao que eles chamam – talvez com certo abuso, considerando o modo como o definem – discurso inconsciente: seqüências curtas, contudo articuladas, quebradas, circulares, repetitivas. São as fantasias.

Espero não trair, a partir da leitura minuciosa que fiz e que separa muitos matemas que utilizam, espero ter situado o cerne da construção, que consiste em dizer: Sim! Lacan tem razão, há linguagem, embora ele confunda a linguagem corriqueira, verbal, onde há palavras, significante e significado, com a verdadeira linguagem do inconsciente. No inconsciente, isso não fala assim. No inconsciente, há uma linguagem e mesmo um discurso, uma cadeia, mas que vem sob a forma de imagens significantes, e não se diferencia significante de significado. Linguagem onde há sentido ou não-sentido, aberta a todos os sentidos, distinguindo-se, porém, da linguagem corriqueira.

Se Lacan não tivesse criado o objeto *a*, os grafos, e tudo o mais de seu ensino, talvez fôssemos levados a pensar com essas categorias que não somente não são ridículas, mas que podem trazer apoio ao escrito freudiano. É surpreendente ver que, confrontando os enunciados de Lacan com os de Freud, podemos extrair algo da ordem da diferença entre o pré-consciente e o consciente, entre as representações de palavras e as de coisas, e sermos conduzidos a tal esquematismo.

Ao mesmo tempo, eles que estavam preocupados com a energia pulsional – onde é que ela está? –, até o momento, nesse nível, não há lugar para ela, a pesquisa deu-lhes o impulso para chegar até a localização devida. É num segundo momento, pois, que são conduzidos a reservar o lugar da energia pulsional indiferenciada, que será, depois, capturada pelo significante.

O esquema completo é feito desfazendo-se a partição indicada por mim:

$$\frac{\cdot}{\cdot}$$

Há um traço e, em seguida, há a energia pulsional indiferenciada, que vem pôr-se lá dentro e que começa, antes da barra vertical, a se complicar um pouco para poder entrar.

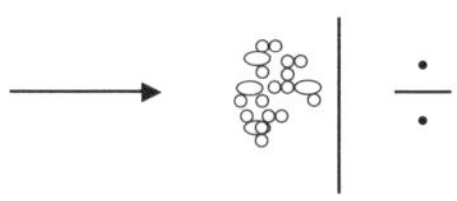

Eis aqui a linguagem verbal, linguagem primária e, depois, a energia pulsional indiferenciada:

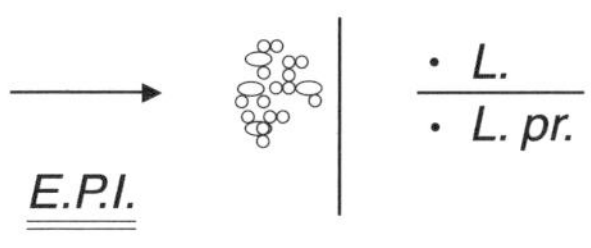


Esse é o quadro teórico no qual Leclaire alojou sua interpretação do sonho do unicórnio, do qual saiu, de certo modo, são e salvo. Ou seja, ele é conduzido a certo número de contorções para, a partir da prática, demonstrar o esquema, assim como Laplanche o fez, partindo dos textos de Freud.

Em 1968, quando escreveu a segunda versão do texto, que muitos conhecem, ele abandonou absolutamente tudo, despojou-se de toda a teoria. Tem-se, então, a interpretação notável e instrutiva do sonho, como se tivesse se desembaraçado dos ouropéis demasiado pesados.

## O grafo do desejo: resposta antecipada

Apesar do resumo que tive de fazer, examinemos essa concepção. Ela sustenta que o inconsciente tem status de linguagem – o que faz deles, sem dúvida, alunos de Lacan –, mas uma linguagem de um tipo especial, não verbal, cujos elementos são imagens fixadas, elementarizadas, significantizadas, e que a pulsão é energia biológica, indiferenciada, como um mito. Eles fazem isso ao situarem a energia indiferenciada à esquerda do esquema, protegendo-se do termo freudiano, segundo o qual as pulsões são nossos mitos, para não darem desse outro lado do quadro a mesma precisão que tentam imprimir do lado direito, na distinção ou na ausência de distinção dos dois níveis: do significante e do significado.

É surpreendente que, imediatamente antes do Colóquio de Bonneval – e isto não é apenas uma historinha, até porque Lacan se dá ao trabalho de mencioná-la nos *Escritos* – houve o colóquio de Royaumont, quando Lacan apresentou "Subversão do sujeito", em que dá uma versão escrita do grafo do desejo. Teve o cuidado de mencionar que esse texto permanecera inédito até sua publicação nos *Escritos*, o que mostrava o quão avançado estava em relação ao que podia deixar conhecer de seu ensino.

Talvez "Subversão do sujeito" tenha sido uma resposta antecipada à construção de Laplanche e Leclaire, pois esse trabalho – não era como os das Jornadas atuais – tinha uma certa amplitude, umas cinqüenta páginas, e havia sido comunicado antecipadamente e por escrito aos participantes do colóquio.

Em primeiro lugar, Lacan explica que, tendo Freud falado do biológico a propósito da pulsão, convém, mesmo assim, distinguir a pulsão daquilo que ela habita, a função orgânica. A função orgânica é habitada pela pulsão. A palavra "habitar" tende a tornar compatível a fórmula de Freud, segundo a qual a pulsão é uma força biológica, e, ao mesmo tempo, manter presente um outro elemento. Trata-se também de se conciliar com o que Lacan assinala: a pulsão conhece a gramática.

A partir de um momento, será um *ne varietur* no ensino de Lacan: a pulsão tal como Freud a apresenta, capaz de reversão; o sujeito, o objeto, tal como Freud os descreve; e até mesmo a pulsão articulada segundo as regras da gramática.

Em segundo lugar, as zonas erógenas têm a ver com o organismo, demonstrando sua aptidão para desempenhar as funções erógenas no isolamento anatômico que as distingue e as qualifica como "de margem" ou "de borda".

Em "Subversão do sujeito", temos indicações muito precisas sobre como fazer com o biológico da pulsão e como não concluir imediatamente disso que, por essa razão, estamos em uma ordem diferente da ordem da linguagem.

Impressiona sobretudo – isso propicia um outro olhar sobre o que se conhece tão bem – que a reduplicação, alma da construção de Laplanche e Leclaire, entre a linguagem banal e a linguagem primária, a do inconsciente, esteja presente nos dois estágios do grafo de Lacan. Em seu grafo, temos também uma cadeia superior e uma cadeia inferior. Faço rapidamente o traçado mediano:

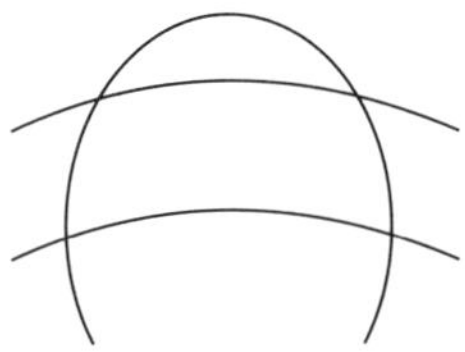

A cadeia superior é qualificada por Lacan como cadeia significante no inconsciente, ou melhor, diz ele, no recalque primordial. Esse é exatamente o problema levantado por Laplanche em seu texto "Inconsciente, um estudo psicanalítico".

Mas como isso se articula no recalque primordial?

Pois bem, por antecipação ou como resposta guardada para si, ou como base das intervenções das quais não temos o resumo, temos a retomada dos dois andares do grafo de Lacan e temos uma reduplicação. Sem dúvida, não temos a distinção pré-consciente/inconsciente, e os dois andares aqui não respondem ao andar precedente.

Há, contudo, a idéia de um primeiro nível da comunicação na parte inferior do grafo e, na construção metódica proposta por Lacan, há um acréscimo advindo com o andar superior, onde se introduz a pulsão:

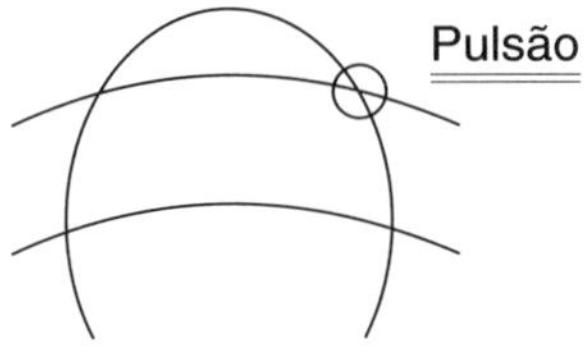


Aqui, em uma função de código, que permite dizer que a cadeia inconsciente está articulada em termos de pulsão, o que responde à preocupação manifestada no texto precedente, no sentido de encontrar a linguagem do inconsciente, Lacan responde em termos de pulsão, no seu andar superior. O que se acrescenta precisamente nesse andar superior, e que falta no nível inferior, é, em termos precisos, o circuito do gozo, que se conclui, aqui, através da saída da castração:

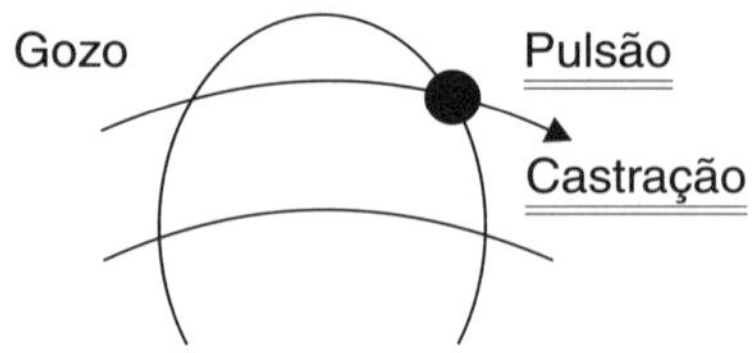


Em outros termos, nesse texto que permaneceu inédito até a publicação dos *Escritos*, temos a resposta ponto por ponto à questão levantada por Laplanche e Leclaire, à qual tentaram responder através de um esquema bastante sumário, sumário sobretudo nessa apresentação que faço dele. É surpreendente que o termo "gozo" tenha sido negligenciado inteiramente, e que eles tivessem permanecido atravancados pela noção de energia pulsional, libidinal, uma vez que o termo gozo está no centro do *Seminário 7: A ética da psicanálise*, que, salvo engano, terminou em julho de 1960. Quer dizer que, no fundo – e isso é bastante espetacular –, eles não tinham idéia de que, nesse termo e em sua armadura, havia com que responder à questão que se faziam. Foram irresistivelmente remetidos ao tempo anterior à linguagem, de Lacan. Logo, precisaram da linguagem primária e, em seguida, da energia indiferenciada.

Contudo, não sou inclinado à sátira e acharia inteiramente vão bancarmos os maliciosos com o que sabemos do percurso de Lacan, depois, ao dispor do texto "Subversão do sujeito". Pelo contrário, sou inclinado a reconhecer, na construção de Laplanche e Leclaire, no final de 1960, uma certa percepção de uma dificuldade do ensino de Lacan. Ela indica um ponto delicado em seu ensino, e que permanecerá como tal: a relação entre o gozo e o significante.

Essa dificuldade repercute a oposição inicial entre a intersubjetividade e a pulsão.

A construção do grafo de Lacan, que eles não conheciam e que Lacan havia esboçado e erguido em seu *Seminário 4: As formações do inconsciente* e em seu *Seminário 6: O desejo e sua interpretação*, não respondia ao osso do problema, uma vez que permanece uma construção por etapas. E quando Lacan é conduzido a apresentar sucessivamente a construção desse grafo, pode-se dizer que ele justapõe o segundo andar ao primeiro. O que domina nesse grafo é o desejo, ele é construído em torno do desejo, e foi feito durante o seminário que se intitula *Do desejo*, nome dado por Lacan a esse grafo.

Então a resposta é "Posição do inconsciente", como se houvesse uma carta à espera que tivesse chegado ao seu destino. O que distingue e faz a superioridade do esquema da alienação/separação sobre o grafo do desejo, mesmo se este for mais provocador, mais estimulante para a inteligência e a imaginação, é que o esquema se esforça em mostrar em que a estrutura significante, ou, como dizem os outros, a linguagem como articulação significante, convoca a separação, necessita dela. Esse é o esforço da construção, não é uma justaposição, tampouco se pode dizer que seja uma dedução, mas as duas operações são feitas em conjunto.

Quando se opera a separação, algo do organismo vivo vem se colocar, a libido, os objetos ditos pulsionais, o que evidencia que a energia pulsional está ligada ao objeto perdido. Toda a construção de Laplanche e Leclaire deixa o objeto perdido inteiramente fora de seu campo. Penso que apenas Leclaire busca encontrar algumas fórmulas, a fim de marcar que a pulsão de morte seria o fundamento do complexo de castração, o que seria um tipo de esboço da ligação entre o gozo e a castração, os dois termos expostos no alto do grafo de Lacan.

Ao manter e se orientar sobre a ligação, a conexão entre a pulsão e o objeto perdido, e, por conseguinte, entre a pulsão e a castração, entre o gozo e a castração, Lacan sairá de debaixo dessas duas "asas"*, se assim posso dizer, acima desse lodaçal de problemas. Eis o que falta no estudo sobre o inconsciente de Laplanche e Leclaire. Cabe dizer que o esquema apresentado não é absurdo.

## Dissociar libido e narcisismo

Vamos às vias pelas quais a pulsão foi extraída, em Lacan, de sua proscrição inicial.

Se a pulsão foi proscrita, foi de certo modo porque constituiu, para Lacan, um tipo de obstáculo epistemológico: a libido estava essencialmente retida no registro imaginário. E, durante muito tempo, antes mesmo de começar seu ensino e mesmo depois, Lacan foi servo da lógica do estádio do espelho. Essa lógica implica que a libido esteja no nível do narcisismo, ou seja, circule do eu a seus objetos e retorne. Enquanto Lacan não desfez a conexão entre a libido e o narcisismo, a pulsão só teve para ele o status de proscrição, pois, pelo fato de estar a libido no nível do narcisismo, só se podia concluir o seguinte: o que é do sujeito na ordem simbólica está necessariamente fora do gozo.

Vejo aqui a raiz da crítica de intelectualismo que lhe fizeram durante muito tempo, talvez para sempre. Bom, podemos dizer: besteira.

Mas, enfim, qual era o ponto delicado que essa crítica poderia captar? Penso que, enquanto Lacan situava, ligava a libido ao narcisismo no registro imaginário, tudo o que era do sujeito se encontrava fora do gozo. Veio daí, necessariamente a promoção da fantasia, na elaboração de Lacan, como ponto de contato entre o imaginário e o simbólico, como nó entre o gozo imaginário e o sujeito na ordem simbólica. É por essa razão que a fórmula da fantasia é feita do encontro de dois termos heterogêneos, que estão na notação proposta por Lacan, $ a *a*. No fundo, a ele devemos sua promoção no cerne da lógica do tratamento: a promoção da lógica da fantasia no coração da lógica do tratamento.

---

* Miller utiliza, aqui, um jogo de palavras possibilitado pela homofonia entre a palavra *ailes*, "asas", e o som da letra L em francês, inicial dos nomes de Laplanche e Leclaire. (N.T.)

De certa maneira, isso já está determinado pelo ponto de partida que indiquei. E Lacan fará incidir, eletivamente, o final da análise sobre essa articulação. Pode-se dizer que foi o que relançou o ensino de Lacan: esses dois termos, no fio de seu discurso, tornaram-se cada vez menos heterogêneos.

E a idéia de uma lógica da fantasia unindo-se à do tratamento acarretou finalmente uma conseqüência inexorável, que foi aos poucos se afirmando em seu ensino: uma logicização sempre mais acentuada do objeto *a*, até o ponto em que Lacan, examinando de novo esse objeto e no que ele se tornou em seu discurso, precisou dele dissociar o gozo como tal.

Após ter aprisionado, capturado o objeto *a*, inicialmente como objeto *a* imaginário, em seguida como objeto *a* articulado ao simbólico, e, por fim, como objeto *a*, real, Lacan logicizou tanto esse objeto, fê-lo girar tanto com os significantes, o manipulou e o manejou tanto como um significante, que, no final, ao retornar sobre ele, julgou-o na verdade pálido demais para dar conta do gozo como tal. Essa escansão foi muito marcada no *Seminário 20: Mais, ainda.* Foi daí que se lançou em outro capítulo, outro ensaio.

Do ponto em que nos encontramos, avistamos o panorama, a seqüência da questão. Sem dúvida, temos lições a extrair dela.

*11 de janeiro de 1995*

## – Lição 6 –

# A refundação lacaniana da psicanálise

Computei como mérito dos alunos de Lacan o fato de terem assinalado, em 1960, que o lugar da pulsão constituía uma dificuldade, um obstáculo em seu ensino. Pautados em sua prática da psicanálise e na leitura de Freud eles comprovaram isso por meio de um trabalho.

Ao qualificar as pulsões como míticas, Freud acentuou a dificuldade que talvez ele próprio tenha sentido ao inscrevê-las na categoria de entidades existentes. Assinalou que sua ontologia não era evidente, e que talvez fosse preciso recorrer à ficção para situá-las de maneira mais exata. Não podemos nos poupar de passar pela pulsão, pois, em Freud, ela é o modo fundamental de gozar, é sob essa sigla que ele situa e pensa a satisfação do sujeito, ainda que ele próprio a desconheça.

Embora computasse como mérito a dificuldade dos alunos de Lacan, opus a mim mesmo que o desdobramento da linguagem ao qual a interrogação deles os conduziu – o desdobramento entre uma linguagem verbal e uma linguagem não verbal, que seria própria ao inconsciente –, foi antecipado e refutado pela construção de Lacan, da qual eles poderiam ter tido conhecimento, como ouvintes, nos seminários *Formações do inconsciente* e *O desejo e sua interpretação*, antes mesmo da publicação de "Subversão do sujeito". Trata-se da construção do grafo de dois andares, negligenciada por eles e lembrada por Lacan, construção que respondera antecipadamente à sua objeção.

Pode-se dizer que eles não foram suficientemente atentos ao esforço de Lacan desde 1953 – quando proferiu a proscrição da pulsão – para integrar à sua concepção o conceito de pulsão. Tal esforço culmina em 1964, em seu *Seminário 11: Os quatro conceitos fundamentais,* e em seu escrito "Posição do inconsciente", quando retoma as considerações que tinha proposto aos seus alunos a partir da apresentação do trabalho deles.

Porém – há um porém –, a objeção feita em 1960 não veio por acaso. Está estritamente prescrita, determinada, condicionada pelo ponto de partida do ensino de Lacan, ou seja, pela refundação da psicanálise a partir da função da fala como intersubjetividade.

E quaisquer que sejam os complementos, as retificações, as correções, a reorientação, os suplementos que Lacan possa ter trazido ao ponto de partida, esse ponto segue orientando o conjunto de seu ensino. Não se pode considerá-lo simplesmente ultrapassado. Ele mesmo esforçou-se por acentuar a continuidade de sua trajetória. E, se retornou a alguns ou a todos os pontos, a direção, contudo, foi fixada pelo ponto de partida.

A refundação implica, de certa forma, desvalorizar o que é da ordem do gozo. E Lacan não cessou de encontrar a objeção do gozo, não a que lhe opuseram seus alunos, mas a que surgia sem cessar de seu próprio avanço, e também ao relançá-lo. Aqui, convém sermos precisos.

## A fala é gozo

Será que se pode dizer que a refundação lacaniana da psicanálise, em seu momento inaugural, nega a existência de algo da ordem da satisfação? Nestes termos, a resposta é não. Há uma satisfação essencialmente ligada ao reconhecimento. Podemos considerar a chave do reconhecimento do desejo, apresentada no início por Lacan – segundo a qual o reconhecimento apetece ao desejo –, como um legado filosófico tomado de empréstimo da leitura kojeviana de Hegel. Mas penso que, se nos prendemos a isso, ignoramos a refundação trazida por Lacan ao formular – e isto é o que anima todo o primeiro momento de seu ensino – que o reconhecimento satisfaz ao sujeito. Esse reconhecimento vem-lhe supostamente do Outro não por um abraço ou pela satisfação de uma necessidade, mas por sua fala. Quando falamos de reconhecimento do desejo, visamos a espera de uma fala do Outro que seria, então, portadora da satisfação. E não vamos nos apressar e dizer que essa fórmula foi ultrapassada por Lacan. Não restam dúvidas quanto a isso. Desapareceu de suas referências, não aparece mais como a que levita, chegando a ser explicitamente desmentida em seus *Escritos.*

Contudo, se visarmos o núcleo da questão, ela parece querer dizer também que é o significante do Outro que satisfaz. Além disso, admitimos reduzir nessa fala seus efeitos de significação para só reter o significante em causa.

Ao dizermos "é o significante do Outro que satisfaz", talvez se torne sensível o fato de que nos aproximamos das formulações mais tardias de Lacan.

Com efeito, ele formulará em seu *Seminário 20*, que há um gozo do blablablá, um gozo ao falar, que a fala proferida pelo sujeito, como se descobre sobretudo na experiência analítica, o satisfaz como tal. A fala, o fato de falar, é gozo. E, quando Lacan o formulou, obteve um efeito de surpresa, pois parecia, assim, desmentir os próprios fundamentos de seu ensino, embora, caso o ouçamos bem, desde o início ele caminhava para essa fórmula. Dizer que a fala como tal satisfaz ao sujeito, supõe uma redução de tudo o que há de intersubjetivo e de dialético na fala. O reconhecimento é levado nessa redução, a fala do Outro, uma vez que ela reconheceria o que o próprio sujeito suprimiu, rejeitou, recalcou.

Mas, de ponta a ponta do que nos foi explicado por Lacan, permanece a noção de que a satisfação está ligada ao significante, noção já presente quando ele promove o reconhecimento do desejo e o desejo de reconhecimento. Parece mesmo que Lacan não cessou de recomeçar, sob formas diversas, a demonstração de que o sujeito se satisfaz do significante. Posso fazer algumas sondagens sobre isso.

Vejam, por exemplo, como ele apresenta os primeiros momentos da direção do tratamento, quando se trata de apresentar o sujeito à prática da psicanálise, de convidá-lo a associar e de fazer surgir nele um modo de dizer que não é banal, e que não tem a ocasião de ser exercitado fora da experiência analítica. Em que termos Lacan é levado a reduzir esse primeiro tempo do tratamento analítico? Ele o reduz a uma operação – está na página 586 dos *Escritos* – que consiste em: "Fazer o paciente esquecer que se trata apenas de palavras." É uma resposta à questão: com que o paciente se satisfaz na experiência? Ele se satisfaz apenas com palavras e, em particular, quando suas demandas não são respondidas com a atribuição daquilo que reclama como objeto, mas sim com silêncio ou, como se diz, com boas palavras. Dizemos boas palavras precisamente quando se evita conceder ao outro aquilo de que se trata em termos materiais.

Em "A direção do tratamento", Lacan pergunta: "Será que ele se satisfaz com qualquer palavra?" Não exatamente. O sujeito se satisfaz sobretudo com palavras que têm efeito de verdade, podem ser as suas, não necessariamente as do analista. É notável que o efeito de verdade como tal possa satisfazer.

Daí decorre a demanda: "Diga-me alguma coisa." Uma vez admitido que os objetos de nosso mundo não estão em jogo, resta esse objeto que é a fala do analista. Pode também ocorrer a queixa: "Você não me diz nada!", testemunha de que não somente o sujeito conseguiu esquecer que se trata apenas de palavras, como também de que deseja a fala para, com ela, satisfazer alguma coisa. Nem sempre ele a obtém. Se o analista não diz nada, o paciente é levado, enquanto analisante, a se apoiar nas das próprias falas que profere. Assim, de saída, no horizonte desse tempo de partida do tratamento, em que é mister fazer o paciente esquecer que se trata apenas de palavras, está: a fala é um modo de gozo.

Talvez agora eu possa fazer um curto-circuito e esclarecer este sintagma um tanto congelado entre nós: a transferência de trabalho.

Um pouco além do que chamei horizonte, está a questão do valor que assume, ao final da análise, a transferência de trabalho. Será que esse termo, com o qual Lacan designa a alternância de seu trabalho por meio de outros, prosseguindo-o, não estaria, no fundo, referido a uma transferência de falas? A fala analisante se tornando a fala que ensina, já que é nessa transferência de trabalho que Lacan esperava fundar o ensino da psicanálise? Sua idéia era a de que a fala do ensino, do ensino verdadeiro, aquele que ganha da ignorância, era a fala do analisante. Parafraseando Clausewitz, Lacan entendia seu próprio ensino como o prosseguimento da análise por outros meios.

O sujeito se satisfaz com a fala. É o que Lacan formulará vinte anos depois do ponto de partida, no *Seminário 20.* A noção, porém, já se encontra no ponto de partida, incluída no reconhecimento do desejo. É acentuada de novo, quando ele fecha seu *Seminário 11: Os quatro conceitos fundamentais*, ao evocar a historinha do mendigo se regalando com o aroma do assado. Sem meios de pagar pelo assado, objeto concreto, fora de seu alcance, ele se satisfaz com alguma coisa que vem do assado, pela qual não se paga, seu aroma. Lacan diz que nós também temos satisfação com esse aroma, mesmo quando temos como pagar pelo assado, uma vez que passamos os olhos pelo cardápio, ou seja, pelos significantes. Nesse sentido, mesmo no restaurante, só falamos. Bom, começamos por falar. E, se não há cardápio, ficamos um pouco frustrados.

Recentemente em Barcelona, fui a um restaurante que me foi altamente recomendado por meus colegas, onde, assim que nos sentamos, ops!, somos servidos. E nos servem um dois, três, quatro, cinco, seis, nem sei quantos pratos, além da bebida, sem que digamos uma única palavra. É um restaurante de peixes e de frutos do mar, e os que organizam esses ágapes consideram que sabemos o que esperar quando vamos ao seu estabelecimento, e que não vale a pena perder tempo com conversa. Não estou exagerando: dez segundos depois de se estar sentado e, ops!, nosso prato está cheio. O resultado é que, depois do oitavo prato, o garçom pergunta. É meio angustiante porque a gente tem vontade de deixar a critério dele para que a coisa continue assim até o fim. Mas apelei para que meus colegas respondessem por mim, e também para que o episódio tivesse um final feliz.

Dito de outro modo, quando faltam os significantes, por mais que se esteja satisfeito – foi o caso –, e apesar dos bichinhos torturados que nos foram trazidos, permanece, por razões de estrutura, uma insatisfação que é notável. Foi precisamente o que Lacan assinalou.

No apólogo, que vocês encontram no último capítulo do *Seminário 11*, o cardápio está redigido em chinês. Supõe-se que não se saiba chinês e que, por isso, não se pode saber o que desejar do cardápio. Eu me pergunto se ainda há cardápios em chinês sem tradução. Talvez na China, enfim. Esse apólogo, ali está para que se perceba, através do cardápio chinês, que é preciso a mediação do Outro que saiba lê-lo e que, assim, tem a chance de saber o que vocês desejam e que ignoram. É ao Outro que a demanda de saber qual é o meu desejo está dirigida. Hoje, eu interpretaria esse apólogo como uma degradação do reconhecimento do desejo, do qual Lacan faz o elogio romântico em seu “Relatório de Roma”. No apólogo, esse reconhecimento é reduzido a não ser mais que a decifração de um cardápio, e o analista a bancar a patroa chinesa, ficando entendido que, tal como a patroa, ele deve não somente suportar a função do intérprete, como Tirésias, mas também ter mamas – referência a Apollinaire –, eventualmente mais interessantes do que o que está no cardápio. O Outro deve ter com que satisfazer o desejo, não somente sob o aspecto do significante que o engana, mas também tamponando o desejo com um objeto. A função do intérprete não é a única função do analista, é preciso também que ele tenha a propriedade de deter o objeto. Esse apólogo aí está para ilustrar a conjunção da fala com o gozo, com a condição de passar pelo Outro que decifra o cardápio que lhes é ilegível: ele interpreta. Mas é por meio de outra coisa, por meio do que chamamos aqui suas mamas, que ele pode satisfazer para além do que será demandado.

Esse apólogo que se presta a numerosos comentários, de perspectivas diversas, não trata ainda do que Lacan promoverá em seu *Seminário 20*: a palavra satisfaz – há gozo – fora de qualquer mediação do Outro, figurado aqui sob o aspecto do Outro decifrador.

## O gozo é do corpo

Quando chegamos à perspectiva segundo a qual a fala como tal satisfaz – e agora podemos dar o valor a esse "como tal", ou seja, fora da mediação do Outro –, pois bem, estamos no oposto da ênfase posta por Lacan no início da refundação da psicanálise.

Naquele momento, ele enfatizava as virtudes dialéticas da fala, e a ênfase sobre a dialética é conexa à antinomia, à disjunção entre fala e gozo, podendo-se dizer que a oposição, vigente em seu ensino entre simbólico e imaginário, repercute a oposição, a disjunção entre a fala e o gozo. As funções, os efeitos, os produtos do gozo da fala são, por ele, de maneira sistemática, postos de lado, não por inadvertência, mas como conseqüência de seu ponto de partida.

O gozo que assedia seu texto aparece como traço ou propriedade que, sem maiores precisões, é destinado ao imaginário, fora do simbólico. A dialética, anima o simbólico, ao passo que, em seu texto, inexoravelmente, o termo "gozo" apela o adjetivo "imaginário". E em centenas de páginas dos *Escritos* não vemos aparecer o termo "gozo", sem que, imediatamente depois, ou nas proximidades, encontremos o estigma do imaginário.

A conexão entre gozo e imaginário faz-se mais necessária, mais obrigatória, porque o gozo é do corpo. Essa formulação, segundo a qual o gozo é do corpo, constitui um tipo de invariável do ensino de Lacan.

Ora, o corpo lacaniano é imaginário. Só se introduz na experiência analítica, na metapsicologia, na teoria do significante, por meio da imagem. Esta é a lição do estádio do espelho. Por isso, há uma conexão essencial entre o gozo e a imagem. E foi o que fez com que, quando falei aqui pela primeira vez sobre o imaginário, eu desse como título "As prisões do gozo", a fim de qualificar as imagens no sentido de Lacan.

A imagem, como prisão do gozo, é o que suporta a promoção da função da fantasia e o que levou Lacan a dar lugar eminente à pulsão escópica, que tem a ver com o olho e o olhar. E ele o fez precisamente em seu *Seminário 11*, sem dúvida em razão de uma contingência: a publicação da obra *O visível e o invisível*, de Merleau-Ponty. Para além dessa simples contingência, descobre-se que a conjunção entre a imagem e o gozo está determinada no curso do ensino de Lacan. Assim, ao se ter de tratar do objeto da psicanálise e do objeto pulsional na psicanálise, durante um ano se pôs em primeiro plano a imagem, o olho e o olhar.

De maneira geral, podemos dizer que o privilégio da visão em Lacan é duplo. Ele acompanha a promoção da fala, a ponto de ele escrever, em "A coisa freudiana", página 428 dos *Escritos*, que os objetos característicos do mundo humano aparecem no espaço estruturado pela visão, ali onde se poderia esperar, em razão do que se tem nos ouvidos, que o espaço dos objetos humanos, do mundo humano, é o espaço estruturado pela fala. É que, nessa data, é a visão que é estruturante.

Essa expressão traz a marca do que foi o ponto de partida de Lacan, antes mesmo de seu ensino, ou seja, o estádio do espelho, no qual, como matriz da relação do sujeito com o Outro e com o mundo, a visão é a estruturante.

Foi o que levou Lacan a analisar de maneira simétrica a visão e a fala, e a determinar em cada caso o objeto em jogo quando há gozo: o olhar e a voz.

Quando ele se esforça para encontrar a pulsão ao mesmo tempo na visão e na fala, ele destaca de maneira simétrica esses dois objetos que não haviam sido identificados como tais por Freud.

Podemos assinalar que falar da pulsão e de sua satisfação, o gozo, em termos de objeto, não é evidente. E se Lacan nos levou a traduzir a questão do gozo em termos de objeto, foi ao preço de se deixar de lado a face energética da pulsão, como ele se exprime à página 665 dos *Escritos*.

Ele não está seguro de que retranscrever a pulsão nos termos que implicam o objeto *a* permita não deixar de lado a energia pulsional. Ele multiplicou as explicações, as construções, as referências, para demonstrar que dava conta dessa energia a partir do simbólico. E foi extraordinariamente convincente.

A única coisa inquietante é que Lacan tivesse tantos argumentos para fazê-lo, e cada um melhor que o outro, até chegar a reconhecer que o objeto *a*, em razão de sua contigüidade com o simbólico, deixava de lado o real do gozo. Esse reconhecimento é feito com todas as letras no *Seminário 20*, a partir do qual, passa a falar do gozo como tal e, pouco a pouco, apaga o objeto *a* de suas referências, ou, pelo menos, ignora sua incidência. Isso quer dizer que, durante certo tempo, ele pensou em reduzir o que era do gozo ao seu manejo através do que ele construiu como objeto *a*. E, ao final de vinte anos, temos, pelo contrário, o reconhecimento de que, para além do objeto *a,* há lugar para se pôr em função o gozo como tal. Sobre essa questão, eu os remeto ao capítulo do *Seminário 20*, comentado por mim, em que se vê brotar, no centro de um triângulo significante, uma espécie de saco bizarro, ao qual Lacan destina o termo "gozo", acrescentando que, em relação a esse real, o próprio objeto *a* empalidece até chegar a parecer apenas um semblante.

## Para além do objeto *a*

Retornamos ao conceito freudiano de pulsão, tal como no texto de Freud. O ponto de partida de Lacan, apresentado como uma leitura de Freud, não cessou de obrigá-lo a dar conta desse conceito. E não podemos defender-nos da impressão de que esse conceito o embaraçou: começou por proscrevê-lo, depois o integrou ao simbólico, e terminou fazendo da pulsão uma cadeia significante, embora ainda lhe faltasse distinguir o gozo.

Por que, no início, Lacan situa a pulsão fora do simbólico?

Dou a isso uma razão: ele situa fundamentalmente a libido freudiana no imaginário, entre *a* e *a'*. Mesmo sendo sensível ao caráter articulado da pulsão, o que faz obstáculo para Lacan – um obstáculo epistemológico, admiti-la de pleno direito na ordem simbólica –, é que a pulsão, em Freud, só apresenta uma articulação exatamente parcelar. E é somente quando Lacan se reconcilia com o parcelar que ele pode admitir a pulsão no simbólico, e, com o parcelar, a função do resto.

A dialética, em seu movimento totalitário, é hostil ao parcelar e ao resto. Em Lacan, no início, o simbólico se introduz como sendo da ordem da ligação.

Quando ele fala do tratamento analítico como historização, quando nos apresenta o sujeito restabelecendo a continuidade de sua história, graças ao tratamento analítico, seu valor essencial é o da ligação. É o parcial que faz obstáculo. Trata-se de fazer advir as partes disjuntas à continuidade da história; continuidade esta animada por um projeto para o futuro que, ao retornar, unifica o curso da vida.

Portanto o que parece propriamente simbólico é a propriedade da continuidade, podemos até dizer, da totalização contínua.

E o sintoma aparece como uma descontinuidade, parcialização, opacidade votada a desaparecer sem deixar resto.

Disso resulta a dificuldade em admitir a pulsão e seu caráter parcelar. Tudo que é da ordem da pressão pulsional, o *Drang* de Freud, é de ordem diversa da ordem da continuidade da história, como fator que interrompe, como elemento estranho que decorre da inércia do imaginário.

A dificuldade confessada nas entrelinhas por Lacan é o texto de Freud. Suprimindo esse texto, a pulsão freudiana vai ser, por Lacan, totalmente excluída do simbólico. É o que, pouco ou muito, ele consegue no "Relatório de Roma". Exceto que a pulsão, em Freud, é de ordem inconsciente e está em conflito com o eu. E Lacan, por causa dessa balaustrada freudiana, não pôde não ser conduzido a buscar o modo de integrar a pulsão no simbólico: é que a pulsão não é do eu, diz Freud.

A distância devastadora e dissimulada nos primeiros passos do ensino de Lacan – e isso se prolonga por muito tempo – é, por um lado, a distância entre a pulsão definida por Freud como da ordem do inconsciente e, por outro, uma *libido* da ordem do imaginário.

Como harmonizar os dois termos: pulsão ou tendência inconsciente e libido imaginária?

Há, aqui, uma distância, uma desarmonia teórica, que Lacan não cessa de tentar reagrupar. Para integrar, logicamente, a pulsão em sua definição freudiana no inconsciente, redefinido por ele como da ordem simbólica, Lacan é levado a proporções extravagantes, chegando a dizer que o que prima no impulso da pulsão é um desejo devendo se fazer reconhecer; ou seja, ele é levado a alinhar a pulsão com o desejo de reconhecimento. Ele o diz na reescritura de seus comentários, no "Relatório de Roma".

Esse comentário traz à luz o movimento irresistível de seu ensino: o transporte da pulsão para o simbólico. Por essa razão, ele é levado a relacionar a libido freudiana ao narcisismo, por um lado, e, por outro, a integrar a pulsão à ordem simbólica, mas não sem hesitar.

Em *Os quatro conceitos fundamentais da psicanálise*, quando faz da pulsão um dos quatro – não um conceito que se articula de maneira secundária ao desejo de reconhecimento, mas a pulsão como um conceito fundamental, época em que Lacan não fazia do desejo um conceito fundamental –, ao que ele dedica, bruscamente, extensas considerações? Ao amor, a ponto de ter intitulado "Do amor à libido" a um dos capítulos desse *Seminário*. E por que, no momento em que promove a pulsão como conceito fundamental, se ocupa do amor? Precisamente porque ele deixa o amor entre *a* e *a'*, no nível imaginário, para enfatizar que a pulsão não está no mesmo nível.

Na página 181 do *Seminário 11*, ele enfatiza que o nível do *Ich*, do eu [*je*], do eu [*moi*] freudiano, é não-pulsional, e que Freud ali funda o amor. Nesse momento, ele exclui a pulsão do registro imaginário. Quanto ao amor, ele permanece no imaginário, mas a pulsão é de outra ordem. Lacan distingue de modo severo o amor e a pulsão, uma vez que o amor é não parcelar. O amor visa no outro a totalidade da pessoa, ao passo que a pulsão é fundamentalmente parcial, parcelar.

Assim, ele pôde acentuar que o amor é essencialmente narcísico. E dizemos: "Veja só!, ele está dizendo de novo a mesma coisa." Porém, repetir nesse momento que o amor é narcísico tem todo um outro valor, desde que se acrescente que a pulsão nada tem a ver com o narcisismo, e se opere a distinção radical que ele fez entre o campo narcísico, o amar-se através do outro, e a pulsão, cuja estrutura é inteiramente diversa.

## "Em nossa carne"

Para marcar que aqui se encontra verdadeiramente o problema do ensino de Lacan, quero me referir ao seu escrito "A coisa freudiana", que permanece na lembrança, sobretudo pela grande prosopopéia da verdade ao tomar a palavra e dizendo: "Eu falo".

Esse texto, pode ser tido como o manifesto do retorno a Freud, no qual Lacan promete dar "O sentido do retorno a Freud em psicanálise"– este é o subtítulo –, e o retorno tomará o valor de um retorno ao sentido de Freud, de uma ênfase incidindo sobre o sentido. Ele repete a promoção da fala sob o nome da verdade, em nome da verdade. A descoberta de Freud, diz ele, põe em questão a verdade. É "a descoberta do poder da verdade em nós e até em nossa carne". "Até em nossa carne" é uma citação, tem um sentido muito preciso, visa a pulsão freudiana, e o que, nela, é sensível à verdade. Além disso, assim que pronuncia essas palavras, ele se refere à "tendência inconsciente" – expressão que designa a pulsão sob forma atenuada –, dizendo que, afinal, ela supostamente pode apaziguar-se, na análise, através do reconhecimento.

Portanto, em filigrana, ele opõe, situa a pulsão como tendência inconsciente, do lado do simbólico e lembra, de modo firme, escarnecendo dos psicanalistas que se enganam sobre isso, que a defesa contra a pulsão é de ordem imaginária.

O conjunto do texto, que tomamos como referência, é fundamentado sobre o esquema em cruz, que opõe o eixo inconsciente ao do eu [*moi*]:

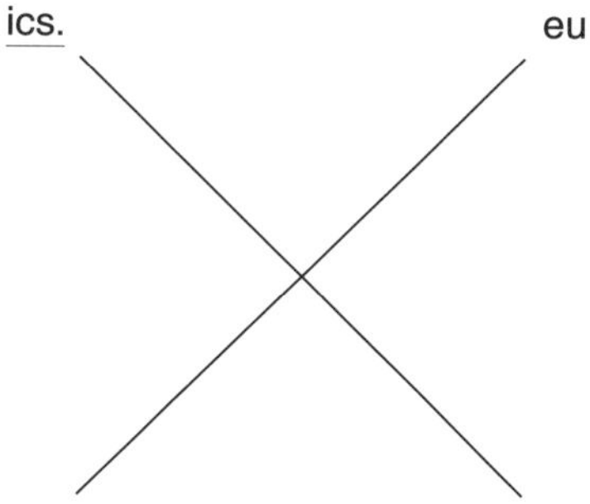


E, para Lacan, os esforços de Freud na segunda tópica foram feitos para lembrar aos analistas a diferença entre o campo do eu [*moi*] e o campo do inconsciente.

Se nos orientarmos sobre esse esquema, a tendência ou a pulsão, segundo Freud, pertence ao registro do inconsciente, ao passo que a defesa é atribuída ao eu [*moi*]:

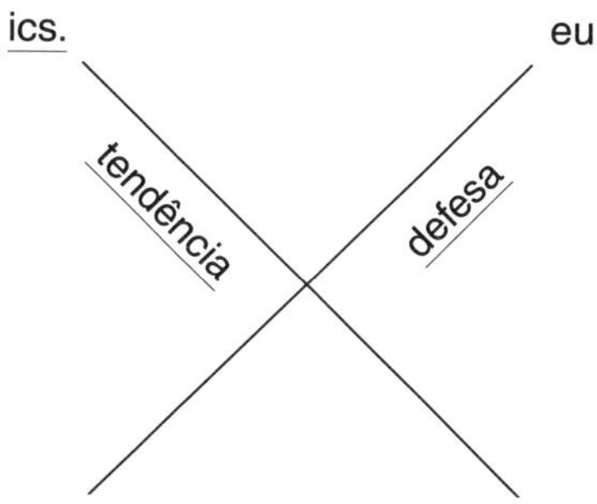

Em sua polêmica, Lacan considera um erro pensar a defesa como inconsciente.

É pelo próprio fato de Freud situar o conflito psíquico entre pulsão e defesa que Lacan é levado a aplicá-la desse modo em seu esquema. Ele destaca que as tendências inconscientes, segundo Freud, são animadas por uma "dinâmica", nome sob o qual ele cobre as reversões do objeto e da fonte, de ordem gramatical, para fazer pensar que se trata de uma dialética. Recua de dizer "dialética das pulsões", preferindo "dinâmica". Reprova Anna Freud e os partidários da psicologia do eu, por pensarem que a dinâmica das tendências, que é de ordem do inconsciente, se prolonga nas defesas. Fica indignado com o fato de que a dinâmica pareça, se seguirmos os analistas, prolongar-se nos mecanismos de defesa, com a diferença de uma mudança de signo.

O essencial do texto é lembrar que a defesa está do lado do eu, e não é comparável à tendência.

Ora, pode-se dizer que será o contrário. Desmentindo-se termo por termo o que Lacan, com seu espírito polêmico, afirmou em "A coisa freudiana", todo movimento do seu ensino irá, ao contrário, deportar as defesas para o lado do inconsciente:

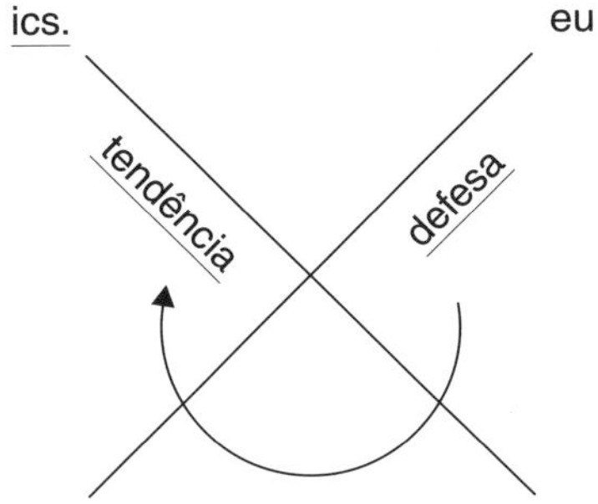


Eis o caminho de Lacan: transferir a defesa freudiana do imaginário para o simbólico, e até mesmo encontrar na defesa, no que diz respeito à pulsão, o lugar próprio do sujeito do inconsciente.

## Da frustração à castração

O texto de "A coisa freudiana", ao promover a verdade, o faz sobre o eixo simbólico inconsciente:

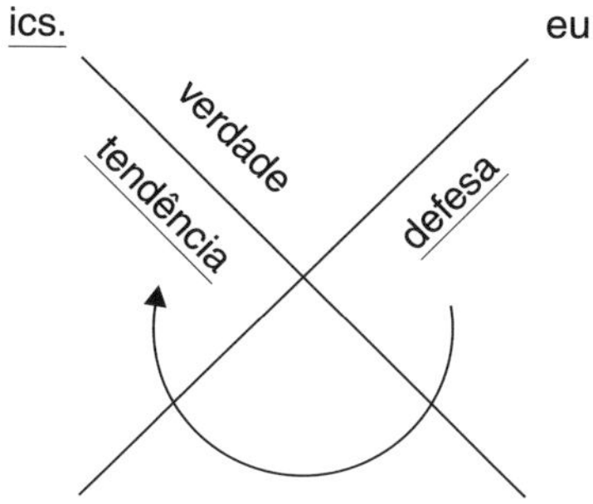


Nessa data, ao mesmo tempo que inscreve a tendência no registro do inconsciente, Lacan foi conduzido a inscrever o gozo na ordem imaginária:

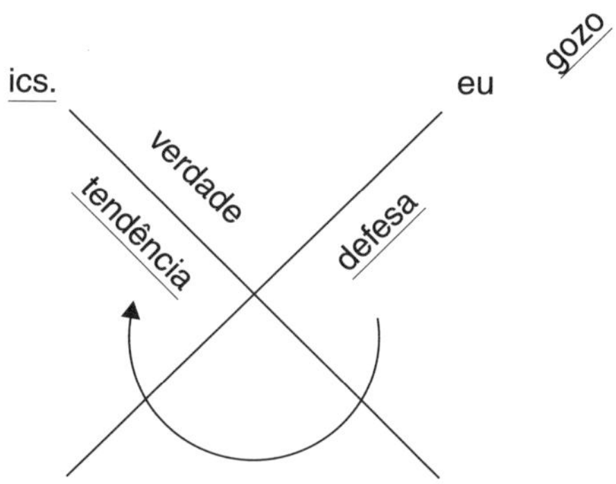


Temos então a clivagem que repercutirá no ensino de Lacan e que consiste em separar a pulsão e o gozo, em reconhecer cada vez mais a articulação significante da pulsão, para lhe opor o que seria a substância do gozo na ordem imaginária.

E pode-se dizer que quando Lacan escreveu a fantasia por meio da fórmula S barrado/ punção/ *a*, este último considerado, de início, como imaginário, essa escritura se tornou imediatamente a herdeira da problemática:

$$(\$ \lozenge a)$$

porque tenta, na fantasia, conjugar o que é do inconsciente, ou seja o sujeito, o que é da ordem simbólica, com um termo de ordem imaginária:

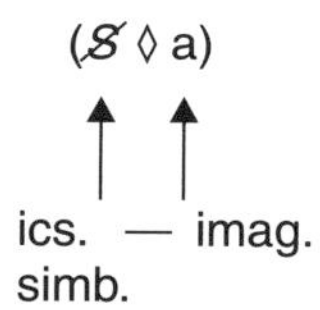

Essa própria escritura da fantasia, da qual nos servimos de bom grado, está estritamente determinada pela contradição que sublinhei.

Digo contradição porque, na época, Lacan aplicou seu esquema distinguindo o que, no sujeito, é da ordem da culpa e, por isso, do registro do simbólico: o sujeito é culpado em função de uma lei de ordem simbólica. Portanto, na psicanálise, a culpa, mesmo sendo um sentimento, provém do simbólico:

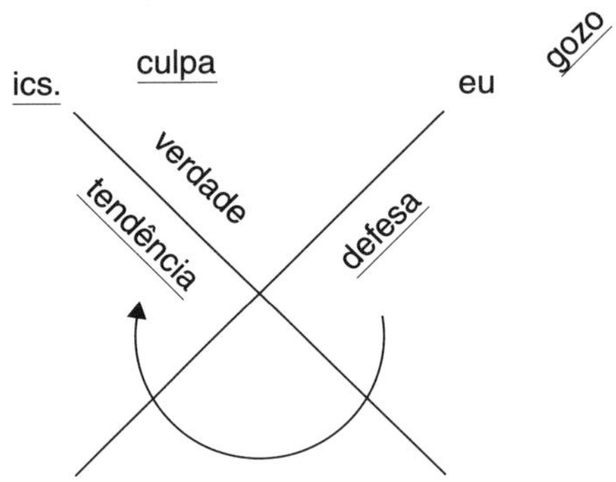


E Lacan opõe, termo a termo, os seguintes elementos à culpa: frustração afetiva, carência instintual e dependência imaginária do sujeito. Ora, sob tais termos, ele visa diferentes modos de gozo na frustração, na carência e na dependência.

De um lado, culpa que decorre do simbólico e, de outro, carência e frustração que são da ordem do gozo.

Nesse sentido, vale a pena ler a passagem que está à página 434, com a qual me surpreendi: "É ali, diz ele, que jaz o contraste entre as significações da culpa ...", de um lado, "... e as significações de frustração afetiva, carência instintual e dependência imaginária do sujeito". E acrescenta que o primeiro movimento da análise estava interessado na culpa. Esse foi o momento freudiano da psicanálise. Na fase atual, interessamo-nos de maneira desavergonhada e unilateral por toda carência e frustração, isto é, por tudo o que é da ordem do gozo.

Ele aplica esta grade de leitura ao Homem dos Ratos ao dizer que o motor, nesse caso, é tudo o que provém do simbólico, da falta de fala, das prevaricações, do casamento enganador do pai e do que o pai tenta obter do filho. Tudo isso é mais importante que ter sido desmamado de um gozo imaginário ou de ter sido privado de cuidados reais.

Esse esquema lhe permite também a decifração dos casos clínicos. E aqui vê-se o papel da pesquisa retraçada em *A relação de objeto*, isto é, um esforço para enlaçar o gozo na ordem imaginária e o que é da ordem simbólica. Eis por que Lacan construiu um esquema pelo qual passamos da frustração à castração.

Seu grande esforço foi chegar, nesse *Seminário*, a unir as relações real e imaginária à simbólica. A dialética que Lacan apresenta, do objeto de satisfação ao objeto do dom, ou seja, a sublimação da satisfação real e imaginária em satisfação significante, vem responder à clivagem que apontei.

Esse movimento conduziu Lacan, e a nós também, sem que soubéssemos muito bem por quê, a opor a pulsão como cadeia significante inconsciente ao objeto que concentra, condensa o gozo.

A divisão, cujos fundamentos tento explicar, conduziu-nos, quase que às cegas, a pôr, de um lado, a unilateralizar, tudo o que é do simbólico da pulsão, a enfatizar que a pulsão freudiana se articula a partir do simbólico – de maneira gramatical, não dialética –, mas, ao mesmo tempo em que enfatizamos esse aspecto da pulsão, podemos dizer que perdemos seu valor de gozo, o apagamos, daí surgindo a problemática do objeto que concentra, condensa o gozo.

Em seu *Seminário 11*, Lacan propõe a solução: a cadeia significante da pulsão que faz um percurso e circunda o objeto pulsional:

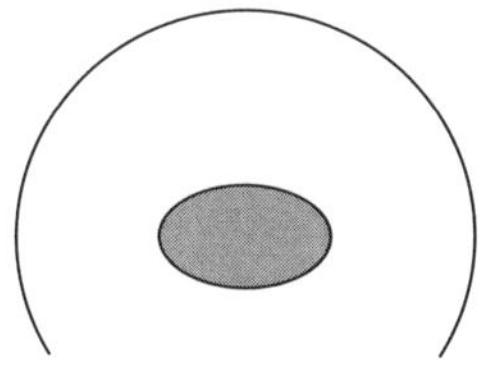

Lacan pôde dizer que a pulsão é cor-de-vazio, pois todas as suas cores libidinais estão concentradas no objeto *a*.

*18 de janeiro de 1995*

## – Lição 7 –

# Entre tradição e transmissão da psicanálise

Às vezes, Lacan entrava em pane. Pelo menos uma vez eu o vi entrar em pane. Não por causa da teoria, mas da instituição. Se não me falha a memória – e ela é boa –, tratava-se de encontrar um tema e um título para o Congresso de sua Escola. Na época, os congressos não estavam regulamentados como hoje, quando são como papel pautado, sempre na mesma data, e o tema, o título e o lugar são resolvidos com um ano de antecedência. Não! Nos anos 70, eram improvisados. Daí uma certa desordem que tinha seu lado interessante, pois, a cada vez, era numa certa precipitação que nos inteirávamos de que havia algo a ser feito.

Por que daquela vez ele entrara em pane? Pode-se supor as razões. Havia uma certa transferência negativa de Lacan em relação à Escola, e também, de modo mais preciso, para com seus alunos, o que se confirmou no ato de dissolução.

Mas ele continuava em pane e, nesse clima, dirigiu-se a mim, redator de seu *Seminário,* não porque eu escapasse da transferência negativa, mas por ele não ter, naquele momento, o interesse, a libido necessária para quebrar a cabeça, a fim de fazer girar a máquina que ele mesmo havia criado. Então, dediquei-me a fazer suplência dessa pane. Eu não queria lhe poupar todo o trabalho e, ao mesmo tempo, via nisso a ocasião de me instruir. Propus-lhe uma escolha. Eu disse: "Poderíamos chamar esse Congresso 'A transmisão da psicanálise', mas também poderia ser 'A tradição da psicanálise'." E fiz um pequeno comentário dizendo: "Se o senhor se sente otimista, quanto ao futuro da psicanálise, então vale 'A transmissão', mas se está pessimista, então o melhor é 'A tradição'." Ele escolheu o primeiro, "A transmissão da psicanálise", que reuniu cerca de mil pessoas, que, desde então, se apresentam à convocação da Escola de Lacan.

Será que devemos concluir que ele estava de fato otimista, conforme dizia meu comentário? Até hoje, não tenho certeza disso.

À guisa da introdução, vou explicar novamente o valor desses dois termos: transmissão e tradição, o que eu não precisava fazer para o dr. Lacan.

## Passagem

"Transmissão" é um termo que nos orienta em direção ao matema, às escrituras que, nos termos de Lacan, são suscetíveis de se transmitir integralmente, estando a transmissão assegurada por ter sido reproduzida tal qual na escritura, desde que respeitemos as regras de seu funcionamento. Essas regras devem ser especificadas de maneira precisa para que, sem muito pensar, possamos seguir suas transformações. Nesse sentido, no sentido lacaniano, para a passagem de um aos outros, não confiamos no sentido, nas ressonâncias, nos equívocos possíveis de serem carregados no percurso. Aceitamos, consentimos seguir às cegas. E, a vantagem que temos nisso é a transmissão efetuar-se sem perda, sem resto, em transparência, como exposta sobre a superfície onde se escreve, e sem estar presa na cola das significações.

Na tradição, ao contrário, passa o vibrar de uma significação. A tradição, é uma passagem semântica suscetível, ao curso do tempo – dimensão que é reduzida, comprimida, anulada pela transmissão do matema –, de se tornar opaca, sedimentar-se, para usar um termo da fenomenologia hursseliana. Na passagem que se dá na tradição, a significação fica sujeita a amortalhamentos, desconhecimentos, esquecimentos e a revivescências do sentido – re-vive-sensos.* Há, na tradição, um elemento formal, da ordem do rito: o que fazemos e refazemos, de forma idêntica, sem saber muito bem porquê, ou tentando reconstituir porquê o fazemos.

À vista da distinção que fiz, vocês podem perceber por que inseri a transmissão do lado do otimismo e a tradição do lado do pessimismo, quanto à psicanálise. Lacan escolheu a transmissão. Seria uma profecia ou a reafirmação do que, para ele, era um ideal?

E Freud, qual deles ele escolheu?

Como Lacan sublinhou, Freud parece ter apostado na conservação formal de sua mensagem por uma corporação. Estabeleceu, para esse fim, uma instância governante, uma ortodoxia, encarregada de zelar para que pensemos em linha reta, façamos referência ao seu texto, para que seu texto fosse lei e não nos dispuséssemos a questionar seus fundamentos. No fundo, Freud parece ter apostado no que poderíamos chamar um efeito-trilha-batida: uma vez que uma facilitação é aberta – uma facilitação de pensamento –, repassamos por ela, seguimos as pegadas.

Na prática institucional, Freud apostou na tradição, ao passo que Lacan, apostou na transmissão. Nesta, há uma formalização, não a do rito, mas a do matema.

Todo matema precisa ser comentado para que dele possamos nos servir. E mesmo que haja uma autonomia significante do matema como escrito, não podemos elidir a necessidade do comentário.

---

* No original *re-vivi-sens*, jogo de palavras possível em francês, resultante da escansão e da homofonia com *reviviscence*, "reviviscência". Optamos por uma tradução aproximada. (N.T.)

Como calar o comentário?* Não há como calá-lo.

E até mesmo onde parece que nos dedicamos exclusivamente ao matema, na matemática, discernimos com facilidade os fenômenos de estilo, as preferências, os hábitos, os *partis pris,* os valores e os obstáculos epistemológicos devidos a tais valores. Sempre existiram escolas e mestres, também na matemática. Durante muito tempo, na França, nossa referência, quanto à matemática, foi a escola de Bourbaki, tida como escola francesa contemporânea. Após alguns anos, os matemáticos franceses se distanciaram dos valores propriamente bourbakistas, por exemplo ao não concordarem com a definição, ou demonstração formal impecável, valor eminente dado até então a essa prática.

Portanto, entre tradição e transmissão talvez seja preciso ver somente a diferença de acento e admitir que existe um componente tradicional não eliminável da psicanálise, um aspecto iniciático irredutível, devido ao fato de ela passar, na prática, *um por um.* De tal sorte que o matema de Lacan poderia parecer sobretudo uma convocação, uma exigência de que a psicanálise não fosse engolida pela iniciação. Nesse sentido, o matema e a teoria da psicanálise vão na contracorrente da prática da análise com essa passagem, por recorrência, que lhe parece essencial.

Isso se vê na supervisão, no que perdura, sob esse nome, quanto à passagem da psicanálise. Se a psicanálise fosse toda transmissão, a supervisão se faria pelo matema. Pediríamos demonstrações. Ora, estamos longe disso. Apenas pedimos a alguém mais experiente para comunicar seu *saber-fazer-com* o que se apresenta. E pedimos sempre nas mesmas condições de confidencialidade que as da própria experiência.

Há, por isso, uma tendência, um esforço de elevar a supervisão à transmissão. E a maneira mais simples é pela regra de multiplicar as supervisões, regra com freqüência esquecida no território lacaniano. Mas há uma sabedoria na regra que estabelece no mínimo dois supervisores! É um anteparo contra o delírio a dois. É, de maneira reduzida, levar esse *savoir-faire* ao nível de uma comunidade, através de pelo menos dois de seus representantes.

Em seguida, tentou-se passar à transmissão por meio da exigência de que o praticante se expusesse à comunidade, a fim de que mostrasse, na falta de demonstrá-lo, como exercita a psicanálise. A prática da exposição pública manteve-se no curso da história da psicanálise, escapando dela apenas os que se quiseram praticantes independentes.

Assim, em Lacan, a transmissão é, antes, um ideal, uma idéia reguladora da psicanálise que permanece sempre infiltrada de tradição.

Por isso guardei a lembrança da breve contribuição/contradição de Lacan, no Congresso sobre a "Transmissão da Psicanálise", que consistiu, de modo parado-

---

* No original: *Comment taire le commentaire?.* (N.T.)

xal, e na contracorrente de tudo o que havia sido dito, de todas as congratulações recebidas, em um convite para se deixar cair, de uma vez, tradição e transmissão.

*In fine,* Lacan deslocou o acento da noção de passagem, presente na tradição e na transmissão, para a noção de invenção. Sua contribuição foi dizer: "Definitivamente, cabe a cada um reinventar a psicanálise."

Esse paradoxo patente, em uma área onde tudo é feito para organizar a passagem, para conter o praticante no domínio que foi aberto, foi feito para dizer a cada um que ele é apenas o instrumento da operação analítica, na sua própria medida. Que a essência do que é possível que ele faça nessa operação decorre do fato de ser ele próprio resultado da operação analítica. Vejo, no paradoxo da invenção ou da reinvenção, um indicador apontado na direção da experiência com a qual Lacan completou a experiência analítica, que é a do passe.

Tradição e transmissão são modos da passagem do mesmo. E é essa passagem do mesmo, de um para outro, que autoriza a dizer a psicanálise, o movimento psicanalítico. E está mesmo presente na fórmula: a cada um cabe reinventar a psicanálise – e não reinventar a psicologia, a neurologia ou a astronomia. É preciso haver o mesmo que prossiga.

Mas o paradoxo da invenção quer enfatizar o outro, afastar-se do mesmo, enfatizar o diferente, o novo, o que não é repetição.

Por isso, Lacan quis enlaçar a invenção em psicanálise ao passe e ao exame deste, à promoção institucional, na psicanálise ou em uma comunidade psicanalítica, de um sujeito a quem a operação analítica possibilitou ultrapassar as voltas e reviravoltas da repetição, que não se teria desencorajado a *perseverar em seu ser*, e que, por isso mesmo se animaria a reinventar a psicanálise, a desatar, na psicanálise, a repetição. Podemos acrescentar: como o próprio Lacan o fez.

## Repetição

A invenção tem limites, pois deve permanecer no quadro da psicanálise. Fato que causa um constrangimento. Mas não lhe é interditado reformular esse quadro.

É preciso reconhecer que o pensamento tem afinidades com a repetição, mais do que com a invenção. Está ligado ao efeito trilha-batida. Pensamos dentro de um enquadre. E, quando o enquadre simbólico no qual pensamos não resiste, é preciso fazer um gasto de pensamento, especialmente cruel e exigente, para reconstituí-lo. Isso é o que se encontra na psicose, e Lacan não relutava em ver afinidades entre a invenção, sobretudo científica – matemática, física –, e o delírio, e mesmo a psicose.

E devemos reconhecer que Lacan, por mais inventivo que fosse, assumiu a lei da repetição e colocou seus passos nos de Freud. Seja qual for o ponto a que sua reflexão o tenha conduzido, não cessou de repetir Freud, de se apoiar e referenciar nele, ao mesmo tempo que extraía novos efeitos de sentido. E ainda que pensemos ter ele cingido o impensado de Freud, para tal ele teve de habitar-lhe a casa.

Ele a fez, ao longo do tempo, sua própria casa – deslocou móveis, pintou com outras cores, acrescentou aqui uma ala, ali uma despensa, algumas adegas, talvez mesmo subterrâneos, elevadores...

Continuamos habitando a casa de Lacan, bem depreciada.

E o pensamento, definitivamente, tem sempre habitação.

E mesmo os matemáticos habitam casas. Por exemplo, habitamos a de Cantor e, quando fizemos objeções a alguns de seus conceitos ou a suas demonstrações, não faltou quem afirmasse: "Não nos deixaremos expulsar do paraíso que Cantor construiu para nós."

## O objeto *a*

Habitamos a casa de Lacan, a qual não temos certeza de que seja um paraíso, mas de onde não nos deixaremos expulsar.

O que nos sustenta, hoje, é o esforço para reapreender essa casa como construção, considerá-la um pouco do exterior – isso só pode ser uma tentativa –, a fim de cingir seu artifício, pelo qual Lacan parasitou a casa de Freud, ocupou-a ilegalmente, como se a tivesse requisitado, como se ela tivesse sido desertada pelos que deveriam tê-la habitado.

Havia uma verdadeira multidão que pensava habitá-la. E Lacan disse-lhes: "De jeito nenhum! Vocês pensam que moram na casa de Freud, mas vocês moram num casebre ao lado." E demonstrou que seu pequeno casebre, o dele, Lacan, era o palácio de Freud.

E justamente porque procuramos nos desabituar de Lacan – pelo menos expulsar nossos preconceitos, dos quais somos escravos, quando seguimos às cegas seus conceitos formalizados e seus matemas –, nos direcionamos para o conceito de pulsão, a fim de medir o deslocamento, o *Entstellung* de Freud a Lacan.

O conceito de pulsão oferece certa resistência ao deslocamento de móveis, sensível a seus alunos de há muito tempo.

Ressaltei que a trajetória de Lacan vai desde opor fala e gozo a fazer coincidir os dois, articulá-los entre si, para chegar a promover o conceito, até então inédito, do gozo na fala.

Indiquei, na última lição, que Lacan, de início, havia despedaçado a pulsão freudiana, primeiro tentando ligá-la à cadeia significante e, depois, explicitamente, ligando-a. Em seguida, isolando da pulsão a libido e toda a energia pulsional: pulsão de um lado, energia de outro. Em terceiro, pondo em seu centro um objeto.

E o resultado manifesto dessa operação complexa, dessa análise da pulsão, do seu despedaçamento, foi promover, ao lugar da pulsão, o objeto *a*. E, a cada vez que repetimos "objeto *a*", que o manejamos, que o pomos em função, muitas vezes sem o saber, repetimos a análise lacaniana da pulsão.

Para nós, hoje, a questão é apreender o artifício que está em jogo no deslocamento de Lacan, o qual, por mais afirmativo que fosse ao se fazer aqui e ali, não cessou de ser problemático para o próprio Lacan.

Agradeço por vocês me acompanharem no afinco com que tento pensar a lógica do ponto de partida de Lacan. Não por uma preocupação arqueológica, mas porque a lógica desse ponto de partida continua a prescrever todo o curso do ensino de Lacan, e continua a reger nossa reflexão atual sobre a psicanálise. É o que mostro, aqui e ali, por meio de alguns curtos-circuitos que permitem reunir, a partir de indicações fugidias do princípio, elaborações mais tardias.

Então, se considerarmos a casa de Lacan de um ponto de vista exterior, seu ponto de partida é evidentemente o privilégio da fala. Entretanto, isto não é tudo.

O próprio Lacan localiza o ponto de partida de seu ensino quando investe sua reflexão em uma repartitória – termo emprestado de autores muito praticados por Lacan, Damourette e Pichon – do simbólico, do imaginário e do real.

O ensino de Lacan prolongou-se o bastante, para que ele chegasse – além do *Seminário 20*, portanto além de quando evidencia o gozo da fala – a tematizar essa repartitória como tal, tematização cujo efeito é igualar os registros distinguidos por essa repartitória, representando-os de forma similar pelas rodelas de barbante. Terminou tomando por tema o fato de que há os três registros e que, apenas por isso, um vale tanto quanto o outro.

No começo, quanto a essa repartitória, não era nada assim: um não equivalia ao outro, o que constituía seu interesse.

Lacan avançou na casa de Freud como se ela fosse um cafarnaum, espécie de brechó, tudo de pernas para o ar. E depois disse : "Isto de um lado, isto de outro, isto no andar superior, isto na adega, isto na despensa." E, por meio dessa operação de distribuição, modificou a significação de Freud.

Não é apenas o privilégio da fala, é bem mais essa distribuição dos móveis freudianos que constitui a força do ponto de partida.

Essa repartição implica, primeiro, uma exclusão e, em seguida, uma dominância: exclusão do real e dominância do simbólico sobre o imaginário.

É como uma distribuição das cartas freudianas entre os três registros, não implicando apenas um arranjo homogêneo. Ao dizer: "Isto é real, isto é imaginário, isto é simbólico", isso implica que tome lugar em um sistema de exclusão e de dominância.

Vou esclarecer o que disse por meio de três observações.

Em primeiro lugar, a dominância é contrariada. O simbólico domina o imaginário, que oferece resistência. Lacan relaciona sempre ao simbólico – no que chamo seu ponto de partida e que se estende por alguns anos – o registro da causa, da determinação fundamental: quando ele pensa apreender alguma coisa que rege os efeitos determinantes para o sujeito, ele o imputa ao simbólico. E, com respeito à dinâmica simbólica, de maneira constrastante, o imaginário é o registro por fatores de inércia.

Em segundo, a exclusão é uma exclusão que resulta. O real puro é da ordem do dado, por exemplo, o dado do organismo. Mas comporta uma zona não indiferente que acontece no simbólico. De forma que, ao mesmo tempo em que Lacan pôde dizê-lo excluído, o real, nessa zona, parece sofrer os efeitos da causa simbólica, de modo indireto, pelo viés do imaginário. Assim, o real, por mais excluído, comporta uma zona que ressoa efeitos simbólicos.

Em terceiro, se o simbólico é essencialmente uma forma, é o imaginário que lhe fornece seu material. Lacan construiu seu conceito do simbólico, a partir da lingüística, mas sobretudo como forma, como articulação diferencial, como sintaxe, que precisa de ser completada por um léxico que, durante muito tempo, foi tomado emprestado do imaginário. A forma simbólica encontra sua matéria no imaginário. E há alguns desenvolvimentos da mesma ordem no *Seminário 4: A relação de objeto*, recentemente publicado.

Eis aqui exclusão e dominância, com três observações que corrigem e matizam esse ponto de partida.

É esse o gesto inaugural de Lacan quanto a Freud: ele distribui, reparte, designa os lugares entre simbólico e imaginário. Secundariamente, atribui lugares ao real, que, quando puro, encontrava-se fora do campo freudiano, até Lacan formular: o impossível é o real. Então, isso se modifica porque o impossível é, por excelência, uma categoria simbólica; e dizer: o impossível é o real, é fazer do real uma instância que resulta e se deduz do simbólico, na medida em que o impossível só tem valor no simbólico.

## Herança do pré-Lacan

Agora, a libido freudiana.

Um fato importante que determina a trajetória de Lacan é que a essa repartitória fosse designado seu lugar no imaginário: herança do pré-Lacan, do Lacan antes de seu ensino, herança do estádio do espelho.

O estádio do espelho não é em nada uma contemplação. Aos olhos de Lacan, manifesta o que ele chamou um dinamismo afetivo, isto é, Lacan não fazia da identificação primordial do sujeito com a forma visual de seu corpo uma operação instantânea, neutra, mas uma operação que comporta um dinamismo afetivo, onde há uma relação propriamente erótica.

Isso é apresentar em uma cena o narcisismo, que não é apenas identificação, mas também satisfação. Para Lacan, é aí que Eros se localiza.

Por essa razão, ele pôde dizer, se restringirmos um pouco seus termos, que no estádio do espelho trata-se, ao mesmo tempo, de uma forma e de uma energia – este termo tendo sido constituído para capturar as valências da energia pulsional freudiana.

Eis o motivo de darmos grande valor à frase que se encontra na página 116 dos *Escritos*, no texto "A agressividade". A esta forma primordial, a *Urbild* do eu, forma visual do corpo próprio, responde uma satisfação própria. Pois bem, nessa frase está em jogo a captura da libido freudiana no registro do imaginário, registro que ele é o único a promover em relação ao real.

Mesmo quando formula a teoria da identificação com a imagem do corpo, que parece abstrata, Lacan não deixa nunca de enfatizar que ela é conotada pela jubilação, da qual dá conta dizendo que o sujeito experimenta uma desordem orgânica, não sente seu corpo como uma totalidade, que é apenas na imagem que essa desordem se vê, de certo modo, apaziguada, e o gozo, presente no júbilo, é gozo da totalidade e não o de um objeto parcial. Pelo contrário, o parcial, o parcelar, está do lado do que o sujeito experimenta de sua não-coordenação motora. E o gozo, aos olhos de Lacan, não está do lado desse despedaçamento, mas na formação global, total, do corpo inteiro, sob a forma da imagem.

E assim, pôde qualificar de negativa a libido encontrada no estádio do espelho, uma vez que ela se fundamenta no que poderíamos chamar: discórdia nativa do ser humano.

Não é precisamente do parcelar experimentado que Lacan se ocupa. Para ele, essa libido se aloja e decorre da imagem global. Ele diz com todas as letras, ou quase todas, que a libido é uma energia proveniente da estrutura narcísica do eu.

Na época, ele não encontra dificuldade para alojar essa imagem pregnante como imago no inconsciente. Se nos interrogarmos para saber o que é o inconsciente em relação ao estádio do espelho, poderemos afirmar que o inconsciente aloja, essencialmente, imagos fundamentais.

No entanto a libido ligada ao narcisismo não é tudo. E, nessa data, preliminar, Lacan já situava uma intencionalidade correlativa à libido, no sentido de existir, no sujeito, um empuxe que visa algo, que busca realizar algo ou obter algo. Há uma tensão que anima, uma intenção – ainda que não se escreva da mesma maneira – tensão e intenção.

No fundo, não há só libido, há uma intencionalidade que lhe é correlata, visto que há uma tensão e que, para resolvê-la, entre a tensão e sua resolução, há o vetor de uma intenção. E toda a concepção estrutural não escapa de ter de situar uma finalidade, a que responde o termo intenção.

## A patologia do eu

*Qual é a intenção correlativa à libido imaginária?*

Nós o sabemos a partir do estádio do espelho: é uma intenção propriamente de agressão. Não retomo os argumentos que marcam que o relacionamento do sujeito com essa imagem de si é, ao mesmo tempo, relação com a imagem do outro, rapto, captação, dominação, domínio, dialética da identificação e da agressão à imagem. Sublinho simplesmente a conexão feita entre a libido, o gozo imaginário, e uma intencionalidade que lhe é própria.

A intenção agressiva é tomada por Lacan como um dado imediato da experiência analítica. Assim, ele formulou que esta permite experimentar a pressão intencional, e, no exato momento em que pôde dizer que, nessa experiência, se trata de sentido, de um certo querer dizer, esse querer dizer é investido de intenção agressiva. E não nos enganaríamos nunca ao interpretar o sentido em termos de intenção agressiva, uma vez que esta aflora a todo momento.

Por essa razão, visto que o gozo é fundamentalmente imaginário, visto que a intencionalidade lhe é correlata, pode-se dizer que, para Lacan, antes de ser Lacan, todo discurso era, de início, agressivo, o prosseguimento da destruição do outro por outros meios. Portanto, ele propõe escutar o que se diz em função da intencionalidade agressiva correlata do gozo imaginário.

Evidentemente, nesse enquadre compreendemos por que a paranóia é a patologia fundamental do eu, e por que Lacan pôde propor uma clínica de intenção agressiva.

Ela permite dar conta da psicose paranóide e paranóica. Na fobia, diz ele, o papel da intenção agressiva é manifesto. Na neurose obsessiva, vemos uma prodigiosa defesa em labirintos contra a intenção agressiva, destinada a camuflá-la, negá-la, dividi-la e amortecê-la. E, na histeria, devemos interpretar a intencionalidade agressiva contra a imago paterna.

Retomo com obstinação esses traços realçando a intenção agressiva, ou seja, a intencionalidade correlativa a um gozo, precisamente para acompanhar o que acontecerá com isso no ensino de Lacan, quando é feita a divisão entre simbólico e imaginário.

A intenção agressiva mantém um relacionamento com o outro. É o nome que Lacan dá, no imaginário, à relação com o outro. De tal sorte que, quando se transporta para o simbólico, o que vem no lugar da intenção agressiva é o desejo de reconhecimento.

Lacan denominou "desejo de reconhecimento" – e basta dizer que lhe veio de Hegel, *via* Kojève – ao que vem exatamente no lugar da intenção agressiva. É o correlato, no simbólico, da intenção agressiva, no imaginário.

Estando a relação com o outro situada no imaginário, ela só acarreta impasse, destruição, é "você ou eu", uma resolução impossível. Ao ressituar a relação com o outro no simbólico, ele aí encontra um passe, ao qual Lacan chama desejo de reconhecimento e reconhecimento do desejo, ou seja, é concebível uma satisfação simbólica: o reconhecimento.

A mudança que inaugura o ensino de Lacan concerne à natureza da intencionalidade fundamental do sujeito, não agressiva, desejante, isto é, intencionalidade de obter o reconhecimento do outro. É uma intencionalidade pacífica, ainda que em seu curso encontre obstáculos que possam torná-la agressiva. É o vetor da intencionalidade que Lacan designará para o desejo, quando, antes, ele lhe designava a agressão.

Com o desejo, termo-chave de sua inovação na psicanálise, assim como a fala, Lacan institui novo tipo de intencionalidade, ligada ao outro, agressiva, mas que busca o sentido. Por isso, é uma intencionalidade essencialmente ligada à fala, ao passo que a intencionalidade agressiva poderia perfeitamente dispensá-la. Intencionalidade que busca o sentido, cuja satisfação é da ordem do sentido, e que o encontra no desejo do outro. Intencionalidade especial, cujo objeto seria seu reconhecimento pelo outro.

Podemos dizer que a noção de intencionalidade é transportada para o simbólico, tendo estado, até então, no imaginário, insolúvel.

A partir do momento em que a intencionalidade fundamental é isolada no simbólico, só resta, no imaginário, a inércia. Porque, no momento em que dizemos que "a intencionalidade é agressiva", o imaginário é perpassado pela dinâmica afetiva da agressividade. Se transportamos a intencionalidade para o lado simbólico, só resta, no lado imaginário, fatores de inércia.

E, por esse fato, para Lacan, o conflito – termo freudiano, capital para a *egopsychology* – é simbólico. E ele repete no início de seu ensino: "Cada vez que há conflito, encontramos o simbólico por perto." Ao passo que o imaginário é a fixação; estando os dois estritamente repartidos entre simbólico e imaginário.

Há uma repartitória que distribui conflito e fixação, dinâmica e inércia, entre simbólico e imaginário. Para sermos mais precisos, podemos dizer primeiramente que Lacan não parou de tentar demonstrar que o conflito é intra-simbólico.

Em segundo, que há conflito entre simbólico e imaginário, o qual para ele é sempre secundário; comparado ao intra-simbólico, está entre simbólico e imaginário; é da ordem da interferência, da interrupção, da frenagem, do tamponamento. Todavia, seu convite técnico constante é o de não nos cegarmos sobre o conflito secundário simbólico e imaginário; o essencial e determinante é o conflito intra-simbólico. E o decisivo na condução do tratamento é liberar a dinâmica simbólica.

Porque o desejo suporta a intencionalidade simbólica, ele, e não a pulsão, é o centro em sua problemática.

Na primeira fase do ensino de Lacan, quaisquer que sejam as corretivas que ele tenha levado para seu conceito de pulsão, o desejo sempre apareceu central como intencionalidade simbólica, porque está articulado no Outro, e, assim sendo, é uma categoria dialética, o que ele valoriza em "A subversão do desejo e a dialética do desejo". Não há dialética da pulsão, mesmo que enganchada no simbólico.

A palavra "desejo", em Lacan, designa a intencionalidade do simbólico que é dominante. E, mesmo das pulsões, ele poderá dizer: "As pulsões são estruturadas pelo desejo de reconhecimento e deixam apenas um resíduo no imaginário."

Ele despojou o imaginário de toda dinâmica para transferi-la ao simbólico, de sorte que só restou ao imaginário a inércia.

## A dívida simbólica

Fenichel, uma das referências de Lacan, estabelece o conflito neurótico entre o eu e o isso. Somos tentados a dizer: um conflito entre a defesa do eu e as pulsões do isso. Na verdade, é um pouco mais complicado. Segundo ele, somente uma pulsão pode se opor a outra. Por isso, o conflito é essencialmente intrapulsional, entre a tendência à descarga, que tem efeito de tensão e a tendência a impedir a descarga, que tem efeito de bloqueio. Propõe, para a defesa, uma definição paradoxal: embora a defesa seja um instinto, uma pulsão, embora seja em si mesma um instinto, age como defesa quanto a outro, mais profundo e mais recalcado.

Só nos engajamos na teoria de Fenichel para dizer: é intrapulsional, admitindo que certas pulsões servem de defesa contra outras. A isso, Lacan opõe que o conflito é intra-simbólico, e não, essencialmente, frenagem do simbólico pelo gozo imaginário – não há aí a oposição estruturada mais tarde entre o significante e o gozo –, trata-se de fazer sempre prevalecer a satisfação semântica sobre o gozo imaginário.

É por isso que Lacan, nos primeiros passos de seu ensino, fez promoção conceitual da dívida simbólica. Por quê? A dívida, no fundo, é sua maneira de qualificar o que, em termos freudianos, é o conflito, repensado como intra-simbólico. Lacan faz dela o pivô do conflito psíquico.

Assim, ele pôde opor, de um lado, a culpa de ordem simbólica, e, de outro, a frustração, a carência, a dependência, de ordem afetiva, instintiva, imaginária. A culpa, ainda nessa data, não decorre de nenhuma falta ao nível do gozo; para ele a culpa é falta ou discordância no nível do simbólico

Ele articula a culpa à dívida, cujo status está no nível simbólico e, na página 435, diz que a neurose decorre de uma simbolização desnorteada. Isso deixa bem claro que, no tratamento, trata-se de recolocar a ordem no que o sujeito assumiu do simbólico.

O que ele chama dívida decorre do próprio simbólico, da relação do sujeito com o simbólico, e o sujeito é, como sujeito da fala, responsável pela dívida simbólica. É como se houvesse, para o sujeito, uma culpa intrínseca ao simbólico. É de onde vem o valor da expressão: ordem simbólica. Lacan diz algumas vezes ordem imaginária, mas ele a evita e não fala de ordem real. Porque a palavra ordem, por um lado, tem valor de registro, mas, ao mesmo tempo, para Lacan, o simbólico está em ordem.

No que concerne à ordem, o sujeito é falho. E por ser ele falho na assunção do simbólico, ele fica fora da lei; o simbólico é, para ele, desconcertado, não harmônico, e o objetivo do tratamento é restabelecer o concerto do simbólico. E tudo o que é da ordem da frustração, da carência, da dependência que ali está, é do registro da inércia imaginária a partir da qual não há como operar.

A prova de que, no neurótico, o simbólico é desconcertado é a pulsão, que nele aparece isolada e dominada pela relação narcísica, permitindo a Lacan dizer: "A pulsão modula todas as formas da perversão sexual." Se, em Freud, a pulsão é conceito fundamental, fronteiriço, entre psíquico e orgânico, em Lacan, ela aparece a princípio como fronteira entre simbólico – uma vez que é estruturada pela intencionalidade do desejo –, imaginário e real.

A pulsão, estruturada pela desejo, tende ao reconhecimento. Mas, uma vez que no neurótico ela fracassa, é retida pelo imaginário, então ela é pulsão, é como uma recaída do desejo a este respeito, e que resulta de uma falha da assunção subjetiva do simbólico.

Antes de terminar, farei agora um pequeno curto-circuito para levá-los mais longe.

Lacan terminará por formular que o próprio simbólico é desconcertado não por falta da assunção subjetiva, mas por sua falta intrínseca, que ele escreverá como S de A barrado – S(A̸) –. De tal sorte que o conflito não é conflito neurótico devido a uma falha do sujeito em assumir a ordem simbólica, mas sim que essa falta está presente no nível do simbólico como tal. Por isso, Lacan articulará essa falta à pulsão.

Com freqüência comentei o grafo de Lacan, seu andar superior, onde encontramos, de um lado, o S de A barrado – S(A̸) –, e, do outro, a escritura da pulsão.

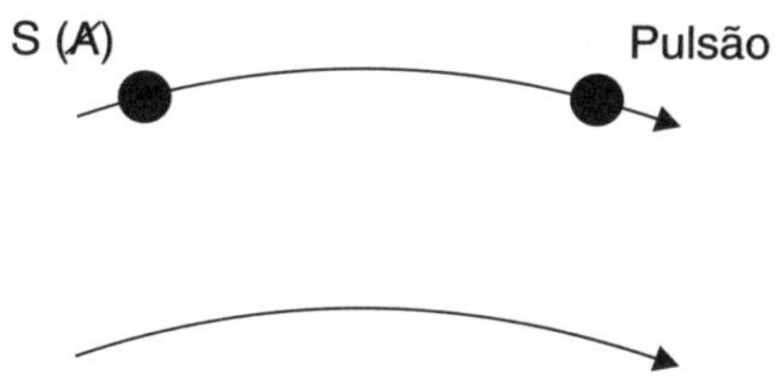


Hoje, deduzo a necessidade de articular a pulsão a essa falha, a essa falta no simbólico, e dar conta disso pela falha de inscrição do gozo na ordem simbólica, que não a deixa intacta, introduzindo nela o elemento fundamental de desordem.

Podemos então perceber que, em Lacan, o falo ocupará o lugar de conceito fronteiriço, lugar ocupado pela pulsão, em Freud. A promoção conceitual do falo no ensino de Lacan liga-se ao fato de que, durante um bom tempo, ele suporta a característica fronteiriça, a mesma do conceito de pulsão, em Freud.

A culpa, que tomei como índice em seu escrito "A coisa freudiana", assinalando que, para ele, era intra-simbólica, e que ele a distinguia de toda a questão concernente ao gozo –, essa culpa decorria da dívida simbólica, de uma falta de assunção subjetiva de ordem simbólica. Todavia, em "Subversão do sujeito",

Lacan diz exatamente o contrário, isto é, que a culpa é questão de gozo; ou seja, a culpa original está precisamente ligada ao gozo pulsional.

Assim, a problemática do falo se impõe no centro da lógica do ponto de partida em virtude da separação lacaniana entre pulsão e libido. É a partir dessa separação que o falo encontrará seu lugar como *Vorstellung*, como representante do gozo no simbólico. É o que permitirá a Lacan produzir a conexão, ausente em Freud: a articulação entre pulsão e castração.

*25 de janeiro de 1995*

# – Lição 8 –

# Um certo eclipse da pulsão

Hoje, gostaria de sair do percurso, de certo modo preparatório ao entrelaçamento da questão da interpretação com a da pulsão. Para tanto, precisarei fazer um caminho um pouco extenso, tentando, contudo, percorrê-lo em um bom ritmo e, espero, suficientemente explícito a cada passo. A pulsão, em Freud, conceito limite entre o psíquico e o somático, é transcrita na problemática de Lacan também como conceito limite entre simbólico e imaginário. Como cadeia, para ele a pulsão está articulada ao simbólico, ao passo que sua satisfação é de ordem imaginária.

Por todos os traços que, em Freud, a distinguem do instinto natural ou animal, a pulsão traduz a apreensão do simbólico, visto que se manifesta até o mais íntimo do organismo humano. Estes são os termos do "Seminário sobre 'A carta roubada'". Lacan designa com a expressão "o mais íntimo do organismo do ser humano sofrendo as incidências do simbólico" o que, em Freud, é a pulsão. Freud introduziu esse conceito com muitas precauções, marcando que, por ser um conceito abstraído da experiência, não se trata de observá-la. A pulsão manifesta o que há de desnaturado no organismo humano. É a prova de que o simbólico não é uma superestrutura.

## O testemunho da carne significante

Essa é uma orientação constante em Lacan. Podemos encontrá-la em seu escrito "Os complexos familiares", no qual considera as relações entre natureza e cultura referentes ao homem. Disso podemos deduzir que a família tem fundamentos naturais, biológicos, já que se estabelece sobre a geração, o reproduzir da espécie, que vale tanto para o animal como para o homem. O reino animal nos dá numerosos exemplos dos genitores adultos dedicados a garantir o desenvolvimento de seus filhotes. Contudo, Lacan evoca tal fato apenas para introduzir que isso é insuficiente para situar a família humana. Ele encontra na sociologia um recurso oposto à biologia, assinalando que a família humana tem uma "estrutura cultural", ainda que pudéssemos cogitar em fundá-la no nível natural. Assim, faz um convite para que ela seja situada no que chama de ordem original da realidade, constituída pelas relações sociais. Com a idéia de ordem original de realidade, de dimensão, de registro próprio, surge o esboço do que será para ele, mais tarde, o simbólico. Naquele momento, porém, ele somente podia defini-lo como fato de relações sociais. Mas, a relação social é o nome aproximativo que ele dá à relação com o outro, exprimindo a exigência constante de comunicação. É também a razão de ele dizer "complexo familiar" em lugar de "instinto".

O valor próprio da palavra "complexo" está em indicar que, no homem, os fatores culturais dominam à custa dos fatores naturais; e que da prevalência do relacionar-se e do comunicar-se com o outro resulta um efeito subversivo que vai até o mais íntimo: o instinto.

Há, desde "Os complexos familiares", um questionamento radical, apoiado na sociologia, quanto à validade do instinto do ser humano, porque o instinto apresenta, em cada espécie, uma característica típica, relativa à fixidez da espécie. E cada vez que encontramos fenômenos da ordem do instinto, pomos em evidência seu caráter estereotipado, rígido. Comparada com essa estereotipia animal, não podemos deixar de notar que, no homem, tal fixidez é subvertida. É por isso que, desde então, Lacan fala de uma economia paradoxal dos instintos no ser humano, instintos suscetíveis de conversão e de inversão. E não podemos deixar de ver aí a referência à pulsão freudiana. A cultura domina a natureza de tal modo que a anula, ou produz nela uma supressão-elevação, o que resumimos no termo hegeliano *Aufhebung*.

E, no ponto de partida de Lacan, há a inspiração hegeliana, humanista, que, tradicionalmente opõe o animal ao homem: o animal, cujas necessidades e modos de satisfazê-las são restritos, fixos, ao passo que o homem se caracteriza pela multiplicação dessas necessidades, sua divisão, o extremo particularismo ao qual elas podem chegar, e suas abstrações.

É o que Hegel chama, em seus *Princípios da filosofia do direito*, de refinamento próprio do ser humano. Os diferentes modos de satisfazer as necessidades são tão divididos, tão multiplicados que se tornam fins próximos. E a multiplicação vai ao infinito.

Temos aqui, situado em alguns parágrafos dos *Princípios*, aquele comentário retomado de pensador em pensador – cuja temática progrediu durante o século XVIII – sobre o afastamento da natureza, os progressos do luxo, o desenvolvimento do comércio e a fabricação de novas necessidades, com a utopia que daí nasceu: tentar trazer de volta à natureza o ser desnaturado. Foi o apelo patético de Jean-Jacques Rousseau para fazer ouvir sua voz dissonante no concerto filosófico que celebrava o positivo da desnaturação.

O conceito freudiano de pulsão, que não é um conceito como tal, mas está no nível do fenômeno, é o herdeiro de toda a história que estou resumindo. Seu ponto de aplicação próprio é a sexualidade. E isso o distingue.

Quando Freud introduziu o conceito, foi como um conceito geral, válido também para a fome e para a sede, para tensões experimentadas, mas não da alçada da sexualidade. Seu ponto de partida é o esquema do arco-reflexo, o par estímulo-resposta. E ele define seu *Trieb* (pulsão) como estímulo para o psíquico, o que inclui a fome e a sede, especificando-o somente a partir disso: é um estímulo emanado do próprio organismo. E propõe fazê-lo equivaler à necessidade. Assim, introduz a satisfação como o que suprime a necessidade, o estímulo da necessidade, cuja palavra alemã é *aufhebt*, mas sem o valor da *Aufhebung* hegeliana; é apenas a supressão da necessidade.

A introdução geral de Freud foi feita para que o *Trieb* sexual fosse posto à parte. Em primeiro lugar, ele o considera intrinsecamente distinto das outras pulsões, e para tal, apoiou-se no que a própria biologia reconhece: a sexualidade diz respeito à geração, à reprodução e perpetuação da espécie, não apenas à preservação do indivíduo. A fome e a sede são pulsões que permitem garantir a sobrevivência do indivíduo, garantir as necessidades que devem ser satisfeitas a fim de sustentar-se no nível individual. A pulsão de ordem sexual, por sua vez, tem sua finalidade no nível da espécie, no nível genérico.

Em segundo, Freud também o põe à parte, visto que a psicanálise nos deu informações somente sobre as pulsões sexuais, que nos são familiares, graças ao neurótico, em que podemos observar o grupo de pulsões, a categoria sexual das pulsões no estado puro, no estado isolado. Lacan utilizará essa observação em "Subversão do sujeito", tentando mostrar por que, a partir de propriedades de estrutura, precisamente no neurótico, a pulsão sexual é isolável. Essa é uma notação freudiana.

Freud acumulou termos para caracterizar as pulsões sexuais, os quais não retomo, mas procuro resumi-los dizendo que ele valorizava a pluralidade das pulsões. Toda síntese aparece como secundária num segundo tempo, permanecendo problemática. Cito: a plasticidade das pulsões, ou, utilizando o termo lacaniano, o"proteísmo" das pulsões, sua variedade, sua independência – uma em relação a outra –, sua capacidade quanto às trocas de objeto, sua faculdade de agir substituindo-se mutuamente, e suas vicissitudes, termo que aparece no título do artigo de Freud, "As pulsões e suas vicissitudes", no qual distingue quatro modos essenciais.

Para Lacan, a pluralidade, a plasticidade, o proteísmo, a capacidade substitutiva das pulsões, seu deslocamento, sua ex-sistência traduzem a apreensão do simbólico. No fundo, isso é tudo, menos natural. E vê aí, como encarnadas na própria carne, no empuxo da carne, nas exigências desta, as propriedades da cadeia significante. Seria como o testemunho da carne significante.

Bem mais tarde, no que concerne ao ser humano, Lacan falará da sexualidade metafórica e até metonímica do ser humano. Essa é a linha tomada, de saída, por seu discurso. Há uma espécie de fatos de desnaturação, só perceptíveis se implicarmos a presença, a incidência da cadeia simbólica no mais íntimo do organismo.

Para Lacan, tudo isso são substituições lógicas, termo que empregou em "Variantes do tratamento-padrão", à página 345. Portanto, a lógica estaria presente na própria pulsão. Ao mesmo tempo, a existência de substituições, de deslocamento plástico, enfatiza, por contraste, um elemento de constância: o *Trieb*, que, tal como Freud o introduziu logo de início e de modo evidente, é um estímulo constante. Isso basta para opô-lo à necessidade, que é um estímulo ao modo de um eclipse, visto que a satisfação o apaga por um tempo, e, em seguida, ele ressurge. Portanto, se damos um sentido muito forte à constância do estímulo pulsional, não podemos facilmente reduzi-lo à necessidade. A constância está presente na exigência – que pode ser relacionada ao princípio de constância – de auto-regulação, de uma homeostase fisiológica e psicofisiológica, com incidência de outro valor que a constância pode tomar, no próprio texto de Freud: uma tendência a suprimir a tensão de excitação interna.

Temos, na constância, os dois valores que Lacan distinguirá mais tarde: prazer, que se refere à homeostase, ao equilíbrio, e valor de gozo, que se manifesta no excesso. O modo de gozar pulsional deve ser situado entre prazer e gozo.

Ao lado da paisagem de substituições lógicas desgrenhadas, há a convocação da constância, que é, antes de tudo, a de satisfação a ser obtida por um meio ou por outro, por uma ou outra vicissitude da pulsão.

## Dupla articulação da pulsão

Desde o início, Lacan trabalha a pulsão freudiana, como podemos ler à página 345 de "Variantes do tratamento-padrão". Levado por seu ponto de partida, ou seja, a distribuição entre simbólico, imaginário e real, Lacan articula duplamente a pulsão freudiana.

Primeiro: a pulsão pertence ao simbólico, uma vez que é articulada, não sendo, de modo algum, tal como Freud a apresenta, um impulso global impreciso. Ela é uma cadeia suscetível de inversão, de conversão, de substituições de pleno exercício, e a um nível sofisticado da cadeia significante, já que nela implicamos nada menos que a gramática. Portanto, em razão de todos esses traços, a pulsão pertence ao simbólico. Podemos, pois, dizer, não só que ela não é natural – conquanto tenha sua fonte no interior do organismo –, como também que tem algo de antinatural. Os primeiros exemplos de Freud quanto à pulsão são constituídos de todas as formas de perversão sexual. Os exemplos tomados por ele manifestam o que há de pervertido, de desviado no próprio nível da pulsão como expressão do interior do organismo. A dificuldade do conceito de pulsão é ter de pensar que o significante, longe de ser superestrutura, penetra até o mais íntimo do organismo. Pelo fato de a pulsão pertencer ao simbólico, Lacan é levado a dizer, mais que a demonstrar, que as pulsões são estruturadas pelo desejo de reconhecimento, manifestam a alienação do sujeito no desejo do outro.

Segundo: a pulsão pertence ao imaginário. E, uma vez que só no nível imaginário se pode dar conta de sua satisfação, Lacan pôde dizer que a relação narcísica nele domina, isto é, que ao lado da primeira alienação no desejo do outro, há a segunda alienação imaginária, perceptível na ambivalência da identificação, constatada no par perverso. A articulação da pulsão é dupla e bem legível à página 345 dos *Escritos*, entre o simbólico e o imaginário.

Quais os modos de satisfação possíveis de serem distinguidos?

Em primeiro lugar, o que chamamos ingenuamente satisfação natural da necessidade: ter fome, comer; ter sede, beber. Aqui, a satisfação é a supressão da necessidade como tensão. Pela contribuição de substância exterior, obtemos a regulação, e a tensão, fonte de incômodo, é reduzida a zero.

Em segundo, há a satisfação exigível quanto ao desejo. Essa problemática implica a satisfação simbólica do desejo, e o reconhecimento tem o mesmo valor de satisfação para o desejo. Como se o próprio desejo fosse uma tensão que só se apaziguasse com o reconhecimento do outro.

Em terceiro lugar, podemos dizer que as duas satisfações estão situadas por Lacan desde o início, ainda que não desenvolvidas nos termos em que as reúno.

Mas o que é feito da satisfação da pulsão de Freud? Seria semelhante a uma das precedentes? Durante muito tempo, Lacan procurou assimilar o modo de satisfazer à pulsão em uma das duas formas precedentes.

E Lacan se pergunta: o que perturba o banquete dos desejos? Qual é o convidado de pedra que chega como o Comendador, enquanto Don Juan está festejando? Ou seja, qual é a mola do sintoma que introduz o desprazer e impede a homeostase, a regulação, não deixando que a excitação interna seja mantida no mais baixo nível? A primeira resposta que encontramos para tal problemática é: a mola do sintoma – que perturba o banquete dos desejos – é tudo aquilo que perturba o reconhecimento do desejo, e o que atrapalha a satisfação natural da necessidade, não tem consistência. Nada tem consistência comparado ao que perturba o reconhecimento do desejo.

É por isso que valorizo a passagem da página 435 dos *Escritos*, que tanto agradou a Lacan, pois citou-a novamente em seu texto "A psicanálise e seu ensino":

"*... As uvas verdes da fala, através da qual o filho recebeu cedo demais de um pai a autenticação do nada da existência, bem como as vinhas da ira que corresponderam às palavras de falsa esperança com que sua mãe o enganou, amamentando-o com o leite de seu verdadeiro desespero, irritam mais seus dentes que o fato de ter sido desmamado de um gozo imaginário, ou mesmo de ter sido privado de tais cuidados reais*".

Esse dito, de forma romântica, concerne especialmente ao fato de que a mola do mal-estar que perturba a satisfação do desejo, se encontra no nível da fala que não foi o que devia ter sido, seja recebendo do pai a autenticação do nada da existência, ou da mãe, palavras de falsa esperança. É isso que faz com que a coisa vá mal. O desmame imaginário e a carência de cuidados reais são de pouca importância.

## A redução da pulsão ao simbólico

Tal como diz Lacan, essa prevalência do simbólico, ou seja, a atribuição da causa ao nível do significante – relegando a nível de fatores secundários o gozo imaginário ou real –, tem o efeito de reduzir o conceito de pulsão ao simbólico. Fato cuja conseqüência teórica é de peso: implica uma desconexão, por exemplo, entre pulsão e supereu. Quanto ao supereu, repete-se sempre a frase “figura obscena e feroz”, que parece totalmente adequada à descrição freudiana. Aqui, o termo importante, porém, é “figura”, que o faz pertencer ao registro do imaginário. E Lacan relaciona o aparecimento dessa figura, que é a verdadeira significação do supereu, ao fato de haver, na cadeia simbólica, um elo rompido: uma falha do simbólico. Eis a mola. E nesse intervalo aparece, vinda do imaginário, a figura obscena e feroz.

Tudo o que Lacan desenvolve durante muito tempo na clínica, no próprio nível da descrição, do relato dos fenômenos clínicos, ele o faz a partir do esquema.

A saber:

O essencial acontece no simbólico:

E quando aí há uma falha, alguma assunção não realizada:

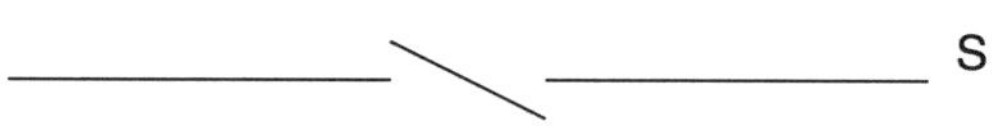


vem, do registro do imaginário, tal ou tal fenômeno:

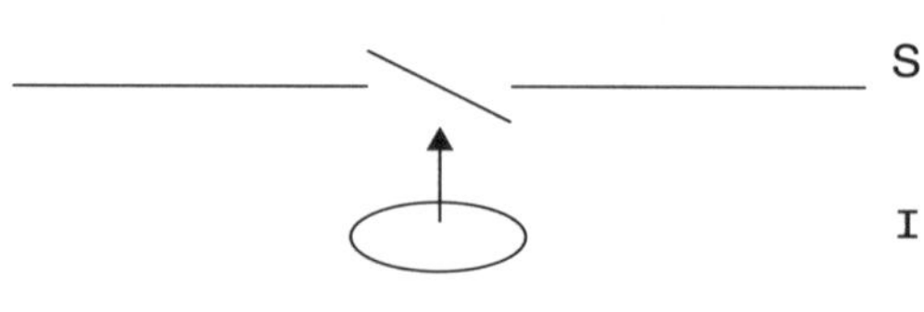


sem razão em si mesmo, só encontrando essa razão se relacionada ao ponto preciso da cadeia significante na qual se inscreve.

Este esquema, por mais elementar que seja, é o que sustenta numerosas considerações clínicas, precisas ao extremo, presentes no *Seminário 4.* O fato de Lacan reduzir a pulsão ao simbólico implica que seu conceito da pulsão se desenvolve de acordo com as evoluções da definição do conceito do simbólico. Ao definir o simbólico, Lacan sempre deu preeminência ao significante. Diz ele, em "Situação da psicanálise", página 495 dos *Escritos:* "Nós atribuímos a preeminência ao significante na estrutura da relação intersubjetiva." Ele atribuiu, progressivamente, sempre mais preeminência ao simbólico, em detrimento da relação intersubjetiva. E as conseqüências disso, quanto à pulsão, podem ser lidas em seus *Escritos*.

Durante o período em que considera que a intencionalidade própria ao simbólico é o desejo de reconhecimento, ele formula que as pulsões são estruturadas pelo desejo de reconhecimento. Contudo, falta clareza a essa fórmula. Quando abandonou o desejo de reconhecimento e valorizou no simbólico seu caráter de combinatória significante, disse: " ... as pulsões ... se estruturam em termos de linguagem." Eu os convido a comparar a página 345, de "Variantes do tratamento-padrão", com a 468-9, "Situação da psicanálise", nos *Escritos*, são textos muito próximos, e que mostram uma evolução muito rápida da instauração conceitual. Temos, portanto, uma doutrina da pulsão que lhe abre passagem, com a condição de reduzi-la à ordem simbólica.

## O falo, condensador de gozo

A intencionalidade própria à ordem imaginária era a intenção agressiva, e, ao distinguir o imaginário e o simbólico, Lacan também havia distinguido a intencionalidade própria da ordem simbólica – o desejo de reconhecimento –; essa intencionalidade foi substituída por outra: o desejo do falo. Eis o terceiro estádio da definição da intencionalidade fundamental

Do desejo de reconhecimento ao desejo do falo, há uma báscula, uma vez que o desejo de reconhecimento é, antes de tudo, relação de um sujeito a outro sujeito do qual é esperada satisfação de ordem simbólica, sua fala; ao passo que o desejo do falo é introduzido a partir da relação de objeto.

E é isso que se realiza no *Seminário 4*, em que o desejo de reconhecimento não desempenha nenhum papel, não estruturando, de forma alguma, as pulsões. Ao contrário, há uma reescritura do estádio do espelho como relação imaginária. A tese do desejo de reconhecimento também é reescritura do estádio do espelho, porém tende a separar, a isolar uma outra ordem de relação com o outro.

A reescritura, que se realiza no *Seminário 4*, consiste em encarnar o par do estádio do espelho na relação mãe-criança e em acrescentar aí o objeto fálico, convertendo o estádio do espelho em tríade imaginária e fazendo surgir, no imaginário, o objeto fálico. Em um segundo tempo, consiste em fazer o objeto imaginário passar para a ordem simbólica, em mostrar, construir a passagem do objeto imaginário na ordem simbólica. Então, o que se conclui através dessa operação bastante complexa? O que se realiza, silenciosa e quase invisivelmente, é uma certa deportação, uma certa transferência do gozo. Anteriormente, tudo da ordem do gozo pertencia à ordem imaginária. E faltava não um objeto, mas a assunção da ordem simbólica, a insuficiência do reconhecimento vindo do outro. Ora, o que se realiza no *Seminário*, é a elaboração de categorias que permitem falar da falta e do gozo no simbólico, o que antes não se podia fazer. Tal operação repousa na passagem da frustração à castração.

Salientamos ser no *Seminário 4* que se introduziu o próprio conceito de castração, tomando uma posição pivô no ensino de Lacan. Ele o introduz à página 36, dizendo ser uma noção tão paradoxal, que podemos dizer que ainda não está completamente elaborada. De fato, é ao longo do *Seminário* que ele introduz o manejo dessa noção – do que, durante muitos anos, ele se havia abstido –, para dar conta da experiência analítica e seus fenômenos.

Ao introduzir a castração, ele introduz o conceito de falo como termo imaginário, pertencente ao imaginário e do qual se pode dizer que condensa o gozo imaginário. É o que explica as primeiras fórmulas elaboradas por Lacan, quando fez da castração uma falta simbólica, cujo objeto imaginário é o falo. Tenta inscrever a relação da castração e do falo neste esquema:

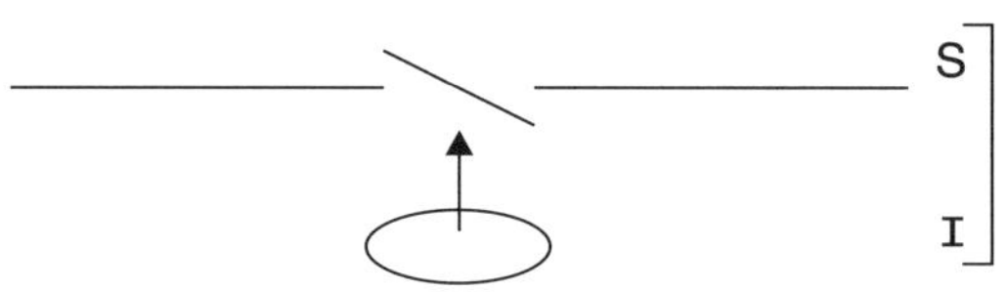


A falta – O – no nível simbólico, que ele chama de castração, é relativa ao objeto imaginário – o falo:

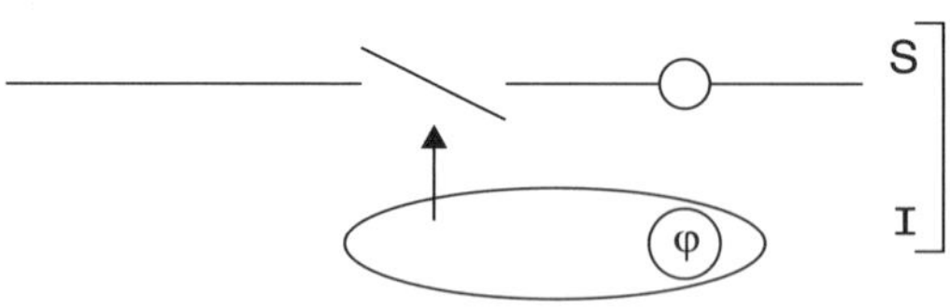


Mas, ao introduzir o falo no imaginário pelo estádio do espelho mãe-criança, ele introduz um termo que tem, potencialmente, a virtude teórica de concentrar tudo o que é da ordem do gozo imaginário, o qual, até então, estava difuso nessa ordem. E, ao introduzir o falo no imaginário, ele introduz uma espécie de captor do gozo imaginário, um condensador de gozo.

Isso nos permite dizer que, na economia teórica introduzida com esse *Seminário*, o falo está no lugar da pulsão freudiana, visto que o lugar da pulsão é na juntura do imaginário com o simbólico. A partir daí, assistimos, por muitos anos no ensino de Lacan a uma espécie de eclipse da pulsão, e também a um período muito fecundo em escritos. Pode-se dizer que o desejo – nesse período de seu ensino, ponto central de seus *Escritos* – eclipsa a pulsão, e o operador do eclipse é o falo.

Falamos de três tipos de satisfação, três modos de satisfação. Em um deles, a satisfação do desejo é o reconhecimento.

A partir do momento em que, no *Seminário 4*, se introduz o conceito de falo, a resposta muda completamente, e o reconhecimento do desejo se esvazia. O que satisfaz o desejo não é o reconhecimento, mas sim o falo.

Lacan começa o *Seminário 4* pela sexualidade feminina para fazer objeção a si próprio, para dizer que não é o reconhecimento que satisfaz o desejo, que a satisfação do desejo está ligada ao falo.

Observando o par mãe-criança e apoiando-se na análise de uma mãe, ele pôde dizer, à página 71: "Se a mulher encontra satisfação na criança, é à medida que ela encontra na criança alguma coisa que acalma, que satura sua necessidade do falo." O termo "necessidade" não está no lugar devido, mas sim para marcar que o termo central é satisfação, e que se trata de distribuir as satisfações, segundo seus modos. O primado do falo, em Lacan, é o que lhe permitirá eludir, de modo bastante durável em seu ensino, a questão da satisfação da pulsão.

Muitas vezes empaquei diante da expressão "significante imaginário", qualificando o falo, por ter que comentá-la, dar conta dela conforme o sistema de Lacan. O que acrescento hoje – de uma perspectiva um pouco descolada e também pela referência simultânea ao conceito freudiano de pulsão –, é que todas essas expressões paradoxais que qualificam o falo, o conjunto dos parodoxos do falo, estão relacionadas ao lugar de conceito limite ocupado por ele, e que Freud atribuía à pulsão. Nada melhor que o significante imaginário para demonstrar o quanto ele está na fronteira entre simbólico e imaginário. E a pergunta da pulsão – que, para Freud, se encarnava no termo fronteira entre o psíquico e o somático – vai ser deportada, em Lacan, para o conceito de falo, que aparece, ele também, como montado a cavalo, tendo uma função de gonzo entre dois registros distintos.

Para Lacan, o eclipse da pulsão ocorre sobretudo pelo fato de o correlato intencional do falo, o que visa o falo, ser o desejo. Lacan denomina desejo o que é correlativo ao falo, e, assim, a pulsão, por mais estruturada que seja em termos de linguagem, perde sua necessidade.

Quando Lacan diz que o falo é o objeto central da dialética analítica, que todos os objetos de interesse, os objetos libidinais, são equivalentes a ele, são *Ersatz,* é preciso, para entendê-lo, se referir à análise freudiana da pulsão, feita para mostrar que, através de todas as substituições, a satisfação mantém-se constante. E o falo, como equivalente significante dos objetos, desempenha o papel do gozo, ao passo que o desejo faz o papel da pulsão.

No *Seminário 4*, Lacan estuda as pulsões: voyeurismo, exibicionismo etc., o que o próprio Freud tomara como exemplo no texto sobre pulsões. Lacan brilha ao mostrá-las ordenadas ao falo e relacionadas a seu desejo do falo. É o que faz com que, quando o lemos, nos encantemos por lê-lo, e, quando o transcrevemos, fiquemos encantados por transcrevê-lo. Sob nossos olhos, cumpre-se a substituição da pulsão, que se encontra vantajosamente substituída por uma ordenação fálica.

Todavia, no *Seminário 4*, há um certo lugar para a pulsão. A pulsão introduz-se cada vez que há recaída do desejo. Cada vez que há recaída do desejo, que é sempre a relação ao outro, há também o recorrer pulsional ao objeto real.

É o que Lacan supõe quando diz à página 177: "... cada vez que a pulsão aparece na análise, ou em outros lugares" – ou seja, nos comportamentos observáveis que, eventualmente, fazem com que alguns sujeitos sejam levados a um certo posto, quando se trata de exibicionismo ou voyeurismo – "ela, a pulsão, deve ser concebida em relação ao desenrolar-se de uma relação simbolicamente definida"; ou seja, a pulsão aparece quando uma relação simbolicamente definida encontra uma dificuldade. Neste momento, há emergência, recorrência a uma satisfação pulsional direta quanto ao objeto real.

Lacan dá um exemplo do par amor e necessidade:

$$\frac{\textit{amor}}{\textit{necessidade}}$$

Tanto o amor quanto a necessidade são duas formas de demanda de satisfação. A tese de Lacan com respeito ao recurso que a criança pode encontrar ao devorar o seio materno é: *isso não é de forma alguma a simples satisfação da necessidade*:

$$\frac{\textit{amor}}{\textit{necessidade}}$$

*isso passa pelo amor*:

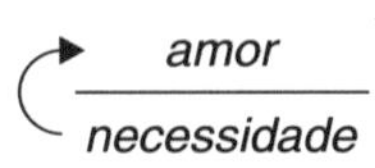


e, à medida que a demanda de amor é frustrada, ou seja, à medida que a criança se decepciona com a demanda de amor que expressa em sua relação com o Outro materno, ela procura consolo, compensação, na satisfação da necessidade:

$$\frac{\textit{amor}}{\textit{necessidade}}$$

Dito de outro modo, não é, pois, a pura e simples satisfação natural da necessidade pela demanda de amor. É na medida em que essa relação, eminentemente simbólica não é satisfeita que a criança se lança sobre o objeto real, o seio, ou outra satisfação dessa ordem. Assim, Lacan pôde dizer: " É quando a mãe falta à criança que a chama, que a criança se agarra em seu seio ... . A satisfação da necessidade é a compensação da frustração de amor ... ."

Isso mostra que, na satisfação da necessidade – compensação por estar insatisfeita a demanda de amor – está a pulsão:

$$\frac{\textit{amor}}{\textit{necessidade}} \quad \text{pulsão}$$

Na mesma linha de pensamento, escreve: "A pulsão se endereça ao objeto real como parte do objeto simbólico." O seio, como objeto real, só é interessante na satisfação da necessidade na medida em que é extraído do Outro materno como simbólico.

Não retomo toda a análise dessa passagem, mas saliento que aqui vemos ocorrências em que a pulsão intervém nesse *Seminário*; a pulsão, aqui, é a devoração, é a pulsão oral voltando-se para o seio materno, e constitui uma regressão quanto à demanda simbólica de amor. Nesse sentido, podemos dizer que o objeto da necessidade – que aqui se pode chamar objeto pulsional – aparece como substituto para a falta do dom simbólico de amor. E o objeto que, nesse caso, é real, não tem sozinho seu valor de dom, pois seu valor está no fato de ser substituto, e já está preso na cadeia metafórica e metonímica.

Da mesma maneira, Lacan situa, no *Seminário 4*, casos de exibicionismo, que tem o cuidado de qualificar de reacionais, para indicar que são comportamentos pulsionais que manifestariam a evidência da pulsão, a pulsão exibicionista, uma vez que ela é apenas a projeção sobre o imaginário de alguma coisa da qual o sujeito não compreendeu todas as repercussões simbólicas. É uma falha. Por exemplo, o sujeito, por não ter compreendido, e não podendo assumir simbolicamente como convém uma paternidade, recorre, nesse momento, ao mundo do imaginário, ao comportamento exibicionista, segundo a mesma lógica da qual emergia do imaginário, pouco antes, a figura obscena e feroz que seria a significação do supereu. Dito de outro modo, o objeto pulsional aparece aqui como correspondente a uma falha simbólica, sendo, no fundo, um certo *Ersatz* do desejo.

## A identificação fálica e a má satisfação do desejo

Quanto à satisfação da necessidade, em primeiro lugar, não é o objeto real sozinho que a propicia, é o objeto como substituto, como *Ersatz* da satisfação da demanda. Em segundo, Lacan introduz, nesse *Seminário*, uma nova satisfação: a satisfação da demanda. Esta satisfação – a demanda é, antes de tudo, o signo do amor – que é o amor, o signo do amor, é simbólica. Podemos dizer que a satisfação simbólica, que antes ele encarnava no desejo de reconhecimento, é agora encarnada no amor. Mesmo renunciando ao desejo de reconhecimento, ele continua a dar lugar à necessidade da satisfação simbólica, só que, no *Seminário 4*, ela simplesmente traz o nome de amor.

Em terceiro, trata-se também de uma satisfação do desejo. Nesse *Seminário* e em todos os textos que gravitam ao redor dele, indo ao menos até "A direção do tratamento", podemos dizer, para sermos prudentes, que a satisfação do desejo concerne ao falo. E o que aparece como mais perceptível dessa satisfação é a má satisfação do desejo. Satisfação do desejo, mas como não sendo a boa. É o que Lacan chama de identificação. Em todo o *Seminário 4*, e depois dele, podemos dizer que a identificação fálica é a satisfação do desejo como não sendo a boa, ou seja, como à que seria melhor renunciar, e como aquela que a análise supostamente tem recursos para fazer renunciar.

No que diz respeito à perversão, anteriormente Lacan valorizava a ambivalência identificadora com o outro na perversão; no *Seminário 4*, entretanto, valoriza a ambivalência identificadora com o falo imaginário.

Se admitirmos essa disposição, na qual finalmente o valor tomado pelo termo identificação está em resolver a questão sobre a satisfação do desejo, pois bem, a conseqüência disso – bastante sensível a partir do *Seminário 4* –, é indicar uma estrutura original do sujeito que não é a paranóica. Quando Lacan tentava situar a estrutura original do sujeito no estádio do espelho, ela lhe aparecia como paranóia. Parecia-lhe que o eu [*moi*] como tal, estruturado pela relação especular, era essencialmente paranóico. A partir do momento em que o falo é promovido à prevalência – a partir dos fatos clínicos e também por ele estar no lugar do conceito freudiano de pulsão –, a partir do momento em que não há outra satisfação do desejo que seja perceptível, a não ser a identificação, mesmo sem ser a boa satisfação, então a estrutura original do sujeito passa a ser a perversão. Todo o *Seminário 4* nos apresenta o estado nativo do sujeito como perverso.

E isso é muito bem compreendido no momento em que, já ao nível do estádio do espelho, Lacan implica o falo. A identificação fálica está presente logo de início e permanece em causa na relação. Ele pode seguir os avatares da perversão nativa conforme haja ou não renúncia, desidentificação. Nesse sentido, o final de análise é prescrito como a renúncia à má satisfação do desejo, ou seja, à identificação fálica.

Ao mesmo tempo em que certo aparecimento da pulsão como tal é mantido como *Ersatz* do desejo, por outro lado a pulsão reduz-se ao desejo. Lacan diz, em "Situação da psicanálise", que as pulsões nos sonhos são como trocadilhos de almanaque. Relaciona a elaboração do sonho não ao desejo, mas às pulsões. Vemos aqui a própria confusão dos dois termos, explícita e voluntária por parte de Lacan: a redução da pulsão ao desejo que valoriza o caráter inteiramente desnaturado do instinto como pulsão.

Paralelamente, houve uma inclusão da defesa no inconsciente. Enquanto seu ponto de partida era que a defesa provinha essencialmente do eu [*moi*], o deslocamento fez com que se tornasse defesa no inconsciente. E aí Lacan demonstra que há uma retórica da defesa, que seus mecanismos não se concebem sem o recurso ao tropo e às figuras de retórica. Tudo o que Anna Freud distinguiu como mecanismos de defesa, ele diz ser a retórica do inconsciente. Antes, porém, ao contrário, ele tomava cuidado de marcar tudo o que se perdia por não se situar as defesas no registro do eu [*moi*], em relação ao domínio do inconsciente. Em "Instância da letra", dirá, num belo parágrafo, que os mecanismos de defesa são o avesso dos mecanismos do inconsciente e que são exatamente simétricos, os mesmos, com pouca diferença.

## Movimentos de contorno da satisfação da pulsão

Gostaria de percorrer rapidamente tudo o que se organiza a partir da perspectiva que lhes dou aqui do ensino de Lacan. Precisamente, seus textos mais clássicos, que aparecem de certa forma não fendidos, porém animados pelo movimento de um contorno da questão da satisfação da pulsão, visível tanto em "Instância da letra" como na "Questão preliminar a todo tratamento possível da psicose" e também em "A direção do tratamento".

Em primeiro lugar, em "Instância da letra", fica muito claro que os dois termos clínicos que prevalecem são sintoma – S – e desejo:

S *desejo*

O sintoma relacionado à metáfora e o desejo à metonímia:

$$\begin{matrix} S & \quad \textit{desejo} \\ | & \\ \frac{S'}{S} & \quad (S \ldots S') \end{matrix}$$

Aqui, não se trata propriamente de gozo, a não ser para dizer que ele vai junto com o desejo:

$$\begin{array}{ll} S & \textit{desejo} \\ | & \\ \dfrac{S'}{S} & (S \ldots S') \; \begin{cases} \text{desejo} \\ \text{gozo} \end{cases} \end{array}$$

Lacan o diz que o prazer de saber, de dominar, assim como o gozo, está envolvido pelo desejo em uma colusão íntima. Desdobrei um pouco sua frase, mas é isso. Ou seja, em "Instância da letra", sua validade supõe que o gozo está supostamente incluído, envolvido com outras satisfações da ordem do desejo.

Há referência explícita à pulsão. E Lacan continua: "... os enigmas que o desejo propõe não resultam de nenhum outro desregramento do instinto, a não ser sua própria captura nas trilhas ... da metonímia". Tal referência ao instinto mostra que a pulsão está inclusa na metonímia do desejo, e com direito de sê-lo, já que, de fato, Freud enfatizava sua força, sua capacidade substitutiva e os deslocamentos que tornam possível destiná-la ao registro da metonímia.

Além disso, esse tratamento ousado da pulsão, justificado pela enorme inovação que Lacan trouxe com a metáfora e a metonímia, é acentuado pelo fato de que o desejo metonímico, que supõe incluir o gozo, está inscrito no significante, é o equivalente à memória no sentido automático, sendo portanto um desejo morto. Poderíamos pensar que há objeção em colocar no mesmo registro um desejo morto e o gozo, pensável somente por um organismo vivo:

$$\begin{array}{ll} S & \textit{desejo} \\ | & \\ \dfrac{S'}{S} & (S \ldots S') \; \begin{cases} \text{desejo morto} \\ \text{gozo} \end{cases} \end{array}$$

Em segundo lugar, na "Questão preliminar", inscrita na problemática do *Seminário 4*, no qual a perversão é lembrada como identificação ao falo, como objeto imaginário, simbolizando o desejo da mãe. Pode-se dizer que é o ponto de partida da posição que Lacan atribui a Schreber – o sujeito assumiu o desejo da mãe ao se identificar, e, quando a identificação não foi consolidada devido à metáfora paterna não ter sido concluída, o sujeito deve realizá-la. Em outras palavras, impõe-se ao sujeito dever concluir essa identificação imaginária. É nesse sentido que ele é fadado a se tornar uma mulher, e que encontramos, posto em função, o gozo imaginário de sua imagem, o gozo transexual. É a identificação fálica que parece subsistir no desastre e dar ao sujeito seu enganchamento essencial.

O desejo da mãe nada tem a ver com seu gozo. E o Nome-do-Pai, tal como Lacan o introduziu, de forma inesquecível, não está, aqui, de modo algum relacionado com o gozo da mãe, mas sim com seu desejo. Trata-se da mãe como nos é apresentada no *Seminário 4*, isto é, como significante. Por essa razão Lacan pôde falar de metáfora: ele escreve o significante do Nome-do-Pai sobre o significante do Desejo-da-Mãe, que, aqui, quer dizer simplesmente que a mãe se alterna, em sua presença e em sua ausência, tal como um significante. E assim, temos a estrutura de metáfora na qual um significante substitui outro:

$$\frac{NP}{DM}$$

Dessa operação obtemos o falo como um significado, ou seja, como uma significação de castração de gozo, o que acabará sendo um problema para Lacan. O que se obtém como resultado é o menos *phi*:

$$\frac{NP}{DM} \longrightarrow (-\varphi)$$

E podemos dizer que ele traduz a desidentificação fálica exatamente onde Schreber falha, e que o único resultado é uma espécie de negação incidindo sobre o gozo.

$$\frac{NP}{DM} \longrightarrow \underline{\underline{(-\varphi)}}$$

Cada vez que confundimos a pulsão e o desejo, que incluímos, em conluio íntimo o gozo e o desejo, temos como resultado um desejo morto. E (-φ) escreve o que é morto no desejo. Portanto, há aí todo um valor que fica anulado, e a constância de gozo desaparece. Posso demonstrar a mesma coisa em "A direção do tratamento".

A pulsão está quase ausente desse texto, que tem como objeto fundamental – se quisermos atribuir-lhe uma finalidade – sublinhar a importância de preservar o lugar do desejo na direção do tratamento. Lacan formula isso à página 640 dos *Escritos*. Preservar o lugar do desejo é, por exemplo, não se pautar pelo que pode aparecer do objeto oral no tratamento. É o que leva Lacan a retomar o caso de Kris, no item sobre a interpretação, ao qual já aludimos. Trata-se de um debate entre pulsão e desejo, no que se refere à direção do tratamento. Kris conclui seu artigo com a famosa evocação do paciente que, após cada sessão de análise, procura restaurantes nos quais possa aspirar o aroma de miolos frescos, ou olhar os cardápios nos quais há o objeto pelo qual se interessa. Temos aqui, sem dúvida, o surgimento do objeto oral, da pulsão oral sob a forma de um objeto. Enquanto Kris confirma sua interpretação, através desse surgimento, achando que acertou em cheio, Lacan, vê aí, pelo contrário, um sintoma transicional de valor corretivo, como o *acting out* concernente à direção do tratamento.

Lacan corrige isto dizendo: é preciso restituir o lugar do desejo no tratamento, pois ele foi suprimido. É a falha na direção simbólica do tratamento que explica a emergência do objeto oral. O que o analista não soube marcar na interpretação é que se tratava do desejo e da relação deste com a falta.

Disso decorre o valor de seu diagnóstico irônico: "Anorexia quanto ao mental, quanto ao desejo." É o valor da fórmula, então fornecida por ele, da intencionalidade do sujeito: "ele rouba nada", o que quer dizer que ele rouba, ele acredita ser plagiário e, de fato, a intenção aí está, o desejo aí está, mas o objeto do roubo é "nada". E, por isso, ele faz a comparação com as anoréxicas, as verdadeiras: nelas, o desejo está presente e o comer também, mas o objeto é o nada.

Lacan retifica a direção do tratamento para marcar que há um objeto que é o nada, e que é para essa direção que é preciso apontar a interpretação. É por isso que no final de "A direção do tratamento" ele apresenta como emblema da interpretação o *São João* de Leonardo, cujo dedo indicador visa o nada, um céu vazio. Isso quer dizer: "saibam, no tratamento, indicar o nada", ou seja, "restituam o lugar do desejo". O único aparecimento da pulsão em "A direção do tratamento" é correlativo à desorientação simbólica do analista. Há um objeto que é nada, ao passo que na pulsão há um objeto que é alguma coisa, ainda que ele seja imaginário, como os miolos frescos.

A partir desse momento, Lacan depara-se constantemente com a seguinte questão: por um lado, o desejo tem o nada como objeto, o que o distingue da pulsão, sempre correlata a um objeto que é alguma coisa; ao mesmo tempo, o desejo tem um objeto, o falo. Então, de um lado, o desejo não tem significante, ele é um significado que desliza entre os significantes, e, contudo, tem um significante, o falo.

Esses textos são habitados por uma contradição, embora não o percebamos por causa da arte do estilo, e Lacan não cessa de tratar a contradição até chegar a apresentar o conceito de falo, em "A significação do falo", como um conceito intrinsecamente paradoxal.

Essa contradição, presente nos textos de Lacan, que durante anos desdobrei de diversas formas, repousa fundamentalmente sobre o que, da pulsão, não se deixa apagar pelo desejo. E o que reaparece sob a forma desses paradoxos, dessas contradições é a instância do gozo demandando que lhe seja conferido seu lugar.

*1º de fevereiro de 1995*

## – Lição 9 –

# Sobre o caráter primário e real do gozo

O que tenho feito desde o início deste ano? Interrogado o ensino de Lacan. E o interrogo de maneira distinta da que tinha feito até então. E talvez vocês só se dêem conta disso pelo *afinco* com que o faço. Com freqüência eu soletrei seu ensino de Lacan, ao mesmo tempo que o transcrevia. E houve um momento em que cheguei até a lamentar o fato de não dispor de um ponto exterior de Arquimedes para erguê-lo. E enquanto me lamentava, pensei no método de Lacan: utilizar o estádio do espelho para erguer o ensino de Freud. E, até o momento, reconheço não dispor de uma tal alavanca para tomar o ensino de Lacan numa perspectiva que já não estivesse inscrita em seu desenvolvimento.

Este ano pode parecer que tomei o próprio Freud, ou alguma coisa em Freud, como um ponto de Arquimedes, exterior a Lacan, para erguer a massa de seu ensino: precisamente, o conceito freudiano de pulsão. Foi como se eu tivesse interrogado Lacan sobre uma questão pontual: o que fizeste do conceito freudiano de pulsão?

E pude então assinalar um certo eclipse da pulsão de Freud em Lacan. Disse até que o primado da intersubjetividade, afirmado por Lacan em seu "Relatório de Roma", trazia com ele uma proscrição da pulsão; que o conceito lacaniano de desejo supunha um certo apagamento, uma certa absorção da pulsão; que a própria promoção do objeto fálico no ensino de Lacan, que sustentou o estilo e a orientação próprios desse ensino, encontrava seu fundamento no próprio conceito de pulsão, e que o conceito de falo constituía um tipo de retranscrição significante do conceito de pulsão.

Devo então constatar, nesta nona lição, que interrogo Lacan a partir de Freud e que, por vezes, chego até a criticá-lo a partir de Freud, que é sua referência. Com efeito, no movimento de retorno a Freud, Lacan assumiu a empreitada de dar conta do conjunto da elaboração freudiana a partir de um começo que não se podia encontrar no explícito dessa obra.

Posso me perguntar se, assim fazendo, saio de Lacan. Poderia querer sair – depois de muito esforço – do campo que Lacan abriu, cujos limites estão determinados por seu ponto de partida. Muito me agradaria sair de Lacan. Contudo, será que saio? Se eu me pergunto, devo dar uma resposta negativa.

O próprio Lacan viu vacilar o conjunto de seu ensino no que diz respeito ao gozo. Ele o admite claramente. E, em seu extraordinário esforço para transcrever Freud, acabou por fazer do termo "gozo" um termo primário da psicanálise, em relação ao qual sua construção e tudo o que decorre do simbólico e de sua lógica, todo seu vocabulário, incluindo o objeto *a*, não lhe pareceram mais do que outros tantos semblantes.

É assim que seu *Seminário 20: Mais, ainda* – o último publicado como volume, o resto figurando em uma transcrição publicada em revista –, caso não apague, pelo menos põe em questão tudo o que o precede como sendo insuficiente no que diz respeito ao termo primário "gozo".

Esboço este ano uma retomada do ensino de Lacan *a posteriori*, a partir do ponto de basta, a partir dessa conclusão formulada por ele próprio sob as espécies do termo gozo, concebido como primário.

É essa retomada *a posteriori* que me orienta, revelando o termo "gozo" como a mola do avanço desse ensino, de sua potência de progresso, assim como sua outra face: sua impotência para estabilizar-se num corpo de doutrina que seria *ne varietur*.

Ao mesmo tempo em que admiramos a dinâmica que conduziu Jacques Lacan, de ano em ano, de semana em semana, a modificar, a enriquecer sua construção, devemos constatar que ela não chega a se estabelecer como doutrina definitiva. E, de acordo com as preferências, podemos ver ainda uma força extraordinária de relançamento, de abertura, mas também um fracasso no estabelecer uma doutrina de modo seguro.

## Inércia, deslizamento e excesso

A publicação do *Seminário 4*, no ano passado (1994), veio nos lembrar as vias pelas quais Lacan introduziu a função do falo em seu ensino. Creio ter demonstrado que o falo, tal como introduzido por Lacan, é de certo modo o *analogon* do conceito freudiano de pulsão, como um conceito-fronteira entre o psíquico e o somático.

Existe, em Lacan, uma invenção do conceito de falo, que permite reduzir a pulsão ao desejo o bastante para rebaixar o conceito de pulsão a um status secundário e, simultaneamente, permitir tratar a instância do gozo a partir de um significante. A invenção lacaniana, na experiência analítica, tem o efeito de reduzir tudo o que é do gozo a um significante, a suas substituições, à identificação com esse significante. Foi o que permitiu que se afirmasse a dominância do desejo em sua teoria da psicanálise. É como circula no discurso universal. No fundo, ficou restrita à dominância do desejo, dominância que condiciona a construção do grafo do desejo em dois estágios, construção que ele concluiu nos seminários que se seguiram ao *Seminário 4*, ou seja, nos *Seminários 5* e *6*.

O *Seminário 4* constitui um relançamento do ensino de Lacan após o "Relatório de Roma", operado a partir da introdução do conceito de falo, que não está de modo algum evidente em seu "Relatório de Roma" e que dá nova partida a seu esforço teórico. Às conseqüências que dele se desdobram, eu chamei: a dominância do desejo na psicanálise.

O que relança seu ensino é a afirmação de que o gozo não é saturado, não é absorvido pela instância significante do falo. É o que lhe fornece o tema de seu *Seminário 7: A ética da psicanálise*. A cada vez, Lacan encontra do lado do gozo a mola de seu avanço, como se aparelhasse seu ensino com os termos da ordem simbólica, e, ainda assim, a cada vez, sempre restasse o que dar conta.

O tema do *Seminário 7* é uma pergunta sobre o conceito freudiano de prazer, evocando suas raízes antigas, aristotélicas, a fim de valorizar a inovação freudiana, que consiste em apontar o que ultrapassa os limites do prazer. E de maneira notável, enfática, Lacan dá ao que ultrapassa esses limites o nome de "gozo".

Mas, apesar de sua tentativa anterior, o conceito do falo e o do desejo não bastam para esgotar o que a pulsão e sua satisfação, em Freud, comportam.

Na *Ética da psicanálise*, Lacan liga o gozo à transgressão. O elogio da transgressão é um tema da época. Podemos encontrá-lo na literatura de ensaio, senão filosófica, pelo menos na literatura de ensaio, de reflexão, dos anos 50, repercutindo o que se busca, no final da década de 30, sob o impulso do surrealismo. Ressalto que na *Ética da psicanálise*, Lacan introduz o gozo a partir da transgressão. Ressalto também que, mais tarde, ele abandonará essa introdução. Ele o faz por lhe parecer grosseiro, e mesmo grotesco, introduzir o gozo a partir da transgressão.

Destaco assim que, na lógica de seu ensino, Lacan foi levado a introduzir sucessivamente o termo "gozo" por diferentes vieses.

Primeiramente, ele situa o gozo como imaginário, o qual não se inscreve de modo algum como transgressão, mas como inércia, em relação à dinâmica simbólica, como se gozássemos sempre no mesmo lugar, ao passo que o significante se desloca ao sabor de uma dialética que pode ser reduzida à metonímia.

Em segundo lugar, há um gozo ligado ou cúmplice do desejo, como Lacan sublinha em "Instância da letra". Um gozo como que envelopado em um conluio íntimo com o desejo. Esse gozo estaria ligado à pulsão como função substitutiva, realçada por Freud mais de uma vez. Esse gozo substitutivo, longe de ser caracterizado por sua inércia, caracteriza-se pelo que se pode chamar seu deslizamento, seu *Entstellung*. Freud o desenvolveu mais de uma vez, ou seja, a pulsão inibida pode encontrar sua satisfação pelo viés de uma outra, e mesmo através de uma substituição do objeto, o que, por conseguinte, valoriza a plasticidade de sua satisfação.

Em terceiro, há o que podemos chamar "gozo da transgressão", o que é destacado no *Seminário 7* quando o gozo aparece essencialmente ligado ao excesso.

Inércia; deslizamento; excesso. Gozo imaginário; gozo substitutivo; gozo da transgressão. Eis aqui, três introduções do gozo como satisfação da pulsão, feitas por Lacan, que se diferenciam por sua incidência de inércia, de deslizamento e de excesso.

## Resíduo libidinal irredutível

Em *A ética da psicanálise*, ligar o gozo ao excesso pressupõe que a ordem simbólica, o significante, possa moderar o gozo, domesticá-lo, reduzi-lo, encadeá-lo e regulá-lo precisamente pelo viés de sua representação significante, ou seja, pelo falo como representação significante da pulsão. Embora, por um lado, o gozo consinta, há, contudo, um resto dele que não se deixa temperar pela representação significante.

Eis como Lacan, no *Seminário 7*, procede à releitura do conceito freudiano da pulsão. E para mostrar o quê?

Por um lado, a libido freudiana é destinada a deslizar no jogo dos significantes, e, citando Lacan, página 115, está "subjugada", isto é, dominada "pela estrutura do mundo dos signos".

Mas, por outro lado, a libido freudiana conserva as formas arcaicas que têm caráter irredutível, ou seja, que não se deixam dialetizar, substituir, no jogo dos significantes.

Assim, por um lado, a libido circula na rede pulsional com as substituições aí permitidas; por outro, condensa-se nos resíduos não resolvidos na genitalidade, aqueles que não se deixam reduzir, que não se deixam incluir na representação do significante fálico.

Não é excessivo dizer que o ensino de Lacan, a partir daí, dedica-se à elaboração teórica do resíduo irredutível da libido. Como se a própria promoção do significante da libido, do gozo, que é o falo, só tivesse servido para valorizar ainda mais o irredutível ao significante desse resíduo libidinal que, ao orientar-se no calendário da libido, traçado por Abraham, aparece como arcaico, resistente à unificação. Pois bem, o ensino de Lacan, a partir daí, tendo empurrado até o limite máximo o esforço para reduzir a libido ao significante fálico, dedica-se a elaborar o status do resíduo libidinal.

Em que esse resíduo é irredutível ao falo? Eis a questão, mola animadora do recomeço e inspiração do *Seminário 11: Os quatro conceitos fundamentais da psicanálise*. Ali são sucessivamente enumerados como os quatro conceitos fundamentais: o inconsciente, a repetição, a transferência e a pulsão, bem como consagra-se a supressão do desejo como conceito fundamental e, isso, em benefício da pulsão, conceito freudiano. Aliás, os quatro conceitos que Lacan apresenta como fundamentais da psicanálise são todos conceitos freudianos. Encontramos o eco desse seminário no escrito "Posição do inconsciente".

Nesse recomeço, que minora e sacrifica o conceito de desejo, o gozo passa a ser tratado por Lacan a partir do conceito de *objeto da psicanálise*, ou seja, a partir do objeto *a*, nome que ele dá, em sua álgebra, ao resíduo libidinal irredutível ao significante fálico, tendendo, assim, a desvalorizar o significante fálico. Desse modo, Lacan atribuirá o objeto *a* ao registro do real, fazendo correlativamente do falo nada mais que um semblante.

Pode-se dizer que a partir do *Seminário 11*, desde "Posição do inconsciente", Lacan tenta tratar diretamente o termo "gozo" pelo viés do objeto *a*, e renuncia a fazê-lo pelo viés do significante "falo". Como se um termo significante não pudesse saturar a questão concernente ao gozo.

Isso desemboca, inicialmente, em uma teoria do final da análise, cujo pivô não seria mais o falo significante do gozo, como Lacan tentara estabelecer, mas o objeto *a,* resíduo irredutível do gozo. Lacan chamou passe um conceito de final de análise articulado a esse irredutível. Enquanto o final da análise foi pensado a partir do falo, era suficiente falar de desidentificação quanto ao falo. Mas, desde o momento em que permanece um resíduo irredutível, torna-se mais pretensioso elaborar o conceito de fim de análise. E o que é um fim quando resta um irredutível?

Lacan chamou de "passe" a um fim que concerne a um irredutível da libido não significantizada. Nesse fim, o término toma menos o aspecto de resolução simbólica do que de uma queda, de uma separação. Embora, se possa escutar os ecos do fim de análise segundo Melaine Klein, centrado no conceito de objeto, ele não deixa de ser uma inovação suficiente para permanecer como o conceito lacaniano do fim da análise, um fim não relacionado a uma solução, mas à separação do irredutível.

Lacan articulou o término da análise fazendo dele um princípio institucional. E, definitivamente, ainda estamos nesse ponto na instituição; não fomos mais longe. Ele o enfatizou de tal maneira, nessa época, que fez desse fim uma proposição para a organização coletiva dos psicanalistas, que não encontraram, fora de Lacan, um ponto de Arquimedes. Consideraram que ali havia uma definição suficiente do que poderia ser um final de análise. Um fim que supõe, teoricamente, que a libido não se esgota em seu significante fálico, e assim, esse fim não pode tomar o aspecto de uma resolução simbólica. Por estar relacionado com o resíduo irredutível, ele só pode tomar o aspecto de uma queda, de uma separação, de uma caída desse resíduo. Conduzo a questão de modo a enfatizar que reservo minha posição sobre isso.

## O significante na junção com o gozo

Um novo salto de Lacan é marcado pelo *Seminário 16: De um outro ao Outro,* pelo *Seminário 17: O avesso da psicanálise* – ou seja, pela produção dos quatro discursos – e pelo texto "Radiofonia".

Ele consiste em três traços principais.

Em primeiro lugar, Lacan fixa o traço de excesso de gozo, tomado antes como transgressão, qualificando o objeto *a* como "mais-de-gozar". Não se trata tanto de transgressão, mas de anulação do gozo pelo significante.

Propus o matema, A sobre G (Gozo) barrado:

1) *anulação*

$$\frac{A}{\not{G}}$$

E, como resto, como excesso de gozo, *a*:

2) $\underline{\underline{a}}$

Portanto, o novo salto do ensino de Lacan é dado pela definição do objeto *a* como mais-de-gozar, excesso em relação ao gozo anulado pelo significante.

1) *anulação*

$$\frac{A}{\not{G}}$$

2) $\underline{\underline{a}}$

Em segundo lugar, o salto consiste em acentuar o aspecto lógico do objeto *a*, arrastando-o na combinatória onde figura como termo, do mesmo modo que o sujeito barrado (–$\not{S}$–) e o significante no seu par $S_1$-$S_2$. A própria estrutura dos discursos de Lacan consiste em logicizar, tanto quanto possível, o objeto *a,* que apareceu, não obstante, para traduzir o que não podia se reabsorver no significante fálico.

Em terceiro, esse salto faz do gozo uma instância primária a partir da qual situamos o significante e o sujeito. A comprovação disso está em *O avesso da psicanálise*, que apresenta os quatro discursos de Lacan construídos a partir do objeto *a,* do sujeito barrado e dos dois significantes que são o par mínimo da ordem simbólica, $S_1$ e $S_2$.

Esse *Seminário* conduz à confrontação direta, nua, entre o gozo e o significante, como eco longínquo do que foi, no começo do ensino de Lacan, a proscrição da pulsão a partir da intersubjetividade. Esse *Seminário* introduz "a relação primitiva do saber ao gozo"; saber entendido como a relação de $S_1$ a $S_2$. Essa relação primitiva é feita para dar conta do que, sendo da ordem simbólica, o *significante*, a articulação significante, surge na junção com o gozo.

Foi uma tentativa, depois de várias mediações extremamente complexas, para confrontar o significante e o gozo, e fazer deste a origem do significante, aquilo que motiva a própria repetição do significante.

E a entrada do significante em relação com o gozo, tal como é apresentada nesse seminário, é feita para marcar que o próprio sujeito é aí uma espécie de rebento, que ele surge da relação do significante com o gozo. Dito de outro modo, na perspectiva que proponho, o *Seminário 17* tenta evidenciar o caráter primário do gozo. O caráter primário do gozo – e não da função da fala e do campo da linguagem, mas que relaciona a função da fala e o campo da linguagem ao caráter primário do gozo, o que foi totalmente excluído do "Relatório de Roma" – põe em pauta o próprio significante, ou seja, o reduz a semblante. Tudo aquilo que Lacan promoveu no início – a intersubjetividade, a fala que reconhece o outro, etc. – é reduzido a semblantes.

E, ao mesmo tempo que reduz o significante a semblante, o caráter real do gozo se afirma. Portanto, o simbólico encontra-se como que rebaixado ao nível do imaginário. Todo o início do ensino de Lacan dedicou-se a distinguir severamente o simbólico do imaginário e, assim que isolou o primado do gozo, o simbólico e o imaginário pareceram, em relação ao real do gozo, pertencer à mesma categoria do semblante.

Ao mesmo tempo que o saber, ou seja, $S_1$, $S_2$, $\$$, *a*, a estrutura do discurso encontra-se reduzida ao semblante. A lição que traz o *Seminário 17* é a de que o próprio saber teórico da psicanálise desaba. E Lacan vai reafirmar isso no *Seminário 20*, tratando em um único movimento todas as categorias significantes que ele laboriosamente produziu, todas as categorias significantes que são feitas para tamponar o gozo. E ele as mostrará, no final, como embutidas, pertencentes ao simbólico, que não passa de semblante em relação ao real.

Desse ponto em diante, ele confronta o simbólico e o real, acrescentando a dimensão do imaginário e propondo uma última estrutura mínima: a do nó borromeano. Esse nó significa aquilo que o funda: o gozo é uma instância primária e o sujeito está sob seu primado.

Esta é a problemática do último Lacan, feita da confrontação direta entre o significante e o gozo, o saber e o gozo. Ela se defronta com o conceito freudiano de pulsão, ou seja, com a questão de saber como o significante se inscreve no princípio do prazer. E talvez, somente a partir da saída proposta no ensino de Lacan, isto é, a confrontação direta entre o significante e o gozo, é que se pode dizer que esse ensino assume o conceito freudiano de gozo. Isso nos dá uma perspectiva sobre seu ensino.

Antes de fazer um movimento progressivo, vou retomar, partindo dessa perspectiva que situei para vocês, alguns pontos do ensino de Lacan com os quais nos ocupamos.

## Avatares patológicos do gozo imaginário

Em primeiro lugar, onde está o gozo no estádio do espelho? É certo que ele não está em questão, de modo explícito. Mas, se o procurarmos a partir desse ponto de vista terminal, *a posteriori*, nós o encontraremos inicialmente na dor, na dor do corpo fragmentado, nessa experiência vivida da prematuração, da qual o sujeito padece por não ter uma idéia global de seu próprio corpo, sentindo-se, assim, retalhado pelos órgãos que não estão em harmonia.

O gozo está também no afeto do júbilo, que o sujeito experimenta ao reconhecer sua forma global, e ao poder formular, ainda que no silêncio: "Eu sou eu."

Em segundo lugar, onde está o gozo na intersubjetividade? Está, de início, na satisfação simbólica que o reconhecimento comporta. Nesse sentido, o desejo de ser reconhecido é o desejo de uma satisfação simbólica que se realiza desde que o Outro reconhece o sujeito. É um gozo que supõe a ereção de um Outro, apenas pensável se há um Outro do reconhecimento, suscetível de o entregar por meio de sua fala. Essa satisfação simbólica mal satura o que Freud chamou gozo, satisfação da pulsão. E é por isso que Lacan acrescenta a seu "Relatório de Roma" uma certa clínica do gozo.

Pode-se observar que no "Relatório", não se trata de modo algum da diferença dos sexos, que esse "Relatório" sobre a função da fala e do campo da linguagem concerne exclusivamente ao sujeito como tal, e que, nele, podemos notar que não só a função fálica está ausente, mas também a diferença entre os sexos. E, por esse motivo, ele ali acrescenta um complemento: a clínica do gozo, que, de início, incide essencialmente sobre a neurose obsessiva e a histeria, sendo esta última distinguida como patologia feminina, e a primeira que diz respeito, sobretudo, ao masculino. Esta referência encontra-se nos *Escritos*, no texto "A psicanálise e seu ensino", páginas 452-4.

Vemos aí um esforço para distinguir as estruturas clínicas e para tentar tratar o tema do gozo no registro da intersubjetividade, isto é, na oposição entre o imaginário e o simbólico.

Aqui, o que parece como clínico, ou seja, patológico, tanto na histeria como na neurose obsessiva, é que o sujeito tem de se haver com o gozo imaginário no lugar da satisfação simbólica. Como se o propriamente clínico, o propriamente patológico, fosse o que estivesse relacionado com o gozo imaginário, no lugar da satisfação simbólica, ou seja, com o gozo transferido ao outro imaginário, formando assim um impasse, para o qual Lacan só via saída pelo lado do Outro, do Outro simbólico.

Apresentando as estruturas clínicas da histeria e da neurose obsessiva, Lacan conclui que a solução dos impasses deveria ser procurada do lado do Outro simbólico.

No que concerne à histeria, a questão é a de uma falha da identificação narcísica, que encontra uma saída do impasse, em uma dupla projeção: a primeira, em outra mulher, na qual o sujeito, faltoso em identificar-se a si próprio, desloca seu próprio mistério como o real de seu gozo; a segunda, em um homem.

Nesse sentido, a teoria sobre a *outra mulher* é apenas a metade do que disse Lacan. Ele fala explicitamente de uma dupla projeção da histérica: de um lado, em outra mulher, ou seja, em uma imagem como no espelho, que dá unidade ao sujeito histérico, e, de outro, em um homem, que capta essa outra mulher e que aí se encontra como substituto do outro imaginário, e do qual o sujeito histérico tem "o papel sem poder gozar dele", como se o gozo imaginário estivesse confiscado pelo outro imaginário.

Na neurose obsessiva, para o homem, trata-se de privação do gozo, transferido ao outro imaginário que observa o espetáculo dado pelo sujeito obsessivo, tendo abdicado do desejo e de todo risco.

Tanto na histeria como na neurose obsessiva, a construção de Lacan está baseada nos *avatares* de um gozo imaginário transferido a um pequeno outro, na falta de reconhecimento simbólico.

Assim, tanto o outro espectador da neurose obsessiva quanto o homem delegado pelo sujeito histérico junto a outra mulher nada mais são que degradações do Outro simbólico, cativando o gozo no imaginário em nome e no lugar da satisfação simbólica.

Em terceiro lugar: o status do gozo na intersujetividade.

Qual é esse status? É o seguinte: existe uma satisfação simbólica e, quando ela não é alcançada, temos de nos haver com as formas clínicas nas quais o gozo é imaginário e, por isso mesmo, confiscado pelo outro imaginário.

Dito de outra forma, o gozo que satisfaz na intersubjetividade é o reconhecimento. E quando o reconhecimento não é obtido, temos as formas clínicas que traduzem o degradar-se da satisfação sob as formas imaginárias, que são, em geral, a captura do gozo pelo outro imaginário sob as formas histérica ou obsessiva.

## Transcrições significantes da pulsão

Além disso, onde está o gozo na metáfora e na metonímia? Pode-se dizer que o corte introduzido por Lacan consiste em reduzir o outro imaginário – prisão do gozo –, ao falo. Na metáfora, o gozo reduz-se à significação do falo e, na metonímia, o desejo que corre sob o significante e que não emerge é análogo ao gozo.

Por isso Lacan deixa de lado o "termo" gozo, privilegiando "desejo". E, para dar conta da pulsão freudiana, Lacan se contentará com o termo "demanda", ou seja, a transposição da necessidade em demanda. Nessa transposição está em jogo a transcrição do conceito freudiano de pulsão.

Por essa razão, Lacan fará da demanda algo originário, e conceberá a pulsão como uma demanda, ou, em termos mais precisos, como o efeito da demanda sobre a necessidade. Quando escreve: "Demandar, o sujeito sempre fez só isso", o valor dessa proposição é o de apagar a pulsão na demanda.

Assim, ele pode dar conta da "regressão analítica", que não seria o retorno da pulsão. Como ele dá conta da regressão que, afinal, é constatada na experiência analítica e com a qual, eventualmente, o próprio paciente se surpreende ou se assusta ao constatar? No quadro do primado do desejo, ele dá conta da seguinte maneira: "Retorno ao presente de significantes usados nas demandas para os quais há uma prescrição."

Considera, pois, que a regressão nada mais é que demandar velhos objetos com significantes antigos. A pulsão, desse ponto de vista, nada mais é que uma velha demanda de objetos que caducaram, o que o conduziu a fazer da pulsão um vocabulário arcaico, originário ou primitivo da demanda.

Lacan diz à página 641 dos *Escritos:* "A regressão só incide sobre os significantes da demanda e só concerne à pulsão correspondente através deles." É como se, na análise, só se conhecesse a pulsão através do vocabulário por ela imposto à demanda. E é assim que, no grafo do desejo com dois estágios, ele prefere situar a pulsão no lugar de um léxico, ou seja, como o vocabulário da demanda inconsciente.

O que está em jogo nessa teoria da demanda e da regressão? O que ela traduz? Desde que li os textos, antes de ter o panorama que aqui desenvolvo, eles não pareciam se encaixar muito bem no conjunto do sistema que então elaboramos. A teoria da demanda e da regressão traduz a confrontação entre o significante e o gozo sob forma de substituição entre os significantes e a necessidade.

Já depurada no final de seu ensino, essa confrontação já está em questão desde que Lacan mostrou os significantes substituindo as necessidades:

$$\frac{\textit{Significantes}}{\textit{Necessidades}}$$

Nessa substituição, as pulsões se tornam recalcadas

$$\frac{\textit{Significantes}}{\textit{Necessidades}} \longrightarrow \textit{As pulsões recalcadas}$$

ao passo que subsiste certo número do que ele chama "marcas ideais" e, mais tarde, significantes-mestres:

$$\frac{\textit{Significantes}}{\textit{Necessidades}} \Big\| \, S_1 \longrightarrow \textit{As pulsões recalcadas}$$

Dito de outro modo, em "A direção do tratamento", podemos ler em filigrana a confrontação entre o significante e o gozo: as necessidades vêem-se substituídas pelos significantes e esses significantes são as marcas ideais do sujeito.

De tal sorte que temos, em filigrana, uma espécie de metáfora original, comentada ao longo de todo o *Seminário 4*, metáfora mais original que a do Nome-do-Pai. Não é uma metáfora que implique o desejo da mãe e o Nome-do-Pai; é a metáfora que é, de modo reduzido, a substituição da pura necessidade natural pelo significante da demanda. É a matriz do que virá a ser, para Lacan, a confrontação do gozo com o significante.

O fato de Lacan falar aqui de necessidade, dissimulando nela a função do gozo, faz com que em "A direção do tratamento" o desejo seja encarregado da satisfação. O que afasta o gozo da consideração é o fato de não só a realização ser suportada pelo desejo, mas, em termos precisos, pela satisfação.

Repetimos eventualmente que Lacan definiu a histeria por desejo insatisfeito. Precisamos realçar aí a satisfação e o desejo conectados entre si. A satisfação, longe de estar relacionada à pulsão, em Lacan, relaciona-se ao desejo, e, desse modo, cumpre-se uma certa supressão da pulsão. O desejo histérico pode ser qualificado como o "desejo de ter um desejo insatisfeito", o que, em si mesmo, é inteiramente distinto do desejo de fazer reconhecer seu próprio desejo. O desejo insatisfeito não pode ser alojado no desejo de reconhecimento. É, ao contrário, um desejo situado como antinômico ao gozo, um desejo de desejo, desejo de ter um desejo insatisfeito, que, como tal, mantém o lugar do nada e, dessa maneira, um desejo de nada que nada pode satisfazer, e, portanto, também um desejo permanente que diz "não!" à satisfação.

No conceito apresentado em "A direção do tratamento", o gozo aparece inteiramente antinômico ao desejo, ainda que essa direção, prescrita por Lacan, seja a de sempre restituir o lugar do desejo e deixar de lado o apetite da satisfação, o qual é a medida certa para produzir os *acting out*.

Ao situar a neurose histérica, a obsessão e a fobia a partir do desejo, é pelo viés da perversão que Lacan reintroduz o desejo como vontade de gozo. E seu recurso a Sade em *A ética da psicanálise* é um recurso à perversão, a fim de conseguir impor, para além do nada do desejo, a pulsão como vontade de gozo.

*8 de fevereiro de 1995*

## – Lição 10 –

# A libido circulante do eu e a imagem fálica

Uma vez que vou interromper este curso por duas semanas devido ao calendário universitário, nosso encontro de hoje constitui uma pequena escansão que me autoriza evocar as Jornadas de Estudos que aconteceram em Bilbao, capital do País Basco espanhol, onde não creio que seriam realizadas senão pelo Campo Freudiano.

Essas Jornadas trataram de um assunto já abordado por mim, há um ano, e que se formula como: "Patologias do eu". Aliás, esse foi o nome que dei às Jornadas, não sem malícia. Afinal, o País Basco é o lugar onde se pode observar uma certa patologia do eu, caracterizada por uma busca ensandecida de identidade nacional, que, na atual conjuntura, parece não poder ser separada das manifestações extremas de agressividade social, comumente qualificadas como "terrorismo". Tomei muito cuidado para não tornar isso explícito em Bilbao, pois não queria atrair, sobre o Campo Freudiano, a ira dos que atiram bombas, nem tampouco a dos que puxam o gatilho. E tudo transcorreu na maior calma.

### *Deliryo*

De resto, só tenho coisas boas a dizer de Bilbao. Se eu desejasse me sentir reconhecido – do que usualmente creio prescindir –, eu teria me sentido o máximo por lá. Logo na manhã seguinte me mostraram um artigo que parecia sob medida para satisfazer minha patologia do "eu a eu", e dar sustentação ao meu narcisismo.

Só mesmo indo a Bilbao – o que não é, admito, um destino muito comum – para que minha presença seja qualificada de *estrellar!* Uma presença de astro! Não sei se por me encontrarem aqui semanalmente vocês já tinham se dado conta disso, aliás, nem eu mesmo! E preciso mencionar para vocês o que eles celebram como minhas "virtudes pouco comuns", eu cito: "uma imensa cultura, espirituosidade, clareza e senso de humor". O que mais se poderia pedir? O dia em que se pensar e se disser isso, não em Bilbao, mas em Paris, o que mais eu poderei querer?

"O eu", tema que escolhi para essas Jornadas, há um ano precisamente, inscrevia-se no âmbito de um ano de pesquisas internacionais sobre o imaginário. Aliás, como título, eu havia proposto não "Patologias do eu", mas "*Deliryo*". Em espanhol, trata-se de uma condensação de duas palavras: "delírio"e "eu" (*yo*).

Quando fiz essa proposta, ela foi recusada por nossos colegas espanhóis como sendo, suponho, muito sofisticada, pouco séria. Observo, rapidamente, que isso não impediu que um de nossos colegas espanhóis, dentre os que se opunham vigorosamente a esse título, tivesse acabado por escolhê-lo para intitular sua contribuição pessoal. É verdade que um título público, endereçado a todo mundo, não é a mesma coisa que o título de uma contribuição escrita em um documento de trabalho. Então, substituí essa vigorosa formulação por "Patologias do eu".

Não me contentei com isso porque o "eu" como tema poderia parecer aos psicanalistas apressados um tema algo obsoleto. Vale ressaltar que hoje, em nosso meio de reflexão, trabalho, trocas e leituras, não nos interessemos pelo "eu", considerando inclusive que Lacan suplantou o eu freudiano e o diferenciou do "sujeito", que constitui, propriamente falando, nosso objeto, a ponto de pensarmos que quem entra em análise é um "sujeito", e não um eu. No fundo, a diferença entre o eu e o "sujeito" é considerada como consolidada.

No entanto, sugeri, já faz um ano, que se tomasse o eu como tema de reflexão na psicanálise. E a fim de evitar a sensação de obsolescência, que mencionei há pouco, propus um ângulo particular para tratar o assunto: a relação entre o eu e o gozo. Não tenho razão para estar descontente com o efeito produzido, pois, na verdade, foi incrível: todo um conjunto conceitual que era tido, até então, como obsoleto, tornou-se interessante.

Visto que meus colegas que prepararam e participaram dessas Jornadas levaram a sério esse ângulo, eles puderam perceber que não se poderia negligenciar o eu, uma vez que o gozo estava no primeiro plano da preocupação causada pela teoria da experiência analítica. Talvez seja por isso que o próprio Freud recentrou toda sua teoria da libido sobre a instância do eu. E, uma vez que nos interessamos pelo gozo na experiência analítica, não podemos colocar a instância do "eu" em um impasse e nos contentarmos em pensar que o "sujeito" de Lacan – o sujeito barrado do significante – a torna obsoleta de uma vez por todas. É perceptível que, no ensino de Lacan, a promoção do gozo como conceito primário é paralela a uma renovação da instância do eu, tal como podemos observar em seu seminário sobre o *Sinthome*, onde dedica muitas construções e considerações ao eu, como no caso exemplar do escritor James Joyce. Abordamo-lo, quase sempre, em relação à psicose, o que lhe reduz o alcance. É fundamental percebermos que, desde o momento em que se faz do gozo um conceito primário na teoria da experiência analítica, o eu necessariamente retorna à atualidade.

Com efeito, Freud foi o primeiro a apresentar o eu como o lugar próprio, primeiro, primário, de investimento da libido, a ponto de considerar o investimento libidinal dos objetos – o interesse que tomamos por tal objeto do mundo, por tal indivíduo, por tal parte do indivíduo –, como os pseudópodes de uma ameba, de um animalzinho protoplásmico. Este é, no fundo, seu modo de representar a libido, centro palpitante do gozo, lançando seus pseudópodes.

O gozo é abordado por Freud tanto pelo viés do eu quanto pelo viés da pulsão, e, de modo preciso, pelo viés do que ele chama "narcisismo". Em "Introdução ao narcisismo", Freud faz referência a Paul Näcke (1899) como autor desse conceito, ainda que, em seguida, se corrija e preste homenagem a Havelock Ellis, considerando que a propriedade desse conceito, sua invenção, deveria ser partilhada entre Paul Näcke e ele mesmo.

## O eu vizinho do gozo

O narcisismo, inicialmente, designa a atitude do indivíduo na qual ele toma seu corpo próprio como objeto libidinal e o erotiza, dedicando-lhe cuidados semelhantes aos que ele dedica ao corpo de um objeto desejado. Eis, no fundo, o lugar primordial do narcisismo: a erotização do corpo próprio. Com isso, Freud atribui a esse narcisismo a significação de uma perversão. Emprega o termo *Bedeutung*, *a Bedeutung* de uma perversão, e a ilustra rapidamente através da homossexualidade. Mas Freud logo estende sua pertinência, mencionando que tal desvio do interesse erótico sobre si mesmo está presente nos neuróticos. Além disso, sustenta que esse desvio explode nas psicoses. Sobre elas, introduz o termo "parafrenia", caracterizando-o por dois traços: a megalomania e a retirada do interesse para com o mundo exterior. Assim, seu uso do termo "narcisismo" percorre o conjunto da clínica, sendo encontrado nas neuroses, nas perversões e nas psicoses, o que obriga fazer diferenciações mais apuradas, visto que, seja qual for o narcisismo do neurótico, do histérico ou do obsessivo, estes sujeitos não suprimem sua relação com o mundo exterior, mesmo se este mundo exterior estiver sublimado em sua fantasia. Na fantasia neurótica, que permite ao sujeito abster-se de conquistar seus objetos e lhe possibilita gozar deles sem se desgastar na conquista, os objetos do mundo exterior permanecem presentes, ainda que sob forma modificada.

Portanto, por um lado, Freud estende o narcisismo ao conjunto da clínica, o que implica em diferenciações; por outro, atribui-lhe um sentido que permite passar do corpo ao eu. Pode-se dizer que ele mesmo sublima o narcisismo. Para Freud, o interesse erótico pelo corpo próprio se transforma no interesse erótico pelo eu. E, ao mesmo tempo em que o eu é objeto da libido, ele aparece como sua fonte primeira. Portanto, uma dupla transformação: do corpo ao eu e de objeto a fonte. Isso não acontece sem acarretar, explicitamente, certos problemas de concordância entre seus textos, no que concerne ao eu e às pulsões, problema, aliás, assinalado como tal por Laplanche e Pontalis. Sustentamos aqui que o lugar próprio da problemática do eu, em Freud, é vizinho das pulsões, ou seja, esse lugar é a questão do gozo. E acrescentemos ainda que o eu é muito mais vizinho do gozo do que o é o sujeito, no sentido de Lacan.

A partir do narcisismo perverso do corpo próprio, Freud inventa um narcisismo primário, para dizer que o lugar primário do gozo é o eu e o interesse erótico que ele dedica a si mesmo. Lacan, já que o evocamos, encontra o embasamento do estádio do espelho na teoria do narcisismo. O estádio do espelho, que é uma observação, figura como um exemplo da teoria da libido, colocando face a face o eu, o objeto e a transferência da libido de um ao outro, ou, segundo Lacan, a transfusão de libido do corpo para o objeto. Sob esse ponto de vista, o estádio do espelho é uma ilustração do texto "Introdução ao narcisismo".

A imagem narcísica, imagem rainha, é, em Lacan, o ponto focal do imaginário. Digo "em Lacan" pensando que, antes de haver introduzido o registro do simbólico, ele não pôde substituir o eu pelo sujeito. A substituição do eu pelo sujeito trouxe muitas conseqüências. No fundo, sob esse aparelho teórico, trata-se de saber o que se visa e o que está em questão.

Trata-se de saber quem fala em análise e como caracterizar esse X que constitui o material da operação analítica. E é muito diferente situar esse X, que é o analisante, como um eu e como um sujeito.

Lacan, muito mais do que aqueles que se dizem seus alunos, conseguiu fazer com que o analista pense que tem de se haver com o sujeito. Com o sujeito da fala, quer se trate do sujeito enunciador, do sujeito falante, quer se trate do sujeito falado, como ele virá a defini-lo. Nos dois casos, em relação com a fala.

Ora, há uma diferença essencial entre o sujeito e o eu. E essa diferença comporta uma lógica cujas conseqüências são perceptíveis no conjunto do ensino de Lacan. O sujeito da fala é, essencialmente, um sujeito vazio. Vazio de quê? Uma vez que ele substitui o eu, podemos dizer que ele é um sujeito vazio de libido. É o valor que darei à escritura $ em sua diferença com o eu

$$\$ \neq e.$$

Se imaginamos a oposição dessas duas categorias é, sem dúvida, porque elas têm alguma coisa em comum: ambas visam, o que se pode chamar, enfim, para facilitar a explicação, uma instância do si, um "auto". Entre essas duas instâncias, entre essas duas versões da instância do si, do que se refere ao ele-mesmo, ao si-mesmo, a diferença é que uma, o eu, inclui o gozo, ao passo que a outra, o sujeito, o exclui.

É por isso que, para Lacan, o sujeito da fala, e mais ainda o sujeito do significante – Lacan extrairá da fala seu valor significante –, como tal, já está morto. É nisso que a problemática do nome próprio se inscreve para o sujeito, uma vez que ele é designado por seu nome próprio, que lhe sobreviverá e que, normalmente, figurará sobre os restos. Há sempre uma espécie de vergonha, de insurreição, quando se pensa que a carcaça do sujeito vai para a vala comum. Foi o caso de

Mozart, mas não é menos sensível para nós quando evocamos os grandes massacres que acontecem nos dias de hoje, como, por exemplo, no continente africano.

Como sujeito do significante, se formos radicais, o sujeito já está morto. Por essa razão, o sujeito do significante não satura todas as propriedades do eu. E pode-se dizer que lhe é necessário completar, por outras vias, um valor de gozo.

## A imagem fálica

Escreverei as coisas assim: o eu, cindido em duas instâncias,

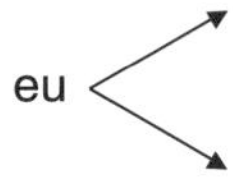


o sujeito barrado, $\not S$, que designa de maneira radical a instância do si, mas que não é tudo,

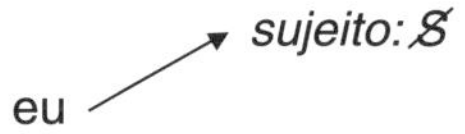


e que supõe, além do mais, que se designe a libido, essa libido do eu que não se encontra de modo algum indicada pelo sujeito barrado:

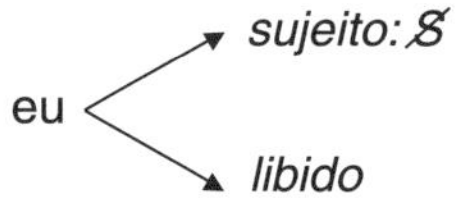


No fundo, Lacan não deixará de relacionar o sujeito do significante com um outro termo, susceptível de suportar essa libido do eu que, de algum modo, está excluída do sujeito vazio do significante. O termo essencial que vem, então, para inscrever essa libido, é o termo "falo", que escrevo com a letra *phi* [φ]. Para dar conta das propriedades do eu freudiano, é preciso acoplar, ao sujeito barrado, esse termo, termo fálico, como representante da libido.

Em minha opinião, isso explica o fato de que, ao introduzir na psicanálise o registro do simbólico, e com ele também o do sujeito da fala, como sujeito barrado, Lacan foi levado impreterivelmente a promover um termo para representar a libido que ele acabara de excluir do termo vazio do sujeito do significante.

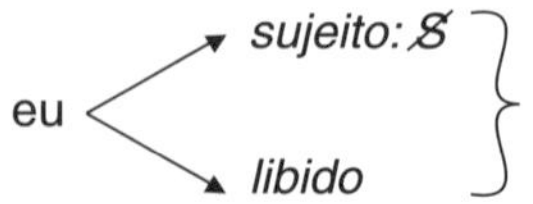


E a conseqüência da introdução do simbólico é a promoção do falo para representar o valor da libido.

Desse modo, o ensino de Lacan é animado por uma ligação entre o narcisismo e a castração e, nele, encontramos, de algum modo, o narcisismo freudiano transcrito em termos de falicismo.

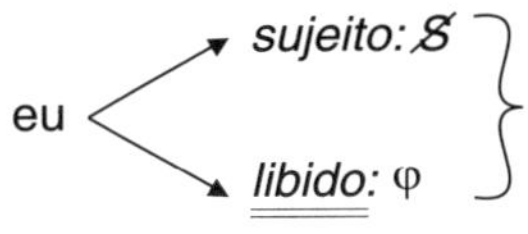


Enfim, o valor essencial do eu, que é seu caracter libidinal, seu status como reserva de libido, encontra-se, no ensino de Lacan, transposto para o falo: $\$ \ a \ \varphi$.

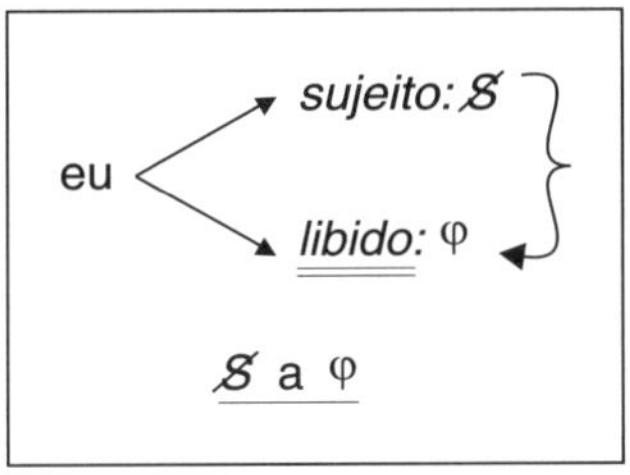


Assim, na página 837 dos *Escritos* – no exato momento em que Lacan começa a se distanciar desse falicismo, que não é sua última palavra, no momento em que começa a ter dele uma perspectiva – vocês encontram este enunciado: o falo concentra o mais íntimo do auto-erotismo. No fundo, o que era concebido como esparso na dimensão imaginária, ou seja, o gozo circulante, a libido circulante do eu ao objeto e vice-versa, essa libido está concentrada – é sua definição – na imagem fálica. Disse em Bilbao que essa proposição segundo a qual o falo concentra o mais íntimo do auto-erotismo, já anuncia a definição que Lacan dará do objeto *a* como condensador de gozo, impondo a necessidade de um termo privilegiado funcionando como um magnetizador do gozo difuso em uma dimensão.

Lacan tentará demonstrar o lugar à parte dessa imagem fálica na imagem especular, na imagem do espelho. Para ele, o falo é o que complementa o estádio do espelho. Quando ele define a imagem especular como o canal que a transfusão da libido toma em direção ao objeto, é para especificar que o falo está preservado dessa imersão. Como se tivéssemos um lugar da libido,

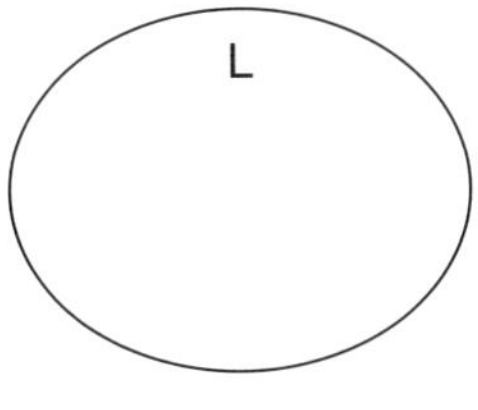

e que essa libido transvazasse para o objeto pelo viés da imagem especular, pelo viés do visível,

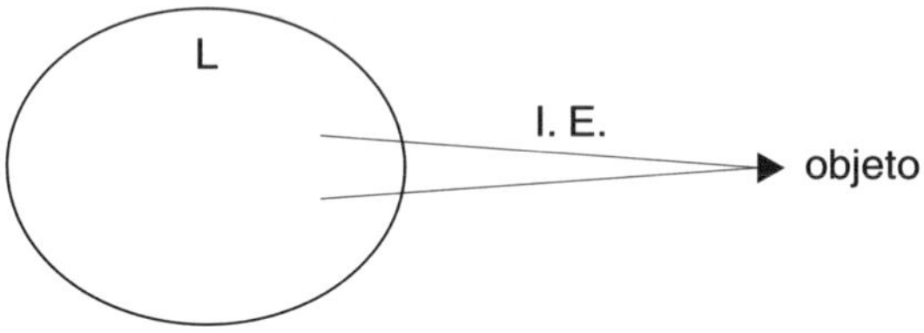


a ponto de se encontrar inteiramente no objeto, exceto o falo; como se o falo fosse, do corpo próprio, o que resta invariavelmente vinculado ao narcisismo do eu.

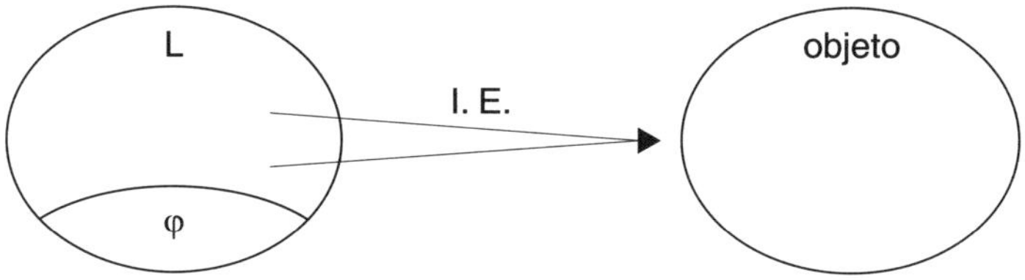


No fundo, é como se tivéssemos uma espécie de narcisismo do falo que implicasse uma negativação da imagem do pênis, no objeto. Lacan lembra isso na página 837, certamente fazendo referência à passagem do texto de Abraham que já comentei certa vez.

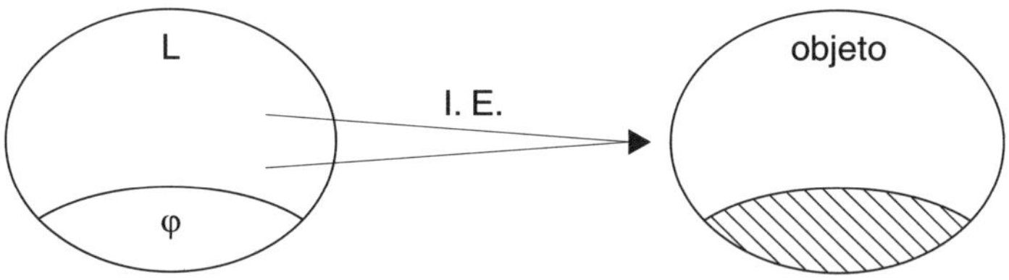


## O falo enquanto significante do gozo

Apenas peço-lhes para guardar essa ligação entre o narcisismo e a castração, que faz do falo um termo que concentra, de modo mais íntimo, o gozo. Parece-me então que podemos enunciar o primado do falo no ensino de Lacan em dois tempos: primeiramente, o primado do falo é a modificação lacaniana do narcisismo. Assim como Freud mostra que a libido, presente nas pulsões, está todavia centrada no eu, e que é da libido do eu que procede a libido do objeto, Lacan mostra que o falo concentra a libido. O falo, em Lacan, é um *analogon* do eu em Freud. Em um segundo momento, a vantagem dessa operação de deslocamento do eu para o falo é que o falo é um significante e, ao tratar do falo pela sua promoção a significante maior, Lacan, nessa ocasião, implicitamente, mostra que a libido pode ser abordada a partir do significante. Finalmente, ele aborda o problema freudiano da libido a partir do que é um significante.

Nesse sentido, o falo é essencialmente o significante do gozo. Lacan o promove a esse título e, ao mesmo tempo, digamos, lhe é possível minorar a pulsão. Ele trata o gozo a partir do significante. O ponto crucial de "A significação do falo" é demonstrar que o gozo é essencialmente seu significante, com a condição de a ele se acoplar, eventualmente, vários significantes ou vários valores do significante.

Em primeiro lugar, esse escrito nos apresenta o falo como significante imaginário do gozo. Caso se queira reconhecer o lugar do gozo na espécie humana, o falo – tomado de empréstimo do corpo masculino – é o que o situa da maneira mais precisa e mais evidente. O falo representa o fluxo vital, o impulso da vida e, como Lacan o define, tudo o que está vivo no ser do sujeito. Em termos precisos: tudo o que vem completar o sujeito do significante como morto. O falo é o parceiro do sujeito do significante como morto. Por isso, após ter promovido a função da fala, Lacan é levado impreterivelmente a promover o primado do falo. Nesse primeiro sentido, o falo, escrito com a letra grega $\varphi$, é o complemento do sujeito barrado.

## 1) $\varphi$

Podemos considerar que a imagem do falo é a do pênis. Nas culturas menos afetadas que a nossa, embora aos poucos isso esteja desaparecendo, há um culto a essa representação. Schopenhauer o assinala no seu grande tratado filosófico. Esse culto está ao alcance de todos os que forem passear pelo que resta das civilizações grega e romana. Durante as férias, tive o prazer de ir à ilha de Delos. Lá, entre as ruínas, encontramos um templo de Dioniso, onde ainda se podem distinguir vestígios de falos erigidos sobre as colunas. Meus netos, assim como todo mundo, passavam sob esses emblemas. Aliás, não deixei de me fazer fotografar ali e, devo dizer-lhes, entre todas as fotos que tiraram de mim, essa foi a de que mais gostei. Ali não é preciso procurar a imagem do pênis como representante da força vital em sabe-se lá que recalque, ela é encontrada explicitamente representada e louvada.

Em segundo lugar, em "A significação do falo", ele é apresentado como significante dos efeitos de significante. E, como foi dito desde o início, isso leva o leitor à técnica e mesmo à escolástica do significante, fazendo-o esquecer um pouco do que se trata: o significante do gozo. Com essa concepção do significante dos efeitos de significante, Lacan dá conta do privilégio do significante do falo como uma espécie de significante dos significantes. Precisamente, e segundo o esquema que já escrevi, tudo o que é objeto ou necessidade é substituído pelo significante, devido à demanda: quando há necessidade, demanda-se.

$$2)\ \frac{\textit{significante}}{\textit{necessidade}}$$

É uma decisão teórica de Lacan tornar o falo equivalente a essa operação de substituição,

$$2)\ \left.\frac{\textit{significante}}{\textit{necessidade}}\right|\ \varphi$$

de tal modo que ele pôde dizer que o falo é o significante desta barra:

$$2)\ \frac{\textit{significante}}{\textit{necessidade}}\ \varphi \equiv (-)$$

Quando isolada, essa barra é efetivamente comparável ao significante da subtração, ao menos (-). O falo equivale à barra significante que anula o concreto, o objeto, e, em particular, o objeto da necessidade, para convertê-lo em significante.

É um tipo de evidência diverso da primeira. A primeira é uma evidência cujas provas nos são fornecidas pela cultura e o imaginário do sujeito. Trata-se de uma decisão teórica afirmar que o falo é o equivalente à barra posta sobre o objeto para cumprir a *Aufhebung* significante. Logo, se encontramos o falo em toda parte, é porque ele é equivalente a essa supressão.

Em terceiro lugar, em "A significação do falo", encontramos o terceiro valor do falo: o próprio falo é marcado pela barra. Ele é equivalente a essa barra, o significante da barra e, como significante, ele próprio a carrega. Surge, assim, a sigla menos *phi* (- $\varphi$)

$$3)\ (-\varphi)$$

Nesse terceiro sentido, nesse terceiro valor, o falo tem uma significação de gozo castrado. Lacan pôde, então, evocar o recalque do falo: longe de se confessar claramente no discurso, esse gozo é para ser encontrado sob a barra, no recalque.

1) $\varphi$

2) $\dfrac{\textit{significante}}{\textit{necessidade}} \quad \varphi \equiv (-)$

3) $(-\varphi)$

Resumo o escrito "A significação do falo" de maneira sumária e, ao mesmo tempo, prática. Assim o faço porque, nele, Lacan dá conta do que é o investimento de objeto na vida libidinal. No fundo, trata-se de dar conta de como o objeto é investido na vida amorosa. Para Freud, há um investimento de libido, com o eu se empobrecendo em benefício do objeto, o que justifica o termo "transfusão" usado por Lacan. Pode-se dizer que, em Lacan, isso é transposto para outros termos: o que era denominado como investimento de objeto, ele considera como o objeto assumindo a significação do falo. Isso traduz o deslocamento do narcisismo para o falicismo, ou seja, as considerações de Freud concernentes à libido são traduzidas, por Lacan, em termos de significação do falo. Nesses termos, essa significação é dupla: há uma significação em termos de *phi* positivo ($\varphi$), e uma outra em termos de menos *phi* ($-\varphi$).

$$\begin{cases} \varphi \\ (-\varphi) \end{cases}$$

## Clivagem e desdobramento do valor fálico

Foi o que Lacan destacou em "A significação do falo" a propósito da relação entre os sexos, a partir das considerações de Freud sobre a vida amorosa. Proponho reler essas duas páginas desse escrito, tão densas e sugestivas, levando em consideração esses dois termos: $\varphi$ e ($-\varphi$). O que Lacan nos mostra a esse respeito?

Na mulher, o investimento do objeto homem corresponde a esse par de significações no falo. Por um lado, ela encontra em um homem

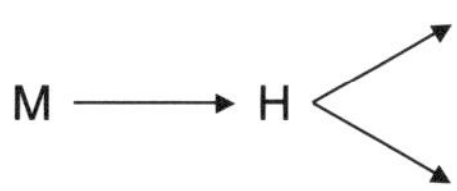


a significação do falo como positiva, uma vez que encontra, nele, a imagem do pênis.

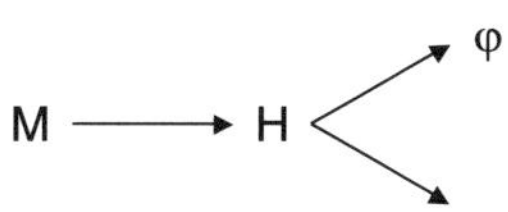

Por outro, encontra a significação do falo como negativizada, relacionando-se com a impotência dele, com o que, nele, é gozo castrado.

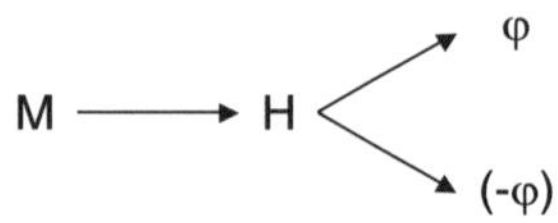


Pode-se dizer que, ao se encontrar esses dois valores do falo no mesmo indivíduo, observa-se um tipo de clivagem desses dois valores fálicos. Utilizo o termo clivagem em referência ao mesmo indivíduo.

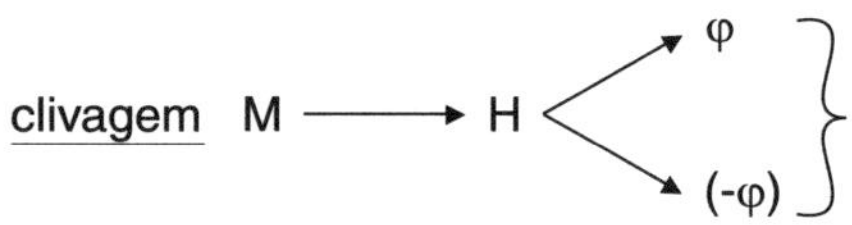


Esses dois valores são encontrados também na relação do homem com o objeto feminino, salvo que, nesse caso, eles devem ser sustentados por dois indivíduos diferentes. São necessárias duas mulheres,

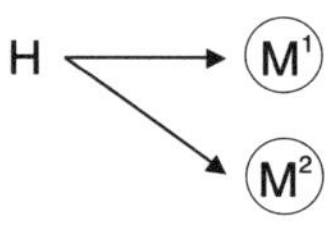


que chamarei, grosso modo, $M^1$ e $M^2$. Uma que possa assumir efetivamente o (- φ), por não encontrarmos nela, no corpo do outro, a imagem do pênis.

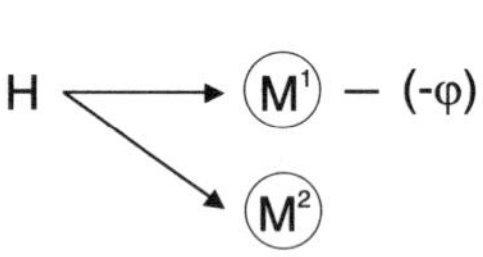


Outra, $M^2$, que permite restabelecer o φ positivo, significação positiva do falo, em um sentido mais sofisticado, posto que não se trata, neste caso, de encontrar a imagem como tal, mas sim a significação positiva destacada da imagem do pênis. Portanto, uma outra mulher que, como tal, valerá como imagem do pênis.

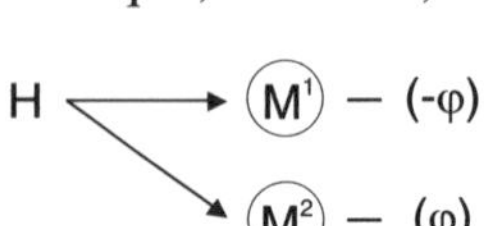

Diante de uma sexualidade de clivagem, atribuída por Lacan à mulher, temos, aqui, uma sexualidade de desdobramento, na qual Lacan encontra a raiz do que é vulgarmente chamado de infidelidade masculina.

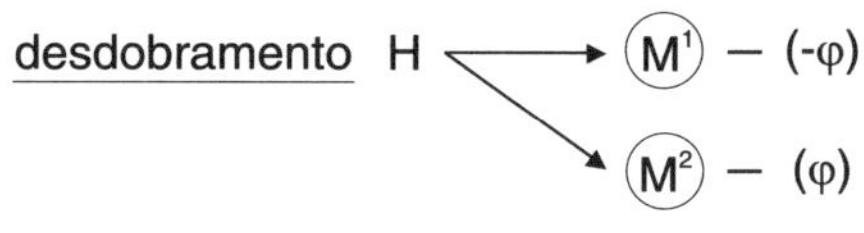


## *Do – φ ao φ*

Creio ter-lhes mostrado, por meio desses pequenos esquemas, de um modo muito resumido, a lógica desse escrito de Lacan. O que o anima, de fato, é a demonstração da eficácia da retranscrição do investimento libidinal do objeto em termos significantes. Isso que dizer tratar a libido a partir do significante fálico, das substituições que são possíveis. No fundo, um investimento de objeto, o que Freud chamava de investimento de objeto, traduz-se nos seguintes termos: tomar a significação do falo com um valor φ, ou com outro (- φ).

É necessário constatar que, em um momento de sua elaboração, Lacan dará prevalência ao *-phi*. Ou seja, entre *phi* e *-phi*, ele fará do *-phi* – função imaginária da castração –, o significante por excelência do investimento libidinal, visto que o *-phi* convoca sempre um termo X para compensar a castração de gozo, a perda de gozo devida ao significante.

$$(-\varphi)$$

$$\frac{X}{(-\varphi)}$$

Uma vez que o narcisismo está ligado à castração, que a negatividade incide sobre o gozo, a necessidade de um termo positivo se impõe. O menos *phi* de Lacan, escritura de um gozo castrado, apenas faz repercutir o vazio do sujeito do significante. Lacan, substituindo o eu pelo sujeito, encontra o sujeito em déficit de gozo. Produz, então, o conceito de falo. Todavia, esse conceito de falo, a partir do momento em se torna um significante, também é tomado pela negatividade. Por fim, o menos *phi* impõe-se como falo significante.

Portanto, é necessário a Lacan reinventar um termo positivo. De início, ele é logicamente levado a reinventar o *phi* maiúsculo, em oposição ao menos *phi*, como sendo o significante do gozo impossível de negativizar:

$$(-\varphi)$$

$$\frac{X}{(-\varphi)}$$

$$\Phi$$

Depois, em face das contradições que esse significante impossível de negativizar apresenta, no lugar do X Lacan inscreverá o *a,* afirmando não se tratar de um significante, mas sim do positivo do gozo. É o que resta de positivo do gozo, visto que o gozo foi castrado como gozo fálico.

$$(-\varphi)$$

$$\frac{X}{(-\varphi)}$$

$$\Phi$$

$$(a)$$

Mais adiante, o próprio objeto *a* vai lhe parecer insuficiente e, no *Seminário 20,* Lacan acabará por escrevê-lo como um G, a fim de designar a dimensão positiva não eliminável do gozo, como uma espécie de gozo primário, a partir do qual ressitua o conjunto dos significantes.

No fundo, faço esse percurso para tentar encontrar a lógica da qual Lacan foi servo, uma lógica que começa com a promoção da fala no centro da experiência analítica e tem o mérito de tornar problemático o complemento de gozo. Lacan a escreveu de diversas maneiras: de início, por meio do falo, *phi,* mas esse falo acaba por ser negativizado; em seguida, pelo *phi*, maiúsculo, como gozo não negativizável; depois, por meio do *a,* um gozo designado como fora do significante; por fim, pelo índice de um G maiúsculo, cuja natureza é fazer vacilar todos os significantes.

Tendo em vista esse percurso, podemos voltar a situar a teoria do desejo em Lacan que, por muito tempo, marcou nossa leitura e a compreensão.

## O sentido retido do desejo e o - φ

Essa teoria está articulada, essencialmente, à figura e à fórmula da metonímia, à noção de que o desejo é comparável a um efeito de significado, induzido pelo significante, mas retido, não emergente. Com efeito, o desejo é comparável ao que Lacan escreve com um menos entre parênteses, *s* minúsculo (-) s, para indicar que a conexão significante na metonímia, inscrita como função *f,* libera como resultado o significante S, com um significado que desliza por baixo (-)s, sem emergir de modo manifesto:

$$f(S \ldots S') \longrightarrow S\,(-)\,s$$

É precisamente a esse esquema que Lacan referencia a relação de objeto, dizendo que a metonímia instala a falta-a-ser, indicada pelo sinal menos, na relação de objeto. Liberando o desejo de toda conexão imaginária, impõe-se a Lacan situar o desejo como equivalente ao efeito de significado retido, não emergente:

$$\boxed{d^{o}\ (-)\ s}$$

Essa fórmula, que não se encontra em Lacan, mas que está implicada em tudo o que ele diz tanto em "A instância da letra" quanto em "A direção do tratamento", torna o desejo equivalente a um sentido que não emerge na metonímia e que continua a deslizar sob o significante. É uma imposição extraordinária, visto que o desejo é estreitamente ligado, não à libido, mas à significação. É o que faz do desejo um certo modo da significação.

Em "A direção do tratamento", é assim que Lacan propõe ler os sonhos e decifrar-lhes a significação, e, uma vez que esta foge, a faz equivaler ao desejo.

$$\boxed{d^{o} = (-)\ s}$$

Além disso, Lacan estende a equivalência do desejo, dizendo, finalmente, que esse desejo equivalente ao sentido retido, ao sentido negativizado, equivale ao menos *phi*:

$$\boxed{d^{o}\ (-)\ s^{o}\ (-\varphi)}$$

Em "A direção do tratamento", por exemplo, insiste em mostrar que a leitura dos sonhos indica, definitivamente, que esse sentido fugidio tem um valor essencial: a significação do falo. E, no fundo, o "menos s" é equivalente ao menos *phi*. Essa equivalência, implícita, entre o sentido suspenso e o gozo como negativizado, atravessa todo o ensino de Lacan. E, para surpresa de seus leitores, em "Radiofonia" ele dirá que, sob o que se inscreve no significante, desliza o gozo. Depois de ter explicado a metonímia como metonímia do sentido, e, mais implicitamente, como metonímia do falo, ele tornará evidente a conseqüência disso, alguns anos mais tarde, ao dizer: a metonímia é sempre metonímia do gozo. Assim, as transfusões imaginárias da libido freudiana serão traduzidas como metonímia simbólica do sentido.

Bem mais tarde, em *Televisão*, Lacan poderá dizer que as cadeias significantes são feitas de gozo, isto é, de "sentido gozado". Esse sentido gozado que surge como um hápax quando Lacan o profere na televisão, sem maiores explicações – ele o disse apenas uma vez e sem desenvolvê-lo –, efetivamente se enraíza na conexão do sentido, desse menos de sentido, desse pouco de sentido e do falo negativizado, do menos *phi*. Encontramos, aqui, a noção da conexão entre o sentido e o gozo.

No fundo, aquilo com que Jung se encantou – *Verwandlungen* da libido, deslocamentos do metabolismo, errâncias da libido – Lacan traduz como a metonímia indissolúvel do sentido e do gozo.

A partir daqui, talvez possa fazer um pequeno retorno sobre o eu, tema das jornadas no País Basco. O eu, do qual Lacan resgata as coordenadas, é tomado na dialética do *um* e do *múltiplo*. De um lado, o eu atesta a ausência de síntese, a multiplicidade comparável às cascas de uma cebola, brechó de identificações imaginárias, encontradas por Lacan em "O eu e o isso". Trata-se de um tema constante na obra freudiana, retomado por Lacan: a multiplicidade incoerente e inconsistente do eu. Nesse sentido, há um status do eu como múltiplo. Foi o que encantou a imprensa em Bilbao, que chegou mesmo a usá-lo como manchete: "O eu múltiplo".

Ao mesmo tempo, a ênfase na multiplicidade do eu implica a pesquisa do que constitui o eu como um. Assim, na elaboração de Lacan, por meio do eu como *múltiplo*, pode-se acompanhar sua pesquisa do princípio do eu como *um*.

De um modo elementar, pode-se dizer que Lacan encontrava esse princípio do eu como *um* em uma imagem una, uma imagem-rainha, ou uma imagem-causa. Especificamente, quando ele explora as fontes da etologia animal, é para mostrar como, no processo da maturação do organismo animal, uma imagem pode ter um efeito precipitante e indispensável. Nesse contexto, encontramos os célebres exemplos do gafanhoto-peregrino e da pomba, que aparecem com muita freqüência nos seus primeiros escritos.

Dito de outra forma, o que ele encontrava como princípio do eu múltiplo era, simplesmente, a imagem do outro:

$$\frac{\text{eu múltiplo}}{i\,(a)}$$

Em seguida, pode-se dizer que o que ele encontrou como princípio do eu múltiplo, foi uma instância, limite extremo no imaginário, ou seja, a imagem da morte, entendida, em termos precisos, como o que não pode ser representado, uma espécie de negativo do imaginário. No ano passado, expliquei que Lacan fazia da subjetivação da morte o fim próprio a uma análise que, tendo passado pelo eu múltiplo e vendo-o desagregar-se, conduziria finalmente o sujeito a esse negativo do imaginário que é a imagem da morte, imagem negativizada porque irrepresentável.

$$\frac{\text{eu múltiplo}}{i\,(a) - morte}$$

Mais adiante, Lacan encontrou para o eu múltiplo um princípio simbólico, ou seja, a necessidade de que um símbolo, finalmente, viesse fundamentar esse eu múltiplo. Trata-se do I(A), isto é, os dois termos da imagem do outro, mas, agora, em maiúsculas, e significando a insígnia do Outro. Isso lhe tornou possível, com um pequeno forçamento, dar conta da diferença entre o eu ideal e o ideal do eu, ressaltando que, em relação ao eu ideal, que é da ordem do imaginário, há, como fundamento, um ideal do eu, que é da ordem simbólica.

$$\frac{\text{eu múltiplo}}{i\,(a) - morte - I\,(A)}$$

Observa-se ainda que ele tornou essa construção mais densa ao inserir o significante-mestre como princípio do eu múltiplo:

$$\frac{\text{eu múltiplo}}{i\,(a) - morte - I\,(A) - S_1}$$

Esse é um resumo que faço, conforme meu estilo atual, de muitos anos do ensino de Lacan. Acrescentaria que, a partir do momento em que o princípio de unidade imaginária aparece como simbólico, Lacan acaba por ligar esse princípio não ao eu, mas ao próprio sujeito.

$$\left.\frac{\text{eu múltiplo}}{i\,(a) - morte - I\,(A) - S_1}\right\}$$

$$\$$$

Ou seja, ele introduz esses valores simbólicos como princípio de unidade simbólica do eu imaginário, dito múltiplo e, finalmente, é levado a ligar novamente esses princípios simbólicos ao próprio sujeito do significante. Por fim, ele escreve $S_1$ sobre $\$$ para designar a identificação simbólica:

$$\left.\frac{\text{eu múltiplo}}{i\,(a) - \text{morte} - I\,(A) - S_1}\right\}$$

$$\$ \qquad \left.\frac{S1}{S}\right\}$$

Quando temos o simbólico relacionado ao imaginário, estamos na etapa da teoria que conhecemos, em que o Ideal do eu é situado como simbólico em relação ao eu Ideal, situado como imaginário. Finalmente, é em relação ao sujeito simbólico que essa identificação é pensada. Em um plano ainda mais abstrato, é possível dizer que encontramos constantemente, em Lacan, tanto no que concerne ao sujeito quanto ao eu, ou seja, a essa instância do si-mesmo, uma relação que está sempre por se redefinir entre uma constante, *C*, que é a unidade, e uma variável, *v*.

$$C\,(v)$$

Lacan não deu a esse matema uma resposta única. A constante da identidade individual – traduzida comumente por "eu sou eu", eu = eu, e que acreditamos encontrar no cogito cartesiano – tem como seu princípio, seja o significante e, então, trata-se de uma identificação, seja o objeto *a,* e, nesse caso, ela tem a ver com o gozo.

$$\frac{C\,(v)}{-\ S1 : \textit{identificação}}$$

$$\frac{C\,(v)}{\begin{array}{l} -\ S1 : \textit{identificação} \\ -\ a : \underline{\text{gozo}} \end{array}}$$

Lacan não nega que a constância dessa instância do si-mesmo tenha a ver com as identificações, mas, para ele, fundamentalmente, todas as identificações são, essencialmente, inautênticas. Portanto, na experiência analítica, tal como a concebemos depois de Lacan, o destino da identificação é sempre a queda, e a própria palavra identificação, que não se confunde com o termo identidade, indica o caráter inautêntico da identificação relativamente ao ser do sujeito. Portanto, acabamos sempre desvalorizando as identificações por considerar que elas não conferem ao sujeito um acesso autêntico ao seu ser.

Essa noção pode levar à idéia de que o verdadeiramente autêntico no sujeito é seu próprio vazio, isto é, o sujeito como essencialmente não identificado. Para Jean-Paul Sartre, em quem Lacan tanto se inspirou, e que não é um psicanalista, mas um filósofo, o que há de mais autêntico no sujeito é sua falta-a-ser. A ascese filosófica está em se desprender das identificações nas quais se acredita encontrar a constância ilusória de seu ser, para assumir o que ele chama de "para si", e que é, fundamentalmente, uma falta-a-ser. Sartre diz "falta-de-ser". Mais tarde, Lacan propôs o termo falta-a-ser, partindo, visivelmente, dessa mesma expressão. Trata-se da assunção de uma falta fundamental.

Quando Lacan estuda a identificação fálica do sujeito, ele de fato propõe, como final de análise, a desidentificação fálica. Ele chega mesmo a considerar essa identificação como a última da qual o sujeito deve se desprender.

Então, o que constitui a diferença essencial entre o tratamento analítico e a ascese filosófica – considerando que o tratamento é, à sua maneira, uma ascese –, é a noção de que a verdadeira constante do sujeito, a autêntica, não se encontra no plano de uma identificação significante, mas no plano do gozo. E o que se trata de cingir é um modo de gozar. Por certo não está dito que esse modo de gozar seja o modo de gozar do sujeito ou o modo de gozar do Outro no qual o sujeito é gozado. Porém, e este é o nosso tema, quer esse modo de gozar seja aquele do sujeito, quer seja o do Outro com relação ao sujeito, em todos os casos esse é o contexto no qual Lacan encontra a verdadeira constante, a que está presente e permanece, enfim, sob diversas variações.

A problemática inicialmente apresentada por Lacan relativa ao destino do eu no analista, ao desaparecimento do eu no final do tratamento, é, no fundo, exatamente transposta nos termos da travessia da fantasia, uma vez que a fantasia escrita é uma escritura do eu. A fantasia escreve a conexão do sujeito barrado com o mais-de-gozar do objeto *a*. Nesse sentido, é uma espécie de equivalência do eu.

Penso que, afinal, por ora, me é possível uma quebra. Retomarei, após uma interrupção de duas semanas, apoiando-me sobre o que pude desenvolver até o momento, e procurando abordar, de maneira mais direta, essa categoria do modo de gozar.

*15 de fevereiro de 1995*

# – Lição 11 –

# Modos de gozo

Em nosso encontro de hoje, preciso dar um salto, conseguir pular fora da gaiola na qual fiz vocês circularem junto comigo. É uma gaiola na qual Lacan circulou, definida pela grade "o libidinal é imaginário", ou pelo axioma, pelo preconceito, segundo o qual o gozo, entre as três dimensões distinguidas por Lacan – já que ele faz uso do termo muito cedo em seu ensino, sobretudo a partir do "Relatório de Roma" –, pertence à dimensão imaginária, decorrendo disso as dificuldades especiais com o conceito freudiano de pulsão.

Ora, atribuir o gozo ao imaginário foi, para sua elaboração, um verdadeiro obstáculo epistemológico. Para suplantá-lo, foi necessário um trabalho obstinado a esse teórico, para se render ao que, em seguida, lhe pareceu como uma evidência freudiana: essa atribuição, tal como Lacan a efetuou no início de seu ensino, e mesmo em seus antecedentes, estava errada. Não quero seguir, passo a passo, esse longo trabalho; quero saltar para a outra ponta e, desta perspectiva, poderemos depois entrar em alguns detalhes.

## A juntura da repetição com a pulsão

Ao procurar o momento no qual situá-los para poder dizer: "Estamos fora da gaiola do gozo atribuído ao imaginário", eu os remeto ao axioma oposto, ao axioma segundo o qual a repetição está fundada sobre o gozo, ou seja, que conjuga o automatismo de repetição com a pulsão. Não me parece que Lacan tenha se desligado inteiramente de seu primeiro axioma, antes de formular esse segundo. Para lhes dar uma baliza facilmente acessível, é o que se conclui, de modo claro, no seu *Seminário 17: O avesso da psicanálise*. De fato, é nesse Seminário que se realiza a juntura da repetição com a pulsão. Ao sublinhá-la, percebemos que ela não se cumprira no Seminário de referência: *os quatro conceitos fundamentais*, onde ele distingue repetição e transferência – cujas conseqüências são muitas –, mas não os termos repetição e pulsão, como fará no *Seminário 17*. No *Seminário*

*11: Os quatro conceitos fundamentais*, os conceitos de repetição e de pulsão estão disjuntos. Somente sete anos mais tarde Lacan pôde conjugá-los.

Faço este salto para suplantar a barreira do obstáculo epistemológico, e para que possamos nos espalhar um pouco.

A designação do gozo na dimensão imaginária está fundada na teoria freudiana da libido como o que passa do eu ao objeto, transcrito nos primeiros esquemas de Lacan pelo vetor *a-a'*, que pode ser percorrido nos dois sentidos. Foi baseando-se na "Introdução ao narcisismo", de Freud, que Lacan transcreveu a atribuição do gozo à dimensão imaginária. Por isso, nos seus primeiros escritos, insiste sobre o fato de que não se deve referenciar o eu ao sistema percepção-consciência, mas sim ao narcisismo, como função de desconhecimento devido à libido do eu. Portanto, o axioma que referencia o gozo à dimensão imaginária implica a conjunção do narcisismo com a relação de objeto.

O narcisismo e a relação de objeto são duas modalidades, dois locais da libido. Há um fluxo de um para o outro e, supõe-se, com Freud, que ali se mantenha uma equivalência, uma constante energética que se dá através dos transbordamentos do eu aos objetos.

O conjunto do *Seminário 4: A relação de objeto*, publicado recentemente, adverte sobre a conjunção do narcisismo com a relação de objeto, transita pelo objeto privilegiado, o fálico. Nesse Seminário, a introdução do objeto fálico inscreve-se nesse esquema.

Já o *Seminário 17* – passamos do *Seminário 4* ao *Seminário 17* –, alerta contra a idéia da conjunção do narcisismo com a relação de objeto, tanto mais que Lacan, sem o dizer, sabe muito bem que isso foi para ele um grande obstáculo epistemológico.

O *Seminário 17* articula a divisão entre narcisismo e relação de objeto, que se estabelece a partir do gozo. E todo o Seminário – e isto é algo que ele já elaborara um pouco antes – admite que o gozo não é uma energia. Talvez eu possa, em um outro dia, apresentar-lhes como obstáculo epistemológico o axioma aparentemente freudiano segundo o qual o gozo é uma energia. Esse é um passo que acompanha o outro já indicado por mim: formular o gozo em termos que não são energéticos. Não lhes peço para apreender todos os detalhes. Dou-lhes os suportes do que se trata: ponho, frente à frente, fórmulas opostas que determinam o espaço no qual exploro.

Anunciei que entraríamos de maneira mais decidida e centrada no tema do modo de gozar, no fio da interrogação que sustenta nossa pesquisa: os limites que a ação analítica, o ato analítico, a operação da psicanálise poderiam encontrar no modo de gozar do sujeito. Ao formulá-lo assim, fico muito próximo do que se escuta dos psicanalistas contemporâneos: uma queixa, uma inquietude, uma preocupação que se pode escutar no que se enuncia, não somente no meio em que estamos.

Tomarei diretamente uma referência emprestada a Lacan, na qual ele – em resposta à pergunta que lhe fiz sobre um tipo de profecia que ele lançara, no início dos anos 1970, quanto ao avanço do racismo – utiliza a expressão "modo de gozo". Remeto-os ao texto publicado como *Televisão*, páginas 532-3, no final de 1973. "Modo de gozo" não é exatamente "modo de gozar". É essa expressão de Lacan que quero comentar um pouco a fim de nos introduzir na questão.

Tomemos a palavra "modo" – existe também *a* moda de gozo – e veremos a dimensão temporal, histórica implicada na noção de modo de gozo. Aqui, a palavra "modo" responde, me parece, à sua definição filosófica, que pretendo privilegiar: a maneira de ser de uma substância.

## Disposições da substância gozante

Não é difícil, no âmbito da elaboração de Lacan, considerar que a substância em questão concerne ao gozo se lembrarmos que, um ano antes, em dezembro de 1972, no capítulo II do *Seminário 20: Mais, ainda* – felizmente já publicado, pois recuperou a lição pronunciada em presença de Jakobson –, Lacan convidava a "pôr em marcha outra forma de substância". Com isso queria dizer, no contexto, uma forma diferente da substância extensa de Descartes – à qual se referira um pouco antes – e certamente diferente da substância pensante, também de Descartes, outra forma de substância, que seria "a substância gozante". E, a partir deste fato, considero que a palavra "modo", qualificando gozo, é para ser tomada em sua acepção filosófica: maneira de ser de uma substância.

Lacan chegou inclusive a se interrogar para saber se a experiência analítica suporia essa outra substância. No fundo, estamos mais habituados – através de seu ensino e sobretudo pelo que dele repetimos – a ligar a suposição ao sujeito. E repetimos: "o sujeito suposto saber".

Aqui, Lacan evoca uma suposição que incidiria não sobre o sujeito não substancial elaborado por ele como sujeito barrado, mas, ao contrário, sobre uma substância. O que isso quer dizer? À primeira vista, isso que dizer que a experiência analítica, tal como Freud a elaborou, não pode bastar-se referindo o corpo à substância extensa cartesiana, em que todas as partes – traço valorizado por Descartes – são exteriores umas às outras, formando assim um espaço puro, homogêneo. E, como dizia Merleau-Ponty a propósito desse *extrapartes* cartesiano, um espaço sem esconderijo. Um espaço todo em exterioridade. Parece-me que não há necessidade de grandes desenvolvimentos para admitir que o corpo na psicanálise, na obra de Freud, não se reduz a esse espaço em exterioridade, até porque esse corpo goza. Digamos mesmo que o gozo não é *partes extrapartes*, não se apresenta sob a forma de partes exteriores umas em relação às outras. Exceto, talvez, o gozo fálico – o que pode ser a origem que conferimos à ficção cartesiana –, que seria, por exemplo, o gozo cartesiano, contável, enumerável, tal como vemos em nosso caro Marquês de Sade, ao inscrever nas paredes suas façanhas noturnas e diurnas, sob a forma de pequenos entalhes, a fim de ter a conta exata do gozo fálico que obteve. Aqui, poderíamos admitir que há um gozo *partes extrapartes*. Especial objeção seria feita pelo gozo dito feminino quanto à redução cartesiana do corpo, visto que ele é, segundo a fórmula de Lacan: "Envolvido em sua própria contigüidade", o que é incompatível com o *partes extrapartes*.

Sem entrarmos no debate que aí se esboça, digamos que o gozo é o obstáculo para reduzir o corpo freudiano à extensão cartesiana, uma vez que ela é homogênea. E isso porque, já em Freud, o erógeno é fundamentalmente não homogêneo, visto que o próprio Freud tem o cuidado de ligá-lo a zonas diferenciadas do corpo, dificilmente situáveis a partir de uma simples métrica, e que demandam, sem dúvida, uma topologia, porquanto a borda tem função privilegiada na estrutura das zonas erógenas. Se o corpo é substância, é de uma substância que goza. Lacan diz mais precisamente: "Que se goza." Como entender esse "se gozar"?

Num primeiro sentido, podemos entendê-lo como um "se coçar", "se acariciar", "se arranhar"; com valor auto-erótico. Ora, Lacan introduziu esse "se gozar" a partir do Outro, a partir de considerações sobre gozar do corpo do Outro, gozar do corpo que simboliza o Outro. Seria o contrário do auto-erotismo, pelo menos em sua intenção, tal como a deciframos. A substância gozante que ele convida a pôr em funcionamento ao infringir as coações da substância extensa cartesiana está ligada ao Outro e parece absolutamente oposta ao auto-erotismo, o que vai de par com a desvalorização do narcisismo. Isso é coerente com uma recorrência constante em Lacan, ou seja, uma introdução sadiana ao gozo. No fundo, é: Sade para preparar a teoria do gozo. E como Lacan assinala, a introdução sadiana ao gozo não se faz pelo viés do auto-erotismo. É preciso o Outro – e como! É preciso o Outro para se entregar a um certo número de tratamentos – não de cuidados, mas de maus-tratos –, os quais requerem a presença do Outro. Ele é intimado a estar ali. E, se por acaso ele não estiver de acordo, o que acontece com freqüência, ele é detido à força. Não somos nem um tiquinho auto-eróticos. Somos tão heteroeróticos que detemos o Outro com correntes, muralhas que se multiplicam para se estar bem seguro de tê-lo ali.

Portanto, é: Sade para curar do auto-erotismo!

Nesse sentido, ainda que Lacan não cesse de se apoiar astuciosamente sobre esta ou aquela passagem de Freud, é contudo a uma boa aspersão de sadismo que ele recorre para curar a psicanálise de seu foco sobre o auto-erotismo. E até mesmo seu "se gozar" está ligado ao Outro. Vocês conhecem a fórmula extraída por Lacan de sua leitura de *A filosofia na alcova,* de Sade, e mesmo os comentários de Maurice Blanchot: "Tenho o direito de gozar de teu corpo, qualquer um pode me dizer, e exercerei esse direito sem que nenhum limite me detenha no capricho das extorsões que me dê o gosto de nele me saciar."

Eis a máxima do gozo. Não é: "Eu me coço e me acaricio tranqüilamente em meu canto." É a máxima do gozo fundamentalmente antiauto-erótica que implica, pelo contrário, o gozo de um corpo, de um Outro do qual se goza sob o aspecto de seu corpo. Essa é a vertente sadiana. E podemos imaginar que o Outro goze também; é a vertente extática. Sem dúvida, que isso faça algo no Outro é uma condição. E Lacan evoca, *en passant,* a decepção que se produziria, o fracasso da experiência sadiana, se, nesse Outro, isso não tivesse nenhum efeito, se ele dissesse: "Eu lhe suplico, continue."

Tomei esse curto-circuito para não esperar a chegada retardatária do "modo de gozar" e do "modo de gozo". O que isso comporta? O que vamos considerar por enquanto?

Em primeiro lugar, que não há gozo sem corpo. E, mesmo, sem o corpo vivo. Lacan indica-o deixando de lado o fenômeno tão interessante, mas raro, da necrofilia, que atraiu e apaixonou espíritos ilustres: Apollinaire, Bataille, Klossowski se interessaram pela questão.

Em segundo, onde existe um gozo, há o Outro. O que lança certa suspeita sobre o tema do auto-erotismo, fundamental em Freud.

Em terceiro, o Outro pode ser, eventualmente, o próprio corpo do sujeito. E, no escrito de Lacan intitulado "Radiofonia", contemporâneo do *Seminário 17*, o primeiro grande Outro, o primeiro lugar do Outro como lugar do significante, é apresentado como o próprio corpo, o corpo no qual portamos inscrições, fazem-se cicatrizes, inscrevem-se marcas. Contudo, sustentar que esse Outro pode ser o próprio corpo do sujeito é uma tese distinta da do auto-erotismo.

Em quarto lugar, se há gozo, é preciso supor uma substância. Enfim, esta é a tese de Lacan, na qual o gozo é uma propriedade, uma substância suposta gozar, uma substância afetada de gozo. E aqui, a palavra "modo" encontra seu lugar preciso como maneira de ser de uma substância.

É a referência do dicionário Lalande, em Descartes, em seus *Princípios da filosofia*: "Quando digo aqui, 'maneira' ou 'modo', só entendo o que nomeei alhures como atributo ou qualidade. Mas quando considero que a substância está disposta ou diversificada de outra maneira, sirvo-me em particular de 'modo' ou 'maneira'." "Modo" ou "maneira" pode ser equivalente a "atributo" ou "qualidade". Porém, especialmente em referência a uma substância, isso quer dizer que há diversas disposições dessa substância.

"O modo de gozo" estaria em referência a Descartes, que, afinal, está no horizonte quando Lacan esboça sua noção de substância gozante. Assim, segundo Descartes, o modo de gozo seria uma disposição particular da substância gozante.

Poderíamos, além disso, ver em Spinoza, autor estudado por Lacan – citado por ele no começo de sua tese – e, de maneira corrente, em seu ensino. Nas Definições do Livro I da *Ética*, encontramos as definições de substância, de atributo e de modo. A substância é o que pode ser concebido por si só, e cuja demonstração nos leva rapidamente a concluir que só há uma. O atributo, o que o espírito ou o entendimento percebe da substância como constituindo sua essência. O modo, as afecções da substância.

Sobre esse esquema, em Lacan pelo menos, poderíamos fazer do corpo, a substância; do gozo, o atributo; e do modo, as afecções do gozo da substância. O modo de gozo seria alguma coisa que chega ao corpo, um acontecimento ou um acidente do corpo, no sentido de maneira de ser, que não pode existir independentemente do corpo. Essa é uma perspectiva sobre o gozo que o pluraliza. O modo não é único; quando se emprega a palavra "modo", no fundo fica implícito que sempre existem outros. Enquanto o atributo da substância pode ser único, o modo, em contrapartida, é essencialmente plural.

## O Outro desaparece

Volto então ao que tomei como primeira referência, a resposta de Lacan a propósito do racismo, que o levou a criar a expressão "modo de gozo". A pergunta fora feita para evidenciar o status do Outro, sob a forma do ódio racista do Outro. E o que Lacan introduziu a esse respeito? Em primeiro lugar, que o gozo só se situa a partir do Outro. Em segundo, a oposição entre o modo de gozo do Outro e o nosso, que deve ser entendido, segundo o contexto, como modo contemporâneo de gozo.

Ao qualificar nosso modo de gozo como precário e situado unicamente a partir do mais-de-gozar, Lacan atribui à própria noção de modo de gozar – ou de modo de gozo – uma relatividade histórica. Como se fosse próprio ao modo de gozo contemporâneo situar-se a partir do objeto *a,* como mais-de-gozar [*Mehr-Lust*], expressão inspirada em *Mehr-Wert*, "mais-valia", não inventada, mas pinçada por Marx para conferir seu status ao modo de produção capitalista. Aqui também, temos o termo "modo". Portanto, relatividade histórica do modo de gozo.

E o que vou escolher para prosseguir nosso caminho? O modo de gozo, no emprego que Lacan faz dele, visa situar-se e se situa segundo balizas a serem estudadas. E se ele deve ser situado em relação a este ou aquele tema, talvez seja preciso supor a existência de "um estado do modo de gozo", e mesmo "um estado do gozo" que tenha certa indeterminação.

É de fato o que parece indicar a expressão de Lacan nesta curta passagem: "O extravio de nosso gozo". O termo "extravio" faz par com a noção de ser preciso situar o "gozo" ou o "modo de gozo", embora "extravio de nosso gozo" possa ter vários sentidos. Isso pode remeter ao gozo contemporâneo, que só encontra lugar a partir do "mais-de-gozar" e estaria, mais que qualquer outro, extraviado. Devemos ter em conta, porém, o fato de que nessa frase encontramos: "No extravio de nosso gozo, só o Outro o situa." No pequeno intervalo aí indicado, poderíamos construir uma pequena variação do modo de gozo.

Primeiro, há um situar o modo de gozo a partir do Outro, o que permitiria entender a introdução sadiana do gozo: é preciso sempre o Outro, é preciso sempre que o Outro ali esteja; há uma espécie de "situacionalidade" fundamental do gozo, uma relatividade do gozo para com o Outro.

Segundo, que seria grande a dificuldade, própria do gozo contemporâneo, de situar o modo de gozo a partir do Outro, apenas nos restando, para isso, o pequeno outro, o objeto *a*.

Creio haver duas noções. Primeira: fundamentalmente, o modo de gozo é relativo ao Outro e se situa sempre em relação a ele. Segunda: há um deslocamento histórico que vai do Outro ao pequeno outro, como objeto *a*, e, com o modo de produção capitalista, o gozo de hoje é mais extraviado que um outro.

Para poder situar nosso modo de gozo em relação ao Outro, é preciso estar separado dele. Ora, um traço do universo contemporâneo é que o Outro desaparece. É o que está no diagnóstico, na profecia lacaniana sobre o racismo, que evoca o colonialismo como imposição do modo de gozo, digamos, ocidental, aos povos que gozavam de outra maneira, que tinham outro modo de gozo. Isso é também um presságio de que o capitalismo está em vias de se tornar ordem mundial.

Em 1973 já se esboçava isso. Vivendo depois da queda do muro de Berlim e do desaparecimento da União Soviética, podemos dizer que isso se cumpriu. E vivemos cotidianamente no ritmo de uma ordem mundial que, até o presente, não estava formada, e na qual o dinheiro como significante é o veículo em toda a superfície do globo.

Portanto, o que se esboçava em 1973, e que Lacan apontava, hoje nos é plenamente contemporâneo. E pode-se constatar um esboço de que, em breve, só haverá o mesmo, com a rebelião das diferenças. E esse universo homogêneo, ou em vias de homogeneização, deixa sem referência o modo de gozo.

É espantoso ver Lacan, em 1973, assinalar que isso é acompanhado de um humanitarismo de encomenda. É surpreendente, para nós que sabemos como os progressos desse universo homogêneo se enfarpelam de semblantes humanitários. Hoje em dia, não se precisa procurar isso pelos cantos, está em primeiro plano. O que é especialmente contemporâneo é o fato de estarmos embaraçados pelos modos outros de gozo.

Não sabemos se é preciso o deixar gozar, se é preciso um liberalismo do gozo, ou se deveríamos reduzir os modos outros de gozo aos nossos. Por exemplo, somos de muito perto confrontados com outros modos de gozo, justamente pela mistura deste universo que se homogeneíza. Estamos em contato com modos de interpretar os escritos sagrados, o Alcorão, a Torá e outros, que condicionam os modos de gozo do corpo. Podemos até dizer que esses modos de interpretar o escrito são também modos de gozar do escrito, uma vez que eles condicionam os modos de gozar do corpo. E constatamos que quando algumas pessoas estão firmemente decididas a vestir seu corpo de uma certa maneira, tradicional, achamos isso espantoso. Isso faz revolução. O corpo dos direitos do homem está fremente, sobretudo na França. Na tradição do Ocidente cristão, sempre se reagiu pondo o modo Outro de gozo de lado.

Os judeus ilustraram esse fato na história: encarnações de um outro modo de gozo bastante robusto por ser situado a partir do Outro, sendo este separado com muito cuidado. Esse modo, que passa por constrangimentos exercidos sobre o corpo, não se pode dizer que ele seja extraviado. Ele foi tudo menos extraviado, visto que feito para alegrar a Deus. Nesse sentido, sabia-se o que se tinha a fazer. E, quando não se sabia, podia-se procurar um rabino. Há discordâncias entre os rabinos em saber exatamente o que alegraria a Deus, discordâncias que passaram à história. Chegou-se a fazer compilações sobre a questão. A saída era escolher um rabino dentre os outros. Essa prática mantém-se na ortodoxia, sob a forma de seitas ortodoxas que seguem a interpretação de um rabino em detrimento de outros. É preciso dizer que havia interesse em não se enganar sobre o que alegraria a Deus. Isso nos dá a idéia de um gozo que não está extraviado, porque tudo é feito em função do Outro. E, quando ele não está contente, quando não recebe sua parte, quando o modo de gozo dos homens privilegiados, os judeus, não lhe convém, ele não tem nenhum constrangimento em fazê-lo saber: diz o que tem a dizer e, depois, a barra pesa. Nesse sentido, os direitos do homem para todos foi a pior coisa que aconteceu à ortodoxia judaica, que não cessa de deplorar a diluição que deles decorre, o extravio no qual caem aqueles a quem um modo de gozo muito preciso havia sido prescrito, e por escrito.

Então, um modo de gozo tão robusto supõe certa segregação, acomoda-se bastante bem na segregação. E quando ela falta, é logo cuidadosamente restabelecida, o que podemos perceber através do enclave extraordinário de Mea shearim, em Jerusalém, onde, de tempos em tempos, certo número de tropas sai da cidade para caçar o modo de gozo ímpio de outros judeus. Há pouco tempo, assisti a isso.

Estamos longe do tempo abençoado no qual os modos de gozo outros nos faziam rir. Hoje, eles nos embaraçam, porque não sabemos como nos comportar diante deles. Montaigne, por exemplo, ficou encantado ao descobrir que cada povo tinha seu modo de gozo. Ele não dizia, como Pascal, uma verdade para cada lado dos Pireneus. Para ele, eram verdadeiramente modos de gozo diferentes. O fundamento de seu ceticismo não é tanto uma questão de saber, mas sim de modos de gozo diferentes. Montaigne estava muito atento ao seu próprio modo de gozo, particular; é o que ele nos descreve em seus *Ensaios*. É um modo de gozo que, sob certo aspecto, em todo caso no mais íntimo, é feito de um certo fechamento no significante sob seus modos de pensar, de ler e de escrever: ele sente gozo pelo escrito. Nós o percebemos, hoje, visitando sua biblioteca: sobre as vigas, há inscrições latinas, bastando-lhe apenas, para vê-las, erguer os olhos. Eis aí a noção de um modo de gozo particular a alguém respeitoso da noção de laço social, mas que elabora, com zelo, seu pequeno modo próprio de gozo.

Pensemos no encanto do século XVIII francês, na linha antipascaliana de Voltaire, em que se passava o tempo a se divertir com os diversos modos de gozo. Encantavam-se com o fato de que se gozasse de maneiras diferentes, chegando a inventar, a transportar imaginariamente espécimes que gozassem de outra forma, para ver o que produzia neles a maneira como gozamos. Para nós, esse tipo de encantamento e de bom entendimento com a diversidade dos modos de gozo é um paraíso perdido. Com os direitos do homem, tudo isso acabou. É a conclusão que se tira: era preciso haver os direitos do homem.

## O refúgio da *proairésis*

O discurso dos direitos do homem é sempre contemporâneo, ativo, tendo como resultado o embaraço sem fim quanto ao gozo e a seus modos. Porque a bússola dos direitos do homem, a boa bússola – não cogito nem por um instante me erguer contra essa carta abençoada –, enlouquece quando se trata do direito ao gozo.

Os direitos do homem – para dizê-lo no vocabulário que estamos aprimorando – concernem ao homem como substância livre, como substância cujo atributo é a liberdade. Ora, porém, caso seja um atributo, não se está tão certo de que o gozo seja um atributo compatível com a liberdade do homem. Se confiamos na introdução sadiana do gozo, podemos duvidar disso, uma vez que o gozo é introduzido a partir de um direito imprescritível do Outro sobre meu corpo, sobre as partes de meu corpo, com direito à desforra, evidentemente, caso ainda estejamos lá para recuperar o perdido! A introdução sadiana do gozo, talvez valha para todos, entretanto não se harmoniza com a liberdade do homem. Aliás, em "Kant com Sade", Lacan estuda a questão de saber se o direito ao gozo pode ser a regra de uma sociedade: será ele compatível com o laço social? E não é sem humor que destaca que o sujeito da enunciação da regra "Eu tenho o direito de gozar de teu corpo" etc. é: "O Outro enquanto livre." Assim, o direito ao gozo não advém tanto dos direitos do homem, mas sim, dos direitos do Outro, os quais vão bastante longe.

A introdução sadiana do gozo foi feita de modo a nos conduzir para além do princípio do prazer e para nos fazer distinguir prazer e gozo, já que essa introdução insere a dor, oposta ao prazer, mas vizinha, amiga, eventual meio de gozo. E poderíamos dizer que a partir do momento em que falamos de modos de gozo, a dor está sempre presente, mesmo que discreta.

Em todas as contenções rituais, que nos presentificam de maneira simples um modo socializado de gozo, há sempre, mais ou menos evidente, mais ou menos manifesta, a dor: há sempre privações, proibições. Não imaginamos esses modos de gozo sem, pelo menos, um certo incômodo. Onde existe incômodo, não existe prazer. Entretanto, aparentemente, onde há incômodo, pode haver gozo, e não estamos seguros de que possa haver gozo onde não há sequer um mínimo de incômodo.

Fiz um comentário centrado na figura do dândi, que é de suma importância no imaginário literário, de Brummel a Byron, passando por Baudelaire e Barbey d'Aurevilly. Há um modo de gozo dândi que consiste em se mostrar sempre impecável, sem se curvar, superior a tudo, impassível e impossível de ser surpreendido. O modo de gozo dândi implica uma disciplina severa, uma verdadeira ascese, da qual Baudelaire fazia o heroísmo moderno, porque, no fundo, realizado em perda pura. É uma ascese vã, toda vaidade, em todos os sentidos do termo, pois é centrada no nada. Nela não há – vejam só! – não há Outro do qual seria preciso assegurar a satisfação. Pelo contrário, caso seja um modo de gozo, é um modo de gozo centrado no nada, e um nada exaltado pelo fútil, isto é, que retira lucros da futilidade dos pequenos nadas. A posição do dândi repousa sobre o respeito, o cuidado, a solicitude, o tudo por pequenos nadas, que são elevados ao valor da Coisa, no sentido de Lacan, a Coisa que ele retirou de Freud, e desenvolveu no primeiro Seminário que dedicou longamente ao gozo, o *Seminário 7.*

O dândi eleva os pequenos nadas ao valor da Coisa, o que faz dessa posição com certeza uma sublimação, perturbadora, visto que, à diferença da sublimação artística, seu produto é intransmissível. Como dândi, o produto é não circulante, à diferença da obra de arte, uma vez que esse produto é o próprio sujeito, e seu corpo. É a vestidura de seu corpo. É a manifestação de seu corpo. Então, é claro que ele pode circular. Ele viaja. Foi o que fez Byron, que foi se mostrar; era a sua forma de circular. Além disso, ele era um artista e um poeta. Se evoco o dândi a propósito do modo de gozo, é por haver uma espécie de sublimação celibatária, estéril, nascida no início do século XIX, que indica alguma coisa de um gozo que busca fixar-se, determinar-se, quando não existe mais o Outro para fazer a lei. Não pensem que o dândi me fascina. É uma aristocracia de imitação, embora talvez seja a única possível, interessante, inventiva, depois que o fim da história começou, segundo o Hegel de Kojève. Ou ainda, poderíamos dizer, desde que Deus está morto, para buscar referência em Nietzsche. É um modo de gozar em que não mais se procura alegrar a Deus. E para que o gozo não se extravie em todos os sentidos, fazemos como se, ou seja, chegamos a situar o gozo a partir de um Outro, embora ele não exista, mas do qual se mantém, de algum modo, o lugar vazio.

O dândi é uma criatura que é toda controle, vigilância, e diria até, "cuidado de si" – retomando a expressão de Michel Foucault –, e o único dever que ele se impõe é de jamais se deixar levar. E, no dizer de Lacan, referindo-se a outra questão: é uma maneira de "satisfazer a vontade de castração inscrita no Outro", que é a prova de que ela pode permanecer, mesmo quando não se acredita mais no Outro. Acreditar no Outro... Quando começamos a emitir *slogans* como: "Acreditar na França", isso é muito inquietante para a França...

O que mantém um modo de gozo no lugar é o Outro, é a vontade inscrita no Outro. Ao comentar o final do texto de Lacan "Subversão do sujeito", páginas 840-1 dos *Escritos*, encontramos dois modos de gozo, modos extremos que são instalados pela vontade do Outro, exista ele ou não, e que consistem: em ir até o final na própria realização como objeto, ou em ir até o final na exaltação narcísica do eu. O que ele toma como exemplo de realização extrema de si como objeto, o extremo de um masoquismo objetal, é a mumificação que pode ser prescrita ao iniciado budista, e que está para além do narcisismo; faz parte da iniciação ultrapassar a imagem para atingir um status mumificado.

Ele distingue outro modo de gozo, a devoção a uma causa perdida, no que ele qualifica de "narcisismo supremo". O termo "narcisismo" indica ser um gozo que se trata de situar e se situa pelo sacrifício, muito mais meritório, uma vez que é feito de valores em que não cremos mais. É ainda mais belo sacrificarmo-nos pelo que consideramos sem valor, e Lacan faz disso um traço moderno, pois evoca Claudel. A esse respeito, ocorreu-me evocar Chateaubriand, defensor dos reis legítimos, cujo escárnio, aliás, não lhe escapou.

Um dândi, com o Marquês de Sade, não daria em nada. Ficaria impassível. Bem, certamente não ficaria impecável, mas ficaria, enfim – se fosse um verdadeiro *dandy* – impassível. Aliás, há algo disso em Lawrence da Arábia!

Então, Lacan inventa de levar o estóico até Sade. O estóico para quem a dor é nada. Imaginem isso para Sade. É uma ascese: chegar ao ponto em que a dor é nada. Não quer dizer que isso não lhe faça mal, ele pode dizer: Aai! Mas a ascese estóica é retirar-se de tudo o que não depende de si, retirar-se de tudo o que Epicteto, evocado por Lacan, chama a *proairésis*. Discutiu-se muito sobre como traduzir esse termo, e se optou por "o poder da escolha", que resultou em nossa "vontade", através dos romanos. Foram eles que inventaram a *voluntas*, termo constante em Lacan, precisamente a propósito do gozo.

Epicteto julgava que o sujeito dispõe de uma função pela qual se posiciona com respeito à realidade. O sujeito, na verdade, é aquele que está em seu poder e submetido à sua escolha. Estóico, basta confiar apenas em sua *proairésis*, no seu poder de escolha, e deixar o resto para o Outro. É o ponto em que Epicteto formula, com todas as letras, que o próprio Zeus nada pode contra a *proairésis* do sujeito. É aquilo que, no homem, está essencialmente subtraído a toda coação. Como disse Epicteto ao tirano: "Tu me colocará a ferros, é minha perna que carregará as correntes, quanto a minha *proairésis*, o próprio Zeus não a pode dominar."

Eles inventaram um ponto fora de alcance. Não é o eu, como se precipitam em traduzir, é um ponto inatingível, um lugar hegemônico, que separa o sujeito de todo o resto, colocando-o fora das garras do Outro. No fundo, é aquilo de que o Outro não pode gozar em algum caso.

Daí decorre a precisão de Lacan ao introduzir um momento de Epicteto em Sade. É Sade quem se vai, pois isso estraga seu gozo. Como disse Lacan: a experiência sadiana não é ditar sua lei ao sujeito, não se trata apenas, segundo sua expressão, "de açambarcar uma vontade", mas sim de "se instalar no mais íntimo do sujeito". Lacan toma o exemplo do pudor e enuncia que nele existe uma ressonância imediata, no sujeito, daquilo que o Outro faz. O sujeito fica sem defesa diante dos golpes do Outro, pois basta que o Outro seja impudico diante dele, para que o pudor do sujeito seja violado. Assim, situando as coisas nessa dimensão, não há mais o refúgio da *proairésis*. Desse modo, ele tenta designar que, no mais íntimo do sujeito, este fica no lugar do Outro. Ele não está separado do Outro, ele está em seu lugar. Vemos, então, que o estoicismo é como o esforço, o jogo de se ausentar do lugar do Outro, de colocar-se ali onde o sujeito está fora de alcance, em uma espécie de ponto de mesmice absoluta.

Então, será esse um modo de gozo?

O sujeito estóico goza da separação do Outro e, ao mesmo tempo, da separação de seu próprio corpo, já que "minha perna cheia de correntes, eu lhe deixo de bom grado, isso não me incomoda em nada, ali onde estou". Ao mesmo tempo, como esse exemplo nos mostra, implica entregar inteiramente a substância gozante ao Outro, é *"laisser faire"* visto que isso não conta.

É uma ascese de desinvestimento. Razão pela qual Lacan, em dado momento, pôde qualificar o estoicismo de masoquismo politizado, visto não ser um masoquismo clínico. É, antes, uma conduta, na Cidade, em um momento em que se pode esperar tudo.

Poderíamos reunir aqui o concernente tanto ao dândi quanto ao estóico, na rubrica das condutas de impassibilidade. Resta ver se acrescentaríamos o psicanalista, mas não joguemos com isso por ora. Impassibilidade, já que se trata de encontrar o truque para não sofrer, conseguir pôr o gozo fora de jogo.

As condutas de impassibilidade são éticas de celibatário, das quais Lacan diz, em *Televisão*, que tomam ao pé da letra a não-relação com o Outro. Podemos discutir quanto a Montherlant, citado por Lacan, ser o melhor exemplo, a despeito de seu romance *Celibatários*.

## A ética da transgressão

Por meio desses exemplos, dessas referências que apresento, desse caminho repentista – a fim de mudar um pouco o que vimos na primeira parte desse ano –, somos levados ao seguinte: com o gozo, há sempre perigo pintando no pedaço. Sem dúvida, foi o que Freud apontou em seu texto "Mais além do princípio do prazer", do qual Lacan, em *O avesso da psicanálise,* faz o ponto de virada da descoberta freudiana.

O "para além" concerne sempre à ruptura do equilíbrio, que pode começar gentilmente com cócegas, e terminar, como diz Lacan, flambado à gasolina, passando pela flagelação. São condutas que infligem incômodo. E o mais-além, Lacan celebrou-o, de início, como uma transgressão – é o que constitui o cerne de seu *Seminário 7*, ou seja, a celebração de "Mais além do princípio do prazer" como transgressão. Apresenta-se como uma ética da transgressão. O próprio exemplo de Antígona incide nisso, como se fosse necessário ter vontade heróica para ir em direção ao mais além do princípio do prazer, enquanto os suínos são retidos no cercado desse princípio.

E assim, o gozo, nesse *Seminário*, é um lugar como o castelo de Sade. Lacan o apresenta, à página 256: "Como enterrado em um campo central, com características de inacessibilidade, obscuridade e opacidade, em um campo cingido por uma barreira que torna o acesso ao sujeito mais que difícil." Portanto, é como uma ética que vem celebrar a transgressão e, ao fazê-lo, Lacan está no veio de Bataille, de Klossowski e outros.

Ora, podemos dizer que o imaginário já está aí concebido como barreira ao gozo, mais além do princípio do prazer. Já no *Seminário 7*, o imaginário não é mais a dimensão por excelência do gozo, mas, pelo contrário, um tipo de forma eminente da barreira que constitui o princípio do prazer.

Por isso, Lacan foi necessariamente levado a assinalar a função do belo como a última barreira a impedir o acesso ao mais além do princípio do prazer, ponto extremo do imaginário, protegendo e impedindo o acesso a esse lugar recuado. Lacan fará empalidecer essa ética. E no *Seminário 17*, podemos dizer que denuncia sua ficção. O mais além do princípio do prazer faz-se sozinho o tempo todo. Não vale a pena fazer dele uma ética. Constantemente o gozo extravasa o princípio do prazer e viola a regra.

Na próxima vez, veremos como tudo isso desenvolve as conseqüências da divisão do simbólico e do imaginário. Finalmente, foi porque Lacan teve de separar o sujeito e o eu que o gozo apresentou um obstáculo epistemológico: por um lado, fabricou um sujeito sempre mais vazio e insusbstancial; por outro, deixou o complemento de gozo que lhe trouxe dificuldade em alojar.

*8 de março de 1995*

## – Lição 12 –

# O nó da repetição e da pulsão

Na última lição, figurei modos de gozo, incluindo o divertimento que essa figuração comporta. Hoje, vamos situar o que fundamenta essa figuração. Para dizer-lhes de maneira condensada, trata-se da conjunção dos modos de gozo e da repetição. E, para tornar a abordar a questão, não no nível das figuras, mas dos conceitos, proponho partir da série que evoquei na última vez, ou seja, dos quatro conceitos fundamentais que Lacan enunciou no *Seminário 11*, onde se propôs a resumir os dez primeiros anos de seu ensino.

Os quatro conceitos fundamentais são uma seleção operada por Lacan a partir da obra de Freud, são conceitos enunciados por Freud. Será que Lacan os selecionou para mantê-los? Minha resposta é negativa. Ele os enunciou a fim de reduzi-los, de demonstrar que, nesses conceitos, uma mesma estrutura está em ação, o que conduz, se não a abandoná-los, pelo menos a revalorizá-los, ao referi-los a uma estrutura que lhes é comum. É como eu o concebo atualmente.

O inconsciente – A repetição

A transferência – A pulsão

E sustento que a seleção especial realizada por Lacan tem como objetivo reduzir a conceitualização freudiana à sua. É o que hoje me esforçarei para demonstrar. A seleção reduzida a quatro termos realça, em primeiro lugar, uma disjunção sugerida como nova e explicitada como tal: a disjunção entre a repetição e a transferência.

O inconsciente – A repetição

A transferência – A pulsão

Lacan o enunciou, sem ambigüidades, à página 36 do *Seminário 11*: "Eu digo que o conceito de repetição nada tem a ver com o de transferência."

Embora torne a evocar afinidades entre a transferência e a repetição na obra de Freud e na experiência analítica, apesar de tudo o que implica a relação dos fenômenos da transferência com os da repetição, ele enuncia uma disjunção radical entre os dois conceitos. Essa disjunção abre espaço para a definição da transferência a partir do sujeito suposto saber, ausente de qualquer definição da repetição. A fórmula que lhes dei figura na parte do *Seminário* que concerne à repetição, e está repetida na página 137, da parte que concerne à transferência: "A transferência, como modo operatório – e é preciso entender modo operatório na relação analítica – não poderia bastar-se em se confundir com a eficácia da repetição." Assim dizendo, ele rompe com o que, na literatura analítica, vinha conduzindo a relacionar transferência e repetição. Portanto: uma primeira disjunção, explícita e nova, entre transferência e repetição.

Mas uma segunda disjunção está em marcha nessa seleção: a disjunção entre repetição e pulsão.

O inconsciente – A repetição

A transferência – A pulsão

Contudo, a segunda disjunção destina-se a se fechar, ou seja, o progresso do ensino de Lacan levará a identificar sempre, cada vez mais, repetição e pulsão.

Eis então meu ponto de partida: a dupla disjunção entre repetição e transferência, e entre repetição e pulsão, como um duplo destino oposto: a primeira, abrindo-se cada vez mais, e a segunda, fadada a se fechar. Aqui, nada de figuras, mas de conceitos. É mais austero do que na última vez, me desculpem.

## Transferência e fechamento do inconsciente

Tentemos cingir a diferença estabelecida por Lacan entre repetição e transferência, e referenciá-la ao inconsciente. Lacan situou, em seu ensino, a repetição do lado do simbólico e a transferência no do imaginário e, na série dos quatro conceitos, somente tornou explícita tal oposição.

Situemos, de início, a transferência como resistência, ponto de partida de Lacan no *Seminário 11*. Ele o formula explicitamente à página 125: "A transferência é o meio pelo qual se interrompe a comunicação do inconsciente, pelo qual o inconsciente se fecha." Convida, pois, a considerar a transferência como modo de resistir ao inconsciente e, portanto, a estabelecer a disjunção entre transferência e inconsciente, que inscrevo aqui com uma dupla barra, exprimindo, de certo modo, a oposição dinâmica entre os dois conceitos:

*Transferência* ‖ *Inconsciente*

A transferência como modo de resistir ao inconsciente só é pensável se o inconsciente for definido a partir da possibilidade de fechamento. É o que anima esse *Seminário*: a tentativa de cingir o inconsciente em uma estrutura temporal, de pulsação, entre abertura e fechamento. É o que está posto, de início, ao ser definido o primeiro dos conceitos, dando lugar à definição dos três outros ditos fundamentais:

O inconsciente – A repetição

A transferência – A pulsão

*Transferência* ‖ *Inconsciente*

Abertura e fechamento.

E, com respeito à estrutura temporal binária, a transferência está situada do lado do fechamento. Existe aqui uma espécie de paradoxo, mencionado por Lacan, visto que, classicamente, atribuía-se à transferência a possibilidade de interpretação do inconsciente. Entretanto, visando os conceitos fundamentais da psicanálise, Lacan situa a transferência do lado do fechamento do inconsciente, o que explicita os pressupostos, as origens de seu ensino. Desde o início, a transferência, longe de ser considerada como um modo de acesso ao inconsciente, sempre foi situada como fechamento.

Para convencermo-nos disso, basta reportarmos-nos à "Intervenção sobre a transferência", que precede seu manifesto "Função e campo da palavra e da linguagem", no qual se esforça para extrair uma lição dos avatares do caso Dora, de Freud. "Intervenção sobre a transferência", uma retomada por escrito de uma colaboração *ex tempore*, enfatiza a dialética simbólica desse caso de histeria. No final, Lacan pergunta: "Enfim, o que é a transferência?"

Ele responde situando-a, quanto à dialética do caso de Freud, como um momento de estase, de imobilidade da dialética. Diz ele: "Mesmo quando a transferência se trai sob o aspecto de emoção – isto é, sob o aspecto de afeto –, este só toma sentido em função do momento dialético no qual se produz."

De saída, no início de seu ensino, e mesmo aquém desse início, Lacan situa a transferência, no que diz respeito à dialética simbólica, como um momento de estagnação dessa dialética. Ele assim define a transferência: "O aparecimento, em um momento de estagnação da dialética ... de modos permanentes, segundo os quais [o sujeito] constitui seus objetos." Situa a transferência, opondo-a à dialética do caso freudiano, como estagnação, comparada à dialética essencialmente móvel, e como o aparecimento, na análise, de uma permanência que decorre do objeto, da constituição subjetiva do objeto. O que, desde o início, ele situou como estagnação da dialética simbólica é o que se encontra no *Seminário 11*, sob o aspecto de um fechamento do inconsciente.

No início, para Lacan, a transferência foi situada no registro imaginário, onde o objeto é correlativo do eu, sobre a diagonal do quadrado da análise que, um pouco mais tarde, ele explicitará.

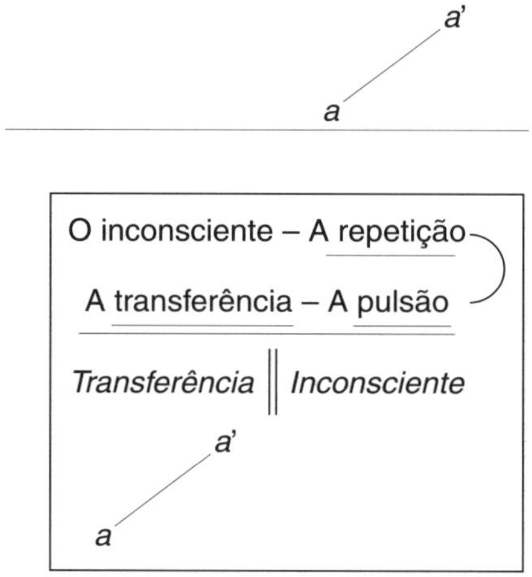


Desse modo, liga a transferência à libido referente à relação do narcisismo do eu e da relação de objeto. Foi o que o conduziu, no início de seu ensino, a aceitar o conceito de contratransferência, uma vez que este remete às inércias do eu do analista. Falar da estagnação, no que concerne à transferência, é relacioná-la à dinâmica da dialética simbólica, que, dando-lhe sentido, é capaz de suplantá-la.

Pode-se dizer que uma das conseqüências da disjunção entre imaginário e simbólico, onde Lacan reconhece o ponto de partida de seu ensino propriamente dito, atribui a transferência ao imaginário.

No *Seminário 11*, enumerando a seqüência de quatro, é isso o que ele retoma, ao situar a transferência como fechamento do inconsciente – é uma reescritura da estagnação da dialética –, mas, ao mesmo tempo, alguma coisa muda, uma vez que ele define a transferência dessa vez como "a colocação em ato da realidade do inconsciente". Que quer dizer essa fórmula? Que a estagnação transferencial não vem do *imaginário,* mas da *realidade do inconsciente.*

O termo "realidade" é usado para se opor a "imaginário", para marcar que a transferência não é da ordem do imaginário ilusório, e que o que o lastreia é o vocábulo "sexual" tal como Lacan o construiu no *Seminário 11*, isto é, como não sendo da ordem do imaginário.

No entanto, se a transferência, colocação em ato da realidade do inconsciente, constitui o fechamento do inconsciente, então é preciso supor – é o que Lacan desenvolve nesse *Seminário* – que exista *uma antinomia entre o inconsciente e sua realidade sexual.* Ao mesmo tempo – é o que suponho para ler esse *Seminário* – também há a necessidade de um conceito mediador entre os dois termos. Este último, em termos freudianos, é a libido, que Lacan se esforça por situar na junção entre o inconsciente e sua realidade sexual.

É constante, em Lacan, a necessidade de tal conceito mediador. Ele o encontra, em Freud, sob a forma da *libido*, e o retoma, em seus próprios termos, sob a forma do desejo. Por meio do conceito de desejo, ele traduz o conceito freudiano de libido como estando na junção do inconsciente com a realidade sexual. De um lado, mostra o desejo ligado ao campo da demanda, ao significante, onde se presentificam todas as síncopes do inconsciente; de outro, junto à realidade sexual. É assim que aparece em segundo plano, nesta série de quatro conceitos, o desejo como um conceito mediador que permite unir o inconsciente e a realidade sexual.

## A repetição e a abertura do inconsciente

Depois de termos esboçado o conceito de transferência, tomemos o conceito de repetição que, no *Seminário 11*, aparece ligado de maneira essencial à abertura do inconsciente, e não ao seu fechamento, como é o caso da transferência, a ponto de Lacan dizer, à página 50: "A constituição ... do campo do inconsciente se assegura do *Wiederkehr*", do retorno. É o retorno dos mesmos significantes que dá prova do inconsciente.

Desde então, a presença e a eficácia do inconsciente são asseguradas pelos fatos da repetição e, nesse sentido, ela aparece situada do lado da abertura do inconsciente, enquanto a transferência aparece do lado de seu fechamento.

No ensino de Lacan, a reflexão sobre o automatismo de repetição tem um lugar essencial no que concerne à própria definição do inconsciente, o que não é o caso da transferência. E podemos dizer que a repetição está no princípio do conceito lacaniano de inconsciente.

O inconsciente estruturado como uma linguagem quer dizer – remeto-os ao *Seminário 11*, página 26 – que a estrutura lingüística dá seu status ao inconsciente, uma vez que tal estrutura lingüística permite pensar a operação autônoma do jogo combinatório dos significantes e isso, como disse Lacan, "de uma maneira pré-subjetiva". Nesse sentido a repetição dos mesmos significantes precede o sujeito e faz da linguagem e da repetição dos mesmos significantes a própria condição do sujeito do inconsciente.

No *Seminário 11*, Lacan decerto toma o cuidado de distinguir sujeito do inconsciente e a repetição, sendo o sujeito algo como um tropeço, uma falha, uma fenda, uma descontinuidade e manifestando-se como um vacilar dentro da repetição. Todavia, para que aquele se manifeste, é necessário que haja primeiro a repetição.

Isso remete também às origens do ensino de Lacan, pois está formulado no "Seminário sobre 'A carta roubada'", onde valoriza a repetição como "repetição intersubjetiva". Na leitura feita por Lacan de *A carta roubada,* vemos os sujeitos sendo determinados pela repetição, pelo deslocamento dos significantes. No fundo, sua demonstração visa constituir a repetição na ordem simbólica, opondo-a à transferência que é de ordem imaginária.

Em sua construção de *A carta roubada,* Lacan demonstra o que é a sintaxe significante da repetição, de ponta à ponta simbólica.

E, quando se refere em termos explícitos ao automatismo de repetição, é para marcar que esse automatismo é, propriamente falando, o valor da memória freudiana, da rememoração somente concebível na ordem simbólica, ou seja, carregada de toda a história do sujeito.

É em relação a essa repetição simbólica – ilustrada por ele em seu esquema dos $\alpha$, $\beta$, $\gamma$, $\delta$ – que ele situa o desejo freudiano como indestrutível, situado na cadeia simbólica com exigências próprias.

Pode-se dizer que no início de seu ensino Lacan fez do inconsciente apenas uma frase repetitiva, obedecendo às leis da determinação simbólica.

Temos, aqui, uma oposição frontal entre repetição e transferência – a transferência de ordem imaginária, estagnação libidinal, e o inconsciente, cadeia simbólica que se repete segundo a exigência de sua sintaxe.

Temos o eco disso no *Seminário 11*, que extrai lições dos dez primeiros anos do ensino de Lacan.

Contudo, Lacan nunca deixou de sublinhar o laço da repetição com o objeto como objeto perdido, referência que acompanha todas as suas definições do conceito de repetição. Ele não cessou de situá-la como um esforço para reencontrar o objeto fundamentalmente perdido. No fundo, ele nunca deixou de situar, na origem da repetição simbólica, a perda do objeto.

Pode-se dizer que é de uma reflexão sobre o que é a perda que decorrem os remanejamentos de seu ensino. Esse objeto perdido é, de início, pensável a partir do binário fundamental do significante, do qual um dos exemplos maiores está no episódio do *Fort-Da,* pela jaculação significante que acompanha a presença e a ausência, o desaparecimento, do objeto. Em certo sentido – e é o primeiro distinguido por Lacan – a historieta mostra o objeto natural sendo anulado pelo significante e, por isso, pura e simplesmente escravizado ao símbolo. E, assim, Lacan pode desenvolver o caráter simbólico da repetição: o significante anula o objeto, e substitui a satisfação que ele poderia dar pela repetição significante.

Temos, assim, como condição da repetição, um zero – o zero da satisfação natural que o objeto poderia dar. É o que Lacan chama, no princípio de seu ensino, o "ponto zero do desejo", tema central dos remanejamentos que ele imporá ao conceito de repetição.

O *Seminário 11* introduz precisamente uma clivagem da repetição: mostra existirem repetições e repetições. Lacan encontrou o recurso em Aristóteles na diferença entre *automaton* e *tykhé*. Utilizou-se desta referência para introduzir uma clivagem na repetição, ou seja, para reduzir a *automaton,* retorno, regresso, insistência dos signos o que, até aquele momento, chamava de repetição.

Até o *Seminário 11*, poderia parecer que a repetição seria pura e simplesmente rasura do objeto, e que tudo o que fosse de ordem natural, dado no começo, real, passaria ao simbólico, sem deixar resto. O *Seminário 11* assinala que a relação da repetição com o objeto não é a de uma simples anulação.

Mesmo se o objeto está perdido, anulado, rasurado, a repetição continuará a visá-lo e, ao fazê-lo, ela não o alcança. Nesse sentido, pode-se dizer que essa repetição vai ao encontro de um real em relação ao qual ela falha. É a mudança profunda do conceito de repetição, ilustrada por Lacan em referência ao conceito freudiano de trauma, fazendo dele o conceito freudiano do inassimilável pelo significante, do qual, no *Seminário 11*, ele faz o motor da repetição. No fundo, nesse *Seminário,* por mais simbólica que ela seja, a repetição aparece determinada pelo trauma como real.

Assim, ele modifica inteiramente o conceito de repetição que, como automatismo, será, desde então, ressituada como evitação, ao mesmo tempo que apelo, de um encontro com o real do início, o do trauma, portanto, como evitação do que seria o encontro com esse real do início. Esse real, em relação ao qual Lacan se orienta no trauma no sentido de Freud, aparece no nível do sexual, vocábulo este que faz a junção com o conceito de transferência.

## A função real da repetição

No próprio interior dessa disjunção entre repetição e transferência – como função simbólica da repetição e estagnação imaginária da transferência – há um elemento comum: a relação com o real. Mas essa disjunção não é palavra final no *Seminário 11*. Pelo contrário, ela é feita para enfatizar o que existe de comum entre repetição e transferência.

Daí Lacan poder dizer da transferência, nesse *Seminário*, que existe nela uma relação com o real e não somente com a ilusão. Ele o formula sucintamente à página 56: "A ambigüidade da (realidade) em causa na transferência, só podemos desembaraçá-la a partir da função do real na repetição."

Sem dúvida, na transferência as coisas não são claras: um elemento ilusório mistura-se ao real. Lacan convida a pensar a transferência, desde a repetição, porque tem algo a ver com o real.

Nesse *Seminário*, a repetição não é somente repetição automática dos significantes, tendo também o valor de evitação do real como sexual. Quanto à repetição assim definida, a transferência é a colocação em ato da realidade sexual, de tal forma que aparece como *tykhé* da repetição. O que a repetição está destinada a falhar sempiternamente se encontraria posto em ato na transferência

A disjunção entre repetição e transferência, valorizada na lista dos quatro conceitos, dissimula uma conjunção mais secreta, celebrada por Lacan sob o aspecto do objeto *a*. A repetição implica o contínuo decepcionar-se com o encontro com o objeto *a*, ao passo que a transferência o presentifica.

Sob a disjunção dos dois conceitos freudianos – repetição e transferência –, Lacan descobre uma conjunção mais secreta. Os dois se articulam ao objeto: a repetição falha o objeto justamente por visá-lo, e a transferência o presentifica. Assim, outro valor é dado ao que Lacan percebera anteriormente como estagnação imaginária.

Então, o que ele chamava estagnação imaginária se descobre como permanência do real, no mesmo lugar, apesar da dinâmica dialética do significante. Essa translação traduz a passagem do gozo do imaginário para o real. É aquilo de que se trata no *Seminário 11*.

Lacan evita pronunciar o termo "gozo" ao falar da repetição. Entretanto, quando evoca o real com o qual se afina a repetição – para falhá-lo –, o real traumático, o termo que mantém em reserva é "gozo". Descobrimos isso quando ele fala do episódio *Fort-Da*, na página 63 desse *Seminário*, em que o significante parece anular o objeto: "automutilação a partir da qual a ordem da significação vai se colocar em perspectiva".

Com o termo automutilação, ele quer indicar o esquema implicado na relação entre repetição e transferência. A primeira, como automatismo, é equivalente a uma cadeia significante:

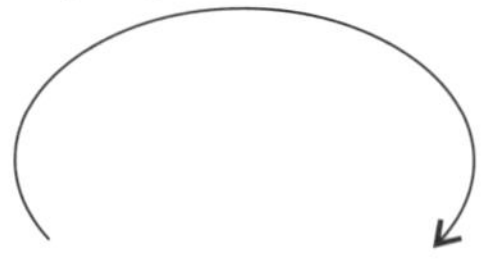


que elide e designa, ao mesmo tempo, o lugar central do real posto em ato pela transferência:

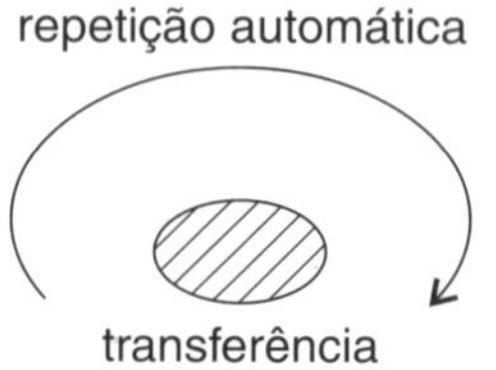

Este esquema, no qual correlaciono a repetição e a transferência, é o próprio esquema da pulsão proposto por Lacan no final do *Seminário*. É o esquema para o qual tende o conjunto dos quatro conceitos fundamentais. O *Seminário 11* não desenvolve o conceito de gozo; o que vem nesse lugar é o conceito do sexual. A repetição aparece como função simbólica, evitando o encontro desagradável com o sexual e, mediante seu automatismo, prossegue sem jamais o encontrar.

A transferência, ao contrário, é como a presentificação, em curto-circuito, dessa realidade sexual. E a pulsão aparece articulando a repetição e a transferência, ou seja, como repetição significante cujo produto é o gozo.

A série de quatro conceitos, apresentados de forma alinhada, um diferente do outro, enlaça-se em um mesmo esquema. O esquema que os enlaça está apto a traduzir o conceito de inconsciente, uma vez que ele é animado por uma pulsação ligada à realidade sexual. O inconsciente aparece dividido entre o automatismo de repetição e a presentificação da realidade sexual.

O que resume essa construção de Lacan é, definitivamente, o relacionamento do sujeito com o objeto – S barrado, punção, *a* –, a relação do sujeito do inconsciente com o gozo da realidade sexual:

$$(\$ \diamond a)$$

Ao lermos *Os quatro conceitos fundamentais,* percebemos que essa série freudiana foi feita para desembocar no esquema da alienação e da separação, ou seja, em uma apresentação da psicanálise a partir da relação entre o sujeito do inconsciente e o objeto.

Esse *Seminário* demonstra a similaridade de estrutura entre os quatro conceitos de Freud, o que podemos nos dar conta pela relação de abertura e fechamento, de alienação e separação entre o sujeito e o objeto. E Lacan diz, então: "O lugar do real ... vai do trauma à fantasia", e, "A fantasia ... é ... a tela que dissimula (o que é) determinante na função da repetição", elaborando, no lugar desses quatros conceitos, o objeto da psicanálise.

O que se cumpre no *Seminário 11* é a demonstração de que os quatro conceitos *princeps* de Freud são suscetíveis de se reduzirem a um esquematismo único que repousa na conjunção e na disjunção entre o sujeito do inconsciente e o objeto *a*.

A partir do *Seminário 11*, Lacan não tomará mais por tema os conceitos freudianos, como o fez nos dez primeiros anos de seu ensino. Nesse período, cada um de seus *Seminários* centrou-se sobre um grande texto de Freud. A partir do *Seminário 11*, desse resumo estrutural introduzido por Lacan, na segunda parte de seu ensino ele não mais privilegiará a referência a um texto de Freud. Ao contrário, demonstrará de que maneira ele verte os conceitos freudianos em matemas inéditos até então.

Esse *Seminário* comenta a antinomia entre o sujeito e o gozo.

Quanto ao inconsciente, Lacan centra-o no sujeito como sujeito barrado, isto é, que apela por um complemento de ser.

A repetição é, antes de tudo, sugerida como clivagem entre *automaton* e *tykhé*, ou seja, entre significante e real.

A transferência é concebida como curto-circuito que dá acesso à realidade sexual.

A pulsão testemunha o forçamento do princípio do prazer e o fato de existir um gozo mais além do princípio do prazer.

## Os três avatares da libido

Lacan realizou, sucessivamente, três reescrituras distintas do conceito freudiano de libido.

Na primeira – o que foi para ele um verdadeiro obstáculo epistemológico – situou a libido no registro do imaginário, a partir da reversibilidade entre narcisismo e relação de objeto. Por essa razão, viu a libido, antes tudo, como estagnada, em função da dialética simbólica.

Na segunda, tentou situá-la no registro do simbólico e fez dela o desejo, cuja teoria, em Lacan, é a reescritura do conceito freudiano de libido, em função do registro simbólico, que conduziu à equivalência do desejo e do sentido metonímico. O desejo concebido como sentido, correndo sob a articulação significante, sem jamais aparecer como tal: (-)*s*.

Na terceira fez a reescritura da libido como gozo, no registro do real.

Podemos notar que nos três avatares da libido, Lacan não deixou de preservar a ligação entre libido e instinto ou entre libido e pulsão de morte.

Em primeiro lugar, quando faz da libido um termo do registro imaginário, não deixa de sublinhar a agressividade ligada ao objeto libidinal. A intenção agressiva é, para ele, a marca do instinto de morte. Por exemplo, no objeto do estádio do espelho.

Em segundo, quando faz da libido o desejo, no registro simbólico, aponta a anulação do objeto pelo significante, e considera que, por essa via, a morte entra na vida (pela operação do significante). Vê aí, também, o fundamento da pulsão de morte.

Em terceiro lugar, quando dá conta da libido freudiana no registro do real, assinala que o gozo vai contra o princípio do prazer, princípio de sobrevivência, de tal modo que o gozo segue no sentido da morte, da destruição, e é por isso que Lacan privilegia o que chamei, na última vez, a introdução sadiana do gozo.

Eis a cartografia que lhes proponho do que chamamos o ensino de Lacan quanto ao gozo.

## A repetição como gozo da pulsão

Lacan abordou as relações do significante e do gozo de muitas maneiras, antes de isolá-las com clareza.

Por exemplo, a segunda parte de sua "Observação sobre o relatório de Daniel Lagache", que encontramos nos *Escritos* e que incide sobre a doutrina do "isso" freudiano, tem por tema confrontar o sujeito e o gozo sob a forma do significante e da pulsão.

É assim que Lacan, nesse texto, relaciona o despedaçamento da combinatória inconsciente e a decomposição da pulsão, e relaciona o sujeito quanto ao seu lugar original e à anulação, o nada daquilo que ele chama *a Coisa*. Foi um esforço para situar o sujeito em relação ao gozo.

É no *Seminário 17: O avesso da psicanálise*, que se torna límpida a confrontação do significante e do gozo. Seu objetivo era apresentar o que seria, de algum modo, a ponta desse esquema quaternário evocado por mim. E articula a conjunção entre a repetição e a pulsão.

Lacan chama "saber", no *Seminário 17*, à transcrição da fábula freudiana da repetição, isto é, o que ele chama o saber é a repetição, uma vez que ela se relaciona com o gozo.

Elabora, deixando de lado todas as precauções, a relação íntima, fundamental, entre a repetição e a pulsão. Diz que a repetição só é pensável, só tem valor, a partir do gozo da pulsão.

É o tema desse *Seminário*. De um lado, sem dúvida, ele faz do gozo um limite do saber, assim como no *Seminário 11* fez da repetição a cadeia significante falhando sempre o real. Mas só para reafirmar que a repetição está fundada sobre o gozo, e que todo o aparelho significante da repetição, ou o do saber, só se insere, para o ser humano, pelo viés do gozo.

É assim que toma seu valor o termo "mais-de-gozar", introduzido por ele nessa época.

Que quer dizer mais-de-gozar? Que o significante, sem dúvida, anula o objeto natural, a satisfação desse objeto, transmuta-o em símbolo, mas, ao mesmo tempo, deixa um resto.

É esse resto, desconhecido no início de seu ensino, que ele chama mais-de-gozar. Aliás, ele não desmente a operação de anulação do significante que incide sobre os termos naturais, mas acrescenta que tal anulação deixa um resto, o mais-de-gozar.

Dizer que é um resto é depreciar os vocábulos "forçamento"ou "transgressão" que, ainda no *Seminário 7*, ele ligava ao gozo. É como ele diz no *Seminário 17*: "Não se transgride nada. Insinuar-se não é transgredir."

Não se transgride nada porque existe um resto, condição mesma da cadeia significante. Nesse sentido, a repetição necessita do mais-de-gozar não anulável pelo significante.

Assim, a repetição não é somente falhar o real, como Lacan articulou no *Seminário 11,* mas também "busca de gozo". A repetição não é a expressão do princípio do prazer, mas, por si mesma, "vai contra a vida".

Esse é o deslocamento que, da repetição como expressão do princípio do prazer, faz da repetição a própria articulação da pulsão de morte.

Desse modo, a repetição repercute, ao mesmo tempo, a simbolização do gozo, sua anulação, e também a perda de gozo. É o que faz sua ambigüidade e permite a Lacan dizer que o saber é meio de gozo – título que dei a um capítulo do *Seminário 17* –, e que a verdade é irmã do gozo. Dizer que o saber é meio de gozo é dizer que, trabalhando para sua articulação, ele produz continuamente e repercute a perda de gozo, o qual, assim, corre sob o significante.

E o gozo que corre sob o significante é equivalente ao sentido. É o que levará Lacan a falar de "gozo-do-sentido" (*jouis-sens*), no sentido de sentido gozado (*sens joui*). Desde então, a verdade, como sentido do significante, aparece como parente do gozo metonímico. Pode-se dizer que Lacan, anteriormente, fazia equivaler o sentido e o desejo, e que essa nova definição da repetição faz equivaler o sentido e o gozo. Por essa razão, ele pôde dizer, no *Seminário 17*, que o gozo é o tonel das Danaides, e que está sempre a fugir, como o sentido sob significante. Em "Introdução à edição alemã dos *Escritos*", texto encontrado nos *Outros escritos*, é precisamente a partir do tonel das Danaides que ele tenta conceitualizar o sentido do sentido.

Bem, por hoje, vou me deter nesse percurso. Na próxima vez, tentarei esclarecê-lo um pouco para vocês.

*15 de março de 1995*

## – Lição 13 –

# Da autonomia à heteronomia do simbólico

O que é um modo de gozo?

É o conceito pelo qual tentamos cingir o nó da repetição e da pulsão. Eis aqui a definição aproximada que proponho, depois do comentário que lhes fiz na lição anterior. Modo de gozo designa o fato de o sujeito tender a gozar sempre da mesma maneira. Para situar o valor medular representado pelo modo de gozo na prática, parti, na última vez, da série conceitual selecionada por Lacan na obra de Freud, isto é, os quatro conceitos: o inconsciente, a repetição, a transferência, a pulsão.

*O inconsciente – A repetição – A transferência – A pulsão*

Indiquei que a disjunção manifesta entre a repetição e transferência acompanha-se da conjunção, apenas esboçada, entre repetição e pulsão. Anotemos aqui: transferência, pulsão e o deslocamento do conceito de repetição, da transferência à pulsão:

*Transferência – Pulsão*

——→ *Repetição*

——————→

| *O inconsciente – A repetição – A transferência – A pulsão* |
|---|
| *Transferência – Pulsão*<br>——→ *Repetição*<br>——————→ |

A idéia da conjuntura entre repetição e pulsão anima o ensino de Lacan. E, para dizê-lo em curto-circuito, ele parte da disjunção entre o significante e o gozo – utilizo aqui seus termos, não os de Freud – e, caso chegue em algum lugar, chega à conjunção dos dois, ou pelo menos à articulação do significante e do gozo.

## Memória *versus* pulsação

Proponho que nos orientemos pelo conceito do inconsciente, que não mencionei, e que é o primeiro. Ele aparece no *Seminário 11*, o primeiro que acompanhei, e que me interroga sobre o que aconteceu e sobre o que não percebi, nem quando foi proferido, nem quando o transcrevi. Nele, o inconsciente é apresentado – e não deixamos de repeti-lo – como habitado por uma pulsação. Sempre a se abrir e se fechar, o que valoriza uma função temporal do inconsciente. E não é difícil encontrar os fundamentos dessa apresentação, tanto na obra de Freud como na própria experiência analítica, ou seja, embora haja a escuta igual do analista, o que o paciente profere não é de interesse igual.

De saída, Lacan apontou isso ao opor a fala plena à fala vazia. Assim, ele já valorizava a função temporal do inconsciente como abertura e fechamento. Entretanto, podemos nos interrogar sobre a função temporal, quase muito naturalmente atribuída ao inconsciente: de que se trata?

Ao nos interrogarmos sobre o que pensamos do inconsciente, a partir do que aprendemos de seu descobridor, a pulsação entre abertura e fechamento não vem em primeiro plano. Antes de tudo, assimilamos o inconsciente à memória. E vejo uma oposição em definir o inconsciente como memória e o inconsciente como pulsação:

Defini-lo como memória, se examinarmos isso de perto, é exatamente o contrário de defini-lo como pulsação, é defini-lo em um status de permanência invariável.

Podemos dizer que o primeiro aporte de Lacan foi renovar o status do inconsciente como memória, concebendo-a sob forma significante, como uma inscrição indestrutível e formando sistema. Um sistema não tem pulsação. É feito de elementos que correm juntos, tranqüilos, se assim posso dizer, e que estão co-presentes. E é bem o que indica a representação que Lacan, repetidamente, nos propôs do inconsciente: um texto hieroglífico.

Esses hieróglifos, encontrados sobre as estelas, nada pulsatórios, mas, ao contrário, hieráticos e mortos, uma vez que, posta de lado a paixão que induziram nos sujeitos empenhados em lê-los – e cabe dizer que passamos muito bem sem eles –, não são de incidência constante no nosso cotidiano. A referência egípcia do inconsciente celebra, antes, certo hieratismo mortal. Foi escrito uma vez por todas. Somos nós que, eventualmente, palpitamos para chegar a compreender alguma coisa deles, o que só tem valor de suposição, já que não sabemos, mesmo quando conseguimos lê-los, o que esses significantes provocavam como emoção nos egípcios.

É bastante diferente conceber o próprio inconsciente como a pulsação que evoca algo de vivo, um ser animado que respira, se assim posso dizer. Portanto, ao opor o inconsciente como memória e o inconsciente como pulsação, gostaria de avaliar a novidade dentro dessa definição.

O que faz a pulsação para o inconsciente?

Respondo que definir o inconsciente como pulsação é dizer que ele está ligado a um elemento heterogêneo e, contudo, ligado a ele. Um elemento heterogêneo que o fecha, embora lhe deixe passagem. Definir o inconsciente como pulsação supõe que fazemos entrar, em sua definição, uma barreira que o abre e fecha.

Vou detalhar e tentar me explicitar sobre isso. Se consideramos, uma vez mais, os primeiros momentos do ensino de Lacan, veremos que, de início, ele não pôde definir o inconsciente sem o pôr em relação com um elemento heterogêneo, de outra dimensão, que chamou de "imaginário". Mas ao apelar para esse elemento imaginário, só poderia definir o inconsciente propriamente dito dando-lhe seu status a partir do simbólico, como oposto ao imaginário.

É o valor deste esquema em cruz, estrutura profunda de seu esquema dito L, em Z:

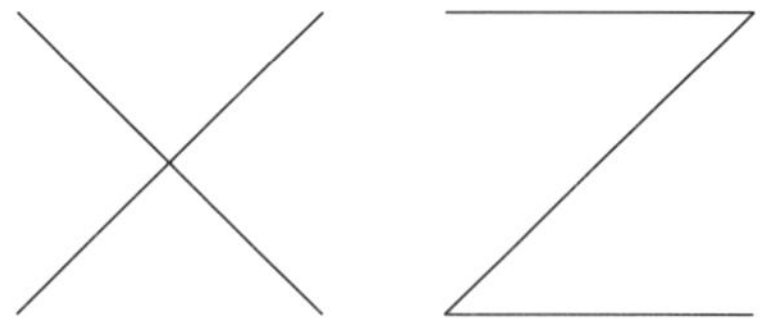

Esta estrutura profunda é a oposição de um vetor simbólico e de um vetor imaginário:

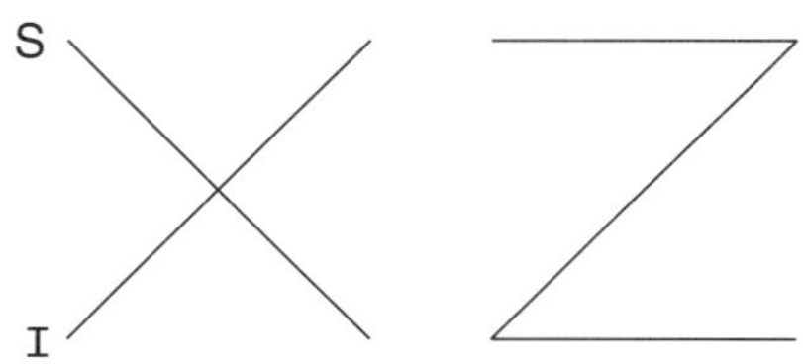


E, ao esquematizar assim a experiência analítica, ele definiu o inconsciente apenas pelo simbólico. A dimensão simbólica – ou local do inconsciente – encontrava um obstáculo, uma interrupção, de ordem imaginária.

O valor desse esquema estava em mostrar em que o imaginário interrompe a comunicação propriamente inconsciente entre o sujeito e o Outro. Se quisermos, isso já era o esquema de uma pulsação, uma vez que indicava que a mensagem inconsciente tinha bastante dificuldade de circular livremente, sendo rompida, interrompida pelo eixo imaginário. Mas essa pulsação, no início do ensino de Lacan, não definia o próprio inconsciente, visto que sua ênfase era marcar que o inconsciente propriamente dito era de ordem simbólica e que as interrupções sofridas por ele lhe eram exteriores, de outra ordem, decorrendo do obstáculo imaginário. Dito de outro modo, no início do ensino de Lacan, ao mesmo tempo que valorizava o fato de a ordem simbólica estar ligada à imaginária, ele definia o inconsciente apenas a partir da ordem simbólica e, portanto, de modo algum como pulsação, mas, pelo contrário, como um vetor invariável.

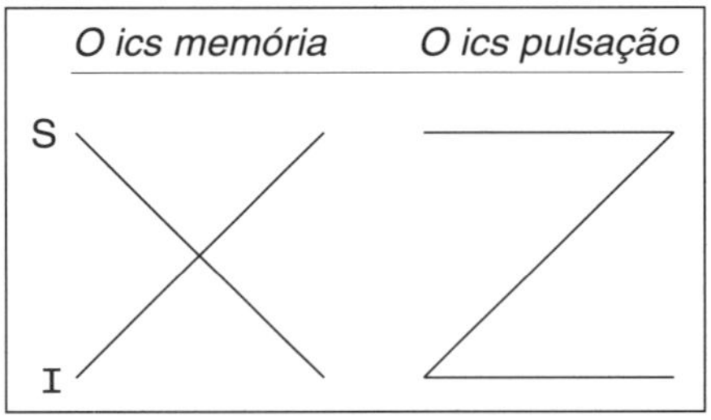


## O simbólico enquanto mestre do imaginário

Foi apenas por essa condição que Lacan pôde formular que o simbólico é autônomo, o que passou a ser conhecido como o ensino propriamente dito de Lacan.

A tese da autonomia do simbólico repousa sobre a exclusão, como exterior, da interrupção imaginária. É o que o próprio Lacan valorizou em seu ensino, situando, apesar da cronologia, seu escrito sobre "A carta roubada" como o primeiro texto de seus *Escritos*, texto feito para afirmar não a pulsação do inconsciente, mas a autonomia do simbólico: o simbólico tem suas próprias leis, que devem ser consideradas em si mesmas, em uma dimensão propriamente lógica, sem levar em conta nenhum outro elemento.

O sentido mesmo do comentário de Lacan de "A carta roubada" de Edgar Allan Poe é demonstrar que existem leis do simbólico que se estabelecem por si mesmas. Por esse caminho, liga memória e lei, dando à memória inconsciente o valor de uma lei invariável.

O sentido do inconsciente, tal como Lacan o introduz no início de seu ensino, é este: o sujeito é habitado por uma lei simbólica invariável, equivalente a uma frase. Sem que ele saiba, ela modula todas as escolhas de sua existência. Portanto, é a pregnância própria da significação que Lacan trouxe ao mundo com seu ensino, a do simbólico autônomo. Em termos precisos, isso quer dizer que o simbólico obedece a suas próprias leis, não depende de mais nada, é redutível a uma fórmula matemática. Nesse enquadre, o conceito freudiano de automatismo de repetição está relacionado às leis autônomas do significante. É o que está formulado na abertura de *Escritos*, logo após o pequeno prefácio: a equivalência segundo a qual o princípio do automatismo de repetição, da *Wiederholungszwang*, é a cadeia significante e a insistência que lhe é própria. No fundo, quase não o lemos, de tal modo estamos impregnados, desde que isso foi proferido.

Dizer que o simbólico é autônomo é dizer, ao mesmo tempo, que o imaginário lhe é heterônomo. O simbólico domina. E o ensino de Lacan foi identificado a essa exaltação da função de mestria do significante. Poderíamos dizer que a tese *princeps* de Lacan é que o simbólico é mestre-senhor do imaginário. Tal mestria tem por efeito anular tudo o que é da ordem das propriedades nativas, naturais, dos objetos, e subjugar o objeto às condições do símbolo. Ao dizer: " subjuga o objeto às condições do símbolo", significa que o simbólico é mestre-senhor.

O *Seminário 4* visa mostrar em que o objeto é servo da lei autônoma do simbólico. A mestria simbólica traduz-se pela anulação das propriedades naturais do objeto, que vale, antes de tudo, pelo que pode simbolizar, e não pelas satisfações naturais que pode trazer ao indivíduo. E essa anulação pode ser comentada como uma mortificação.

Paralelamente, o imaginário é o reino de uma inércia relativa, visto que os fatores imaginários parecem servir à repetição significante. Motivo pelo qual Lacan disse na primeira página dos *Escritos*, página 13, que não passam de sombras e reflexos, o que quer dizer que não se trata do real.

## Inércia imaginária e indestrutibilidade do simbólico

Para situar tais conceitos com a maior precisão possível, oporei o termo "inércia" ao termo "indestrutível". Lacan diz, de bom grado, o imaginário inerte, com respeito à repetição e à dialética simbólica. Mas, ao mesmo tempo, evoca a persistência indestrutível do desejo. Esse indestrutível, para ele, é claramente de uma ordem em tudo diversa da ordem da inércia. No fundo, o indestrutível é, para ele, ligado à cadeia significante. Portanto, podemos opor a inércia imaginária e o indestrutível simbólico, uma vez que ele elabora como desejo o efeito da cadeia simbólica. Foi o que o levou a dizer: um desejo morto, em " A instância da letra". O desejo, como indestrutível, é o que, do imaginário, obedece ao simbólico.

Lacan identificou ao semântico, ao significado, o que elaborou como desejo, e o tratou nos termos de sentido e de significação. Aí reside todo o valor de "A instância da letra". E o desejo, como sentido e significação, podemos dizer que é da ordem do imaginário, em relação ao significante que é determinante, causal.

Mas o que Lacan denomina exatamente desejo é o imaginário, posto que subjugado ao significante e não sendo nada mais do que efeito do significante.

Por outro lado, permanece um tipo de inércia não indestrutível, que não é da ordem do desejo, para a qual Lacan reserva o termo "gozo".

Lacan construiu o conceito de desejo para situar o que, do imaginário, não é a inércia, mas o indestrutível ligado ao simbólico.

Portanto, o conceito de simbólico é trabalhado por uma ambigüidade. De um lado, se nos referirmos à "Carta roubada", ele designa uma lei invariável. É o lugar onde se repete sempre o mesmo. Uma vez que conhecemos a lei, conhecemos o desdobramento da cadeia, sem surpresa. Ao mesmo tempo, Lacan enfatiza o fato de que, ao contrário da inércia do imaginário, o significante tem um percurso, propondo inclusive que essa lei simbólica seja ao mesmo tempo o suporte da história do sujeito. Há uma espécie de contradição velada: de um lado, o simbólico é sempre o mesmo, mas, de outro, é também a possibilidade de outra coisa, de inversões, de inovações, de reconhecimento.

O que faz a unidade dos dois aspectos, no início do ensino de Lacan, é o simbólico sempre dado como determinante: ele domina, subjuga.

## O simbólico a serviço do gozo

Se nos reportarmos à outra extremidade do ensino de Lacan – e tomo como baliza, cômoda, o *Seminário 17: O avesso da psicanálise* –, descobrimos um panorama inteiramente outro. Acreditaríamos ser não a seqüência do mesmo ensino, mas um oponente que se levanta para dizer o contrário.

De fato, o enunciado em *O avesso da psicanálise* diz que o simbólico é servo, e não senhor. O teórico de *O avesso da psicanálise* diz: o simbólico não é o mestre do imaginário, o simbólico é um meio de gozo. Ele diz que a finalidade da ordem simbólica é o gozo. E não somente que a pulsão tem por fim a satisfação, mas também que o saber – que é a articulação simbólica designada pelo seu segundo termo, $S_2$-, o simbólico, serve ao gozo. Portanto, *O avesso da psicanálise* desenvolve justo o contrário da autonomia do simbólico, é a heteronomia do simbólico. O simbólico está a serviço do gozo.

E o apanhado que tento lhes dar sobre o percurso do significante no ensino de Lacan, eu o resumo dizendo que ele vai da autonomia à heteronomia do simbólico. A tese da autonomia do simbólico só serviu a Lacan para valorizar ainda mais sua heteronomia, ou seja, que o simbólico está a serviço do gozo, tese exatamente contrária à tese fundadora. Por certo, de início, a insistência da cadeia significante, sua repetição, pareceu-lhe correlata a uma outra função. É como está afirmado no início dos *Escritos*, página 13: "A insistência da cadeia significante é correlata à existência do sujeito do inconsciente."

Tomemos os dois termos, insistência e ex-sistência:

*Insistência* ||<br>*Ex-sistência* ||

Eles visam situar a relação da repetição como simbólica – insistência –, com um termo ao mesmo tempo excluído e ligado a seu esquematismo (ex-sistência). E quando Lacan afirma a autonomia do simbólico, ele relaciona a ex-sistência ao sujeito do inconsciente. E podemos designá-la antecipando seus desenvolvimentos por meio do símbolo $\$$:

$\$$

*Insistência* ||<br>*Ex-sistência* || $\$$

A repetição está articulada a uma ex-sistência, a um elemento excêntrico, não preso à cadeia, mas sob a forma de anulação.

É o que Lacan, durante muito tempo, não cessará de comentar: no princípio da repetição simbólica, existe algo como o nada. No seminário *A ética da psicanálise*, afirma que ela encontra sua fonte *ex-nihilo,* a partir do nada.

Esse esquematismo autoriza, por exemplo, encontrar uma referência a essa articulação no engendramento teórico da seqüência dos números, por Frege, ou seja, segundo Frege, a seqüência dos números inteiros encontra seu princípio no conjunto vazio.

O comentário essencial de Lacan sobre a repetição consiste em correlacioná-la a um termo ex-sistente situado como vazio:

*Insistência*<br>*Ex-sistência* $\$$

É o que ele efetiva, por exemplo, em *A ética da psicanálise* e retoma em "Observação sobre o relatório de Daniel Lagache". Ambas as passagens tentam pensar o ponto de inserção da repetição, e encontram-no no vazio marcado pelo sujeito barrado.

Em *A ética da psicanálise,* página 272, encontramos a noção de que a própria estrutura da memória é feita de uma articulação significante, antecipando sua escritura sob a forma $S_1$-$S_2$.

Eis aí o esquematismo mínimo da repetição.

E quando Lacan acrescenta, nesse *Seminário*: é aqui que reside o nascimento do sujeito, ele quer dizer que o que o $\$$ ex-siste à repetição, vazio que se encontra repercutido na seqüência repetitiva:

$$\frac{S_1 - S_2}{\$}$$

E, nesse sentido, se a repetição é memória, o sujeito é esquecimento:

$$\frac{\textit{Memória}}{\textit{Esquecimento}} \qquad \frac{S_1 - S_2}{\$}$$

E Lacan dá como possibilidade essencial do sujeito o fato de que "ele pode esquecer". O sujeito é capaz de recalcar, e também – em seu escrito sobre o relatório de Daniel Lagache – é um sujeito idêntico à defesa. Em todos os casos, esse sujeito nomeia a função ex-sistente à instância repetitiva.

Da mesma forma, situar como ex-sistente o sujeito barrado é qualificá-lo pela anulação de toda a propriedade natural do objeto e, em particular, pela anulação de toda satisfação que dele pode ser obtida, portanto, qualificá-lo por toda anulação do gozo.

Por conseguinte, a repetição comemora a anulação do gozo.

É aí que Lacan situa, como função ex-sistente, o sujeito inteiramente homogêneo à cadeia significante, uma vez que ele equivale a um significante que saltou na cadeia. O S barrado, sua própria escritura \$, designa o sujeito como elisão de um significante – um significante a menos.

O próprio termo sujeito barrado afirma o *status* do sujeito sob o aspecto do negativo e permite torná-lo equivalente a um simples corte da cadeia significante

Se tentarmos pensá-lo referido ao gozo, o sujeito é um "Não!" ao gozo.

É o valor *princeps* que Lacan atribui ao exemplo freudiano do *Fort-Da*. O *Fort-Da* valoriza a repetição significante que supõe, primeiro, que a natureza do objeto seja anulada e simbolizada. O esquema que forneço aqui é o do *Fort-Da*: alternância repetitiva significante, que supõe a simbolização, a mortificação, a anulação do objeto. Dito de outro modo, ainda em *A ética da psicanálise*, e no escrito sobre Lagache, Lacan não pára de comentar, de formas diversas, que, na origem da cadeia significante, existe uma anulação, a qual repercute ao longo de toda a cadeia significante.

Tal afirmação o conduzirá à sua definição, segundo a qual o significante representa o sujeito para um outro significante. É também o que o levará a dizer que o significante dessa anulação é o falo, ou ainda que não existe significante dessa anulação, que é pura elisão, e que o sujeito é a elisão.

A mutação essencial que assinalo ao opor o começo do ensino de Lacan e o *Seminário 17*, visa reconhecer que a função ex-sistente à insistência da cadeia significante não é o vazio, não é o nada da anulação significante. Essa ex-sistência é alguma coisa, sendo o que resiste e permanece mais além da anulação.

A descoberta – e Lacan apresentou-a como essencial – é que, mais além da anulação significante assim denominada, permanece alguma coisa, que se pode chamar por um nome heterogêneo ao significante, pequeno *a*, (*a*):

$$\frac{\textit{Memória}}{\textit{Esquecimento}} \qquad \left.\frac{S_1 - S_2}{\cancel{S}\ a\ (a)}\right\}$$

Eis a estrutura matricial do que Lacan chamou discurso, e que apresentou na ocasião em sua necessidade lógica. Mas o que enfatizo é a mudança completa da maneira de conceber, aqui implicada. O que é ex-sistente à insistência significante não é simplesmente o nada, o vazio, a rasura. O que é ex-sistente é um resto de gozo. E, assim, vacila a própria definição do simbólico.

A partir dessa virada, Lacan pôde formular: o que motiva a própria função da repetição é a dialética que ela mantém com o gozo. Este necessita da repetição.

O ex-sistente à insistência significante não é o indefinido comentário do vazio, a repetição da anulação do gozo, mas, ao contrário, é a comemoração do resto de gozo. E, sem dúvida, Lacan, logo percebeu a conjunção entre repetição e gozo.

Se nos referirmos à Introdução ao "Seminário sobre 'A carta roubada'", página 49 dos *Escritos*, perceberemos que ele tomava sua referência no *Entwurf* freudiano, para dizer que o sistema ψ de Freud, precursor do inconsciente, só pode satisfazer-se encontrando o objeto fundamentalmente perdido. Portanto, de saída, quando estudava o conceito de repetição em Freud, ligava-o à função do objeto perdido.

Mas, seguindo seu desenvolvimento, depois da referência tomada de Kierkegaard, inspirada em seu *Seminário 4*, e uma referência ao *Fort-Da*, o objeto perdido lhe apareceu perdido de uma vez por todas: "No ponto zero do desejo, dizia ele, o objeto humano cai sob o golpe de apreensão – acrescentemos simbólica – que, anulando sua propriedade natural, o subjuga às condições do símbolo." Assim, o sentido preciso dessa articulação é: depois disso, não se trata mais do objeto e de suas propriedades naturais.

A função do objeto perdido retorna, anos mais tarde, com a própria motivação da repetição inconsciente, ou seja, reencontrar, se não o objeto perdido, pelo menos o gozo desse objeto.

Enquanto Lacan, anos a fio, desenvolveu a autonomia da lei simbólica, que nada deve a ninguém, justificável de um estudo puramente lógico, no *Seminário O avesso da psicanálise,* ele formula o seguinte: "Existe uma relação primitiva do saber ao gozo." O que quer dizer: não existe autonomia do simbólico, que é heterônomo quanto ao gozo.

À página 17 deste *Seminário*, ele explica ser esse o objeto em torno do qual se organiza a dialética da frustração, referência bastante direta ao *Seminário 4*.

Enquanto esse *Seminário* apresenta o objeto sob a forma da anulação sofrida por ele por parte do significante, *O avesso da psicanálise* restitui o mais-de-gozar que permanece, e que não é justificável por nenhum forçamento nem por nenhuma transgressão, já que esse mais-de-gozar aparece como efeito natural ou lógico do significante.

De tal sorte que a repetição não aparece como manifestação da autonomia do simbólico, mas repercute tanto a perda de gozo que o símbolo traz, quanto o resto de gozo que aí permanece. A repetição aparece, de certo modo, como memória do objeto perdido.

## A repetição comemora a irrupção do gozo

A partir daí, a conexão que se impõe é entre a repetição e o gozo, que é plena de conseqüências. Enquanto o gozo parecia um elemento inerte, imaginário e, por isso mesmo, servo do simbólico, estava justificado o otimismo da prática analítica, isto é, pelo viés do significante, pelos meios da fala, arrastar, metabolizar a inércia do gozo.

O otimismo estava encarnado na teoria do desejo, na medida em que o desejo é um efeito do significante, e, sob a condição de se trazer os significantes necessários, poderíamos pensar ter uma incidência global sobre o desejo. Isso supunha, em termos precisos, a tese segundo a qual o simbólico domina o imaginário e o significante subjuga o gozo.

No avesso do ensino de Lacan que nos é trazido pelo *Seminário 17,* descobrimos uma sínfise do significante e do gozo, o que está resumido pelo conceito de modo de gozo.

Nos textos e nos *Seminários* de Lacan, o desejo, assim como o gozo, aparecem metonímicos, no lugar do que está sob a cadeia significante, e correm sob ela. É o lugar metonímico, o lugar da ex-sistência. Mas desejo e gozo nomeiam esse lugar de duas maneira diferentes. O desejo o nomeia como efeito significante, ou seja, o significante é causa: cada vez que falamos do desejo como efeito do significante, isso quer dizer que o significante é causa e, agindo ao nível do significante, obtemos efeitos ao nível do desejo.

Ao passo que evocar o mais-de-gozar no lugar de ex-sistência tem valor inteiramente diferente, visto não se tratar de efeito, mas, ao contrário, de uma motivação da repetição significante e, ao mesmo tempo, de uma finalidade da repetição significante.

Quanto ao desejo, o significante representa o sujeito para um outro significante. Quanto ao *a,* ele aparece como elemento inassimilável e heterogêneo à repetição que ele condiciona.

Com certeza, eles estão no mesmo lugar. Por essa razão, Lacan pôde dizer, em *O avesso da psicanálise*, que a verdade é irmã do gozo. É o comentário desta linha inferior: a verdade, $, é irmã do mais-de-gozar, (*a*). O lugar da verdade guarda o do mais-de-gozar. Mas isso diz: "Tua verdade não é o efeito do significante, é o objeto."

De tal sorte que a repetição comemora o resto de gozo, a irrupção do gozo. É ela uma espécie de memorial do mais-de-gozar.

Através dessa construção, a memória está no nível do gozo, e o que se inscreve é, antes de tudo, o que resta do gozo. E, por isso, Lacan pôde falar do gozo como sentido gozado (*sens joui*), que é diferente da verdade. É o sentido, no lugar debaixo, uma vez, porém, que o gozo aí se liga. Aliás, o que fizemos de diferente quando reconhecemos na psicanálise o valor da lembrança encobridora senão reconhecer a conexão entre a memória e o gozo?

Desde sempre, sabemos que a memória inconsciente é eletivamente ligada ao gozo. É o que justifica o conceito do modo de gozo, sempre marcado por uma modalidade temporal particular e, sobretudo, por aquela do "uma-vez-por-todas". Essa modalidade temporal é a do irreversível, e está especialmente valorizada na psicanálise no que concerne ao gozo.

É na perversão que o "uma-vez-por-todas" aparece em evidência. É onde melhor é ilustrada, na clínica, a conexão entre repetição, pulsão, gozo e memória. É como se tivesse existido um gozo inesquecível, e todas as repetições só tivessem por objetivo encontrá-lo. De tal modo que o significante não parece permitir um deslocamento, mas, ao contrário, só abrir para uma comemoração, a ponto de que não se pode legitimamente, me parece, tomar como objetivo modificar o "uma-vez-por-todas", mas, antes, reconciliar o sujeito com ele.

Se há uma mudança que a análise parece prometer, não é a mutação da exsistência do gozo. Só pode ser uma mutação da ex-sistência do sujeito, isto é, podemos visar uma reconciliação do sujeito com o "uma-vez-por-todas". É preciso que o sujeito consinta no "uma-vez-por-todas", que se lembre dele e o admita. Reconciliar o sujeito com seu modo de gozo é admitir o parentesco entre a verdade e o mais-de-gozar. O que está em especial evidência na perversão. Contudo, isso não é estranho à experiência analítica da histeria, em que concebemos curar os sintomas, mas na qual a própria histeria, ou seja, o modo de gozo histérico não é alguma coisa que se possa prometer curar.

Dizer modo de gozo é tomar conjuntamente gozo e significante, é considerar o nó da repetição e da pulsão, é tomar a repetição pelo viés no qual o que lhe é exsistente é o mais-de-gozar, é admitir que gozos – existem vários – não se dizem em um único sentido. É um princípio de tolerância que podemos obter a partir de diversas montagens, como as que Freud batizou de pulsões, isto é, certos modos típicos de gozo encontrados em todos os sujeitos, em variadas intensidades, e que ele tentou escalonar de maneira muito precisa.

## Só existe gozo, onde existe disparate

Por que Freud as chamou "mitos"?

Eu me coloquei essa questão esta semana, pois participei de um colóquio sobre os "mitos da psicanálise". No fundo, nesse colóquio, só se ocuparam dos mitos dos outros, não dos nossos, e quando se tratava dos nossos, eram aqueles que os próprios psicanalistas apresentam explicitamente como mitos. Teria me interessado mais ter encontrado mitos ali onde pensamos ter matemas. É possível que tenhamos mais mitos do que acreditamos.

Nessa ocasião, eu me perguntei por que Freud qualificava as pulsões de mitos. Penso que ele as qualificou de míticas para não qualificá-las de hipóteses, pois estas podemos imaginar que as supomos, enquanto as pulsões impõem-se a nós.

E mesmo sem saber o que fazer disso, somos obrigados a admitir que o sujeito é servo de uma repetição. Afinal, o critério da pulsão é a repetição. O sujeito é servo de uma repetição como vontade de gozo. Foi Lacan quem introduziu a expressão "vontade de gozo" para designar algo que não é um simples *Wunsch*, não é um desejo que se realiza em sonho. Designou por vontade de gozo a repetição conectada à pulsão.

Ao expor sobre os mitos, referi-me a Levi-Strauss, como outros oradores o fizeram, e escolhi como referência a conclusão das *Mitológicas*, onde reduz o mito à tese pura, à tese indecidível, de uma oposição.

Pode-se pensar que na origem de todo sistema mitológico encontramos apenas uma nova versão do binarismo da lingüística de Jakobson, um simples *Fort-Da*. Assinalei, no entanto, que ele aí emprega, sem diferenciá-lo inteiramente, o termo "disparidade", em lugar de "oposição". E disparidade não é somente oposição.

Disparidade assinala oposição de termos heterogêneos, ao passo que oposição parece estar entre dois termos homogêneos. Isso permitiu-me desenvolver a tese de que o gozo é o disparate em relação ao significante, ou seja, nos termos que aqui emprego, disparate é, em relação à insistência do significante, sempre ex-sistente. Além disso, só existe gozo onde há disparate. Ali onde o disparate não existe, ali onde há harmonia, há, quando muito, prazer. O prazer na harmonia é o visado pela arte clássica.

Lacan, porém, no caminho de "Mais além do princípio do prazer", afirmou sua preferência pelo barroco, isto é, uma sublimação que não apaga o disparate, mas o celebra.

O romantismo, que foi nossa filosofia do século XIX, na França, não é encontrado nos filósofos, como o é na Alemanha, mas sim nos poetas, em Chateaubriand e até em Mallarmé. Na filosofia romântica, encontramos uma espécie de eco do lugar a ser dado ao disparate, e não a anulá-lo, como nos poemas cifrados de Mallarmé, e até mesmo em uma poesia que se propõe a ser decifrada. Se deixarmos de lado, por ora, a filosofia romântica e seus avatares, digamos que isso é também o que encontramos no início da análise: pedimos às razões alegadas para fazer análise, que algum disparate venha à tona através dessas razões. Cheguei a ponto de dizer que não há demanda que consintamos receber em análise que não seja fundada em um disparate.

É preciso ainda que essa demanda tome a forma de questão.

É complicado que a demanda da análise, mais do que estagnar-se sob a forma de queixa, tome a forma de questão. Não é, porém, o caso de todas as demandas. O termo "questão" banaliza aquilo de que se trata, mas a questão só toma verdadeiramente forma quando se trata de uma neurose. A questão é como um fenômeno elementar da neurose, devendo ser colocada em relação aos fenômenos elementares da psicoses. A questão quer dizer, em primeiro lugar, que o sintoma aparece para o sujeito como um fenômeno de saber, ou seja, sob a forma de "o que quer dizer isso?". O que faz enigma, por excelência, o que faz com que essa questão seja a decifrar, é a ex-sistência do gozo.

A questão localiza-se entre $\$$ e *a*:

$$\frac{\textit{Memória}}{\textit{Esquecimento}} \qquad \left.\frac{S_1 - S_2}{\$\ a\ (a)}\right\}$$

É o que se apresenta na histeria, na qual a sexualidade se faz valer por sua face de trauma, ou seja, por seu caráter de inassimilável. E o que inassimilável quer dizer aqui? Quer dizer que há antinomia entre significante e gozo, expressa precisamente pelo pequeno *a,* que valoriza o caráter antinômico do gozo em relação ao significante.

$$\left(\frac{\textit{Insistência}}{\textit{Ex-sistência}}\right. \Big\|\ \$$$

$$\frac{\textit{Memória}}{\textit{Esquecimento}} \qquad \underbrace{\frac{S_1 - S_2}{\$\ a\ (a)}}$$

A partir desse esquema, é duvidoso que se possa interpretar dizendo o verdadeiro. Aliás, o termo interpretação é, ele próprio, muito suspeito. Se o enigma de que se trata repousa na antinomia entre significante e gozo, ele não é suscetível de interpretação, e só podemos chamá-la assim por antífrase.

De fato, a interpretação é ela própria enigma. E chamamos interpretação à passagem de um enigma a outro, ou seja, a interpretação do enigma é também outro enigma, algo como o enigma relatado, transformado ou traduzido. Não se chega a isso sem voltas, já que o objeto do qual se trata não se faz objeto, não se objetiva senão pelas voltas a que é idêntico. Motivo pelo qual, sinto-me desculpado, justificado e confortado por conduzi-los por esses caminhos de tantas voltas.

*22 de março de 1995*

## – Lição 14 –

# A volatização da *Fixierung* freudiana

Sábado e domingo passados, em Milão, comentei "Função e campo da fala e da linguagem", que está sendo estudado por nossos colegas italianos. Tinha que comentar os nove trabalhos preparados por eles, e confesso que, relendo mais uma vez o escrito já bastante freqüentado por mim, não imaginava encontrar algo novo. E, no entanto, se posso apresentá-lo como introdução, hoje, é pela sensibilidade especial de nossos colegas a certas referências de Lacan.

Entre os trabalhos que me foram enviados com alguma antecedência para que eu me preparasse, havia um no qual estava sublinhada a primeira epígrafe da segunda parte de "Função e campo". Isso me alegrou porque é uma epígrafe extraída por Lacan do *Evangelho segundo são João*, o que deixa transparecer a atração, o afeto especial que os italianos, educados e mantidos no seio da Igreja, nutrem pelo que, no ensino de Lacan, faz referência à teologia e aos Evangelhos.

Aliás, essa é a ocasião de percebermos que as referências evangélicas são muito numerosas em "Função e campo da fala e da linguagem". Convido-os a fazer um recenseamento tanto das referências explícitas quanto das implícitas. Vocês verão o quanto é extenso. E, mais além das referências, é certo que a posição inaugural de Lacan na psicanálise teve algo de crístico.

### Lacan crístico

É o sentido encontrado em sua crítica acerba do formalismo da IPA. O ritualismo, a degradação do espírito da psicanálise em deferência a uma letra morta, é valorizado a partir da postura que a isso ele objeta, pretendendo o retorno autêntico ao espírito, com o corolário que irá se afirmando, assim como apoiando-se em uma nova interpretação da letra. Sinto-me bastante justificado ao falar de uma posição crística do Lacan inaugural, inclusive porque ele próprio qualificou a operação que realizava então, em 1952, anos mais tarde, no *Seminário 11*, de nova aliança com a descoberta freudiana. Ele próprio pôs em primeiro plano a referência religiosa à qual assimilava a rejeição sofrida por parte da Internacional: uma excomunhão.

Então, à guisa de introdução, vou me referir à epígrafe que Lacan deixou em grego, página 267 dos *Escritos*: *Tén arkén o ti kai lalô ymin* (*Evangelho segundo são João*, VIII, 25). Vou lhes dar a tradução, controvertida, segundo a Bíblia de Jerusalém: "Em primeiro lugar, eu sou o que vos falo." Essa é a resposta de Cristo aos judeus que não acreditavam nele, não confiavam naquele judeu que chegava entre eles falando um tanto alto demais e se prevalecendo do que era. E os judeus lhe perguntam: "Quem és tu?" E Cristo responde: "Em primeiro lugar, eu sou o que vos falo."

É uma tese sobre o ser do sujeito: "Eu sou o que vos falo."

Tal exergo mereceria não somente ser um dos dois pórticos da segunda parte de "Função e campo da fala e da linguagem", mas também estar no começo mesmo desse escrito fundador, que enuncia uma tese sobre o ser do sujeito e lhe atribui a fala.

A seqüência, digo entre parênteses, é deliciosa: "Tenho muito a dizer de vocês – acrescenta Cristo – muito a condenar. Mas aquele que me enviou é verídico e, o que eu aprendi dele, eu o digo ao mundo." É a posição de Lacan que vem dizer ao mundo o que aprendeu de Freud. Na realidade, ele nunca pretendeu outra coisa até o final de seu ensino.

A frase "Em primeiro lugar, eu sou o que falo" é uma resposta a que pergunta?

Talvez não tanto à pergunta "Quem sou eu?", que é uma questão de identidade. É mais precisamente uma resposta à pergunta: "Que sou eu?" Há uma distância entre as duas formulações. A segunda, visa algo como a matéria da qual meu ser é feito, e a resposta diz que essa matéria e feita de palavras. É a questão que gira no ensino de Lacan. A primeira resposta é essa. Ela deve ser buscada do lado da fala, de um modo geral do lado do significante.

A segunda resposta de Lacan é outra. Podemos escutar o eco daquele exergo quando ele pergunta em "Subversão do sujeito": "Que sou eu?" E a resposta, então, não é: "Em primeiro lugar, o que falo", mas sim, "do lado do gozo". É preciso avaliar essa diferença entre a resposta crística dada à questão que incide sobre o ser do sujeito e a resposta, sem dúvida, freudiana.

Para começar, indico-lhes o que me serve de bússola: a equivalência posta no horizonte, cultivada e sugerida por Lacan entre gozo e sentido gozado:

Essa equivalência é apresentada em um de seus últimos escritos, *Televisão*, página 22: "Essas cadeias – e digamos essas cadeias significantes, se bem que no contexto preciso desse texto essa significação esteja enriquecida, essas cadeias significantes onde o sintoma está enlaçado – não são de sentido, mas de sentido gozado, a escrever como quiserem, conforme ao equívoco que faz a lei do significante."

Cadeias significantes feitas de gozo, com o equívoco que aparece quando se tenta escrever o que é dito; é um equívoco que se manifesta na diferença entre o oral e o escrito. Eis o que nos serve de bússola hoje. E devo dizê-lo em memória da surpresa que me suscitou, na época, esse jogo de equívoco entre gozo-do-sentido e sentido-gozado, que me fez retornar a ele muitas vezes, sem jamais tematizar sua dificuldade, o que faço hoje, quando penso poder resolvê-la.

Eis aí, portanto, minha introdução.

## O gozo não conhece o tempo

Na última vez, enfatizei a conjunção entre gozo e memória, e convidei a nos reportarmos ao *Seminário 17: O avesso da psicanálise*, no qual ela se opera. Quero ressaltar, hoje, que essa conjunção é perfeitamente freudiana, e está expressa no termo de Freud *Fixierung*, traduzido por "fixação", que exprime, nos diferentes momentos de seu elaborar, o que podemos traduzir como a conjunção entre o gozo e a memória. O termo *Fixierung* cinge, no vocabulário que elaboramos, um modo de gozo, na medida em que permanece arcaico.

Essa definição supõe uma referência ao desenvolvimento. Existe um binário conceitual, fixação-desenvolvimento, que dá sentido à noção de *Fixierung,* fixação.

É um fato que, na teoria de Freud, existe um escalonar do desenvolvimento libidinal, que o próprio Freud chama teoria da libido, e se apresenta como uma doutrina dos estágios do desenvolvimento. E podemos dizer, em nosso vocabulário, que a referência ao gozo é, de saída, tomada por Freud no quadro conceitual do desenvolvimento, ou seja, existem modos de gozo típicos – que ele chama estágios –, que prevalecem em dado momento do desenvolvimento do indivíduo e devem substituir-se uns aos outros, até alcançarem um modo de gozo definitivo, harmonioso, satisfatório, normal, perfeito, chamado por ele de estágio genital. É uma doutrina do gozo como reportada essencialmente ao tempo do desenvolvimento. E, em Freud, o tempo subjetivo está indexado pelo gozo. Poderíamos até dizer que, nele, o inconsciente não conhece o tempo, mas o gozo, sim! A libido evolui e atrasa-se, e é suscetível de se fixar.

Nesse sentido, o estágio oral, o anal, o genital – e Freud aí introduz também o do narcisismo ou do narcismo, e correlativamente o estágio da relação de objeto, que ele não especifica – são um fato, uma cronologia impecável em Freud, contrariamente a seus alunos, em particular a Abraham. O estágio freudiano é um modo de gozo ligado a um objeto, e um modo de gozo que toma seu lugar em uma cronologia.

A fixação designa o fato de que o sujeito permanece ligado a um modo de gozo, quando deveria ultrapassá-lo, substituí-lo por outro. É o que define o arcaísmo eventual de um modo de gozo. Aliás, em Freud, o sujeito pode ultrapassar, aparentemente, um modo de gozo, e, depois, retornar a ele em seguida. O modo de gozo, supostamente ultrapassado, pode ser reativado e o sujeito retornar a ele, constituindo assim uma regressão temporal, uma regressão libidinal.

O que está em primeiro plano no uso freudiano do termo "fixação" é a libido, mesmo considerando que podemos encontrar, em Freud, certos usos que parecem se afastar disso. Assim, podemos dizer uma "fixação de gozo", especialmente evidenciada por Freud nas perversões e na clínica. Encontramos nos casos de perversão, a céu aberto, a memória de um gozo que pode tomar a forma do encontro, o mau encontro, porque demasiado bom – encontros dos quais os pais tentam proteger seu filhote –, um acontecimento de gozo inesquecível.

A esse respeito, podemos construir uma antítese entre a inesquecível fixação de gozo e o que é da ordem do recalque, no qual o esquecimento vem recobrir o que aconteceu.

Se a fixação de gozo é manifesta nas perversões, Freud a busca e a isola também nas neuroses. E não preciso, por ora, enfatizar o valor da fixação anal na neurose obsessiva, pois é um tema que se tornou clássico. De tal sorte que, em Freud, nessa perspectiva, podemos dizer que uma estrutura clínica veste um modo de gozo.

Para ser mais preciso, eu me reportei ao comentário de Freud, em "Três ensaios sobre a teoria da sexualidade", sobre Schreber, no qual desenvolve, em detalhes, a noção de fixação e, pode-se dizer, a generaliza.

Cada estágio, ele diz, comporta uma possibilidade de fixação. Quer dizer que cada modo de gozo, cronologicamente escalonado, é suscetível de reter o sujeito, de impedi-lo de ir mais longe na evolução da libido. E se o sujeito suplanta tal momento, ele é sempre suscetível de retornar. Em todo caso, se isso foi marcado em um momento como fixação, permanece aí um elemento indelével. Ele acrescenta: "Tal fixação predispõe a tal psiconeurose." Esta fórmula, extraída de seu texto, convida-nos a relacionar as diferentes estruturas clínicas às diversas fixações de gozo. Aliás, ele se propõe a encontrá-las, para cada estrutura clínica.

Os estágios que estuda, nessa circunstância, não são os que ficaram retidos na história do desenvolvimento; são os dois estágios do eu e do objeto, dos quais Lacan fez a extremidade do eixo imaginário, *a* e *a'*:

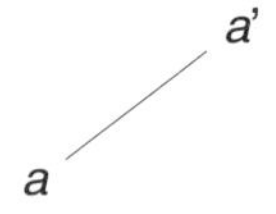


E, sobre esse esquema de Lacan, podemos balizar a construção de Freud.

Em primeiro lugar, o estágio do auto-erotismo, a libido ligada ao próprio sujeito e a seu próprio corpo:

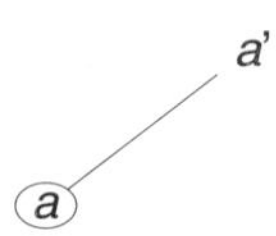

No segundo estágio, a libido desloca-se, é transferida sobre o objeto – nos termos de Lacan –, sobre o outro imaginário:

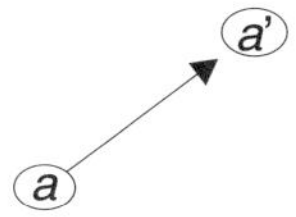


Aqui, podemos, distinguir duas etapas:
o outro como semelhante:

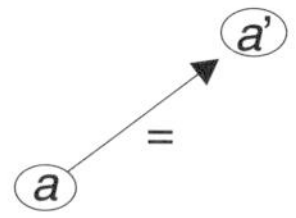


e o outro como diferente:

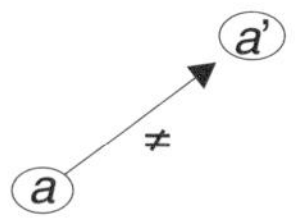


O amor objetal, em Freud, é, de início, homossexual e, em seguida, heterossexual. E o que Freud enaltece, como termo superior, é o amor objetal heterossexual.

Temos aqui, portanto, o esboço de uma evolução que pode ser traduzida em termos de substituições. A libido transfere-se do eu ao objeto, de início homossexual, em seguida, heterossexual.

É surpreendente assinalar que, na história substitutiva da libido, não existe substituição pura e simples, sem resto. Ao contrário, Freud se preocupa em marcar que o investimento da libido, ligado ao objeto homossexual – as tendências homossexuais –, quando desviado de seu alvo, inibido, continua a ser empregado em outros usos. E valoriza o fato de que tais tendências homossexuais participam do que ele chama, pulsões sociais, e até mesmo dos investimentos pulsionais sociais. Ele enumera, então, as contribuições do erotismo homossexual à amizade, à camaradagem, ao espírito associativo, ao amor da humanidade etc.

E, sua tese, especialmente no caso Schreber, é a de que o investimento narcísico inicial sobre o corpo próprio não é pura e simplesmente anulado. Pode ocorrer que um fluxo potente de libido, *eine Hochflut von libido*, anule todas as sublimações e reconduza o sujeito ao seu investimento narcísico e ao deslocamento homossexual.

É assim que, no caso Schreber, ele tenta situar a fixação própria à estrutura paranóica. Ele a encontra no auto-erotismo. Uma fixação libidinal auto-erótica que constituiria uma predisposição à paranóia. E é nisso que ele encontra o núcleo da paranóia – *Kern* –, o núcleo de gozo da paranóia, o que o conduz a interpretar o caso Schreber a partir do narcisismo e da homossexualidade. E ele o faz certamente aparelhado em uma fórmula significante, visto que encontra o que chama "*Wunschphantasie*", uma "fantasia de desejo homossexual", a fórmula "amar um homem", que ele propõe, em seguida, às transformações gramaticais, destacadas por Lacan para marcar que a pulsão conhece a gramática e está investida no significante. Ao mesmo tempo, Lacan criticará a genealogia da paranóia a partir da homossexualidade. Não é, entretanto, essa crítica o que pretendo enfatizar, mas sim o lugar determinante dado por Freud à fixação de gozo.

É no ponto em que propõe, a partir dessa noção, a decomposição do recalque que ele dá um lugar essencial à fixação libidinal. Essa decomposição dispõe-se em três momentos. Antes do recalque propriamente dito, a fixação; depois, o retorno do recalcado, sobre o qual esclarece que nasce no ponto da fixação, traduzindo assim o retorno do recalcado como uma regressão da libido ao ponto de fixação.

Não vou comentar os três tempos da decomposição – fixação, recalque propriamente dito, retorno do recalcado –, somente acentuar o fato de que, pelo menos nesse texto – à página 90 da edição Presses Universitaires de France –, a fixação precede e condiciona o recalque. Ela é, diz Freud, a *Bedingung* do recalque, a condição do recalque: "A fixação reside no fato de que uma pulsão ou um componente do instinto não tendo cumprido, com o conjunto da libido, a evolução normal prevista, permanece, em virtude da parada do desenvolvimento, imobilizada em um estágio infantil. A corrente libidinal em questão se comporta, em relação às funções psíquicas ulteriores, como uma corrente que pertence ao sistema do inconsciente, como uma corrente recalcada." E, um pouco mais à frente, ele fala de fixação das pulsões. É notável essa observação segundo a qual a corrente libidinal que sofreu uma fixação se comporta como uma corrente que decorre do inconsciente.

No fundo, aqui está formulado, de modo bem rápido, a relação entre o gozo e a memória, e essa fixação se comporta como um recalque. E aqui são ligados, numa só frase, a pulsão e o inconsciente, a pulsão como fixada e o inconsciente. Esse nó – já que se trata de um – é precisamente o que colocamos em questão.

Seria a fixação da pulsão a mesma coisa que o *Wunsch*, o voto inconsciente, o desejo, como indestrutível? É nessa exata junta, entre fixação libidinal e o indestrutível do desejo, que Lacan avançou, e também por onde passou seu ensino.

Poderíamos dizer, pois é questão de nó desde o início, que Lacan chegou com a espada de Alexandre e que cortou esse nó, separou fixação libidinal e *Wunsch* em seu caráter indestrutível, ou seja, começou por separar a pulsão e o inconsciente, o gozo e a memória. Foi o que ele realizou, segundo essa perspectiva, de forma violenta, em "Função e campo da fala e da linguagem", do qual continuo a ter o que colher.

## O sentido no lugar do gozo

Já comentei o capítulo I de "Função e campo", intitulado "Fala vazia e fala plena", mas só agora posso dizer que o que aí está em jogo se resume – e salta aos olhos – em situar o sentido no lugar do gozo, e que mesmo o retorno a Freud feito por Lacan, se encontra nesta operação: no lugar do gozo, o sentido. Assim, o modo de gozo aparece, antes de tudo, como modalidade do sentido.

O que permaneceu da crítica que Lacan operou nesse primeiro capítulo e que ele retomou com assiduidade em seus *Seminários*, foi uma crítica do desenvolvimento, isto é, da pretensa maturação dos instintos, que seria de ordem natural ou biológica, e a oposição ao conceito do desenvolvimento e de suas normas *standards*, mediante um outro conceito, o de história, que não é natural, mas humano e que opera na ordem do sentido. Lacan assinala, de modo repetido, que quando alguma coisa acontece, que parece ser um fato, um dado, ela só é inscrita, na ordem do sujeito, com a condição de tomar sentido – *s* –, e de tomar seu sentido na perspectiva de uma história, ou seja, de um futuro, a partir do qual o fato recebe valor significativo:

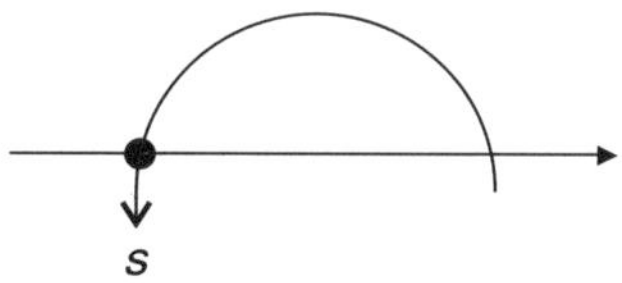


Assim, já encontramos no início da crítica, o esquema de retroação significativa que Lacan desenvolverá em seguida.

A esse respeito, se fixarmos o desenvolvimento sobre este eixo, a história se desenvolve na contracorrente do vetor do desenvolvimento, como história do sentido:

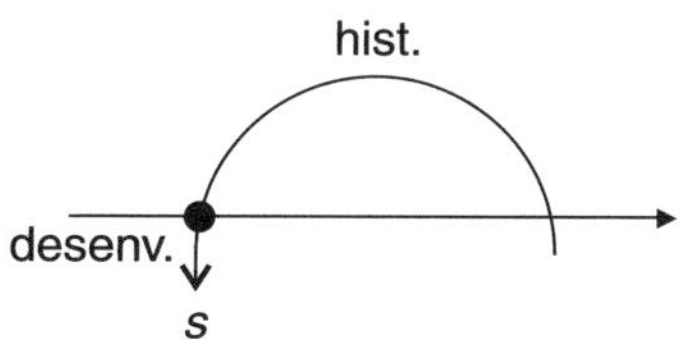


Se buscarmos as bases filosóficas desta concepção, nós as encontraremos no conceito de projeto, desenvolvido por Heidegger em *Ser e tempo*, e que foi retomado por Sartre em *O ser e o nada*.

Isso define, antes de tudo, o sujeito em relação a um porvir, no qual ele se projeta, para voltar a ordenar as contingências da atualidade e os fatos do passado.

Lacan tenta, no ponto de partida de seu ensino, pensar a metapsicologia, o que é o inconsciente, a partir do tratamento analítico e do que ele propõe, de forma otimista, como a eficácia da psicanálise, que se atém inteiramente à fala, de modo que o próprio sintoma só aparece como um sentido aprisionado, um sentido a ser liberado.

E a definição metapsicológica do inconsciente proposta por Lacan, é, sem equívoco: "O que ensinamos ao sujeito a reconhecer como seu inconsciente é sua história."

Em tal concepção, o inconsciente nada tem a ver com o puro desenvolvimento, situando-se sobre o vetor que chamamos, aqui, a história. E o que é inconsciente, por excelência, é o que não pôde assumir sentido, aquilo cujo sentido permaneceu aprisionado e não chegou a passar no discurso.

Faço essa breve chamada para marcar o que isso implica ao conceito de fixação, exclusivamente pensada, nesse contexto, em termos de discurso. No fundo, a fixação é o acontecimento que não pôde ser verbalizado, não pôde ser incluído na história retroativa do sentido.

Se confiarmos neste esquema, poderemos dizer que existe fixação em um ponto quando o vetor do sentido, o vetor da história, não inclui o fato:

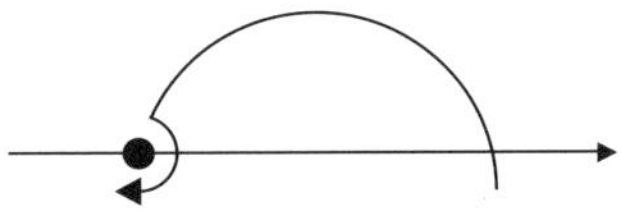

E ali onde Freud parecia indicar uma grade do desenvolvimento libidinal, Lacan a substitui pelas peripécias da subjetividade, e o que conta é o sujeito do sentido, e não o sujeito do gozo. Podemos dizer que a fixação é a do sentido, que nunca chega a liberar-se no discurso. Para definir o sintoma, Lacan fala exatamente de sentido aprisionado. Isso traduz para ele a fixação freudiana, e acompanha-se de um rebaixamento da pulsão: ele atribuiu à teoria das pulsões somente um grau secundário, hipotético. Dessa forma, ele prescinde dela, propondo, explicitamente, uma teoria da fixação.

Já assinalei essa teoria da fixação, mas precisamos verificar-lhe a prova essencial: como pode ela dar conta da fixação nessa concepção do inconsciente como história? Lacan expõe sua teoria. O que é uma fixação? Sua resposta é: antes de tudo, é um estigma histórico. Em outros termos, o que para Freud era, antes de tudo, uma questão de gozo, para o Lacan inaugural, era questão de sentido histórico. Então, onde havia gozo para Freud, em Lacan há sentido. E podemos dizer que este debate é o lugar próprio do ensino de Lacan. Na verdade, eu não deveria ter-me surpreendido, em 1973, com o equívoco de Lacan: "gozo-do-sentido", pois a questão estava lá desde o início. Ela era regulada pela tradução em termos semânticos do que, em Freud, se enuncia em termos libidinais. E, por isso,

Lacan pôde dizer: "As fixações são as páginas." São as páginas do livro, fora de lugar. São páginas arrancadas, ou que não paramos de reler.

E distingue, primeiramente: "A página de vergonha que se esquece." Momento de assimilar a fixação ao recalque, página de vergonha que se esquece e que se relembra nos atos sintomáticos, que são reencontradas através do retorno do recalcado.

Em segundo lugar: "A página de vergonha ... que se anula." Podemos pensar ser o isolamento, que se opõe ao que dizemos alhures, portanto que se trai.

Em terceiro: "A página de glória que obriga." Podemos ver aí o ideal, do qual Lacan diz perpetuar a miragem pelo símbolo.

Sob as três formas, vemos dissolver o conceito freudiano de fixação, uma vez que nos três exemplos ordenados pelos dois afetos, vergonha e glória, o sujeito está, antes de tudo, relacionado com as significações. E vergonha e glória concernem ao sujeito, visto que ele compreende o sentido. A fixação de gozo que Freud procurava situar na origem do recalque, ao contrário, se eclipsa no conceito de recalque.

Lacan dá um exemplo preciso do conceito de fixação a propósito do estágio anal, em que Freud viu a fixação libidinal própria à neurose obsessiva.

Propõe sobre ela, como de hábito, uma análise rápida, cujo objetivo é volatilizar o valor de gozo incluído no estágio anal, para só valorizar o sujeito do sentido nas três modalidades que ora enumero: primeiramente, o sujeito registra; em segundo lugar, o sujeito goza; em terceiro lugar o sujeito agride, seduz e simboliza. Passemos aos detalhes.

O sujeito que registra é da ordem do significante. Lacan apresenta, no estágio anal, um sujeito Tabelião, escriba do que aconteceu.

Quando Lacan diz: "Esse sujeito faz agressão, sedução e símbolo", vemos operando um sujeito que dá sentido de agressão, de sedução, ou de símbolo. Forneço-lhes, então, os complementos que permitem melhor balizar-se.

Primeira modalidade: "O sujeito registra como vitórias e como derrotas a gesta da educação de seus esfíncteres." Portanto, tudo o que é da ordem da disciplina anal é por ele apresentado em termos de educação, o que é do hábito. Mas ele acrescenta aí a gesta, a epopéia, para marcar o que aconteceu de fato no momento qualificado de estágio anal: uma história de derrotas e de vitórias, pois, de fato, tal estágio é menos um momento do desenvolvimento do que um episódio de glória ou de vergonha.

Sobre a terceira, ele diz que esse sujeito "faz agressão" de suas expulsões excrementícias – o que quer dizer que ele lhes dá um sentido de agressão –, de suas retenções ele faz sedução – demanda que lhe demandem e, por isso mesmo, faz-se detentor do ágalma de suas fezes –, e de seus relaxamentos, faz símbolo. Dito de outro modo, para o que é do (1) e do (3), vê-se que os próprios termos da descrição volatilizam a carga libidinal situada por Freud nesse estágio.

Resta a segunda, na qual Lacan diz que o sujeito nesse estágio goza da sexualização imaginária de seus orifícios cloacais. O que devemos assinalar aqui, já que ele inscreve a palavra "gozo", é que ele atribui a capacidade de gozar ao sujeito do sentido.

Aqui, ele faz do gozar nada mais nada menos que uma modalidade do sentido.

Em seguida, relança a sexualização em ordem diferente da simbólica, ou seja, na imaginária, e é preciso dar toda a importância ao adjetivo em sexualização "imaginária".

Todo o seu esforço é para mostrar que não é questão de libido, mas de sujeito, e a questão do sujeito é o sentido. E o gozo infiltra-se – o que quer dizer que, afinal, ele não pode anular inteiramente esse dado –, mas, de um lado, ele o afirma como capacidade do sujeito e, de outro, o atribui ao imaginário.

É o que vai se afirmar no ensino de Lacan.

## O simbólico é questão de morte

A oposição dos dois registros – simbólico e imaginário – tem toda a validade e pode ser argumentada de maneira bem convincente. Hoje, vamos tentar situar o gozo do lado do imaginário. Correlativamente, é o valor desse *topos* lacaniano que situa a morte do lado do simbólico.

E cada vez que Lacan diz: "O símbolo é assassinato da coisa", cada vez que retoma sob diversas formas a conexão entre o simbólico e a morte, é para dizer: "Aqui não se trata de gozo. O simbólico é uma questão de morte." Por essa razão, no final de "Função e campo da fala e da linguagem", ele pôde acolher a definição de Heidegger do sujeito como ser-para-a-morte, porque isso quer dizer antes de tudo: o sujeito não é um ser para o gozo.

E, na mesma coerência sistemática, pretende definir o instinto de morte freudiano sem ser a partir do masoquismo primordial. Ele o repele, *en passant*, dizendo: isso nada tem a ver com o masoquismo primordial, o que significa que ele não quer definir o instinto de morte freudiano a partir do gozo, como uma pulsão, mas sim do lado da história, do simbólico. E afirma: "O instinto de morte – é a palavra empregada, ele proscreve a palavra pulsão – exprime essencialmente o limite da função histórica do sujeito."

No fundo, o simbólico é a morte, o imaginário é o gozo.

O que opera, o que para Lacan é da ordem da condição, é o símbolo. Ali onde Freud insistia na condição do recalque, da anulação significante em nossos termos – a condição do recalque é a fixação libidinal –, Lacan diz: a condição fundamental é a dimensão simbólica.

E a primeira análise do *Fort-Da*, já comentada por mim, mostra o quê? Mostra que a repetição é inteiramente fomentada pela subjetividade, na repetição o sujeito está ativo, domina sua privação do objeto que poderia satisfazê-lo, negativiza seu gozo e transcende seu desejo. Toda a sua primeira análise da repetição é feita para mostrar que supera o gozo e se desfaz dele.

O sujeito, como ser-para-a-morte, é definido sobre o eixo simbólico. E não pode ser animado pela libido, mas somente por uma intenção da ordem do sentido, não da ordem do gozo. Daí Lacan ser levado a dizer que ele é animado pelo desejo de reconhecimento.

Isso foi aproveitado de Kojève, porém, ao dizê-lo, não dizemos nada. Cabe ver a função que isso preenche: o vazio deixado pela libido freudiana. Então, no lugar da libido freudiana, Lacan precisa inventar uma satisfação de ordem puramente simbólica, que tem, além do mais, muitas vantagens, pois essa satisfação puramente simbólica é universalizável. Nenhum problema para conjugar a satisfação do sujeito e a de todos. Isso é o que permite o símbolo.

Se deixarmos de lado o investimento libidinal e seus eventuais arcaísmos, se os transmutarmos em páginas de escritura, páginas de vergonha ou de glória que carecem de ser lidas, então não existirá obstáculo à satisfação universalizável.

Definitivamente, a operação que se cumpriu no início do ensino de Lacan reduziu a fixação ao recalque, ali onde Freud, ao contrário, buscava distingui-los situando-a em um aquém do recalque, ao nível de um acidente sobrevindo à libido.

E uma vez que a fixação nada mais é do que um recalque, e que o recalque pode ser levantado pela fala, então é a epopéia de uma subjetividade que se trata de obter no tratamento analítico, epopéia de uma subjetividade que, no horizonte, conflui com o espírito do tempo, com o *Zeitsgeist.*

## Impasses da transferência de gozo

Tal como proponho, pode-se ver bem o que há de profundamente pernicioso no esquema que opõe o simbólico e o imaginário, no registro que nos ocupa, porque esse esquema tem por efeito suprimir o gozo e o relegar ao imaginário.

Ao mesmo tempo em que Lacan fixou as idéias com o esquema que opõe simbólico e imaginário, não arranjou as coisas passando da autonomia do sujeito, celebrada em "Função e campo da fala e da linguagem", à autonomia do simbólico.

Se Lacan evidenciou a autonomia do simbólico no início do "Seminário sobre 'A carta roubada'", foi por haver celebrado a autonomia do sujeito no "Relatório de Roma". E o que quer dizer autonomia do simbólico? Sem dúvida quer dizer que o sujeito não é autônomo, mas o simbólico sim, a cadeia significante tendo suas próprias leis – o que Lacan valorizou com o pequeno esquema que todo mundo se divertiu em decifrar, $\alpha$, $\beta$, $\gamma$ etc. E qual é a noção que passa através dele? É que a cadeia significante não está condicionada por nada mais que ela mesma, pela lei simbólica que a determina, isto é, não existe *Bedingung* do simbólico, não existe condição do simbólico.

Mas essas são, nos termos de Lacan, as condições do símbolo que subjugam o objeto humano. Dito de outro modo, a cadeia significante condiciona, impõe suas condições. É o que passa através do ensino de Lacan.

O que Lacan chama, em *Televisão*, lei do significante, não é α, β, γ, não é uma lei lógica, é o equívoco que ele chama lei do significante. Não é a mesma coisa definir a lei do significante como lei de pura lógica formal ou defini-la a partir do equívoco que se produz da relação do oral com o escrito. O esquema α, β, γ, só tem sentido, só tem valor, só se sustenta no escrito e no comentário que a ele podemos agregar Ao passo que a lei do significante, como equívoco, supõe que se tome como essencial a relação do oral com o escrito.

Quando Lacan diz, no início dos *Escritos*, à página 13: a lei da cadeia significante rege todos os efeitos determinantes para o sujeito como a foraclusão, o recalque, a denegação, o que isso quer dizer, na perspectiva que temos hoje? Quer dizer: não existe fixação que a preceda.

Estamos de tal forma habituados a ler a autonomia do significante, do simbólico, e os argumentos agregados por Lacan, que negligenciamos a matriz e a "negatriz" que tais fórmulas comportam. Isso quer dizer: nada de significação, nada de fixação aquém.

E o exemplo que Lacan encontra em "A carta roubada", é feito para mostrar que o significante comanda, e o imaginário o segue – no sentido em que o general De Gaulle dizia: "A intendência seguirá."

Quando Lacan apresenta a sintaxe α, β, γ, como um exemplo de percurso subjetivo, destaca que, se aceitamos essa interpretação, a subjetividade constituída nessa cadeia não mostra, na origem, nenhuma relação com o real. E podemos traduzir que ela é feita para mostrar que não há nenhuma relação com o gozo, mas que o sujeito, todavia, é pura relação com o significante.

Relendo uma vez mais esses textos, me diverti ao reencontrar, na página 56, o termo "disparidade", que utilizei, na última vez, para qualificar a posição do gozo como disparate.

O uso do termo "disparidade", no texto de Lacan, acentua que a sintaxe valoriza as disparidades que traz consigo, ou seja, se há disparidades – e isso é o que essa cadeia valoriza –, são puramente simbólicas. Em outras palavras, o objetivo é mostrar que a repetição nada tem a ver com a libido, a qual se manifesta, tanto na história do sujeito quanto no tratamento analítico, apenas como inércia imaginária, sendo diversa da memória simbólica, a qual é uma sintaxe que conserva indefinidamente as exigências da lei simbólica do início. Portanto, é opor estritamente a inércia imaginária ao indestrutível do que é veiculado na cadeia significante.

## A separação entre o gozo imaginário e a questão simbólica

Lacan insistiu em situar a repetição no plano simbólico, pois, no fundo, esse é seu aporte. Só podemos dar conta do automatismo de repetição descoberto por Freud sobre o plano simbólico. E quando Lacan diz que este automatismo é pré-vital e transbiológico, todo mundo aplaude porque, atualmente, nele se reconhece o registro próprio ao sujeito, que não é de ordem natural. Muito bem!

Mas, ao mesmo tempo, o que se diz através desses mesmos qualificativos é: a repetição nada tem a ver com o gozo, o que sugere, inclusive, a disjunção total entre os dois.

Foi, portanto, no espaço aberto por essa disjunção que Lacan promoveu o conceito de desejo no lugar da libido, como função puramente simbólica.

Isso pode fazer uso da libido, isso tem o gosto da libido, mas não é libido. Isso tem a cor da libido, da qual diz Lacan: "A libido tem cor de vazio", para dizer, ela não tem mais cor que o desejo. O desejo é muito mais fácil de manejar que a libido, porque é uma função simbólica. Asseguramos-lhe, na cadeia simbólica, persistência indestrutível; além do mais, ele é ligado ao Outro, como desejo do Outro. Portanto, a promoção do conceito de desejo permitiu a Lacan estabelecer a relação de exterioridade entre o significante e o gozo e, em segundo lugar, a relação de domínio do significante sobre o gozo.

Podemos, por exemplo, nos referir ao que anima sua pontuação da clínica da histeria e da obsessão, na época do *Seminário 4*, em que estuda, de forma correlativa, essas duas estruturas clínicas, valorizando nelas essencialmente os impasses do gozo imaginário: a privação do gozo sofrida pelo sujeito e a transferência de gozo que se cumpre no imaginário. Nos dois casos, mostra que, tanto em um, quanto em outro, sob diferentes formas, o gozo é transferido ao outro imaginário e, desse fato, o sujeito, na condição de eu, é incapaz de gozar:

Ele concebe o histérico, a partir do estágio narcísico, como um sujeito que sofre da falta de identificação narcísica e que, portanto, tem necessidade do outro imaginário do mesmo sexo para poder, de alguma forma, tomar corpo. Daí decorre a proximidade com a homossexualidade feminina.

Nos dois casos, histeria e homossexualidade feminina, é como se fosse preciso um intermediário masculino para apreender o corpo do outro imaginário, o que, no fundo, pode ser feito identificando-se com um homem ou mobilizando-o para ser apreendido.

Na modalidade histérica de identificação masculina, o sujeito banca o homem, sem, contudo, poder gozar. Nesse sentido, pode-se dizer que nessa identificação existe uma transferência de gozo e que o sujeito se vê privado do gozo imaginário e incapaz de reencontrá-lo, o que merece ser chamado um impasse do gozo imaginário.

Quanto ao obsessivo, os termos são os mesmos. Ele também transfere seu gozo a um outro imaginário: aquele que considera o espetáculo. E, enquanto o sujeito abdica de seu desejo, que está sempre em outro lugar, que só se dá em espetáculo, é necessário que ele suponha o outro que goze do espetáculo e que seja, ao mesmo tempo, o equivalente da morte e aquele que se espera que a morte faça desaparecer.

Não entraremos nos detalhes da clínica de histeria e de obsessão, que são bastante ricos. Vamos marcar apenas que, nas duas estruturas clínicas, Lacan quer mostrar a existência de dois impasses do gozo, dois impasses da transferência de gozo, que não têm solução imaginária. Mostra que a questão do gozo é sempre de erro e de miragem. Diz, à página 454 dos *Escritos*: "A saída desses impasses é impensável ... por qualquer manobra de troca imaginária, já que é aí que eles são impasses." Notem que, no texto, não está muito claro ao que se refere "eles são impasses", visto que "troca imaginária" está no singular; diríamos, antes, que "elas são impasses".

Quando lhe ocorre o termo "gozo", é para marcar que, no imaginário, não existe solução para os impasses do gozo. Portanto, é preciso referir-se ao Outro, no qual não se trata de gozo, mas de questão.

É como se as transferências de gozo, tanto na histeria quanto na obsessão, velassem a verdadeira questão do inconsciente. Como sempre se tratasse de remeter as questões de gozo a seu status de sombras e reflexos, para se ocupar, no simbólico, do verdadeiro.

Ademais, no *Seminário 4*, quando tenta situar a perversão fetichista, ele tem sempre que se haver com o imaginário, e faz disso uma questão óptica: põe o véu em questão. É sempre pelo viés imaginário que ele trata o gozo, podendo apoiar-se em comportamentos observáveis. Enfim, não se trata apenas de uma pura observação, pois se inscreve no contexto teórico que descrevo.

A entrada do falo faz bascular toda essa problemática.

É por isolar um gozo particular que decorre a identificação com o falo imaginário da mãe, pois, com a promoção do significante fálico, introduz-se, no ensino de Lacan, um termo mediador entre simbólico e imaginário, e, desse modo, um termo mediador entre significante e gozo. O que Lacan chama "falo", retirando o termo da obra de Freud, é o gozo pensado sob forma imaginária mas, ao mesmo tempo, simbólica.

E, por isso mesmo, enquanto opunha sistematicamente os impasses imaginários do gozo e a questão simbólica que está no nível do grande Outro, pelo viés do estranho conceito de falo imaginário e simbólico, por ele forjado, Lacan relacionava o gozo e a questão.

Eis o valor do que ele expõe à página 561 dos *Escritos*, em a "Questão preliminar a todo tratamento possível da psicose", e é preciso saber lê-lo.

Diz ele: "A função imaginária do falo é o pivô do processo simbólico." Isso é enorme! É enorme porque o imaginário, até então, era, por excelência, uma função secundária e subordinada. E, com o termo falo, eis que ele introduz a função imaginária como pivô do simbólico!

E acrescenta: "Que dá remate ao que, do sexo, é posto em questão pelo complexo de castração." E o termo importante aqui é: "posto em questão". Enquanto todos os seus desenvolvimentos anteriores foram feitos para separar gozo imaginário e questão simbólica, parece haver, ao contrário, pelo do viés do conceito que chamei de mediador, um termo imaginário, ápice do questionamento pelo sujeito, no que diz respeito ao seu próprio sexo.

Assim, penso abrir a via de uma releitura ao avesso do ensino de Lacan, que continuarei na próxima semana.

*29 de março de 1995*

# – Lição 15 –
# Inserções do gozo no simbólico

## O Pequeno Jacques

O Pequeno Jacques – Lacan. Talvez eu fale este ano de Lacan, o grande Lacan, como do Pequeno Hans. É por isso que digo: *O Pequeno Jacques.*

Passo, este ano, ao avesso do ensino do grande Lacan.

Por muito, muito tempo levantei-me de bom humor para soletrar, com vocês, esse ensino. Eu o decifrei, manejei, manobrei. Assinalei suas contradições e suas correspondências, suas homologias, suas discordâncias e suas diferenças. E podemos dizer até que, para os que seguiram esse trabalho e receberam seus efeitos, eu o "desdogmatizei", parecendo historiá-lo. Assim, hoje, sinto-me em condições de lê-lo ao avesso, pelo menos no sentido de poder situar o princípio mesmo de sua invenção conceitual, isto é, apresentar seus conceitos que marcaram a história da psicanálise, e seus matemas – como ele se expressava – como outras tantas soluções de um problema.

É o que me conduz a repassar pelos pontos que, até o presente, faziam obstáculo. À medida que os fui comentando, ao longo dos anos, aqui e ali, em seus escritos, em seus *Seminários*, existiam lugares, passagens, que emperravam, que não pareciam congruentes com o contexto. Hoje, repassando pelos mesmos pontos, descobri a lógica da resolução de um problema.

E não me pareceu infrutífero, para orientar a leitura, nomear o que a rege, fazer referência à fobia do Pequeno Hans. Talvez o ensino de Lacan seja a fobia do Pequeno Jacques. Em relação a Freud, a alguma coisa em Freud.

Essa orientação consiste em pensar o fenômeno – a fobia – a partir de uma equação significante, e de tal modo que sua solução – é o que Lacan propõe para o Pequeno Hans – seja dada pela exaustão, pelo percurso completo, de todas as formas possíveis de impossibilidade para solucionar.

Pois bem, a definição do esforço do Pequeno Hans, no período em que o conhecemos, relatado por Freud, não está longe de descrever a maneira pela qual se nos apresenta o ensino de Lacan.

## O imaginário induzido pelo simbólico

Para servir de preâmbulo à leitura de hoje, posso lembrar os dados da equação da fobia de Hans. Qual é essa equação? Se eu quiser ir pelo modo mais simples, como de hábito, diria que é uma equação – e os convido a verificá-la no *Seminário 4: A relação de objeto* – feita entre o complexo de Édipo e o de castração, propondo a equivalência entre o Édipo e a castração.

Está escrito assim, P sobre X, M:

$$\left(\frac{P}{X}\right) M$$

Podemos reconhecer, à página 390 desse *Seminário* um esboço do que Lacan escreverá, mais tarde, em seus *Escritos*:

$$\frac{\textit{Nome-do-Pai}}{\textit{Desejo da Mãe}}$$

Reconhecemos neste ponto, sobre a barra, o P do significante do pai sobre o X suposto inscrever a posição da criança; tudo sob o olhar da mãe (M).

Aliás, um pouco depois, Lacan escreverá no *Seminário*, à mesma página: P e, entre parênteses, M:

$$P(M)$$

Já se aproximando de sua escritura definitiva. O que ele tenta simbolizar dessas três maneiras é o complexo de Édipo freudiano, no qual o reino do pai é superior à dominância da mãe.

Em segundo lugar, o princípio da equação, indicada pelo signo de congruência que implica certa proximidade, liga a escritura do complexo de Édipo,

$$\left(\frac{P}{X}\right) M$$ 

à do complexo de castração, cuja primeira forma é a seguinte: um signo bizarro, que supostamente representa uma foice invertida, inspirada no poema de Victor Hugo (*Booz*),

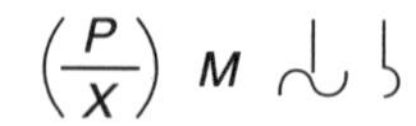

ao qual se acrescenta, com um pequeno mais, o *s* minúsculo do significado, ou da significação:

Símbolos estes que Lacan traduziu como: a foice do complexo de castração – digamos que é uma forma em imagem da barra de negação, de anulação, incidindo sobre o falo, mais a significação onde o X do início encontra sua solução.

Por essa fórmula, ele tenta simbolizar a significação da castração, e, desse modo, escrever a equivalência entre o complexo de Édipo e o de castração.

À página 408, ele propõe uma notação um pouco diferente do complexo de castração: menos *p,* entre parênteses e, ao lado, também entre parênteses, X sobre P:

$$P\,(M) \sim (-p) \left(\frac{X}{P}\right)$$

É outra escritura do complexo de castração, na qual aparece, sob a fórmula curiosa de (-p), a função imaginária do pai castrador e, sob a forma de P, o que seria a função real do falo, isto é, o pênis ou o seu gozo é deixado em certa obscuridade.

Eis a equação fundamental proposta por Lacan ao final de sua construção sobre a fobia do Pequeno Hans. E a esse respeito, nas duas versões principais, ele escreve a trajetória própria do Pequeno Hans.

Por um lado, o P inicial, aí situado sobre X – *(P/X)* – ou, na segunda maneira, situado ao lado do parêntese da mãe – *P (M)* – não cumpre a função que lhe cabe, e é substituído pelo significante do cavalo da fobia, que está, no *Seminário 4,* indicado por um *I'*, no lugar de P.

$$I'$$

Por outro, o caso de Hans implica ser a relação elementar com a mãe, aqui indicada, complicada por elementos suplementares, os quais encontramos indicados nos esquemas de Lacan por φ – o falo –, *a* – a outra criança. Ao passo que a fórmula da castração é, ela própria, desviante, em relação a essa forma normal, sendo indicada de diversas maneiras. Defendo esta:

$$I' \qquad m + M$$

No lugar da castração, a mordida, antes de tudo primordialmente materna, visto ser um perigo que incide sobre a realidade genital.

Portanto, sobre a base da equação inicial do complexo de Édipo – e de castração –, Lacan tenta escrever o desvio da fórmula na fobia do Pequeno Hans, assim como o desvio da fórmula do complexo de Édipo e do de castração:

$$I' \qquad m + M$$

$$\frac{P}{X} \quad M \sim\!\rfloor \;\rfloor + s$$

$$\frac{\textit{Nome - do - Pai}}{\textit{Desejo da Mãe}}$$

$$\boxed{P(M) \sim (-p) \left(\frac{X}{P}\right)}$$

$$I' \qquad m + M$$

E, ao final do percurso do Pequeno Hans, encontramos a fórmula terminal do complexo de Édipo e do de castração, em Hans.

A primeira está escrita assim:

$$p\,(M)\,(M')$$

traduzindo, no *p* minúsculo, o lugar inadequado, desvalorizado do pai, compensado pelo desdobramento da mãe, e indicando que o terceiro simbólico que o Pequeno Hans não encontra no significante do pai, ele o situa, precisamente, na personagem da avó paterna *(, M')*

$$\underline{p\,(M)\,(M')}$$

ao passo que, no ponto de chegada, a castração se presta à fórmula, a sobre φ, com respeito a:

$$p\,(M)\,(M') \sim \left(\frac{a}{\varphi}\right) p$$

que supõe traduzir o episódio da irmã do Pequeno Hans, Anna, cavalgando o cavalinho de madeira, e dando uma versão triunfante do complexo de castração.

E Lacan propõe retomar o conjunto do desenvolvimento da fobia como feito de uma transformação da fórmula inicial à fórmula terminal, por uma série de etapas.

Pois bem, não é impossível conceber um período decrescente do ensino de Lacan sobre esse modelo. Foi o que me autorizou a apresentar, de início, o ensino de Lacan e a leitura que tento fazer dele como a do pequeno Jacques.

A fórmula *standard* apresentada por Lacan nas páginas que lhes citei, sob esta forma:

$$\left(\frac{P}{X}\right) M \overset{|}{\sim} \; \overset{|}{\supset} + s$$

ou sob esta:

$$P\,(M) \sim (\text{-}p) \left(\frac{X}{P}\right)$$

é a que inspira, algum tempo mais tarde, o esquema da metáfora paterna – a leitura do *Seminário 4* nos adverte quanto a isso –, feita da articulação do complexo de Édipo e do de castração.

E encontra-se aí – na forma em que abrevio – Nome-do-Pai sobre Desejo da Mãe, Desejo da Mãe sobre X, significantes barrados como metaforizados:

$$\frac{NP}{\cancel{DM}} \quad \frac{\cancel{DM}}{X}$$

Encontramos aí os termos que Lacan pôs em jogo nas suas primeiras tentativas de simbolização. Esse X, que era no início a posição da criança em relação ao par Nome-do-Pai e Desejo da Mãe, é, nos *Escritos,* reduzido a ser: "significado do sujeito":

$$\frac{NP}{\cancel{DM}} \quad \frac{\cancel{DM}}{\underline{\underline{X}}}$$

E, do outro lado desta fórmula – indicado por uma flecha de operação –, encontra-se o Nome-do-Pai, entre parênteses, A sobre falo, que é a escritura que Lacan propôs, finalmente, do complexo de castração:

$$\frac{NP}{\cancel{DM}} \quad \frac{\cancel{DM}}{\underline{\underline{X}}} \longrightarrow NP\left(\frac{A}{Falo}\right)$$

Demos, então, muita importância ao fato de Lacan propor, aí, uma fórmula lingüística, a da metáfora, adaptada para as necessidades da causa. Proponho atentarmos para o fato de que ela tem, por motivo, articular o simbólico e o imaginário.

E a fórmula da metáfora paterna reduz o imaginário a ser um efeito de sentido. Um efeito de sentido produzido por uma articulação significante. Para ser mais preciso, digamos que ela faz do complexo de Édipo uma articulação significante e, do complexo de castração, uma significação induzida por esta articulação significante. Ela faz do complexo de castração a significação do falo. E é assim que Lacan pôde dizer – em sua "Questão preliminar", página 563 dos *Escritos* –, que o falo é uma significação evocada no imaginário do sujeito pela metáfora paterna. No fundo, o que está em jogo na metáfora paterna é nos mostrar o imaginário, se quisermos, normal, deduzido, induzido, produzido por uma articulação simbólica. E, em si mesmo, esse esquema constitui um desmentido ao esquema essencial que Lacan tantas vezes reproduziu, que separa completamente o imaginário e o simbólico:

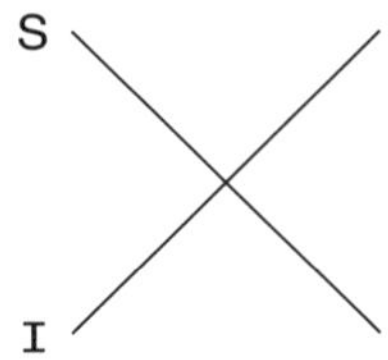


É o princípio de seu esquema *L* – esquema em Z –, que é feito para separar o imaginário e o simbólico, enquanto essa fórmula da metáfora paterna, pode-se dizer, é absolutamente outra coisa, visto que conjuga o simbólico e o imaginário, chegando a atribuir ao imaginário um lugar de produto do simbólico.

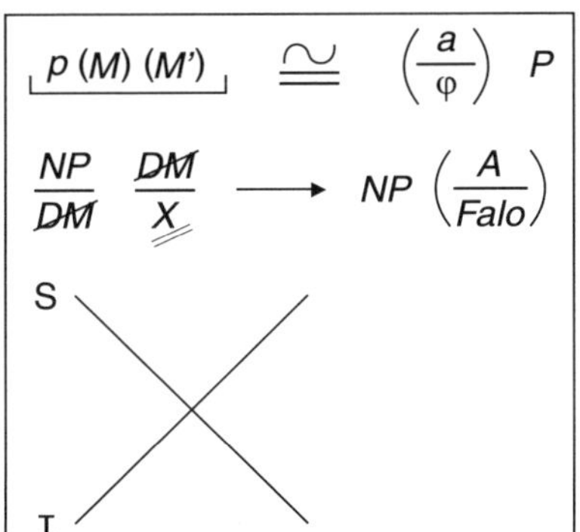


*eu – objeto*

## O desejo é um desejo morto

A via que tomei para chegar ao avesso do ensino de Lacan é, em definitivo, a via de seu *Avesso da psicanálise,* onde ele se dá conta – isto é o pivô, a descoberta essencial – de que a repetição significante que está no próprio princípio da cadeia significante e, por isso mesmo, no princípio da fala, é a repetição de gozo.

Quer dizer que, sob o título de *Avesso da psicanálise*, Lacan fundou a repetição, não sobre a autonomia do simbólico como fez no início de seu ensino, mas sobre sua heteronomia em relação ao gozo.

É a partir desse ponto que passo a questionar a relação do gozo e do simbólico no conjunto do ensino de Lacan. No fundo, problematizei essa relação do gozo com o simbólico – escrevi o losango de Lacan que designa todo tipo de relacionamentos:

*Gozo ao simbólico*

E por que não dizer que está aí a equação com a qual o ensino de Lacan desenvolve todas as formas de impossibilidade?

De início ressituo, sobre a base da fórmula – e não vejo razão para não chamá-la de equação –, o momento inaugural do ensino de Lacan, que estou empenhado em decompor este ano.

Nesse momento inaugural – repito –, o gozo é afetado pelo imaginário. Quer dizer que ele é pensado, à maneira freudiana, como uma libido, um fluxo que transita entre os dois termos do par imaginário, *a* e *a'*. A partir desse fato, o gozo é arrastado em todos os impasses do imaginário, ou seja, do estádio do espelho. Foi o que apontei na clínica que se funda sobre a localização imaginária do gozo. Clínica proposta por Lacan, da histeria e da obsessão, cujo princípio é que o outro imaginário goza no lugar do sujeito.

A partir do momento em que o gozo é situado no registro imaginário, aparece sempre como transferido, pouco ou muito, ao outro imaginário, e, portanto, como gozo roubado, gozo roubado ao sujeito. É nesse ponto que se insere o exemplo, tantas vezes repetido, que Lacan foi buscar nas *Confissões* de santo Agostinho, da criança que vê seu irmão mais novo gozar do seio materno, do qual ela experimenta uma desapropriação e que, ao ver que o pequeno outro goza em seu lugar, cobre-se de uma palidez mortal.

Podemos dizer que, nesse registro, existe sempre um roubo imaginário de gozo.

É o que se tornará, mais tarde, na obra de Lacan, a perda estrutural do gozo, que o fará dizer que o gozo como tal – mas dessa vez por causa do simbólico – é sempre perdido. O que se apresenta, no registro imaginário, como roubo da libido pelo pequeno outro imaginário. Razão pela qual podemos ir muito longe na descrição clínica; ainda que o gozo não seja atribuído ao nível conveniente, porque, mesmo destinado ao registro imaginário, existe, sob forma de roubo, uma perda que permanece. Nesse sentido, podemos distinguir a transferência histérica de gozo e a transferência obsessiva de gozo. Podemos inscrevê-lo assim:

• No que concerne à histeria, e a partir do par imaginário *a- a'* (aqui, pequeno outro), *a'* é a outra mulher, a imagem da mulher que o próprio sujeito está em *déficit* de realizar:

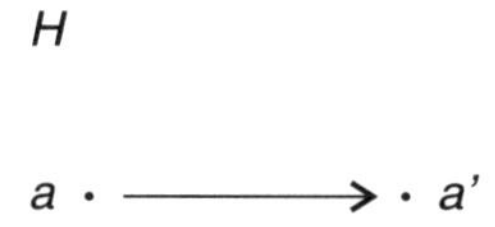


É aí que se interpõe (escrevamos pequeno *a"* ) – o outro masculino, cuja função essencial é de gozar de outra mulher:

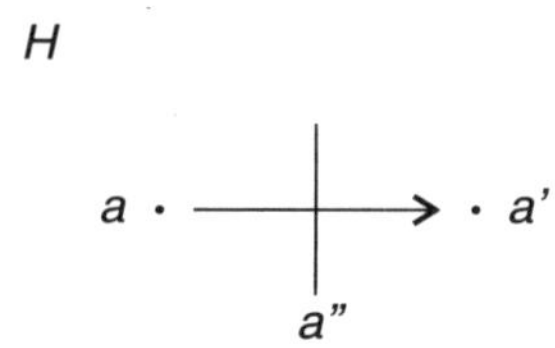


Com base nesse esquema, muitas versões são concebíveis. Com ele podemos indicar a identificação masculina da histérica ou a indiferença, a frigidez, o ciúme; ou ainda, ao contrário, o acolhimento aliviado da outra mulher, para fazer gozar o homem cujo sujeito abdica espontaneamente do serviço. Não desenvolvo as diferentes versões, contento-me com esse ajuste mínimo.

• No que concerne à transferência obsessiva de gozo, pode-se dizer que ela implica um outro que poremos aqui como terceiro – *a'''* – e que está na parte de cima para indicar que domina a luta imaginária do sujeito contra os outros, o outro imaginário que, na obsessão, goza do espetáculo oferecido pela luta imaginária:

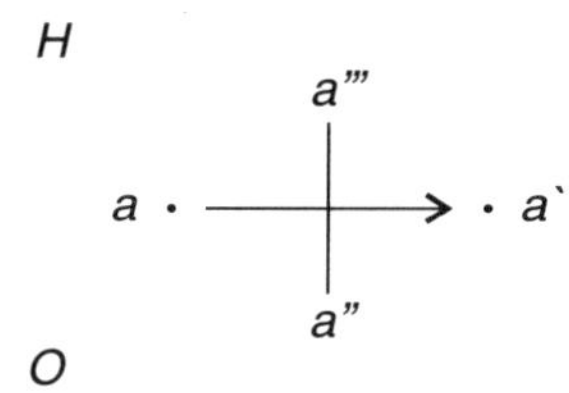


O princípio dessa clínica consiste em estar o gozo preso em impasses imaginários, enquanto a questão propriamente dita do inconsciente se situa no simbólico. E a tal ponto que Lacan pôde dizer: todos esses enganos imaginários só servem para tornar a questão inconsciente.

Ele convida a uma disjunção entre o imaginário e o simbólico. Não há solução ao nível imaginário, só há deslocamento dos impasses.

Comprimi aqui o que chamei os dados do momento inaugural do ensino de Lacan.

*Gozo ao Simbólico*

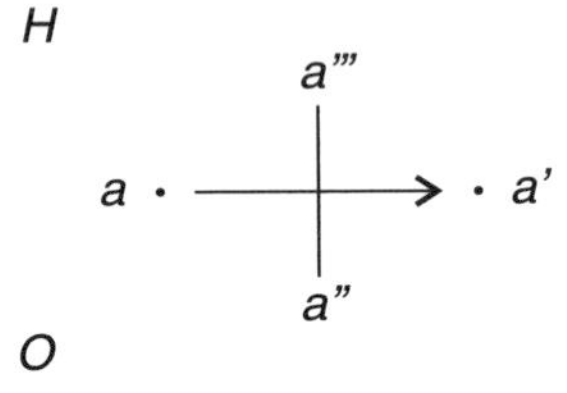


O que vem em seguida, posso chamar, como já me aconteceu, em outra ocasião, o momento clássico do ensino de Lacan, que é marcado pela introdução nessa problemática, que os ignora, dos conceitos de falo e de desejo. É como se fosse um recomeço do ensino de Lacan.

A que responde precisamente essa introdução? O que ela muda fundamentalmente na perspectiva sobre a experiência analítica e sobre a metapsicologia? Enquanto o momento inaugural disjunta o imaginário e o simbólico, o momento clássico articula o imaginário ao simbólico, animado pela necessidade da inserção do gozo no simbólico. Toda a problemática inicial deixa o gozo concebido como libido no exterior do campo simbólico, e o que vemos operar no momento clássico é a necessidade de inserir o gozo no simbólico. Isso quer dizer que não podemos ir tão longe na descrição da experiência analítica e na teoria metapsicológica simplesmente com os poderes intersubjetivos da fala, rejeitando, nas trevas exteriores, os impasses do gozo. Pela dinâmica própria desse ponto de partida, é preciso inserir o gozo no simbólico. É uma necessidade que percorre todo o ensino de Lacan, mas que, em seu momento clássico, se faz pelos conceitos de falo e de desejo.

Esse momento é de fato clássico, porque se ensina Lacan a partir daí, mas também porque parece operar uma redução simbólica da libido freudiana. De certo modo, é especialmente satisfatório para o espírito.

Então, a inserção do gozo no simbólico realiza-se de duas maneiras.

Primeiramente, sob a forma de um significante privilegiado, o falo, que a suporta .

Em segundo lugar, ela se realiza pelo conceito de desejo, uma vez que o que eram na obra de Freud transferências e transposições da libido, o que até então em Lacan eram as transferências imaginárias de gozo, tornam-se – por virem no mesmo lugar – metonímia simbólica do desejo.

O que dá pregnância ao conceito de desejo, na história da psicanálise, é a capacidade por ele demonstrada de dar conta, sob a forma simbólica, dos deslocamentos, dos avatares, das *Verwandlungen* – retornando o termo privilegiado por Jung – da libido, e de o fazer como metonímia. Esse conceito é muito poderoso na obra de Freud, pois, por toda parte onde, em Freud, for questão dos deslocamentos da libido, isso será retranscrito como metonímia do desejo.

Mas paga-se pela inserção do gozo no simbólico realizada pelos dois conceitos ligados. E o preço a pagar por ela – é o que emerge permeando o ensino de Lacan, sobretudo nos *Escritos,* porque ele segue rigorosamente essa lógica – é a negação e a morte recaindo sobre o gozo.

Do lado do falo: a castração; e, do lado do desejo: a menção de que o desejo do qual se trata é um desejo morto.

Eis aqui um dos obstáculos que me surpreendia em outros tempos: Lacan qualifica o desejo metonímico de desejo morto em "Instância da letra". Hoje, reconstituo a necessidade de tal adjetivo. O gozo só pode se inserir no simbólico ao preço da morte.

## O ternário falta-falo-objeto

Tomemos o conceito de desejo.

Lacan transpôs a libido freudiana no simbólico como desejo, e, de modo muito simples, construindo o conceito de desejo como equivalente ao significado do significante: o desejo é o significado. Por esse fato, tudo o que era, em Freud e nos freudianos – e nos antifreudianos como Jung – os avatares da libido tornou-se o significado que corre sob o significante. De tal forma, que o desejo, segundo Lacan, é a libido, segundo Freud, mas desde que ela sofreu a incidência mortificante do significante. Assim, Lacan pôde dizer, em "Instância da letra", página 522 dos *Escritos*, que a cadeia metonímica veicula um desejo morto. É por isso também que, ao tratar do desejo, ele trata, ao mesmo tempo, do gozo, nessa passagem que citei freqüentemente: o desejo envolve numa colusão íntima, o prazer de saber e o de dominar – a curiosidade, a mestria – com o gozo. Vemos que Lacan ambicionava, com o conceito de desejo, que não mais tivéssemos de falar de gozo, que não mais tivéssemos de falar da libido freudiana, pois que ela estaria reduzida ao significado do significante. É ainda por isso que, quando ele situa o desejo no nível da metonímia, tomada de Jakobson, ele situa, ao mesmo tempo, a fixação. No fundo, a fixação da libido é equivalente, para ele, ao desejo indestrutível, nada mais que a memória significante.

Ele pôde dizer que o sintoma é aquilo através do qual o sujeito grita a verdade do desejo, o que encontramos à página 522. Pouco o lemos! E, no entanto, vale a pena se deter nisso. É a definição do sintoma a partir da verdade do desejo, ou seja, não a partir do gozo. O sintoma não comemora o gozo irredutível, mas grita a verdade do desejo. Quer dizer que a libido freudiana está inteiramente significantizada. O que resiste, no sintoma, é uma verdade, um significado esperando ser promovido, liberado.

Já quebrei a cabeça muitas vezes sobre essas passagens, sem reconstituir a lógica que as anima. E não hesito em retornar, ainda uma vez, porque espero conseguir chegar lá.

O conceito de desejo é correlato ao de falo.

Aqui, o seminário *A relação de objeto* nos serve de guia e enfatiza bastante o fato de que o objeto, até então, tinha sido pensado fundamentalmente a partir do eu.

A problemática do objeto e a da relação de objeto, até esse *Seminário*, estava presa no par eu-objeto; o eu, reservatório de libido, transferia-a ao objeto:

*eu – objeto*

Só tínhamos as transferências de libido internas ao imaginário.

O que o *Seminário 4* introduz é um objeto especial cuja função – e é isso que, desde o início, põe o falo à parte – não é pensável sem a falta, mesmo como objeto imaginário. Como objeto imaginário, ele já se introduz a partir do exemplo da menina, introduz-se como faltando. Dito de outro modo, enquanto o estádio do espelho desenvolvido por Lacan não faz diferença entre os sexos, no *Seminário 4* esta é justamente levada em conta no estádio do espelho.

A consideração desse objeto imaginário especial introduz, necessariamente, uma problemática da falta, ausente por completo quando se reflete sobre *a-a'*, sobre a relação do eu e do objeto, na qual estamos sempre no pleno; temos um pouco mais ou um pouco menos segundo as distribuições da libido e, portanto, o eu pode empobrecer-se de libido em benefício do objeto, mas continuamos no pleno. É o princípio dos vasos comunicantes. No entanto, com o falo, introduz-se a problemática da falta, que só tem status simbólico, ou seja, por mais imaginário que seja o objeto, ele não é pensável apenas no registro imaginário, é preciso ainda o conceito de seu lugar simbólico.

E o que anima o quadro proposto por Lacan, da carência, da frustração e da castração é, antes de tudo, a junção obrigada a fazer-se entre o imaginário e o simbólico. Disso se deduz que os objetos não devem ser tão situados em relação ao eu, mas em relação ao falo. Eis o novo par que se propõe, falo-objeto:

*eu – objeto* ||
*falo – objeto* ||

O falo, porém, só é localizado em referência à falta. E vemo-nos então com o ternário falta-falo-objeto:

*falta – falo – objeto* ||

do qual Lacan faz uso para situar tanto o objeto fálico como o fetiche; todas as problemáticas não articuláveis em termos de relação do eu com o objetos:

*eu – objeto* ╫
*falo – objeto*

*falta – falo – objeto* ||

Em outros termos, antes a problemática do objeto era uma problemática do pleno com transferência da quantidade de libido. Agora, trata-se muito mais de uma transferência de falta:

*eu – objeto* ╫
*falo – objeto*

*falta – falo – objeto* ||

E essa falta, que está no início, tende, no ensino de Lacan, a se confundir com o próprio sujeito, com o sujeito vazio:

*eu – objeto* ╫
*falo – objeto*

*falta – falo – objeto* ||
*Sujeito*

De tal sorte que o eu não mais aparece como correlato do objeto, e, sim, o sujeito como vazio. Não o eu, reservatório de libido, mas o sujeito como vazio.

A conexão entre o sujeito e o objeto – e não entre o eu e o objeto – é decisiva, no ensino de Lacan, para tudo o que dirá respeito à teoria da fantasia. Estamos, pois, nos embasamentos que conduzirão Lacan a tratar o final da análise a partir da travessia da fantasia.

## Do falo-significação ao falo-significante

Partindo da equação que coloquei no início, é possível tomar uma perspectiva – por que não dizê-lo – do conjunto dos *Escritos* de Lacan.

Em primeiro lugar, gostaria de pôr as pontuações convenientes para que se apreenda a série constituída por tais escritos, os quais suponho já terem sido lidos pela maioria de vocês: "De uma questão preliminar a todo tratamento possível da psicose", "A significação do falo" e "A direção do tratamento". Estes são os três escritos principais que dependem conceitualmente da "Instância da letra", em que a problemática que acabo de reunir se constrói, se complica, e é aonde Lacan vai buscar as soluções para a inserção do gozo no simbólico. Não vou ler o conjunto desses escritos por seu tema explícito, vou tomá-los obliquamente para mostrar como eles constituem outras tantas tentativas de solução da inserção do gozo no simbólico

A "Questão preliminar" trata o caso Schreber e retoma os temas tratados no *Seminário 3*, à luz do aporte do *Seminário 4*, constituindo um ensaio de articulação do imaginário com o simbólico. Muitas das dificuldades de sua leitura e das contradições que aí se encontram e que já lhes apontei, se esclarecem quando percebemos que ele apresenta e mistura dois status do falo: o falo no imaginário e o falo no simbólico. Nesse escrito, Lacan está às voltas com a contradição implicada na própria articulação entre o imaginário, o simbólico e o termo Janus, que é o falo.

Lacan apresenta, em "Questão preliminar", o falo no imaginário ao introduzi-lo como complemento do par imaginário do estádio do espelho. Para pensar esse estádio, não basta o par eu e a imagem especular: *a-a'*; há também o falo imaginário:

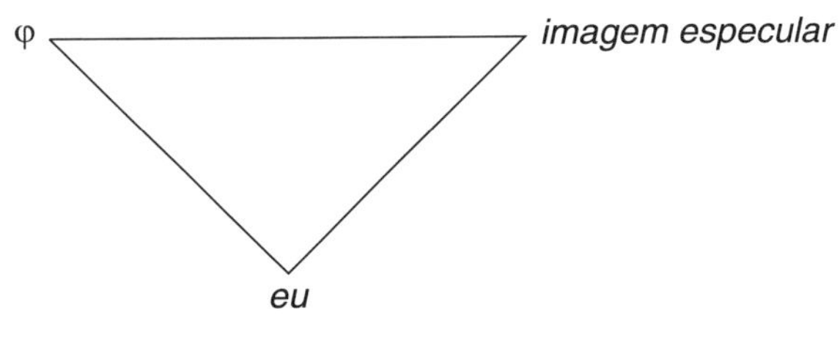


Aqui, o falo aparece, explicitamente, como termo distinto no imaginário, não se reduzindo à imagem especular, mas sendo um termo suplementar no que diz respeito a ela.

E enquanto Lacan, até então, falava da dualidade e da divisão imaginárias, e podia utilizar temas dos moralistas clássicos, temas como: "Eu interpreto um personagem"; "Eu imito o outro"; "Quando serei autêntico?"– quando se opõe o eu e a imagem especular, conta-se com uma vasta literatura: a literatura do duplo, a da autenticidade –, neste momento, podemos dizer que se sai dessa literatura, visto que se acrescenta um termo que, na literatura clássica, é desconhecido do batalhão, isto é, o falo imaginário, e não estamos mais frente a uma dualidade imaginária, mas a um ternário, a um triângulo, a um tripé imaginário. Portanto, com um objeto suplementar: a imagem fálica.

E, no ponto em que o eu está situado em correlação à imagem especular, conforme o esquema *a-a'*,

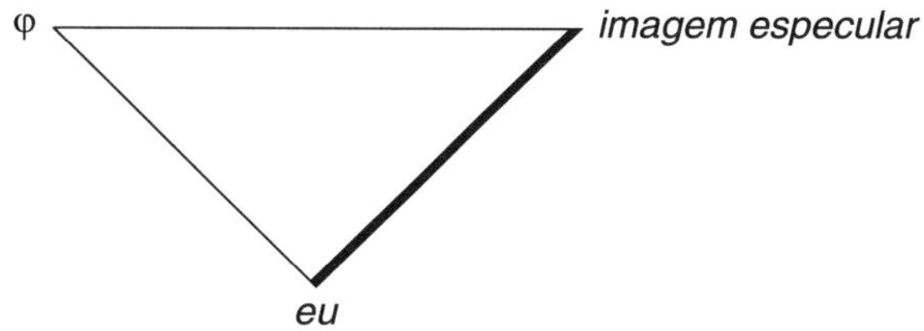


Lacan liga o falo ao sujeito e o escreve assim:

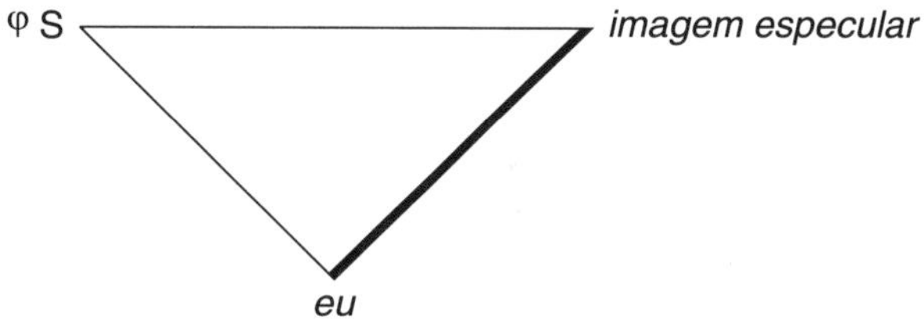


Eis a perspectiva do falo no imaginário. Por certo, isso não se sustenta inteiramente no momento em que se trata de ligar o sujeito e o falo:

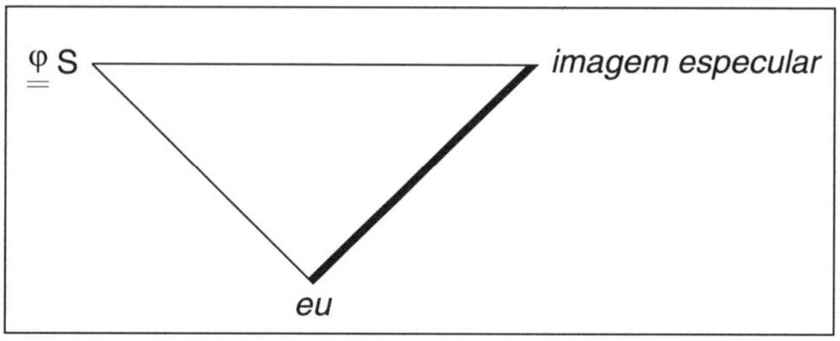


E Lacan escreve esta proposição que faz obstáculo: a significação do sujeito se baliza sob o significante do falo. E não compreendemos mais nada porque, precisamente, o falo foi introduzido como termo imaginário, e, na seqüência do texto, ele vai desenvolver o falo como significação. Mas essa frase, pelo contrário, faz do falo um significante e do sujeito uma significação do significante fálico. Pode-se dizer, contudo, que essa proposição não foi mais desenvolvida, ela permanece na espera. No fundo, ela se parece com uma espécie de lapso.

Em segundo lugar, "Questão preliminar", de maneira bastante autônoma em relação a essa apresentação, introduz o falo no simbólico. Podemos dizer que isso se desenvolve de modo não totalmente costurado.

Em "Questão preliminar", Lacan introduz o falo no simbólico não como significante, mas como significação produzida pela metáfora paterna, o que eu já havia citado mais acima: a significação evocada no imaginário pela metáfora paterna. Encontramos, lado a lado nesse texto, dois desenvolvimentos. Primeiramente, um desenvolvimento sobre a imagem fálica, como terceiro no estádio do espelho. E, em segundo lugar, um desenvolvimento sobre: no simbólico, o falo é uma significação.

Nesse sentido, se encontram desenvolvidos correlativamente nesse escrito maior sobre a psicose, o Nome-do-Pai no simbólico e, no imaginário, como efeito do simbólico, o falo. É assim que, ao lado do termo foraclusão do Nome-do-Pai, que a história reteve, há necessariamente a elisão do falo. Este termo, não retido com a mesma evidência, mostra o paralelo estabelecido entre os dois termos e a problemática que se seguiu quanto à relação entre a foraclusão e a elisão, que não desenvolverei, por ora.

{ - *Foraclusão do NP*
{ - *Elisão do* $\varphi$

O texto traz o falo como significação, induzida no imaginário através de articulação simbólica. Essa significação do falo é, antes de tudo, significação de castração. E levará Lacan a escrever (-) – menos phi –, conforme à exigência que mortifica o gozo, uma vez que o inserimos no simbólico:

{ - *Foraclusão do NP*
{ - *Elisão do* $\varphi$

$(-\varphi)$

Em terceiro lugar, no texto "Questão preliminar", o que existe de mais problemático e fecundo para o futuro, em se tratando de caso de psicose, no qual a metáfora paterna falha e a significação do falo como castração não emerge, é que encontramos evocada a presença de um gozo, se assim posso dizer, em estado livre, não falicizado, que Lacan logo traduziu como gozo imaginário.

O caso de psicose ilustra o que se produz quando a significação do falo não chega a capturar a libido. E Lacan diz "gozo narcísico da imagem", trazendo, como prova, o interesse de Schreber pela própria imagem no espelho, vestido de mulher. Vou lê-lo rápido, embora isso justificasse uma atenção mais específica e detida. Lacan é conduzido a ser indiferente a tudo o que, no texto de Schreber, é descrito como os vaivéns do gozo – da voluptuosidade, como ele se exprimiu –, apesar de ser uma descrição aprofundada. De fato, Schreber, no momento em que a voluptuosidade o invade, e depois quando ela se retira, permanece no abandono e no sofrimento.

Basta ler isso – lê-lo sem prejulgar –, para perceber que temos um movimento de repetição, que a voluptuosidade de Schreber obedece ao mesmo vaivém do *Fort-Da*, que se tem uma espécie de *Fort-Da* do gozo. Isso é precisamente o que tomei, logo no começo da Seção Clínica, como ponto de partida da releitura que se fazia do caso Schreber, a partir de seus escritos. E, para valorizar um ponto que, tanto no *Seminário* de Lacan, quanto em seu escrito "Questão preliminar", está, de certo modo, apagado, porque, para ele, a repetição e o gozo são inteiramente disjuntos, ao passo que, aqui, o próprio caso clínico no-lo impõe. E esse gozo que eu dizia não-falicizado, não capturado na significação da castração, todo o esforço de Lacan em seu texto "Questão preliminar" é para traduzi-lo em termos fálicos.

Por essa razão, ele valoriza o desejo de Schreber como o de ser o falo, e o desejo que o leva a se acreditar mulher é o princípio de seu tornar-se-mulher. É a famosa proposição: por dever ser o falo, o paciente estará destinado a se tornar uma mulher. Não entraremos na justificativa dessa frase, vejo nela um esforço de Lacan para tornar a apreender todos os fenômenos de gozo do caso a partir da identificação fálica. Como se, no fundo, o termo "fálico" fosse essencial, não eliminável, quando se trata do gozo.

Com certeza é uma proposição que não poderia ser sustentada por muito tempo no ensino de Lacan, já que, pelo contrário, ele fará do desejo de ser falo a chave do desejo do neurótico.

Então, aqui, há algo que não funciona. E não basta dizer que há algo que não funciona, é preciso perceber que todo o seu esforço é para continuar dominando a libido freudiana a partir do falo, e para realizar essa tradução. E ele chega a isso de maneira formidável. Exceto por negligenciar, empurrar para baixo – devemos examinar isso de perto, lê-lo de perto, comentá-lo de perto – tudo o que concerne à repetição de gozo no caso de Schreber.

Se apreendermos não as teses dogmáticas expostas em "Questão preliminar", mas a problemática vacilante, em desequilíbrio, presente nesse texto, então compreenderemos por que Lacan, alguns meses mais tarde, escreveu "A significação do falo", título sob o qual desenvolveu a tese de que o falo é um significante. De modo paradoxal, sob o título que não é exatamente "A significação do falo", mas *Die Bedeutung des Phallus* – a expressão alemã utilizada em Freud, e presente em Frege, é *Sinn und Bedeutung*, de tradução difícil tanto em francês quanto em inglês, e que traduzimos por significação ou por referência –, Lacan faz um texto para dizer simplesmente: o falo não é uma significação. O texto, "A significação do falo", foi feito para dizer: o falo é um significante, ou seja, para decidir sobre o que permanecia equívoco no escrito "Questão preliminar".

Ele faz a escolha e atribui, em definitivo, o falo ao simbólico como significante e, desde então, é a esse título que Lacan falará dele eminentemente.

Ao mesmo tempo, podemos dizer que esse escrito, cuja última palavra é "libido" – termo que surge no último parágrafo –, foi feito para dizer: dou conta integralmente da libido através do desejo. Lacan só menciona a libido para afirmar: a libido freudiana é masculina, Freud o disse, ou seja, é passível de ser traduzida integralmente em termos de falo.

Ele considera que a função do falo como significante, a função do significante fálico, equivale, de modo estrito, ao que Freud chamou libido.

É o que se cumpre nesse texto, que só tem todo seu poder de sedução e de fascinação – texto que foi traduzido em todas as línguas, até mesmo por feministas para darem suas flechadas contra ele –, porque nele se cumpre a redução da libido ao desejo. E qual é o termo alemão que retorna constantemente nesse escrito? É o termo *Verdrängung* – recalque – para qualificar "a *Verdrängung* do falo", "a *Verdrängung* inerente ao desejo", "a *Verdrängung* inerente à marca fálica do desejo" – tudo isso com o valor de indicar que o recalque incide sobre o gozo, e que, com isso, o gozo nada mais é que o desejo como significado, significado que busca liberar-se e se dizer, que nada mais é que um significado suprimido. De todo modo, digamos que implica situar o gozo integralmente na ordem do significante e do significado.

## Desejo, resto da significantização do gozo

Na seqüência dessa escolha decisiva de reduzir a libido ao desejo, temos o grande escrito de Lacan, "A direção do tratamento", texto em que a libido está ausente, que põe o desejo no primeiro plano da prática analítica, e consuma, pois, o triunfo do desejo.

E o *leitmotiv* de Lacan, nesse texto, é: é preciso preservar o lugar do desejo. Ele o diz à página 608 dos *Escritos*: "não se enganar quanto ao lugar do desejo", ou, página 618, "não desconhecer o verdadeiro lugar onde se produzem os efeitos da técnica".

O *leitmotiv* de "A direção do tratamento" é a interpretação do desejo e seu significante, o falo. Isso diz algo muito preciso: é necessário interpretar sempre na direção da falta, interpretar sempre na direção do nada, é preciso, de certo modo, visar e mostrar o nada. E, se mostramos algo, então, é muito simples, produzimos *acting out,* sim! E aí, vemos a pulsão. Por essa razão, nesse texto, Lacan dá exemplos pela negativa.

Comentamos freqüentemente sua leitura do caso de Ernst Kris, retomado de Melitta Schmedeberg, o "Homem dos miolos frescos", e o de Ruth Lebovici, tratado por ele no *Seminário 4*. São dois casos de *acting out.*

E por que Lacan evidencia dois casos de *acting out* em "A direção do tratamento"?

Para mostrar que se o desejo não for interpretado no nível simbólico, se o grande A não for interpretado, se o nada não for interpretado, então teremos uma presentificação da pulsão, então teremos sintomas transitórios.

É o que ele valoriza no caso de Kris, no qual se tenta considerar o que é de um e o que é de outro, no plágio do qual ele se acredita culpado, visto que se tenta interpretar em termos de realidade e não na direção do nada. Então, ops! a pulsão oral aparece no sintoma dos miolos frescos.

O caso de Ruth Lebovici concerne de modo explícito à transposição freudiana da libido, ou seja, o sujeito chega fóbico e sai fetichista. Enfim, me faço entender: ele chega com uma fobia que esconde, reveste uma inibição e, depois, no curso da experiência e devido à direção do tratamento, cai no voyeurismo, isto é, a pulsão escópica emerge.

No caso de Kris, trata-se da pulsão oral, aqui, da pulsão escópica. Vemos surgir o objeto oral, o objeto escópico.

E Lacan propõe como crítica dos dois casos que teriam sido necessários a Kris, em vez de entrar no "é você, é o outro, você não toma nada do outro..." , ou seja, interpretar nos termos da realidade, ou no eixo imaginário "Será que lhe roubam? Será que você rouba?", teria sido necessário, diz Lacan, mostrar-lhe o nada, o nada que estava em questão e que, em seu roubo, ele roubava nada. É por isso que Lacan evoca a anorexia mental, a anorexia quanto ao mental, ou seja, quanto ao desejo. Portanto, há que se interpretar, pela metonímia, isto é, as idéias deslizam, passam, como na cadeia metonímica, e não entrar no debate de saber se realmente ele era ou não plagiário. Seu problema é uma espécie de desmoronamento do desejo, o que o faz sentir-se plagiário, e não um debate sobre, "pertence a você" ou "pertence ao outro".

Quanto ao caso de Lebovici, nele também a analista remetia o sujeito à situação real, em vez de mantê-la na dimensão simbólica, a única que poderia dar sentido à sua inibição primeira, ligada ao sentimento de ser "muito grande"; é somente no simbólico que o "muito grande" pode receber seu sentido e, sem dúvida, seu sentido fálico.

Com a perspectiva proposta por mim, compreendemos por que Lacan aborda esses dois casos nesse texto. São de *acting out,* destinados a mostrar o que produzimos quando não interpretamos no registro simbólico: quando não interpretamos o desejo, vemos surgir fenômenos transitórios de gozo.

E a perspectiva, ao avesso, proposta por mim, permite apreender também, em sua necessidade, o aparecimento de outro conceito ligado ao desejo, o da demanda. Depois de ter inventado o desejo como significado, ele inventou a demanda como significante correlativo ao significado do desejo. Já comentei sobre isso, há muitos anos, no Departamento de Psicanálise: necessidade, desejo, demanda. Não vou dizer nada sobre eles, mas sobre a operação invisível que se produz nessa articulação de Lacan, ou seja, o que se produz é uma significantização integral do gozo.

Diz Lacan: a necessidade deve passar pela demanda, quer dizer, pelos significantes do Outro:

$$\frac{D}{N}$$

Isso é mostrado no *Seminário 4:* a criança se dirige ao Outro e, então, produz-se uma anulação significante, deixando um resto, o desejo:

$$\frac{D}{\not{N}} \longrightarrow \underline{\underline{d}}$$

Podemos reconhecer aí a mesma estrutura que conduzirá Lacan, muito mais tarde, a dizer: o gozo, ao ser situado no lugar do Outro, é anulado, mas existe um resto que é o *a*:

$$\frac{A}{\not{G}} \longrightarrow \underline{\underline{a}}$$

Em termos formais, é a mesma estrutura: o objeto da necessidade é simbolizado pela operação da demanda e o desejo continua a correr. Já é o mesmo esquema que o proposto por Lacan, mais tarde:

$$\frac{D}{\not{N}} \longrightarrow \underline{\underline{d}}$$

$$\boxed{\frac{A}{\not{G}} \longrightarrow \underline{\underline{a}}}$$

Mas, nessa operação, quando Lacan fala em satisfação da necessidade que se encontra simbolizada, ele fala do gozo como sendo, de algum modo, transposto pela demanda. E, se há um resto, pois bem, é o desejo. A libido freudiana é, de algum modo, dissipada entre demanda e desejo, par que serve, portanto, para Lacan dissipar a libido freudiana.

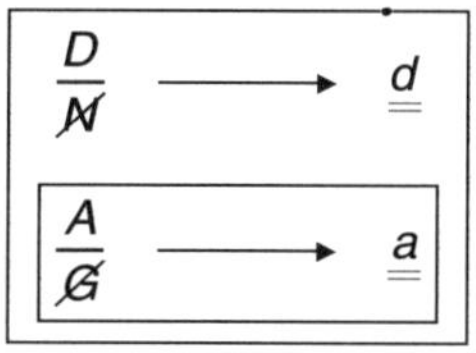


E, por isso – eis aqui um obstáculo no qual me detive outrora –, ele pôde dizer em "A direção do tratamento": os objetos parciais são significantes. E, como já havia proposto o objeto *a*, tínhamos dificuldades em reconciliar esses termos. Ele diz explicitamente à página 620: os objetos parciais, o seio, o excremento, o falo são significantes.

Compreendemos aqui que, quando fala da satisfação da necessidade, o que está em jogo é a pulsão, e que, em definitivo, os objetos parciais, os objetos da pulsão são transpostos como significantes no nível da demanda.

E Lacan pôde dizer, então, que a frustração está retida nos significantes e que toda regressão só concerne aos significantes da demanda e só interessa à pulsão correspondente através deles. Assim, de fato, o que ele chama demanda é a transposição significante da pulsão. E o que disso resta é o desejo que, no fundo, é apenas o nome do recalque da pulsão.

A partir dessa perspectiva tento explicar, primeiramente, o lugar atribuído por Lacan ao desejo, e o motivo de ele ter sugerido exemplos de *acting out*. Em segundo lugar, ao que responde o conceito de demanda que conclui a exclusão da libido freudiana. Há ainda um terceiro aspecto que podemos deduzir do mesmo ponto de vista, ou seja, a promoção da problemática da identificação.

O conjunto de "A direção do tratamento", que preserva o lugar do desejo, apresenta a ultrapassagem da identificação fálica como o que está essencialmente em jogo no tratamento analítico.

Ao mesmo tempo que, no texto, consuma-se a rejeição da definição do desejo como desejo de reconhecimento, o que vem em seu lugar é a definição do desejo como desejo de ser falo.

Notemos que o texto "A direção do tratamento" desloca-se entre uma identificação primária e uma identificação última. Assim, na página 633: identificação última ao significante do desejo, isto é, o falo.

Enquanto a referência no texto é claramente o sujeito barrado, o sujeito como falta, o sujeito que já se esboça no *Seminário 4*,

$$\not{S}$$

está necessariamente em relação com um significante, já que, no fundo, mesmo os objetos parciais são apenas significantes. Tanto o falo, quanto o excremento, quanto o seio, são termos significantes dominados pelo significante fálico:

$$\$ \quad a \quad \left.\begin{matrix}\varphi\\ \text{excr.}\\ \text{seio}\end{matrix}\right\}\ Sa$$

## Interpretar em direção ao falo

Observamos, à página 636 dos *Escritos*, que Lacan, ali, sem variar, chama o falo de: "o significante dos significantes, ... impossível a restituir ao corpo imaginário". Isto é, ele o faz bascular, definitivamente, para o lado do simbólico.

Então, Lacan tomou exemplos clínicos de *acting out* para mostrar o que acontece quando se interpreta no lugar errado. Ele também dá um exemplo de como interpretar no bom lugar, qual é o bom lugar para se interpretar. É um exemplo de sua prática, dito o do Homem numa rodada de *bonneteau*. Ele traz esse exemplo para mostrar como se interpreta, preservando o justo lugar do desejo. Isso supõe interpretar em direção ao falo. E poderíamos tomar esse exemplo como sendo o de uma redistribuição da libido.

É o caso de um sujeito cuja transa sexual com a amante torna-se impossível. E trata-se, para ela, de voltar a ser desejável, ou seja, conseguir se apropriar da fantasia do sujeito

Ela, então, tem um sonho célebre: possui um pênis, um falo, diz Lacan, e, ao mesmo tempo, uma vagina que deseja o falo. Por meio dessa fórmula, Lacan diz que ela representa alguma coisa que toca na falta-a-ser do sujeito. E em que essa representação toca precisamente? Ela toca no ponto em que se pode desejar o falo, mesmo quando se o tem. É isso que ela põe em cena e através do que seu amante reencontra seus meios. Pode-se desejar o falo mesmo quando se o tem.

Através desse sonho, diz Lacan, ela representa sua problemática: ter o falo, como um homem, não sacia o desejo do falo, uma vez que o desejo é o desejo de ser.

Lacan utiliza esse sonho para mostrar que, no que se refere ao falo, o desejo não é de ter, mas de ser, e isso é apresentado ao sujeito. Dito de outro modo, o desejo está ligado à falta e não ao ter. Acrescentemos: diferentemente do gozo. É por isso que interpretar o desejo é interpretar em direção ao falo, à falta e ao nada.

Na próxima vez, tentando prosseguir nessa cavalgada, apesar da enorme construção de Lacan visando a dissolver o gozo nos conceitos de desejo e de demanda, mostrarei como, em sua problemática, a pulsão retorna e como, a partir disso, ele constata que o desejo, tal como o definiu, não satura a libido freudiana.

*5 de abril de 1995*

## – Lição 16 –

# A metáfora original da libido mortificada

Lacan realizou uma decifração do que Freud elaborou ao longo de sua prática como uma obra. Essa decifração, tal como a percebemos, *a posteriori*, consiste na substituição dos significantes de Freud por outros significantes. E mesmo quando os significantes de Freud subsistem literalmente, em sua tradução para o francês, esses significantes, de fato, no contexto do ensino de Lacan, são outros. Digamos que o ensino de Lacan é uma vasta metáfora da obra de Freud.

Essa metáfora permitiu a emergência de efeitos de significação novos, em relação aos que foram engendrados pela obra de Freud. Lacan qualificou-os de nova aliança com a descoberta freudiana, uma vez que suportaram e até suscitaram uma transferência renovada com o saber psicanalítico.

Pretendo comparar essa decifração de Freud por Lacan e seus efeitos com os significantes originais de Freud. Uma decifração sempre aparece como um tipo de metalinguagem. Toma a linguagem como referência primeira, e fala sobre ela, ou seja, a transporta, desloca. Resgatar os significantes originais freudianos tem uma propriedade curiosa: faz da obra de Freud a metalinguagem do ensino de Lacan. E, sem dúvida, fui conduzido a essa via pela pesquisa que me anima, me impele, pesquisa de uma metalinguagem que conviria ao ensino de Lacan.

Para tanto, é preciso passar por esse momento, que consiste em utilizar o próprio Freud – sua obra, linguagem-objeto do ensino de Lacan – como metalinguagem desse próprio ensino. E o faço a partir do termo "libido", ou do termo *Befriedigung*, satisfação, ou *Trieb*, pulsão, perguntando-me como esses termos foram refratados, trabalhados, transcritos, deslocados no ensino de Lacan, que não parou de se reportar a eles.

Tanto o termo "libido" quanto os que a ele encadeei, constituem um exemplo que não está entre outros, visto que o ponto de partida de Lacan teve por efeito rejeitá-los do centro de seu interesse. Seu ponto de partida se orientou sobre a função da fala e o campo da linguagem em psicanálise – fazendo deles a perspectiva própria a ser tomada sobre a experiência analítica –, e teve como efeito empurrar a libido para fora dessa função e desse campo, e atribuí-la ao imaginário. O que me detém, em especial, é a tentativa de Lacan, *a posteriori*, isto é, depois desse momento inaugural, de capturar o conceito freudiano de libido em seu conceito de desejo. E, segundo a perspectiva que assumi este ano, a lição do ensino de Lacan é a de que não conseguimos, não chegamos a capturar o conceito de libido no conceito de desejo. Este fracasso é a própria razão do conceito de gozo. É porque a libido freudiana não se reduz ao conceito de desejo que Lacan e nós, em seguida, fomos conduzidos a promover, a restaurar, o conceito de gozo.

## Mobilidade metonímica da libido mortificada

Creio ter marcado, de maneira convincente – pelo menos para mim, e suponho que poderá convencê-los também –, que o conceito lacaniano de desejo é uma transposição simbólica da libido freudiana, que consiste em identificar o desejo ao significado. Não a qualquer um, mas ao significado da metonímia, ou seja, ao significado como efeito da conexão do significante com o significante. Essa conexão pode ser escrita – seguindo Lacan –, S, três pequenos pontos, S', entre parênteses,

$$(S \ldots S')$$

em relação a um contexto significante indicado por *S*:

$$(S \ldots S')\ S$$

Essa conexão do significante com o significante tem efeito de significado. Podemos indicá-lo fazendo dessa relação uma função – *f* – que libera – indico aqui o efeito com uma flecha – um efeito significado retido,

$$f\,(S \ldots S')\ S$$

correndo sob o significante. Lacan o indicou com um menos, entre parênteses, *s* minúsculo para significado, e, perante eles, o *S* do significante, afetado portanto pelo significado sempre variável, em função da conexão do significante com o significante:

$$f\,(S \ldots S')\ S \longrightarrow S\,(-)\,s$$

Digo que Lacan tentou identificar o desejo como transposição da libido freudiana ao significado da metonímia, e o escrevo de modo simétrico:

$$S\,(-)\,d$$

O desejo assim aparelhado no significante é, em primeiro lugar, a libido mortificada por padecer de sua incidência mortificante.

Em segundo, o paradoxo da libido concebida como desejo é que, estando mortificada pelo efeito do significante, ela não permanece menos animada. Quer dizer que ao concebê-la como significado da metonímia, ela é móvel em função das conexões do significante com o significante, ela se desloca sob o significante.

Em terceiro lugar, ela não está apenas mortificada e animada a um só tempo, mas é também obediente. É uma libido às ordens. Segue os deslocamentos do significante. Tal como Lacan a transcreveu, é uma libido que mora sob a articulação significante, e que varia, se desloca, anima-se e redistribui-se devido à conexão do significante com o significante.

Creio ter feito o que era preciso – e mais! –, para que vocês apreendessem a inovação que isso representou no *a posteriori* do movimento inaugural de Lacan.

O movimento inaugural, pura e simplesmente, atribuía a libido ao imaginário. De tal modo que o simbólico, tal como Lacan concebeu seu conceito, aparecia, se assim posso dizer, *libido-free*, livre de libido. No "Relatório de Roma" – no qual Lacan situa o começo de seu ensino –, o simbólico é apresentado desdobrando-se, organizando-se, sistematizando-se inteiramente fora das exigências da libido. E podemos dizer que, ali, pelo contrário, é a intersubjetividade que ocupa todo o lugar no simbólico, de tal sorte que o símbolo aparece, de saída, como uma negativização, uma anulação da libido, em sua função mortificante; ao mesmo tempo, o símbolo é pacto, acordo de dois sujeitos, promessa de harmonia com respeito à guerra imaginária.

Mais tarde, será completamente diferente, a partir do momento em que a libido for pensada no simbólico. O divisor de águas entre a libido pensada no imaginário e a libido pensada no simbólico é o escrito "A instância da letra".

No começo de meu Curso, expus a função pivô de "A instância da letra". Ali estava claro que a prevalência das leis da fala, das leis intersubjetivas da fala, foi substituída pela das leis da linguagem – metáfora e metonímia –, que não fazem mais referência à intersubjetividade, que se interessam não mais pela relação de dois sujeitos, mas sim pela relação de um significante com outro significante, com os efeitos de significado que se seguem.

Agora, posso apreender a dinâmica que conduziu a essa transformação: a entrada da libido no simbólico, que, se assim posso dizer, expulsa a intersubjetividade. Quer dizer então que o símbolo deixa de ser pensado a partir da relação de um sujeito com outro sujeito, que o símbolo deve ser pensado na relação de um significante com outro significante, ou seja, em função de seu efeito significado como o desejo, isto é, como libido significada.

É a aposta de Lacan a partir de "A instância da letra": pensar a libido freudiana como significado da cadeia significante. Podemos dizer que essa transcrição é constante até o final de seu ensino. É preciso dizer ainda a que a metáfora foi destinada, embora a metonímia ocupe, aqui, o primeiro lugar.

A metáfora, como a metonímia, designa certa relação de um significante com outro significante, que não é de conexão, mas sim de substituição.

No lugar do (*S* ... *S'*), escrevemos *S'* sobre *S*,

$$\left(\frac{S'}{S}\right)$$

com respeito ao contexto significante *S*:

$$\left(\frac{S'}{S}\right) \; S$$

A essa substituição, concebida como função – *f* –, atribuímos um efeito significado distinto, que não é o de estar embaixo nem de correr, porém de emergir, indicado por um mais, no lugar do menos, entre parênteses, antes do *s* do significado e diante do *S* do significante:

$$f\left(\frac{S'}{S}\right) S \longrightarrow S\,(+)\,s$$

Escrevemos (-*S*(+)*s* -), com referência ao efeito retido do significado metonímico (- *S* (-)*s*-), a emergência do significado metafórico:

$$f(S \ldots S')\,S \longrightarrow S\,(-)\,s$$

$$f\left(\frac{S'}{S}\right) S \longrightarrow \frac{S\,(-)\,d}{S\,(+)\,s}$$

Tento ordenar as coisas formulando a questão: com respeito à transcrição metonímica da libido, a que é destinada a metáfora? Ela serve a muitos usos.

Em primeiro lugar, em "A instância da letra", Lacan a destina a pensar o sintoma em sua diferença com o desejo. O significante substitutivo é concebido como o do trauma, inserindo-se na cadeia significante, no lugar de um significante, conduzindo à emergência de uma significação, no sintoma, que daria lugar à emergência de uma significação, a qual continuaria recalcada, inacessível à consciência do sujeito. No que concerne a essa emergência, isso não é completamente intuitivo. Afinal, esperaríamos que uma posição de recalque pudesse ser balizada no menos, e não no mais. Contudo, é desse modo que Lacan tenta, mais ou menos bem, fazer uso da metáfora com respeito à metonímia, apresentando a metáfora "sintomal". O sintoma como metáfora. É o primeiro uso clínico ao qual Lacan submete a metáfora, distinguida por Jakobson, em relação à metonímia.

Não é difícil, a partir do que evoquei aqui, apreender o que há de desequilibrado nessa atribuição. Seria, antes, contra-intuitivo indicar uma significação recalcada no próprio lugar da emergência de uma significação.

Na verdade, o que permanecerá, no ensino de Lacan, é um segundo uso da metáfora, em que ela é acionada para pensar o Édipo e sua ligação com o complexo de castração. Esse é o uso a ela atribuído em "Questão preliminar", no qual a metáfora, em relação à metonímia, é utilizada para transcrever o Édipo sob a forma da substituição do Desejo da Mãe pelo significante do Nome-do-Pai, com um efeito significado que é, propriamente dizendo, o do falo:

$$\frac{(NP)}{(DM)} \longrightarrow (+)\varphi$$

O esquema, tal como eu o apresento aqui, não se encontra nos *Escritos*, mas creio que ele se justifica pelo paralelismo, que realço, com a fórmula geral da metáfora oferecida por Lacan.

E o que se busca no *Seminário 4: A relação de objeto*, encontra sua fórmula a partir da metáfora que articula o complexo de castração ao Édipo, concebendo a função do falo como significação emergente da metáfora dita paterna, porque o que a opera como significante substitutivo é o Nome-do-Pai.

Eis aí o que fixou as idéias do uso da metáfora em relação à metonímia do desejo. Mas, no ensino de Lacan, há um terceiro uso da metáfora, mais fundamental. Há a metáfora sintomal, a metáfora paterna, tentativa de transcrever o Édipo com sua articulação ao complexo de castração. Em terceiro lugar, há a metáfora original, pela qual Lacan tenta situar a própria mortificação sofrida pela libido para tornar-se desejo, para se tornar nada mais do que o significado do significante. De certa forma, a metáfora paterna, e sua tentativa de significação fálica, é uma versão aproximada dessa metáfora original. Ela nos propõe o falo como símbolo da libido, da libido como significado, isto é, da libido mortificada. Nesse sentido, podemos dizer que o significado metonímico, escrito *(-)s*, nos é dado como equivalente à significação fálica, e que o falo é o significante, o símbolo mesmo do desejo como significado.

$$\underline{\underline{(-)s \ ^{\circ} \ \varphi}}$$

Com o uso dessa escritura, Lacan nos indicava a morte como sendo introduzida nas coisas pelo símbolo, a mortificação significante tornando-se a falta. O que era apresentado em retórica romântica como a incidência e a presença da morte traduz-se nos termos estruturais de uma introdução da falta.

$$\frac{(NP)}{(DM)} \longrightarrow (+)\varphi$$

$$\underline{\underline{(-)s \circ \varphi}}$$

## Duplo equívoco do falo

Aqui, penso já ter indicado – de uma maneira que ainda precisa ser mais circunscrita – o que é o equívoco do falo nos *Escritos* de Lacan. Ele decorre de sua definição – que proponho – como símbolo do significado.

Ei-lo escrito no quadro:

$\varphi$ : *símbolo do significado*

É o que permite a Lacan apresentá-lo, ora (1) como significação, ora (2) como significante, e passar rapidamente de uma definição a outra:

① *significação*
② *significante*

Há, inclusive, um duplo equívoco do falo nos escritos clássicos de Lacan. Com efeito, o primeiro equívoco, entre significação e significante, que decorre da definição primeira do falo, é duplicado pelo segundo equívoco. Num primeiro sentido, o falo designa a própria vida da libido, razão pela qual ela é impensável sem o ser vivo:

① *vida*

No segundo, o falo designa a mortificação dessa libido, pelo fato de ela sofrer a incidência do significante :

② *morte*

Quando soletramos de modo minucioso – o que fiz ao longo dos anos – os *Escritos* de Lacan, somos continuamente deslocados neste duplo equívoco: o falo significação e significante, e o falo designando tanto a vida quanto a morte da libido:

① *significação*
② *significante*

① *vida*
② *morte*

Em "De uma questão preliminar a todo tratamento possível da psicose", o falo é apresentado como significante, ao qual a significação do sujeito está referida, ou seja, como uma identificação do sujeito ao falo, na qual, diz Lacan, o sujeito se identifica a seu ser vivo.

Escrevamos conforme o esquema R de Lacan:

$$\frac{\varphi}{S}$$

Nessa frase, o duplo equívoco do falo é utilizado para apresentá-lo como significante (2) e como significante do ser vivo do sujeito (1). Dito de outro modo, aqui, o que é utilizado é o que indiquei primeiramente como 2, e, no segundo equívoco, como 1:

φ : *símbolo do significado*

① *significação*
= ② *significante*

= ① *vida*
② *morte*

Logo em seguida, à página 557 dos *Escritos*, contudo, o falo é apresentado como significação (1), engendrada pela metáfora paterna, e, assim, tendo valor de castração, isto é, de uma certa mortificação da libido (2).

Então, após ter apresentado a partir de 2, 1, ei-lo apresentado a partir de 1, 2.

Sem reconstituir o plano desses deslocamentos – como acabo de fazê-lo –, encontramo-nos simplesmente diante de contradições literais na apresentação de Lacan. Reconstituo o quadro dos equívocos do falo, visto que, na minha perspectiva deste ano, observo a transcrição da libido freudiana no simbólico e, portanto, sua difícil atribuição entre significante e significado.

É nesse ponto que podemos apreender a significação de "A significação do falo" – o que Lacan tenta efetuar nesse escrito. Nele, Lacan tenta reabsorver o equívoco do falo, definindo-o, sem ambigüidade, como um significante. Entretanto, a ambigüidade permanece, já que o próprio título pende, pelo contrário, para outro lado, valorizando a significação do falo. O escrito expõe, de maneira não inteiramente explícita, a terceira metáfora, a metáfora original. Esta, aquém da metáfora do sintoma e da metáfora paterna, nos é dada como a metáfora da demanda substituindo a necessidade,

$$\frac{D}{N}$$

e tendo, como metáfora, um efeito significado, precisamente dado como desejo:

$$\frac{D}{N} \longrightarrow (+)\underline{\underline{d}}$$

Nesse escrito de Lacan, a relação entre a demanda e a necessidade é concebida como metáfora. O desejo é implicitamente apresentado como o significado que brota dessa metáfora. E, uma vez que ele não pode articular-se na demanda, como significante, pode-se dizer que o significado do desejo, aí, está recalcado.

No fundo, esse texto não cessa de girar sobre uma definição do desejo como significado recalcado, e de repetir até a exaustão "a *Verdrängung* inerente ao desejo". Por que Lacan diz que o recalque é inerente ao desejo? Porque ele define o desejo, precisamente, como o significado efetuado por uma metáfora original e que, como tal, não se consegue dizer no significante da demanda.

Esse escrito, da maneira como o concebo agora, apresenta-nos o falo para tentar sair dos equívocos precedentes. Se Lacan escreveu "A significação do falo" depois de "Questão preliminar", foi sem dúvida porque ele próprio estava alertado sobre os equívocos do termo que havia introduzido. Então, esse escrito nos apresenta o falo como símbolo do desejo, desse desejo significado. Por isso, ele o define como: o significante que designa os efeitos de significado – e acrescenta –, uma vez que condicionado pelo significante. O que quer dizer que ele designa o significado, porquanto é um efeito do significante. Dito de outro modo, ele tenta fixar sua definição como o significante do significado como tal, ou seja, o significado do significante. Só há significado do significante.

Será que isso faz desaparecer todo o equívoco? Não inteiramente. Pelo contrário, pode-se dizer que, nesse escrito, os equívocos do falo se acentuam.

Por um lado, o falo como significante, diferentemente do significado que corre por baixo como sentido inapreensível, é perceptível, visível, e, como visível, Lacan pôde dizer que ele é a imagem do próprio fluxo vital. Portanto, Lacan faz dele o significante da libido como aquilo que é vivo no ser do sujeito.

Ao mesmo tempo e nesse mesmo texto, ele faz do falo o significante do desaparecimento de todo objeto transcendido em significante. Lacan faz dele o significante do desaparecimento, o significante da *Aufhebung,* um termo hegeliano. Assim, faz dele o significante da mortificação sofrida por todo ente natural pelo efeito simbólico.

Na mesma página, encontramos o falo designando a vida, e depois o falo significante da morte. Além disso e, por último, o falo só podendo funcionar como significante do desaparecimento sob a condição de ter sido, ele próprio, atingido pelo desaparecimento, de ter sido, ele próprio, mortificado, velado, escondido.

Assim, de modo sucessivo, temos, em "A significação do falo", tanto um falo positivo (φ), imagem da vida, quanto um falo atingido pela morte significante, escrito como (- φ):

$$\underline{\underline{\varphi \mid (-\varphi)}}$$

Digamos que o equívoco, tal como repercutido em "A significação do falo", é tanto o falo como significante do significado recalcado – significante do desejo recalcado –, quanto o falo sendo o significante cujo significado é desejo como recalcado. Portanto, um significante que pode aparecer, ser percebido, ser acessível ao sujeito consciente, no qual se orienta. Depois, por outras vias, ele tem sua significação recalcada, que é o desejo. Aqui, Lacan fala do recalque inerente ao desejo.

Há ainda um segundo valor do falo como significante: ele próprio pode ser significante recalcado, e, nesse momento, Lacan fala de recalque do falo.

Vemos então Lacan alternar entre recalque do desejo e recalque do falo, ou seja, dois status inteiramente diferentes do termo "falo", que ele inventou, desviando o termo freudiano.

De um lado, temos o significante recalcando e anulando, que está mais para o lado da demanda, empurrando o desejo no recalque. Do outro, o falo como significante recalcado.

$$\frac{\varphi}{S} \quad \frac{D}{N} \longrightarrow (+)\underline{\underline{d}}$$

$$\underline{\underline{\varphi \mid (-\varphi)}}$$

Em "A significação do falo", Lacan alterna rapidamente os dois status do significante fálico. De um lado, é o significante que constitui o desejo como recalcado. Do outro, atribuindo um outro valor ao significante, trata-se de um significante, ele próprio recalcado.

Apresento-lhes, aqui, de modo mais desenredado e em um quadro, todas as contradições às quais os conduzi, nos anos precedentes, e que só me pareciam poder resolver-se sob a forma de um quadro dos equívocos fálicos em Lacan.

O duplo equívoco do falo – ou talvez o triplo, já que distingui, a mais, o significante recalcado e o significante recalcante –, duplo ou triplo equívoco do falo – Sim! Pode parecer que há muitos equívocos! De acordo! De todo modo, é um progresso para mim – sinto-o assim –, em vez de só seguir a pista das incríveis contradições de Lacan, de linha em linha, conseguir sistematizá-las e numerá-las. Afinal, um equívoco, entre dois, multiplicado por três faz seis termos, entre os quais as combinações são possíveis. Contudo, podemos nos situar nisso.

Isso me dá satisfação! Evidentemente, supõe que se tenha quebrado a cabeça sobre esses escritos, por longos anos. É a satisfação de ter a planta de uma casa..., onde vemos Lacan quebrar a cabeça contra as paredes. Isso traz satisfação!

Quanto ao duplo ou triplo equívoco do falo... Isso evita, ademais, que se extraia simplesmente uma definição e que se faça dela um dogma. Percebemos, pelo contrário, que há um problema a resolver, ou seja, a transcrição simbólica da libido, e, para procedê-la, Lacan tenta escrevê-la entre significante e significado. Ele tenta quase todas as combinações possíveis, e não fica demasiado desgastado por haver, no mesmo texto ou na mesma página, tentado isto ou aquilo, já que, de todo modo, tem um ar de família! Estamos sempre entre significante e significado... Então, o que pode parecer, de um ponto de vista formal, contradições dos enunciados de Lacan, toma um aspecto inteiramente outro quando percebemos que são tentativas de solução de um problema.

Por essa razão, na última lição propus que considerassem isso do mesmo ponto de vista do qual consideramos o que o Pequeno Hans propõe: como solução de uma equação impossível.

## O falo situável no corpo

Pois bem, em "A significação do falo" tal perspectiva ajuda muito. Percebemos que há diferentes tentativas para resolver a inclusão da libido no simbólico pelo viés do falo. E temos então significante e o significado, que tentamos situar de um lado ou de outro, de maneira cada vez trabalhada, apurada, mas nem sempre congruente, por vezes até antinômica, em relação a outras tentativas.

O duplo ou triplo equívoco do falo concentra-se na releitura, ou transposição, por Lacan, dos estudos sobre "Contribuições à psicologia do amor", de Freud. E essa referência à "Vida amorosa" é estritamente determinada.

Até então, ele pensava em termos de intersubjetividade, ou seja, da relação de sujeito com sujeito. E, na seqüência de Freud e no lugar da intersubjetividade, ele pensa a relação entre os sujeitos dos dois sexos. No fundo, ele pensa a relação sexual no lugar da intersubjetividade. O que finalmente responderá à tese fundamental do começo de seu ensino – há a intersubjetividade –, é a tese: " Não existe relação sexual." Se pensarmos a relação dos dois, em termos de sujeito, ela existe. Mas, se pensamos essa relação em termos sexuais, ela não existe.

Quando, no furo aberto em "A instância da letra", ele tenta introduzir a libido no simbólico, ele é levado a repensar a intersubjetividade em termos de relação sexual, com o falo em jogo.

Quando estudamos essas páginas que concernem a essa releitura, da página 693 à 695 dos *Escritos*, não é difícil, na perspectiva que lhes proponho, perceber que, de fato, há muitos falos em jogo, e que o termo é profundamente equívoco.

Para reduzi-lo do modo mais simples, em primeiro lugar, existe o falo fetiche, o falo imagem, o da percepção do corpo, visível, objeto que pode ou não ser encontrado no corpo do outro. Em particular, nessa releitura, é o objeto encontrado pela mulher no corpo do homem. Mesmo tendo sido significantizado, ele é situável no corpo.

Em segundo, existe o falo significação, do qual Lacan pôde dizer que o homem o encontra encarnado em "outra mulher", diferente da que ele ama: "Em uma outra mulher, significante do falo", diz ele, o que, no fundo, é lançar o falo em posição de significação.

"A vida amorosa" é aqui apresentada por Lacan a partir da dialética do desejo e da demanda de amor, cada um com seu significante. O amor procura (– φ), o desejo procura (φ):

*Amor procura* (-φ)

*Desejo procura* (φ)

Com esse método, simplifico a releitura de Lacan. O desejo procura um significante capaz de significá-lo:

$$\frac{S}{d}$$

Lacan nos explica que a mulher encontra esse significante sobre o corpo do homem; e aí está em condições de significar o desejo, quando se trata da mulher:

$$\frac{S}{d} \quad \frac{\overset{M}{\varphi}}{d}$$

E o homem encontra esse significante encarnado em outra mulher (-AM-), da qual Lacan diz: "Ela significa o falo", para dizer, "Ela significa, em definitivo, o desejo":

$$\frac{S}{d} \quad \frac{AM}{d}$$

Eis a diferença do desejo, proposta por Lacan, entre a mulher e o homem:

| *Amor procura* | (-φ) |
|---|---|
| *Desejo procura* | (φ) |

$$\begin{array}{rr|r} & M & H \\ \hline \frac{S}{d} & \left\{ \frac{\varphi}{d} \right. & \frac{AM}{d} \end{array}$$

Concernente ao amor, que também procura o significante que possa significá-lo, um significante valioso (- φ),

$$\underline{Amor} \quad (-\varphi)$$

Lacan diz que o homem o encontra (- φ) no corpo da mulher:

$$\underline{Amor} \quad \begin{array}{c} H \\ \frac{(-\varphi)}{amor} \end{array}$$

E, de modo mais secreto, a mulher, que aparentemente encontra o significante fetiche no corpo do homem, visa-o, de fato, no ponto (- φ), ou seja, o pênis não-falo, não no estado glorioso de ereção, é um significante também precioso, uma vez que significa o amor:

$$\underline{Amor} \quad \begin{array}{c||c} H & M \\ \frac{(-\varphi)}{amor} & \frac{(-\varphi)}{amor} \end{array}$$

Disso Lacan deduz que, no homem, a dialética do desejo e do amor, para ser satisfeita – esta é sua conclusão – demanda ser encarnada por duas mulheres, a que apresenta (- φ) e a que encarna (φ). Ao passo que a mulher pode encontrar satisfação nos dois significantes, o significante do desejo e do amor no mesmo homem que, no fundo, encontra-se enganado – pobre homem! – por ele próprio.

Fico contente que isso os divirta. E fico contente por ter reduzido esses textos, nos quais me empenho há muito tempo, a uma matriz tão simples quanto me foi possível fazê-la.

$$\underline{Amor} \quad \begin{array}{c||c} H & M \\ \dfrac{(-\varphi)}{amor} & \dfrac{(-\varphi)}{amor} \end{array}$$

## Defesa contra o gozo da pulsão

Tudo isso é o resultado da reflexão de Lacan por pouco mais de um ano: em dezembro-janeiro, temos "Questão preliminar"; em maio, "A significação do falo"; em junho-julho "A direção do tratamento", ou seja, uma grande reflexão a grande velocidade sobre a transcrição simbólica da libido. Então, um pouco mais tarde, em "A direção do tratamento" – que termina essa grande pesquisa aberta por "A instância da letra" –, o falo é um significante e o sujeito identifica-se a esse significante.

Lacan privilegia, em "A direção do tratamento", a definição do falo como significante e a identificação do sujeito ao significante. Com isso, ele faz do próprio sujeito o suporte da mortificação e, do falo, o que pode representar o que permanece vivo no recalque.

$$\not{S} \quad a \quad \varphi$$

Desde então, ele foi conduzido – em "A direção do tratamento" – a conceber o final da análise como uma desidentificação fálica.

O que mais tarde comentará como travessia da fantasia é, em "A direção do tratamento", situado como travessia da identificação fálica. Pode-se dizer que encontramos resumida, nessa fórmula, a conexão entre o simbólico e o gozo. O sujeito mortificado é o sujeito do significante. E o gozo é reduzido a ser encarnado pela função significante do falo.

$$\begin{array}{l c || c} \underline{\text{Amor}} & H & M \\ & \dfrac{(-\varphi)}{\text{amor}} & \dfrac{(-\varphi)}{\text{amor}} \\ \hline & \multicolumn{2}{c}{\$ \;\; a \;\; \varphi} \end{array}$$

Após um ano de elaborações em que Lacan se deteve em definir o falo como significante, todos os objetos foram arrastados nessa significantização, todos os objetos significantes da demanda: o objeto oral, o anal, o falo.

Lacan tenta uma redução global de todos os objetos da pulsão a significantes. Assim, "A direção do tratamento" marca o ápice dessa redução significante da pulsão. Se procurarmos a pulsão, nesse escrito, pode-se dizer que ela aparece essencialmente transcrita como demanda.

E quando Lacan nos propõe como metáfora original a metáfora da necessidade, a qual é substituída pela demanda, pode-se dizer que a pulsão está no nível da necessidade – nesse sentido, ela é natural –, e que só subsiste transcendida como demanda e significantizada como demanda:

$$\frac{D}{N}$$

Foi por ter chegado ao ponto extremo dessa redução significante da pulsão em "A direção do tratamento" que Lacan começou seu *Seminário 7: A ética da psicanálise.* Esse *Seminário* deve ser pensado, considerando-se *As posições do inconsciente* e *O desejo e sua interpretação* que seguem a mesma via. A descoberta ou redescoberta do *Seminário 7* é que o desejo e seu significante, o falo – com todos os equívocos que passeiam entre significado e significante, entre vida e morte, entre recalcante e recalcado –, não esgotam o conceito freudiano da libido. E, por isso, Lacan traz o conceito de gozo que é a assinatura do fracasso de uma redução simbólica da libido e da pulsão freudiana.

Nos *Escritos,* o lugar onde se pode balizar essa dificuldade é no texto "Observação sobre o relatório de Daniel Lagache", sobre o qual muito se tem a dizer, e já me ocorreu tomá-lo sob outros aspectos. Contudo, na minha perspectiva deste ano, diria ser um escrito inteiramente dedicado à relação do sujeito com a pulsão, que demonstra, precisamente, em que a pulsão não é o desejo.

Esse escrito conduz aquém do desejo e promove, para situar esse aquém do desejo, um termo pescado em Freud, promovido e retrabalhado, que Lacan chama a Coisa. No fundo, ele vai buscar um termo de Freud, ou melhor, às margens de Freud, para chegar a situar, aquém do desejo, as relações do sujeito com a pulsão.

Todo esse texto está animado por uma problemática da origem. Ele tenta cingir o acontecimento do sujeito, quer resolver a origem da negação, e acredita poder distinguir “a matriz da *Verneinung*”, a matriz do recalque. No fundo, ele vai aquém de “A signficação do falo”. De certa maneira, o “Relatório de Daniel Lagache”é um escrito sobre a significação do sujeito. É um ensaio para pensar, de modo mais profundo, mais preciso, a metáfora original, a que ele considerara, até então, como a metáfora operada pelo significante da demanda sobre a necessidade. A metáfora original, digamos que ele a encontra em uma articulação entre a defesa e a pulsão. Quer dizer que ele define o sujeito pela defesa, contra o gozo da pulsão. É quando faz surgir o termo “a Coisa”.

Ele tenta pensar a incidência primeira do significante não simplesmente sobre a necessidade, mas sobre a Coisa, sobre a satisfação primordial:

$$\frac{S}{Coisa}$$

E, de certa maneira, situa o próprio sujeito como engendrado pela negação significante da Coisa:

$$\frac{S}{\cancel{Coisa}} \longrightarrow \underline{\underline{\$}}$$

É, se quisermos – na linha da metáfora demanda/necessidade –, a metáfora da Coisa pelo significante, de tal modo que a Coisa aparece como o lugar original do sujeito.

$$\boxed{\frac{D}{N} \quad \frac{S}{\cancel{Coisa}} \longrightarrow \underline{\underline{\$}}}$$

É a primeira vez que Lacan propõe a incidência mortificadora do significante como o princípio mesmo do recalque. Por isso, ele pôde nos apresentar o sujeito como defesa que se produz no “isso” freudiano, colocando o gozo na origem do sujeito, de tal sorte que ele aparece como uma modificação do gozo.

Então, de certo modo, isso não passa de uma nova versão da metáfora original, que tem conseqüências maiores, uma vez que ela situa, na origem do sujeito, o “isso” freudiano, e obriga-nos a ir mais além dos limites prescritos pelo desejo.

Por conseguinte, em resumo, o aporte do escrito de Lacan é que o sujeito não parece receber sua condição apenas a partir do simbólico. Quando lemos os

*Escritos* de Lacan até esse ponto, o sujeito é, por excelência, pensado somente a partir do simbólico. Ora, essa perspectiva, que é a mesma do *Seminário 7*, assinala que, por veia mais profunda, o sujeito recebe sua condição do real. Ele é condicionado pelo real e não somente pelo simbólico. No fundo, esse escrito tenta situar seu lugar, se assim posso dizer, no lugar do gozo, aonde o gozo foi levado.

## A disjunção entre o gozo e o falo

Ao promover, ainda discretamente, o conceito de gozo, Lacan opôs desejo e gozo, ou seja, duas transcrições do conceito freudiano de libido. O gozo detém e escreve o ser do sujeito, ao passo que o desejo encontra seu status na experiência da falta-a-ser do sujeito. Enquanto anteriormente o esforço de Lacan tinha sido para articular demanda e desejo, a partir daí seu esforço é para articular desejo e gozo.

O recalque essencial está condensado na fórmula na qual o sujeito, como efeito de significado, ignora de onde ele procede como Coisa. É o que diz Lacan: "O sujeito ignora o real, do qual ele recebe sua condição." É uma inovação essencial, visto que a condição subjetiva é essencialmente prescrita pelo gozo do qual procede.

Assim, o fim de análise é outra coisa. Não é simplesmente a desidentificação fálica. É saber esse real do qual o sujeito recebe sua condição, é cingi-lo e suplantar a ignorância em que se acha o sujeito quanto a esse real.

E, por isso, Lacan pôde transcrever o "isso" freudiano, o *Es*, como pergunta: – Será? (*Est-ce?*) –, vendo nela a própria questão do sujeito tendo de emergir desse gozo.

Esta é a própria questão que se repercute em "Subversão do sujeito", quando ele formula a pergunta "Que sou eu?", e busca a resposta no nível do gozo. Lacan não busca a resposta à pergunta "Quem sou eu?", que traz sempre montes de significantes – nunca faltam significantes para responder a essa pergunta. Ele porá a pergunta "Quem sou eu?" como "Que sou eu em termos de real?", "Que sou eu ao nível do isso, da pulsão, do gozo?".

É seguindo essa linha que se deve ler "Kant com Sade", que não foi escrito para psicanalistas, mas como introdução à obra de Sade, para um público mais literário.

Por quê, naquele momento, Lacan aceitou escrever um prefácio a Sade?

Ele o escreveu como um estudo do masoquismo, e mesmo sobre o masoquismo como primordial, ou seja, sobre essa noção dita por ele caduca no "Relatório de Roma", à página 318 dos *Escritos*, quando aconselhava, explicitamente, no início de seu ensino, que não se recorresse a ela para se compreender a repetição significante. Isso queria dizer: a repetição significante deve ser compreendida a partir do próprio simbólico. Por meio dessa exclusão, ele separava radicalmente gozo e repetição.

Em "Kant com Sade", pelo contrário, ele restabelece o lugar do masoquismo primordial e convida a pensar o significante a partir da barra que atinge a Coisa, isto é, a partir da anulação do gozo, do qual resta algo, que ele chamará, bem mais tarde, mais-de-gozar. Dito de outro modo, "Kant com Sade" foi escrito para mostrar em que o desejo não se reduz ao gozo e que a libido freudiana demanda, para ser transcrita no simbólico, dois conceitos: gozo e desejo. Por isso ele enfatiza todos os traços pelos quais a perversão não é histeria, uma vez que a histeria é dominada pelo desejo do Outro, fato que a dispõe tão bem à lógica da intersubjetividade, ao passo que a perversão é dominada pelo gozo do Outro. Portanto, esse texto é para ser lido como demonstração de que gozo não é desejo. É o valor da máxima, proposta por ele para transcrever Sade: "Eu tenho o direito de gozar de teu corpo, qualquer um pode me dizer." E o consentimento que Eu, como sujeito, posso dar é inteiramente irrelevante. É completamente fora da subjetividade que o direito ao gozo, como absoluto, se impõe.

Por esse viés, Lacan tenta localizar a relação do sujeito com o gozo como relação fora da intersubjetividade.

Quando formula a pergunta "O desejo pode ser dito como vontade de gozo?" – ele responde "Não". Porque o desejo, de fato, tem interesse no prazer, está submetido a este, e não vai além da homeostase do princípio do prazer. Isso é uma grande novidade no ensino de Lacan, no qual o desejo aparece sempre com a função de ultrapassar, de transgredir, como incapaz de ser interrompido em sua metonímia. Ora, a partir de "Kant com Sade", o desejo aparece como interrompido, como sendo ligado ao falo, estando este sempre ligado à morte. O desejo não passa, como ele o diz, de uma figura do laço entre o sexo e a morte. E essa figura fálica do desejo, isto é, a figura fálica da libido freudiana, ele convida a deixá-la repousar sob seu véu eleusino.

E aquele que escreveu: "Deixêmo-la repousar sob seu véu eleusino", é o mesmo que se referia ao falo de Eleusis, ao falo dos mistérios de Eleusis, para transcrever a libido freudiana. Doravante, ele deixa a figura fálica sob seu véu eleusino para tentar pensar o além do princípio do prazer, que é um além do falo de Eleusis, um mais-além da mortificação do gozo.

E, visto que o falo eleusino se sufoca, se esgota, cai, não mantém a distância, é nessas condições que ele deverá fabricar seu conceito de objeto *a,* para tentar pensar um gozo mais além da mortificação, mais além da *Aufhebung*, mais além do desaparecimento significante. É o valor do que ele enuncia, quando diz que a lei e o desejo recalcado são uma só e mesma coisa. O significante da lei, o Nome-do-Pai, e seu significado, o desejo como recalcado, pertencem à mesma ordem. O gozo, porém, é de outra ordem, e, mesmo anulado pelo significante, dele resta algo não anulável.

Por isso, ele começa, em "Kant com Sade", a se interessar pela fantasia, uma vez que a fantasia alcança o mais além do princípio do prazer. No fundo, interessa-o "a captura do prazer na fantasia". Qual é essa captura? É justamente a que conduz ao mais além do princípio do prazer, uma vez que, no caso de Sade, a fantasia faz seu lugar na dor. E, sob o aspecto da dor, o gozo impõe resistência e impõe-se em seu caráter de real, em relação ao simbólico. Por isso, em "Subversão do sujeito" Lacan não responderá com nenhum significante à pergunta: "Que sou eu?", "Qual é o ser do sujeito?". A resposta será no nível do gozo. Não do desejo.

Enquanto, anteriormente, o gozo era apagado pelo desejo – o que traduzia a promoção do falo –, a partir de "Subversão do sujeito" Lacan marca a disjunção entre gozo e falo. Sem dúvida o falo é o significante que dá corpo ao gozo na ordem simbólica, o que não impede que não capture tudo o que é do gozo.

Por essa razão, Lacan dirá que Freud fracassou – durante muito tempo isso foi problemático para mim – sobre o heteróclito do complexo de castração. Por que heteróclito? Porque o complexo de castração é o esforço para pensar o gozo a partir do significante fálico. Isso mistura o que é da ordem do gozo e o que é da ordem simbólica.

A partir daí, Lacan vai se dedicar a trabalhar a disjunção do gozo e do falo. Tendo começado seu ensino opondo simbólico e imaginário, ele o prosseguirá confrontando simbólico e real, uma vez que o gozo permanece, fica fora do falo, e que talvez o simbólico, aí, nada possa fazer. Nesse contexto, ele tentará inscrever o objeto *a* na articulação significante.

Enfim, apresento-lhes tudo isso como *As aventuras de Jacques Lacan às voltas com a libido freudiana.*

Na próxima lição, continuarei o relato dessas aventuras, que nos conduzirão, assim o espero, até o momento em que essa catedral desmorona para dar lugar à misteriosa teoria dos nós.

*12 de abril de 1995*

# – Lição 17 –

# A invenção de uma escritura do gozo no real

Durante as férias, pronunciei duas conferências sobre assuntos próximos, indicados por mim para as Jornadas de Estudos: uma no Brasil, no Rio de Janeiro, a outra em Roma. A primeira, sob o título "A imagem rainha", e a segunda "Da imagem ao olhar".

Percebi que, aqui, vocês não têm a melhor parte do que produzo. Vocês têm a parte árida. Aqui, eu me confronto diretamente com conceitos e matemas de Lacan. Comprimo esse corpo de conceitos, é o combate com o anjo – e com o esqueleto do anjo. Quando estou em outros lugares, tenho mais espaço para me divertir e, por isso, divirto mais. Porém, os embasamentos, é aqui que os argamasso. Achei que isso era um tanto injusto para com vocês. Então, eu lhes darei um eco dessas conferências sobre as imagens.

## O sentido do discurso de Lacan

"Você me diz isso, mas o que quer dizer isso?"

Eis uma questão sempre legítima. Mas o que ela mesma quer dizer?

Ela interroga para além do que é dito, ela incide sobre as conseqüências do dito. E, aquém dela, sobre intenções do dito, sobre o desejo que o habita, isso quer dizer: "Por que você me diz isso? O que você quer, dizendo isso?".

Aqui, há uma distância inevitável, que obriga a redizer, a redizer de outro modo, ainda que eu responda: "Isso quer dizer o que eu digo", o que, afinal, nada mais é do que uma interpretação entre outras. Essa pergunta enfatiza que há uma ambigüidade, e até mesmo uma cisão no significado.

Foi o que conduziu Lacan, em um ponto de virada de sua reflexão, no escrito *O aturdito*, a opor significação e sentido, e até mesmo a ver, entre eles, uma antinomia, "que se produz desde o sentido até a significação".

Ele diz que essa antinomia "vacila", porque não é estável, não opõe dois conjuntos bem discriminados. O limite entre sentido e significação treme, o que nomeia a diferença entre o que isto diz e o que isto quer dizer.

Quando elaboramos o que isto diz, estamos na ordem da significação e permanecemos no discurso proferido, em seu quadro, em seu léxico, em suas categorias. Em contrapartida, saímos dele quando tentamos cingir o que isto quer dizer, porque, então, visamos o sentido. Pelo menos, se decidimos afetar os dois vocábulos de sentido e significação, da maneira como o fez Lacan, em um ponto de *virada* de seu ensino, o que quer dizer que isso não vale para tudo.

Se há oposição entre significação e sentido, e se a significação está ao nível do que isto diz, e o sentido ao nível do isto quer dizer, então podemos dizer, como fez Lacan: "O sentido – acrescento, o que isto quer dizer – só é produzido na tradução de um discurso para outro". É preciso estar fora do discurso para se ter a chance de cingir o que ele quer dizer. Foi assim que Lacan se ligou ao sentido de Freud.

Constatamos que Freud e Lacan não são iguais. Sem dúvida.

Lacan tentou traduzir Freud em outro discurso, suscetível de revelar o sentido do discurso freudiano. E os exegetas da significação não deixaram de ressaltar as torções que Lacan, em seu discurso, impôs ao de Freud. Ele o completa, o desloca. Forja – sem mistério, sem esconder – novas categorias que reordenam, de outro modo, as de Freud e que revelam, eventualmente, problemas, aproximações, vias de passagem para as quais a significação é cega.

Isso se julga menos na ordem da exatidão, que, contudo, é preciso respeitar, do que na ordem da eficácia do sentido produzido pela tradução.

Mas, e Lacan? Qual é o sentido do discurso de Lacan? Para sabê-lo, é necessário traduzi-lo. E para traduzi-lo, é preciso dispor de outro discurso. Eis o problema dos formados por esse discurso, e esse outro discurso – suscetível de entregar, para além da significação, o sentido do discurso de Lacan –, é um discurso que se faz esperar.

Uma solução é retraduzi-lo em Freud. Isso não é em vão! É utilizar Freud como metalinguagem de Lacan. E o Freud metalinguagem não é o Freud linguagem-objeto. Mesmo que possa parecer uma operação digna do personagem de Borges, que reescreveu *Dom Quixote* no século XX, isso não que dizer de modo algum a mesma coisa que foi dita no século XVI. Foi o que demonstrou o astucioso argentino.

O que faço este ano se parece um pouquinho com essa operação. Fui levado a me interessar pela própria operação de tradução efetuada por Lacan. Perguntei, então, como a libido – termo cifrado em Freud, tomado do latim e, portanto, peça referida ao léxico do discurso, e, por isso, quase-matema, índice de uma significação especial e, talvez, absoluta – é traduzida por Lacan, ou em "lacaniano".

A questão tem sua importância, uma vez que tudo o que é, em Freud, estudo da linguagem, dos fenômenos da fala, não resiste à tentativa de Lacan de centrar a experiência analítica sobre o campo da linguagem – aqui mal há tradução; seguimos os veios indicados por Freud. O mais difícil de traduzir, que resiste à tradução lacaniana de Freud, é o concernente à libido, à pulsão e sua satisfação, *Befriedigung*.

## A Coisa, primazia do gozo

A libido foi, de início, centrada por Lacan em termos de narcisismo, o qual ele retraduziu – é aí que ele se situa – em termos imaginários, e até mesmo em termos visuais, através do exemplo do estádio do espelho.

Foi em um segundo tempo – como destaquei – que Lacan tentou integrar a libido à ordem simbólica e a traduziu em termos de desejo. Para fazê-lo, forjou o conceito de um desejo identificado ao significado. Significado de uma cadeia significante, variável, portanto, ao longo dessa cadeia significante, com os efeitos de *a posteriori* remanejando a significação, ou seja, significado metonímico que corre sob a cadeia significante segundo sua imagem. E também significado de um significante particular, o significante fálico. O conceito lacaniano de desejo é a tradução simbólica da libido, uma libido que é assim imprensada tanto entre falo e desejo quanto entre significante e significado. A libido freudiana encontra-se, nesse aparelho conceitual, derivada a partir do simbólico, de tal modo que o simbólico vem primeiro.

Existe, na tentativa de Lacan, que os fiz seguir detalhadamente, um corte marcado pelo *Seminário 7: A Ética da psicanálise*, do qual temos o eco em seus *Escritos*, através de "Observação sobre o relatório de Daniel Lagache". O que marca o conceito da Coisa, introduzida por ele a partir de Freud, é, pelo contrário, uma primazia do gozo. O impasse, ou pelo menos a dificuldade à qual sua tradução simbólica da libido o conduz, leva-o a situar o gozo na origem e a fazer derivar dele o sujeito, portanto a situar o gozo não na ordem do imaginário, mas na do real, e a situar o sujeito condicionado pelo real. Correlativamente, promove o conceito de defesa, em detrimento do conceito de recalque. Para opor a defesa e o recalque, digamos que o recalque incide sobre o significante, ao passo que a defesa incide sobre o gozo.

É como resumimos o ponto de virada do *Seminário* 7: *A Ética da psicanálise*, que Lacan teria querido escrever, creio eu, pela mesma razão que indico.

Podemos situar esse ponto de virada dizendo que sempre se tratou, para Lacan, de confrontar o campo da linguagem com as zonas do gozo, e que esse confronto tomou duas formas principais:

$$- S \lozenge I$$

relação do simbólico com o imaginário

$$- S \lozenge R$$

relação do simbólico com o real.

No primeiro momento do ensino de Lacan, o isso freudiano, a libido e o gozo encontram seu espaço próprio no imaginário e, em relação a esse imaginário, o simbólico realiza uma anulação, uma transposição anulante.

É o que exprime, de fato, o esquema Z, cuja armadura é dada por uma cruz, pela interposição do imaginário quanto ao eixo simbólico:

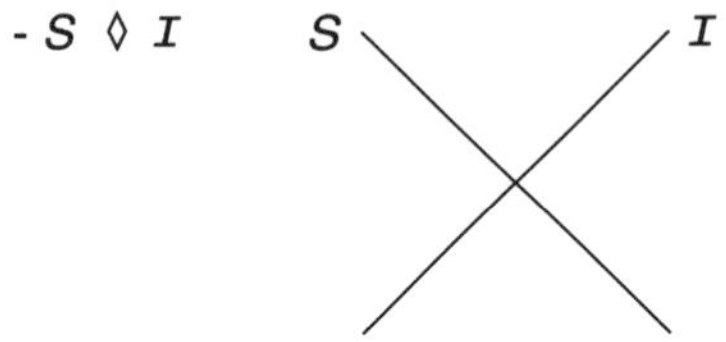


Quando confrontado com o imaginário, pode-se dizer que o simbólico triunfa, transpõe os termos imaginários, faz deles significantes e, assim, anula-os.

E o texto "A significação do falo" faz, do falo, o próprio significante da anulação do imaginário pelo simbólico.

Lacan qualifica a operação de *Aufhebung*, retirando o termo do discurso de Hegel, termo que ele assinala como tendo uma significação especial, tal como Freud tomou o termo "libido" do latim. O termo *Aufhebung*, como operação do simbólico sobre o imaginário, e precisamente sobre a libido imaginária, designa uma anulação sem resto.

Escrevamos a operação como metáfora, como o simbólico substituindo o imaginário:

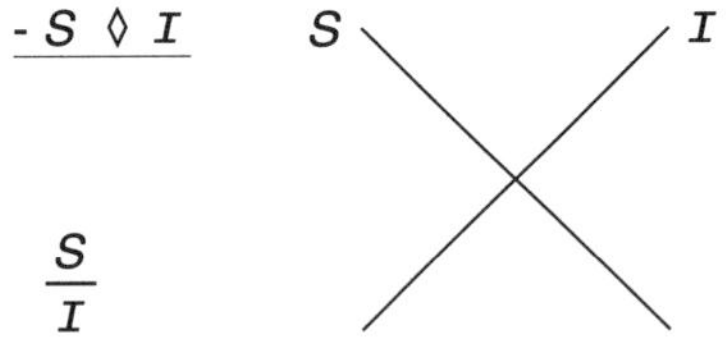


E o que ela produz? Ela produz o significante do falo, que a designa, e, depois, nada. Para fazê-los ver o nada, colocaremos mais zero (+ 0). Não há resto.

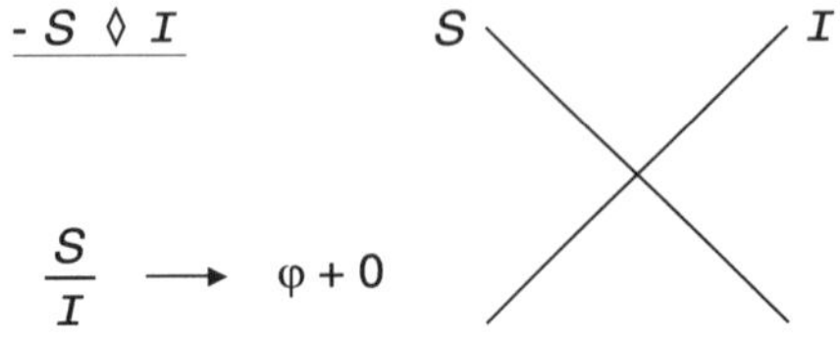

O falo, quando emerge no discurso de Lacan e é por ele elaborado, exprime a reabsorção do gozo nesse significante.

Pelo contrário, quando se trata da confrontação simbólica com o real, em Lacan, há um resto. No fundo, o real não se deixa fazer, e o gozo não se deixa reabsorver.

Se quisermos escrever a metáfora do simbólico sobre o real, sem dúvida veremos surgir o falo, mas desta vez com um resto, que escrevo + *a*.

$$\underline{-S \lozenge I} \qquad \frac{S}{R} \longrightarrow \varphi + (a)$$

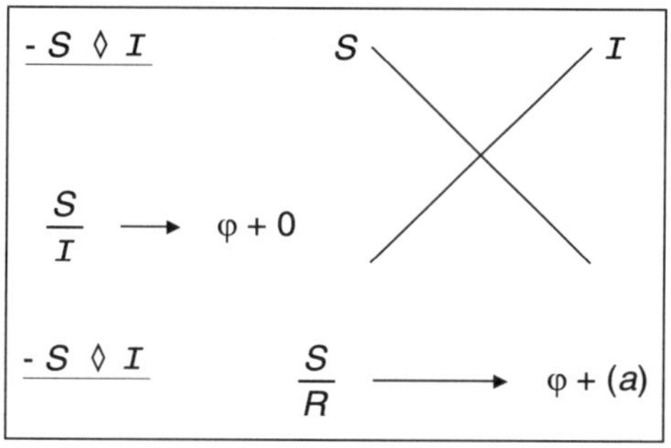


## Uma escritura do real do gozo

De seu ponto de partida, Lacan foi invencivelmente conduzido a fazer da libido um significante. Partindo do campo da linguagem concebido desde a diferença entre o significante e o significado, Lacan tratou a libido a partir de um significante, o falo, e de seu significado.

Seguindo sua elaboração – e o *Seminário 4* é indicativo disso, uma vez que é nele que se realiza a descoberta do significante fálico –, percebemos que, distinguindo o simbólico e o imaginário como ordens diferentes, Lacan foi levado a isolar um elemento do imaginário, quando, como tal, o imaginário não se apresenta fragmentado em elementos.

A idéia de elementos, *stoikeia* (στοικεια), é própria ao simbólico; todavia, nós o vemos cingir no imaginário um elemento e fazê-lo funcionar como significante.

Esta é sua elaboração do falo, de início situado como imagem, mas, logo, implicado, inserido na ordem simbólica.

A operação de tradução falha em dar conta de um gozo que não se deixa significantizar. Isso conduziu Lacan a tentar introduzir um significante especial, não passível de ser negativizado, que ele escreve com um *phi* maiúsculo, Φ. Isso o faz promover o termo objeto *a*, isto é, a introduzir uma escritura para aquilo que, do real do gozo, não é significante, para aquilo que resta quando o simbólico significantiza o real do gozo.

A operação pode ser indicada pelo falo, mas essa marca não satura tudo o que é da incidência do simbólico sobre o real. Ela escreve o triunfo do simbólico e *a*, seu fracasso, o que resta não-significante do real.

Mas o próprio termo, objeto *a*, é um elemento real, da mesma maneira que o falo era um elemento imaginário. Quer dizer que ele se demonstra de fato capaz de funcionar como significante, pelo menos no que ele é substituível.

Lacan pôde escrever, em tal momento, que o menos *phi* da castração se encontra tamponado pelo objeto *a,* e que os diferentes objetos pulsionais se substituem no lugar onde falta o falo da castração:

$$\frac{(a)}{(-\varphi)}$$

E mesmo se tomarmos o cuidado de precisar que o *a* não é um significante, podemos dizer que Lacan o fez funcionar como um, colocando-o em condições de tomar o lugar da falta do significante fálico.

Do mesmo modo, quando Lacan escreve a estrutura de seus discursos, significante 1, $S_1$, significante 2, $S_2$, S barrado, $\$$, o sujeito, que é como uma falta do significante, ele pode escrever o quarto lugar, o objeto *a*, e fazê-lo permutar com os outros. Toda a precisão, segundo a qual isso não é significante, permanece válida, não impedindo que funcione como significante.

$$\frac{(a)}{(-\varphi)} \qquad \left.\begin{matrix} S_1 & S_2 \\ \$ & \underline{\underline{a}} \end{matrix}\right\}$$

Dito de outro modo, vemos repetir-se nesse ensino – seja o simbólico confrontado com imaginário ou com real – a imposição do elemento, que, quaisquer que sejam as precisões dadas, puxa os dois, imaginário e real, em direção ao simbólico. Observamos isso no próprio ensino de Lacan.

Lacan professa o *Seminário 7: A ética da psicanálise* para restabelecer o gozo, após ter tentado confundi-lo com o desejo. Esse *Seminário* é feito para dizer: o gozo não é como o desejo, a libido freudiana, é mais que o desejo. E também: uma vez que transcrevemos a libido como o desejo, resta uma outra instância, uma outra função que não tem de modo algum a mesma relação com o sujeito, com o significante, com o Outro, que o desejo.

O que vem depois de *A ética da psicanálise*? É *A transferência*, no qual Lacan elabora, em definitivo, o gozo como o objeto, como objeto *agalma*. Ou seja, depois que fez surgir a outra dimensão do gozo, ele teve que aparelhá-la em termos que permitissem uma combinatória.

Ele só pôde fazer do gozo um elemento de sistema: isso foi o falo, na versão imaginária e na simbólica, e foi o objeto *a*. A última tentativa que ele fez, a partir da teoria da representação dos nós, foi para situar o gozo como alguma coisa diferente de um elemento.

Os seminários: *A transferência*, *A angústia*, *A identificação* são outras tantas tentativas, em seguida à *Ética da psicanálise*, de inscrever o *a* em relação à articulação significante e como seu resto.

Toda tentativa de distinguir o resto da articulação significante apenas enfatiza, mais ainda, a comunidade da estrutura entre *a* e o significante, até o *a* ser arrastado por Lacan em uma permutação significante.

Na seqüência dessa tentativa, ele foi conduzido a distanciar-se dessa elaboração.

## O objeto (*a*), causa da repetição significante

O *Seminário 17: O avesso da psicanálise* marca data na confrontação do simbólico e do real. Trata-se de uma elaboração dedicada a mostrar que o resto é o motivo da articulação significante, assim como o próprio motivo da repetição.

Nada objeta a que escrevamos a repetição significante com S linha, S', S segundo, S'', S *tercius*, S''', e que a apreendamos a partir do que é situável, abaixo, como elemento heterogêneo:

$$\frac{S',\ S'',\ S'''.......}{\phantom{x}}$$

O primeiro elemento heterogêneo da repetição significante é o significado, e, sob esse aspecto, a repetição pode ser identificada a uma metonímia do significado, o significante e as articulações significantes desenvolvidas tendo efeito de outra ordem, a do significado, com os efeitos de ponto de basta ou de deslizamento que podemos observar em seguida:

$$\frac{S',\ S'',\ S'''.......}{s\ \text{metonímia}}$$

A esse respeito, o elemento heterogêneo, que está abaixo, é um simples efeito:

*S', S", S'''.......*

*efeito* *s metonímia*

Em segundo lugar, foi sobre esse esquema que Lacan se apoiou para identificar o desejo com o significado, traduzindo, portanto, a metonímia semântica em desejo metonímico, sendo o desejo o efeito da repetição significante:

*S', S", S'''.......*

*efeito* *s metonímia*
*d desejo*

Seguindo o mesmo filão, ele situou, em terceiro lugar, como elemento heterogêneo, o sujeito barrado, $\$$. No fundo, interrogando-se sobre esse elemento heterogêneo, disse que, fundamentalmente, é a falta de um significante. É o que encontramos no seu esquema dos discursos:

*S', S", S'''.......*

*efeito* *s metonímia*
*d desejo*
$\not S$ *sujeito*

Então, significado, desejo e sujeito são termos rejeitados em posição de efeito heterogêneo da cadeia significante:

*S', S", S'''.......*

*efeito* *s metonímia*
*d desejo*
$\not S$ *sujeito*

E o quarto termo que cabe inscrever aqui é o *a*, e, sob certos aspectos, o *a,* tal como situado por Lacan enquanto resto da articulação significante impondo-se sobre o gozo primordial, é também um efeito:

*S', S", S'''.......*

*efeito* *s metonímia*
*d desejo*
$\not S$ *sujeito*

*efeito* *a*

Entretanto, por sua constância é um efeito distinto dos precedentes.

Significado, desejo e sujeito barrado têm em comum o fato de serem essencialmente variáveis, em função do significante, e o *a* distingue-se por ter um efeito constante:

| | $\underline{S', S'', S'''.......}$ |
|---|---|
| *efeito variável* | { *s metonímia*<br>*d desejo*<br>$\not{S}$ *sujeito* |
| *efeito constante* | $\underline{\underline{a}}$ |

Por isso, Lacan quis, de início, distingui-lo do efeito variável, chamando-o produto preferencialmente a efeito:

| | $\underline{S', S'', S'''.......}$ |
|---|---|
| *efeito variável* | { *s metonímia*<br>*d desejo*<br>$\not{S}$ *sujeito* |
| *efeito constante*<br>→ *produto* | $\underline{\underline{a}}$ |

Mas, devido à sua constância, nessa articulação alguma coisa resiste a fazer de *a* um elemento variável. E se ele é constante, se o utilizamos para designar o que Lacan chamava a inércia do gozo, então é em relação ao *a* que o significante aparece variável.

O *Seminário 17: O avesso da psicanálise* extrai conseqüências dessa construção dizendo: por certo não é um efeito, mas tampouco é somente um produto, é verdadeiramente uma causa. É verdadeiramente o que anima a repetição significante:

| | $\underline{S', S'', S'''...}$ |
|---|---|
| *efeito variável* | { *s metonímia*<br>*d desejo*<br>$\not{S}$ *sujeito* |
| *= efeito constante*<br>*= produto*<br>→ *causa* | $\underline{\underline{a}}$ |

Nesse *Seminário*, a repetição é situada, em relação ao gozo, como relação primitiva do significante com o gozo. Assim, há um reviramento dessa construção: o lugar do elemento heterogêneo, que era o do efeito, aparece, com o *a*, como a causa mesma do significante, que, a serviço do gozo, aparece sempre em perda, em falha, ao lado do que seria necessário.

A diferença a ser marcada, aqui, é entre o significado, efeito variável do significante, e o objeto *a*, que aparece, pelo contrário, como uma constante do significante, e, por isso, como o motivo e a causa da repetição significante.

Enumerei para vocês os quatro *Seminários* de Lacan: *A ética*, *A transferência*, *A angústia e A identificação*. Há ainda *Os quatro conceitos fundamentais da psicanálise*, que fornece, em matéria de parênteses, um grande espaço para uma elaboração imaginária. São quatro capítulos dedicados à apresentação do olhar como objeto *a* e à esquize entre o olho e o olhar. Há nisso uma contingência, já que naquele mesmo momento estava sendo publicada a obra de Maurice Merleau-Ponty sobre *O visível e o invisível*, o que lança Lacan em seu comentário. Mas penso que podemos, entretanto, ir além da contingência: havia, para Lacan, necessidade de repensar o imaginário a partir do objeto *a*. De fato, no primeiro uso do imaginário, não havia lugar para o objeto *a* que seria um resto.

Há uma reversibilidade completa – entre *a* e *a'*, ou entre o eu e a imagem do outro – e a libido circulando de um termo para o outro, ou do eu para seus diferentes objetos, sem resto. Não há resto na circulação libidinal imaginária:

$$\left\{\begin{matrix} a & \longleftrightarrow & a' \\ m & \longleftrightarrow & i(a) \end{matrix}\right\}$$

A partir do momento em que Lacan elabora a categoria do objeto *a* como resto, elaborando-a no simbólico, há uma necessidade de reportar o objeto *a* ao imaginário, apreendê-lo no imaginário. E, por conseguinte, de opor duas vertentes do imagináiro: uma onde há reversão, que é, de certo modo, a vertente homeostática do imaginário, a vertente na qual há prazer no imaginário e onde há, portanto, uma circulação reversível, fluida, da libido. Outra, que é do mais-de-gozar no imaginário.

Foi a necessidade lógica que conduziu Lacan a se interessar pelo objeto *a* e a tentar situá-lo no imaginário.

## A inelutável modalidade do visível

Foi daí que extraí os temas das conferências que apresentei, das quais vou lhes dar um apanhado. Pude situá-los porque fiz a reconstituição meticulosa dessa armadura.

Cabe sublinhar não ser evidente o interesse por imagens na experiência analítica. Digo isso porque me parece muito fácil admitir que, a partir da psicanálise, temos algo a dizer das imagens, embora a própria experiência analítica se desenvolva no campo da linguagem, e não no mundo da percepção.

O que mobiliza a experiência analítica é a função da fala, não a função da visão.

Citemos a expressão de James Joyce, em *Ulisses*: "a inelutável modalidade do visível". Pois bem, se há uma inelutável modalidade do visível, pode-se dizer que a psicanálise é feita para se pôr à distância, para suspender essa modalidade da realidade ou do real.

E, de fato, quando somos analistas, nada temos a esperar do teste de Rorscharch, nem temos de decifrar as borras de café, e podemos dizer que pouco nos importamos com as imagens do sonho, interessamo-nos apenas por seu relato.

Assim, tudo que é da ordem imaginária está suspenso.

E o analista não joga com sua própria imagem, visto que, normalmente, ele se torna invisível ao colocar-se atrás do paciente. Não é sempre o caso, pois às vezes é preciso recorrer ao face a face. Mas isso é sempre uma derrogação, uma espécie de infração à estrutura clássica, que pode ser motivada por razões clínicas precisas. A regra da invisibilidade mostra que não se especula sobre os poderes da imagem e que, para liberar, intensificar os poderes da fala, é preciso distanciar-se dos poderes da imagem.

Podemos anular, assim, todo o registro imaginário na psicanálise. Quando o tentamos, porém, percebemos que resta algo resistente a esvaziar o imaginário da experiência analítica. Em primeiro lugar, porque nos apoiamos no sonho.

Ainda que o único material do trabalho seja o relato que dele é feito, e também o único material objetivável, já que as imagens do sonho só podem ser percebidas pelo sonhador – não é como o cinema, cujas imagens são vistas em comum, diferentemente das do sonho que não são objetiváveis –, resta o fato de que, quando existe um relato do sonho, a referência do sonhador e a do relato são algo vivido, sentido como da ordem da imagem.

Em segundo lugar, na psicanálise, não podemos nos poupar de situar a fantasia.

Então, sofisticamos muito o conceito de fantasia. Com Lacan, nós a reduzimos a uma frase. Dizemos que o essencial da fantasia, sua armadura, seu osso, é uma frase que, na interpretação, tem função de axioma. Temos acentuado tudo o que é da ordem simbólica na fantasia. Mas, ao mesmo tempo, não podemos eliminar-lhe o componente imaginário: uma fantasia sem imagem não tem, para nós, significação.

Em terceiro lugar, existe o narcisismo.

Freud não acentuou as raízes visuais do narcisismo; contudo, Lacan o fez. Ele interpretou o conceito freudiano de narcisismo pelo estádio do espelho, ou seja, em um dado momento instalou no coração da metapsicologia analítica a imagem especular da forma do corpo próprio, o que nos obriga a abrir espaço às imagens na psicanálise.

Em quarto, existe a própria castração.

Por certo Lacan inscreveu-a na ordem simbólica da maneira que seguimos aqui. Mas Freud enraizou a castração na percepção visual da forma do corpo do Outro. E cabe dizer que, na narrativa do paciente, a experiência visual do corpo do Outro tem muita importância na ordem da comparação: o que o corpo do Outro tem e que o corpo do sujeito não tem, ou o tem insuficientemente. Aqui, a experiência visual inscreve-se na história subjetiva. E existe o fetiche, cuja função se enraíza na percepção da falta do pênis, como o modelo imaginário do objeto do desejo. Dito de outro modo, mesmo se a experiência analítica se desenvolve no campo da linguagem, não podemos criar impasse sobre as imagens. E poderíamos até desenvolver uma clínica da imagem.

Poderíamos incluir nela a fobia, na qual a simples aparição do objeto desencadeia reações de terror – por exemplo, a fobia do Pequeno Hans –, e pode ser até a percepção do espaço ou de suas diferentes modalidades.

Há também tudo o que concerne à alucinação visual, não só na psicose. A histeria, como se sabe, é bastante capaz de tais fenômenos. Portanto, na própria neurose encontramos a presença de imagens alucinadas. Na perversão, temos o voyeurismo ou exibicionismo, que Freud ligou a uma pulsão. Ainda temos o que liga a imagem e o gozo, justificando o Lacan do primeiro momento de seu ensino. Além disso, há tudo o que concerne às imagens da arte – não se trata, de modo direto, da experiência analítica –, que Freud decifrou exatamente como formações do inconsciente, como retornos do recalcado, com numerosos exemplos.

É espantoso – e foi o que o fez retomar o imaginário no *Seminário 11* – que Lacan, no início, em definitivo, tenha feito do poder das imagens o princípio mesmo da causalidade psíquica.

Ele partiu de que a imagem tem poder sobre o eu, é capaz de cativar o sujeito, capturá-lo, fixá-lo, modelá-lo, alienálo. Vemos esse poder ser constituído no nível animal, havendo, portanto, efeitos objetivos da imagem, inclusive sobre a maturação do organismo. Temos, pois, os exemplos da pomba, do gafanhoto migratório etc., que encontramos nos primeiros textos do ensino de Lacan, em "Proposição sobre a causalidade psíquica".

No fundo, isso inscreve o imaginário no coração da metapsicologia de Lacan, fazendo da identificação à imagem a maneira de compreender o que pode agir na psicanálise. Buscando o princípio ativo da psicanálise, Lacan encontrou o modelo no poder das imagens, a ponto de considerar que o inconsciente era uma reserva de imagens inconscientes fixadas, as quais o sujeito poderia projetar sobre o mundo, e chamou-as imago, reutilizando o termo freudiano.

Então, no lugar do poder das imagens, o "Discurso de Roma" instalou o poder das palavras e da fala, mostrando que, ali onde só víamos imagens, de fato há significante, e que a imagem, quando é eficaz, tem sempre uma armadura significante. E Lacan o mostrou em todas as encruzilhadas da teoria analítica. O que opera na identificação não é somente a imagem, mas o significante escondido em seu interior e que ele batizou como "traço unário". Assim, a fantasia não é tanto uma imagem, mas a imagem posta em função pela estrutura significante. Portanto, ele repetiu a mesma demonstração: ali onde acreditamos que a imagem é potente, de fato, potente é o significante.

O falo não é tanto uma imagem, mas um significante imaginário.

Quanto ao narcisismo, trata-se de dar conta não simplesmente do poder da imagem do corpo próprio, mas do domínio dessa imagem como característica do ser humano, ao passo que o animal, quanto a isso, é indiferente. Então, por trás da captação pela imagem do corpo, existe a falta de identidade significante do sujeito.

Pelo sujeito ser S barrado, $\not{S}$, falta-lhe uma identidade no significante e, em seu lugar, ele promove *i(a)*, a imagem dele mesmo e a do outro, à qual se prende, por exemplo, à sua aparência ou à do outro.

$$\frac{i(a)}{\not{S}}$$

Mas, a razão do imaginário encontra-se no nível da função simbólica, isto é, a falta da identidade significante do sujeito:

$$\left\{\begin{array}{lcl} a & \longleftrightarrow & a' \\ m & \longleftrightarrow & i(a) \end{array}\right\}$$

$$\frac{i(a)\ -}{\not{S}\ -}$$

Na verdade, encontramos em Lacan uma teoria das imagens, inicialmente das imagens sozinhas, depois das imagens suportadas pelo significante, e até mesmo das imagens das quais se pode dizer que são significantes. É o que explica Freud ter podido decifrar, como significantes, as imagens, numa verdadeira retórica da imagem. Isso vai junto com a reabsorção da libido no desejo. Quer dizer que ao mesmo tempo em que Lacan reabsorve a libido na ordem simbólica, sob a forma do desejo, ele reabsorve simultaneamente o imaginário no simbólico, ou pelo menos faz do simbólico a verdade do imaginário, e suas demonstrações se desenvolvem orientadas nessa direção ao longo dos anos.

O simbólico é a verdade do imaginário. Essa é uma tese epistemológica, o que significa que a verdade supõe a redução das evidências visuais. É preciso desconfiar e recusar as intuições perceptivas. É a diferença existente entre Aristóteles e Galileu.

A *Física* de Aristóteles vigora no nível do que vemos, da evidência perceptiva. Ao passo que a de Galileu, por outro lado, substitui a experiência perceptiva por um sistema significante e de cálculo, e também de experiências que são, antes de tudo, as de pensamento. Nesse sentido, é contemporâneo, em Lacan, do esforço para acentuar o caráter científico da psicanálise.

Cito o parágrafo de *Ulisses* que começa por "Inelutável modalidade do visível" e termina por "Fechemos os olhos para ver".

É muito bonito, é a própria divisa do racionalismo: para ver do que se trata, é preciso calcular, abstrair-se das fascinações do espetáculo.

É também, cabe notar, a injunção de toda a teologia: ver com os olhos da alma mais do que com os do corpo. É preciso fechar os olhos do corpo, cegar-se, para perceber com os olhos da alma, e com a inquietude sobre a proscrição da imagem, quando se trata do sagrado.

Na tradição judaica, e também no islamismo, o mais elevado não é da ordem do que pode ser representado. A esse respeito, eles visam a instância para além do imaginário, e poderíamos defender que o monoteísmo – e o criacionismo ligado a ele –, a dificuldade com as imagens, foi o que abriu caminho para a física matemática. É a tese proposta por Kojève e que agradou a Lacan: tudo o que foi elaborado na religião monoteísta preparava a física matemática.

Junto com isso, caminha a proscrição das imagens, cujo poder recuperado pela Contra-Reforma é tão surpreendente. Se Lacan consagrou, no *Seminário 20*, um capítulo inteiro ao Barroco, foi porque, ali, temos, diante da constatação luterana, a qual se apóia essencialmente sobre o significante: "Não é o que está escrito. Vocês não fazem o que está escrito no texto. Olhem o manual. Vocês acrescentaram ao texto os floreados que não têm lugar." Diante de uma Reforma que se apóia essencialmente no simbólico, temos o recurso da Igreja católica ao poder das imagens. E ela não hesita em especular o poder das imagens e a imagem do corpo, com certo obscurantismo – digo isso, aqui, de modo prudente, não o disse em Roma, é claro, pensem bem! –, mas que nos valeu obras de tal beleza que nos fazem viajar a Roma.

## O olhar enquanto objeto dessubstancializado

Em todas as doutrinas de imagens, em toda essa celebração, nesse elaborar que reúne sempre o imaginário ao simbólico, pode-se dizer que não se trata do olhar, e Lacan somente o introduziu no momento em que deduziu a presença do resto da articulação significante.

Contudo, existe em Lacan um esboço de uma teoria da percepção.

Encontramo-la em um texto que comentei num seminário de D.E.A, na primeira parte de "Questão preliminar". Penso que, nele, podemos precisar os termos em jogo.

O que Lacan diz, em seu ponto de partida é bastante simples, visto que toma emprestado à linguagem escolástica a distinção entre o *percipiens* e o *perceptum*:

| | |
|---|---|
| *Percipiens* | *O que percebe* |
| *Perceptum* | *Percebido* |

Tentemos apreender, a partir da tese que reabsorve o imaginário no simbólico, o que ele pôde dizer desse par: o que percebe e o que é percebido.

Qual é a lógica da percepção, a partir dos dois termos?

| | |
|---|---|
| ( *Percipiens* } | *O que percebe* |
| ( *Perceptum* } | *Percebido* |

Isso é tentar superpor os dois termos à relação do significante e do sujeito. Quer dizer que, fundamentalmente, ele concebe o *perceptum* como significante e o *percipiens* como sujeito:

| | |
|---|---|
| ( *Percipiens* } | *O que percebe* |
| ( *Perceptum* } | *Percebido* |

*– um St* }
*– um sujeito* }

Ele reinterpreta a teoria da percepção a partir do sujeito como efeito do significante. Na teoria da percepção isso desemboca em: o *percipiens* vem a ser efeito do *perceptum*:

| | |
|---|---|
| ( *Percipiens* } | *O que percebe* |
| ( *Perceptum* } | *Percebido* |

*– um St* }
*– um sujeito* }

*percipiens efeito do perceptum*

Eis a tese central, à qual ele opôs que sempre se considerou estar em primeiro lugar o *percipiens*, ou seja, aquele que tem uma percepção e que dela se ocupa.

Se ele se engana em sua percepção, se ele se ilude, ele deverá dar as razões para tal. E perguntamos: "Mas, afinal, você de fato vê isto? Ninguém a não ser você o vê." E o infeliz diz: "Pois bem, sim! Você não vê, mas eu, sim." Bom! "Você escuta vozes? Você escuta minha voz, o que você escuta é como a minha voz? Talvez seja como a sua!"

Dito de outro modo, no interrogatório psiquiátrico, pedimos ao sujeito perceptor para dar conta do *perceptum*. E lhe dizem: "Supomos que são idéias que você se faz".

Então, no que se refere à percepção, Lacan propõe que o *perceptum* vem primeiro e que o *percipiens* é determinado por ele. Isso supõe que o *perceptum* é estruturado, é da ordem do significante, é uma estrutura ou uma cadeia significante, e o *percipiens* é um sujeito efeito do significante.

O que implica que existam muitos; não se deve pensar o *percipiens* como uma função unitária: o sujeito, *o percipiens* do ouvido, não é o mesmo que o *percipiens* da visão. Nesse sentido, temos uma teoria da percepção explodida.

Sobre isso, fiz um desenvolvimento que não terei tempo de reproduzir hoje, mas que permitia mostrar que Lacan introduziu o olhar na teoria da percepção visual, quando começou a interrogar o campo da percepção a partir do gozo. Isso é muito diferente da redução feita por ele, até esse momento, do imaginário ao simbólico, ou seja, mostrar que a verdade do imaginário é a estrutura simbólica.

Ora, a partir de sua elaboração da libido freudiana e da distinção do lugar à parte ocupado pelo do gozo, ele começou a interrogar o campo da percepção a partir do gozo. Foi o que possibilitou ver que o campo da percepção, até aquela época, só fora interrogado a partir do recalque do sujeito, do recalque do desejo, e com a elisão do mais-de-gozar.

Por essa razão, o campo perceptivo pôde ser o modelo mesmo daquilo que os gregos chamavam comtemplação, isto é, o modelo de uma atividade desinteressada que permite alcançar a verdade.

Quando há mais-de-gozar, quando há ruptura da homeostase perceptiva, quando há problemas da percepção, pois bem, pensava-se ser preciso pedir contas ao *percipiens*. Ao passo que Lacan aborda o campo da percepção a partir de seus distúrbios.

Considerando todos os conceitos aqui detalhados, vocês podem apreender tudo o que implica interrogar o campo da percepção a partir do desejo, porquanto o desejo está ligado à castração, ou seja, ele parte de uma falta. Isso implica que se interroga o campo perceptivo sobre a presença da castração.

Todos os exemplos tomados por Lacan na ordem da imagem de arte caminham no sentido de tornar manifesta a instância da castração no campo perceptivo. É o caso da análise dos *Embaixadores* de Holbein com a anamoforse, do qual diz ele: "Pois bem, é o equivalente de (- φ)". E, quando toma *As meninas* de Velasquez, é também (- φ) que ele vai buscar.

Podemos sublinhar o que há de forçado nessas análises, caso não vejamos que aquilo de que se trata para ele é interrogar o campo perceptivo como campo do desejo, e, portanto, mostrar (– φ) aí presente.

E (– φ) quer dizer que, ao vermos a consistência da realidade perceptiva como espetáculo do mundo, dizemos: "É bem real!", ou, pelo menos, não dizemos "Isso não é muito real". Eis a realidade perceptiva; nela não há distúrbios da percepção. A realidade perceptiva supõe a ação de (– φ), ou seja, a extração da libido para fora do campo visual, uma extração da libido e até se quisermos um recalque do desejo.

Assim, o que suporta a realidade perceptiva como tal é sempre o Nome-do-Pai,é sempre a metáfora paterna, uma vez que ela opera a emergência, que ela permite a castração. E quando o Nome-do-Pai não funciona, quando existe psicose, observamos o retorno da libido no campo perceptivo.

A esse respeito, por trás do espetáculo do mundo e mesmo suportando-o, existe a metáfora paterna, o Nome-do-Pai e (- φ).

Quando a libido volta, quando a libido não se deixa expulsar do campo perceptivo, para nos dar o sentimento de que estamos no nível do real, ela volta sob a forma do olhar e da voz. Os dois fazem-se presentes na percepção, e são os dois objetos que Lacan inventou e acrescentou ao seio e ao excremento. Inventou-os a partir da psicose.

Quando ele fala do olhar e da voz, fala do olhar e da voz alucinados, revelando uma estrutura fundamental do campo perceptivo.

Esses dois elementos estão, quase sempre, excluídos do campo perceptivo, mas retornam no caso de psicose, não sendo ignorados pela neurose em certas experiências-limite e, em particular, no sentimento de estranheza.

Os dois grandes objetos freudianos, o seio e o excremento, foram postos em evidência na neurose, e, de início, como objetos da demanda. Os objetos lacanianos são ligados ao desejo, e é a psicose que permite colocá-los em evidência.

É a paranóia que permite dar ao olhar o seu lugar: ser olhado de soslaio, e a malevolência e o complô concentram-se no olhar.

A voz, todavia, está em outra vertente, diversa da paranóia. É absurdo perguntarmos se o sujeito escuta a voz alucinada, quando a voz é a própria da cadeia significante desenvolvendo-se como voz, é o próprio significante falando. E, dela, é necessário apreender que, como tal, é inaudível, não é da ordem da audição. É uma voz não acessível assim como o olhar, como tal, é invisível, não acessível ao sentido da visão. E se o olhar está ligado ao sentido visual, é na condição de ter sido deste extraído, e de estar perdido.

Podemos encontrar os análogos do olhar e da voz.

Há, na experiência perceptiva, lugares passíveis de serem simulacros do olhar e da voz.

Por exemplo, no que se refere ao olhar, cada vez que a luz se concentra sobre um ponto, este pode assumir uma função de olhar, mas, o olhar como tal não é substancial, não é um objeto empírico perceptível. Assim, nas conferências que dei, pelo menos em uma delas, marquei o uso que Lacan pôde fazer da referência imaginária do objeto *a* – referência ao olhar – precisamente para *dessubstancializar* o objeto *a*.

É de praxe pensarmos o objeto *a* no modelo do excremento, ou seja, como objeto perdido. Entretanto, trata-se de pensá-lo mais no modelo do olhar, isto é, como objeto não-substancial. Diria até que a própria experiência do passe só tem sentido nesse registro do objeto *a*.

*10 de maio de 1995*

## – Lição 18 –

# Consistência lógica e extração corporal

Na última lição, por meio do viés imaginário, abordei a invenção de Lacan chamada por ele "objeto *a*". Essa invenção, foi aprovada por seu público, que se apossou desse nome de tal maneira que, hoje, ele nos é familiar. Talvez não tão familiar assim. Pelo menos, sairíamos ganhando se, no que lhe concerne, recuperássemos algum sentimento de estranheza. É o que faremos hoje.

Uma lógica de sua transcrição de Freud, prescrita desde o início de seu ensino, conduziu Lacan, e aqueles que o seguiram, a tratar a libido freudiana como elemento, como unidade. Esse elemento – nada pode apagar o paradoxo que consiste em tratar assim a libido – é o falo. Lacan foi bem-sucedido em tratar a libido a partir de seu símbolo: como se este esgotasse a essência, a natureza da libido, como se pudéssemos dar conta das propriedades que lhe são atribuídas por Freud e nos beneficiarmos dos efeitos teóricos do conceito e das soluções que ele propõe ao reduzi-la ao elemento que a simboliza: o falo.

Vocês podem apreender o ponto de partida dessa elaboração no transcurso do *Seminário 4*, onde o falo recebe seu primeiro status no ensino de Lacan, a partir da sexualidade feminina, e, em primeiro lugar, em seu status de imagem fálica, em posição de significante. Esse trabalho foi desenvolvido no *Seminário 4* e nos *Escritos*, em "A significação do falo" e "A direção do tratamento". Ele foi enriquecido e levou Lacan a formular o conceito de falo como significante do desejo, essa fórmula supondo que a libido tivesse sido transcrita previamente em termos de desejo. O esforço realizado sob os nossos olhos que nada vêem, nos dois escritos, é o de reduzir a libido a um significante e ao deslocamento, à combinatória desse significante.

Esse elemento passa a ser, em seguida, o objeto *a*, porque o significante do desejo – qualquer que seja sua instância, sua evidência, a eficácia dessa transcrição – deixa de fora numerosas propriedades da libido freudiana. E foi para dar conta delas que Lacan construiu o objeto *a*, que se distingue do elemento precedente por se tratar, aqui, de um elemento não-significante. A partir daí, abre-se certo número de problemas os quais se prende o ensino de Lacan e para os quais ele propõe soluções sucessivas e, sob diversos aspectos, insuficientes.

***Suplemento da castração de gozo* (– φ)**

Por exigência da matéria, neste curso, vou me ater a três desses problemas:

– o das relações do falo e do objeto *a*;
– o da natureza do objeto;
– o das relações do sujeito e do objeto.

O primeiro problema é recorrente no ensino de Lacan a partir da promoção do objeto. Trata-se, tanto em um como em outro – se retornamos à raiz dos dois conceitos – de duas modalidades da libido freudiana: a significante e a não-significante. Dito de outro modo, o primeiro problema, eu o escrevo $\varphi$, o losângulo ◊, que designa a multiplicidade das relações possíveis com o segundo termo, que é *a*:

$$\varphi \lozenge a$$

O confronto dos dois termos conduzirá a situá-los menos a partir do desejo do que a partir do gozo, a preferir a transcrição da libido em termos de gozo mais do que em termos de desejo.

À solução do problema, assim abreviado, acrescento o ponto de interrogação:

$$\varphi \lozenge a\ ?$$

A solução canônica ou clássica, é o que está representado pela fórmula pequeno *a* sobre menos *phi:*

$$\frac{a}{(-\varphi)}$$

(- φ), castração de gozo, suplementada pelo gozo inscrito *a*. Uma castração e uma relação de substituição onde se inscreve a letra do gozo suplementar.

E, assim, Lacan pôde dizer que todos os objetos *a* inscrevem-se no lugar da castração; que os objetos dos "estágios" distinguidos por Freud ordenam-se de forma retroativa à castração, a qual aparece no "estágio" genital; ou ainda, que no coração do objeto *a* existe o menos *phi* da castração, cujo objeto é, de certo modo, apenas um envelope. A partir desse matema podemos ordenar as numerosas versões que foram propostas por Lacan ao longo de seu ensino.

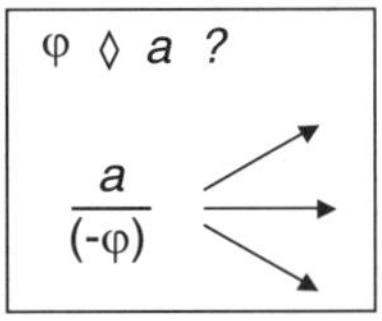


Acrescento que essa fórmula permite atribuir uma causa do desejo, que é menos *phi*, e escrevo o símbolo com uma flecha, no final da qual coloco o *d* do desejo:

$$(-\varphi) \longrightarrow d$$

Mas, em razão da equivalência substitutiva do menos *phi* e do objeto *a*, podemos dizer que o *a* é a causa do desejo. Esta é a fórmula privilegiada por Lacan em seu ensino:

$$a \longrightarrow d$$

| | | |
|---|---|---|
| $(-\varphi)$ | $\longrightarrow$ | $d$ |
| $a$ | $\longrightarrow$ | $d$ |

Chamo a atenção para o fato de que o posicionamento dos dois termos – duas modalidades da libido freudiana que dão origem a certo número de problemas que não os diretamente encontrados na elaboração de Freud – leva a pensar a pulsão a partir do desejo. Penso ter a chance, hoje, de assinalar uma ambição recorrente em Lacan: deduzir o conceito de pulsão a partir de seu conceito do desejo, desejo pensado como efeito do significante. É um esforço permanente de Lacan, a partir de "A direção do tratamento", mostrar o que exige o conceito freudiano de pulsão e demonstrá-lo a partir de seu conceito de desejo. Portanto, recusar à pulsão a primariedade em relação ao desejo.

Em segundo lugar, está o problema da natureza do objeto *a*. Lacan o introduziu para satisfazer as condições a que o falo como significante não responde. Ele o introduz, eminentemente, enquanto não significante, não pertencente ao registro dito simbólico, diferentemente do falo do qual mostrou a presença e as aderências imaginárias, mas também a sublimação, a transmutação, a *Aufhebung* propriamente simbólicas.

O objeto *a* pertence ao imaginário? A fantasia poderia nos fazer inclinar nesse sentido, e o próprio Lacan desenvolve isso. Mas termina designando-o para o registro do real, fazendo do objeto *a* um elemento do real.

Na lição anterior, assinalei o paradoxo que se liga ao conceito de elemento do real. Desde que haja elemento, desde que haja unidade, é difícil não implicar a ordem simbólica, na qual há unidades que se opõem umas às outras as quais chamamos significantes. E cada vez que falamos em elementos ou unidades, há alguma coisa do simbólico que permanece em questão. É bem isso – o que resta em questão do simbólico no objeto *a* – que permite fazê-lo recíproco aos elementos significantes, e fazê-lo girar com eles.

O paradoxo do qual não podemos nos desfazer conduzirá à teoria dos nós, na qual a rodela de barbante representável, manejável, material, encarna uma modalidade de unidade. O caráter elementar, com a rodela de barbante, estende-se à estrutura das três ordens: simbólica, imaginária e real.

Lacan encontra dificuldade em nomear a unidade quando ela se refere ao real. Ele falará, mais tarde, de "ponta de real". E a palavra "ponta" tem todo o seu valor, além do que pode evocar de relação com o elemento fálico. A ponta é unidade elementar não bem delimitada, é mais da ordem do talo do que da ordem do significante.

## Objeto *a* e *Vorstellungsrepräsentanz*

Hoje apresentarei o objeto *a* – levando-o para o lado do falo, como uma tradução da libido – como a solução lacaniana para um problema freudiano: o de traduzir a pulsão como somática, como ligada ao corpo em termos psíquicos.

Para Freud, o recalque não incide diretamente sobre a pulsão como tal, mas sobre seus representantes psíquicos. E o termo freudiano para designar o representante psíquico da pulsão merece ser comentado – *Vorstellungsrepräsentanz* –, mas vou apenas mencioná-lo. Penamos para traduzir esse termo, pois, como sabem, utilizamos dois vocábulos da mesma família para traduzir dois termos alemães bem distintos. Dizemos "representante representativo", "representante da representação". Lacan havia escolhido dizer "representante da representação", acentuando o caráter significante da palavra "representante".

Pois bem, esse termo, necessário, em Freud, pela relação entre o somático e o psíquico, encontra equivalência em Lacan, no conceito de objeto *a,* ou seja, o objeto *a* é o equivalente lacaniano do *Vorstellungsrepräsentanz* de Freud, com a ambigüidade que a ele se liga.

Vejamos, por exemplo, na passagem do escrito "A subversão do sujeito", em que Lacan apresenta o objeto transicional de Winnicott, que permite remediar a angústia da criança – é a esse título que Winnicott o observa –, e tem todas as características do que eu chamaria elemento não-significante. Podemos isolá-lo. Ele vem no lugar de, preenche e, ao mesmo tempo, não é significante. Lacan evoca o pedaço de pano, o caco querido pela criança, termos pertencentes à mesma categoria de "ponta". Designam pedaços, têm a unidade incerta do fragmento separado e funcionam a esse título. Todos esses termos estão aí a se multiplicar, a proliferar, uma vez que não dispomos, nessa ordem, de um termo genérico como "significante", na ordem simbólica. É para servir como termo genérico que Lacan diz: objeto *a*.

Tendo evocado o objeto de Winnicott, Lacan esclarece ser preciso não tomar o objeto material pelo objeto *a* como tal, que dele é apenas um emblema. "Não passa de um emblema", diz Lacan, na página 829 dos *Escritos*: "o representante da representação na condição absoluta [a se entender, do desejo] está em seu lugar no inconsciente, no qual causa o desejo segundo a estrutura da fantasia". Vejo, nessa breve passagem, a indicação de que Lacan sabe que faz funcionar o objeto *a,* em seu ensino, como equivalente do *Vorstellungsrepräsentaz*, em Freud. A mesma indicação figura, anos mais tarde, em seu escrito, *O aturdito*. Não comentarei esta frase por ela mesma, eu a passo para vocês a fim de lhes mostrar a conexão perpetuada no ensino de Lacan entre o *Vorstellungsrepräsentanz* e o objeto *a*: "O analisante só termina [sua análise] quando faz do objeto *a* o representante da representação de seu analista." Aqui também, a conexão dos dois termos, mesmo que pareça mais complexa, é afirmada.

Em terceiro lugar, vem o problema das relações do objeto com o sujeito, que estão resumidas na escritura da fantasia proposta por Lacan: S barrado, punção, *a,* $\$ \lozenge a$. Sublinho os dois termos porque estão inscritos em itálico por Lacan, para designar – é o uso constante de itálicos em seus esquemas – os termos que pertencem ao registro imaginário:

$$(\underline{\$} \lozenge \underline{a})$$

## Encerrar a pulsão na cadeia significante do inconsciente

O matema reenvia-nos ao grafo de "A subversão do sujeito", que serve, há muito tempo, para centrar o que há de mais clássico e transmissível em Lacan. Esse grafo é parcialmente duplo, um tipo de construção especular. Ele foi construído ao se desdobrar em dois andares, supostos funcionarem simultaneamente, e que têm, portanto, uma estrutura similar à cadeia significante. Podemos dizer que o grafo foi feito para imputar ao inconsciente a estrutura de cadeia significante. Os dois andares distinguem uma cadeia significante explícita – cadeia significante aparente –, e uma cadeia significante no inconsciente. É como se a diferença tópica do consciente e do inconsciente demandasse o desdobramento, a reduplicação da cadeia significante.

O andar inferior do grafo articula, juntos, o significante e o imaginário. Mostra-nos o imaginário, precisamente o do estádio do espelho, enquadrado pelo simbólico. Enquanto o andar superior do grafo mantém juntos o desejo e a pulsão.

Existe aqui, operando sob nossos olhos nesse esquema fascinante, uma bipartição do campo analítico que se encontrará, sob forma diversa, no escrito longamente comentado por mim no ano passado, "Posição do inconsciente", distinguindo a alienação do sujeito e a separação do objeto. Essa distinção já está esboçada no grafo de dois andares: a alienação ocupando o andar inferior, e o que vai se tornar separação do objeto em jogo no andar superior. Interesso-me por isso apenas para que vocês marquem a recorrência, a constância da preocupação de Lacan, na perspectiva de situar a libido freudiana quanto ao significante. No fundo, é o problema da libido que obriga tanto a desdobrar o grafo como a completar a alienação do sujeito com a separação do objeto.

O ponto-chave do andar superior do grafo, que tenta articular desejo e pulsão, é a fórmula da fantasia:

$$\underline{(\underline{\$} \lozenge \underline{a})}$$

Essa fórmula, à página 830 dos *Escritos,* é dada como "estofo" do eu (*Je*) como recalcado primordial. Duas páginas mais à frente, 832, encontraremos o objeto como "estofo" do sujeito. Não me ocupo dos detalhes do texto, mas do problema que mencionei quanto às relações do sujeito com o objeto. Aprecio, assim, a intenção significativa de Lacan, o que ele busca através dos meandros de sua construção.

Ele parte do fato de que o sujeito, sendo subordinado ao primado do significante, sofre um efeito de divisão, de fenda, de perda, de eclipse, de *fading*, e apela à função de um objeto que o complemente. E quaisquer que sejam, segundo o momento, as variações da fórmula, podemos dizer, de maneira simplificada, que a relação do sujeito com o objeto, como indicado pela fórmula da fantasia, encontra solução nesta escritura: *a* sobre S barrado:

$$\frac{a}{\$}$$

que, aliás, é homóloga a *a* sobre menos *phi.* A falta do sujeito, como efeito do significante, está tamponada ou completada pelo objeto *a*. Lacan diz que esse objeto está ligado ao momento de *fading* do sujeito. Essa solução da relação do sujeito com o objeto exprime que, à falta devida ao efeito mortificador do significante, responde o elemento de vida, de gozo vivo, ou seja, o objeto *a*.

$$\left\{ \frac{a}{\$} \right.$$

Ela diz também que a alienação engendrada pela ordem significante apela à necessidade de um objeto. A tudo o que é da ordem da castração significante e da perda de vida com o significante e com a castração, deve responder, como aporte suplementar, o que Lacan designa como objeto *a*, o que necessitou, em Freud, o conceito de pulsão.

E exatamente na medida em que ao sujeito falta um significante próprio, que ao sujeito do inconsciente falta um significante, não se pode designá-lo mais apropriadamente do que por aquilo que o suplementa, ou seja, o objeto *a*.

Essa fórmula chama outra: S barrado equivalente a pequeno *a:*

$$\left\{ \frac{a}{\cancel{S}} \right. \qquad \left\{ \cancel{S} \equiv a \right.$$

E Lacan diz, à página 831, com mais prudência: o sujeito, em psicanálise, é designado a partir de uma referência orgânica. Isso quer dizer que, na falta de um significante do sujeito, designamo-lo a partir de um objeto da pulsão: nós o designamos a partir do objeto oral ou anal, e mesmo do objeto genital, em Freud. E, à página 832, onde se mostra mais lacaniano e mais radical, diz: o sujeito "não é nada mais que um tal objeto". Em outras palavras, o sujeito do inconsciente é, propriamente falando, este objeto: [$\cancel{S} \equiv a$].

$$\underline{(\cancel{S} \lozenge a)}$$

$$\left\{ \frac{a}{\cancel{S}} \right. \qquad \left\{ \cancel{S} \equiv a \right.$$

Destaco, nessa página, o termo "dedução" utilizado por Lacan. Diz ele: "nossa dedução". É de fato, uma dedução da pulsão. Ele nos traz o termo, no fundo, para nos justificar o termo freudiano de pulsão. E não é ilegítimo, já que se trata, para ele, de nos mostrar que o conceito de pulsão, em Freud, tornou-se necessário pelo recalque do sujeito do inconsciente. E que o conceito de inconsciente se introduziu no momento em que se formulou a pergunta: "Onde está o sujeito? Onde ele está quando não diz nada, quando ele cessa de dizer? Qual é o seu lugar?". Por essa razão, mais tarde, nesse mesmo texto, Lacan dirá: "Qual é o lugar do Eu (*Je*) recalcado? É o do gozo." É a retranscrição do que lhes exponho, ou seja, ali onde há recalque, ali onde o sujeito não é identificável por um significante, ele pode ser circunscrito ao nível da pulsão na presença do objeto.

A pulsão aparece como vocabulário, léxico, tesouro dos significantes – expressão preferida por Lacan para não encerrar a pulsão no imaginário da lista de elementos que encontramos no dicionário –, da cadeia significante no inconsciente. Uma vez desbravado o aparato que envolve essa tese, "A subversão do sujeito" expõe que o inconsciente fala em termos de pulsão. O que distingue a cadeia no inconsciente da cadeia explícita, na qual o sujeito se reveste de significantes, é que, no inconsciente, os significantes são objetos. Do meu ponto de vista, o que se resgata dessa construção da pulsão em "A subversão do sujeito" é que os objetos *a* são como os significantes constituintes da cadeia significante no inconsciente, a qual se desenrola em termos de pulsão, diz Lacan.

## Um pouco de carne à consistência lógica

Disso decorre a questão que permanece no final dessa extraordinária construção: como o sujeito do inconsciente pode encontrar seu equivalente ao nível da pulsão? Como a fórmula *S* barrado equivalente a *a*, $\not{S} \equiv a$, é pensável, é aparelhável?

Isso é tudo o que está em jogo no que Lacan elaborará, durante anos, sobre a relação do sujeito e do objeto. Para redizê-lo em termos freudianos, trata-se, de fato, da relação do inconsciente com a pulsão. Após numerosas tentativas, Lacan proporá nova articulação do significante e do gozo para responder à questão.

A primeira resposta, memorável, que ele propõe à questão que permanece aberta ao final de "A subversão do sujeito" é a enunciada em "Posição do inconsciente", texto que se segue no volume dos *Escritos.* Há toda uma mecânica – que, aliás, tive de recompor – da alienação e da separação. E qual é o cerne da intenção que anima essa construção? É mostrar que o recalque primordial do sujeito necessita, apela para alguma coisa que vem do Outro, e que é nesse próprio movimento de apelo, de sucção, que se fia, se traça a pulsão freudiana. "Posição do inconsciente", julgado a partir da perspectiva que tenho este ano, "nada mais é do que um esforço para integrar a pulsão na ordem do significante".

Lacan o faz distinguindo não de modo grosseiro o inconsciente e a pulsão, mas sim o sujeito e o Outro, como dois conjuntos;

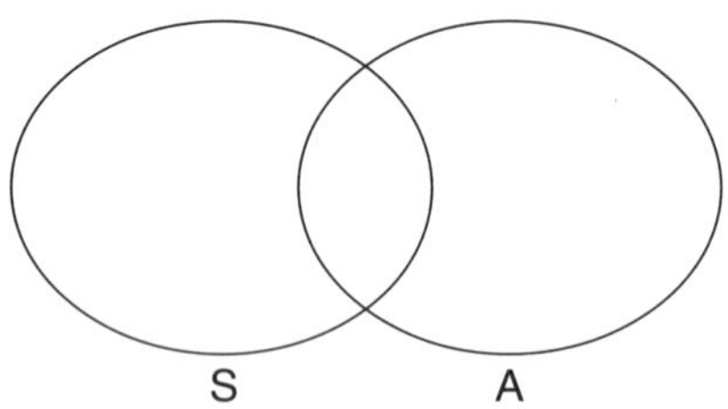


E, por meio desses dois conjuntos, ele inscreve dois modos de relação: a alienação, que lhe permite inscrever o recalque do sujeito, representado por um conjunto vazio, e a queda de um significante. Isso é o que ele chama alienação, ou seja, um esforço para representar a emergência do inconsciente a partir do significante. Ele acrescenta uma segunda operação para mostrar como, no mesmo lugar, se inscreve o objeto libido, e como o recalque, operação significante, chama a segunda operação que introduz o objeto no lugar mesmo da falta do sujeito no inconsciente. Cabe dizer que ele só o consegue de modo atravessado. Não é fácil produzir um objeto a partir de uma ou mesmo de duas operações significantes. É preciso esfalfar-se para conseguir retirar o objeto do significante partindo do mesmo significante. São necessárias duas operações para ele chegar a esse ponto. O que ele consegue nos mostrar com relativa facilidade – se tivermos uma boa vontade lógica –, é como, à falta do sujeito, pode responder uma falta no Outro. E chega a nos mostrar um conjunto vazio no conjunto marcado "sujeito", conseguindo nos indicar um conjunto vazio no conjunto A:

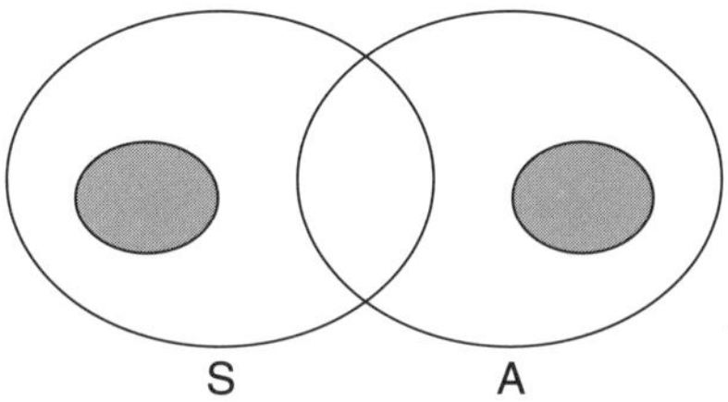


Deslocando, ligeiramente, as letras $S_1$, $S_2$ – que ele não inscreveu, mas eu as inscrevo em seu lugar e considero válido como tradução de seu aparelho – entre os dois conjuntos, ele nos mostra um certo conjunto vazio, de um lado, e outro conjunto vazio, do outro.

Com isso ele nos mostra uma certa falta do sujeito do inconsciente e uma certa falta no Outro. Pode-se então dizer que ele representa o desejo do Outro entre significantes, mostrando que o sujeito encontra a equivalência de sua falta na falta do Outro. Assim, ele estabelece, de fato, uma relação de equivalência entre as duas faltas:

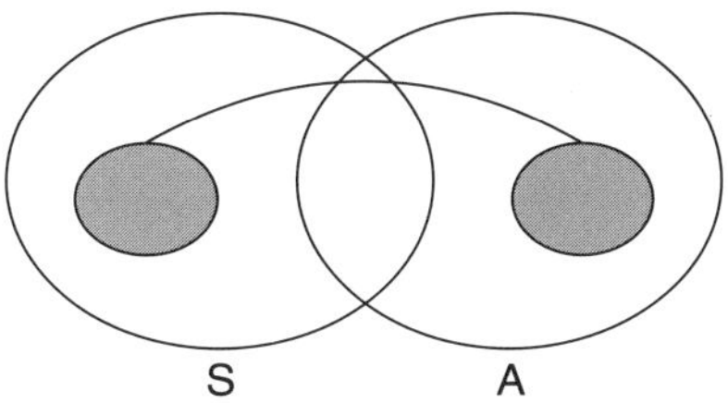


Diz ele então: "A equivalência entre o sujeito do inconsciente e o desejo do Outro é a pulsão freudiana". E mais: "É precisamente a pulsão [freudiana] mais radical, a pulsão de morte, já que aqui estamos no registro da falta." À página 857: "O sujeito se realiza na perda onde ele surgiu como inconsciente." O sujeito surge como inconsciente em uma certa falta, e se realiza como perda através da falta que ele produziu no Outro. Esta frase indica a comunicação que Lacan quer estabelecer logicamente, entre a falta do sujeito do inconsciente e certa realização da mesma falta, como perda, do lado do Outro. Resgato apenas as grandes linhas desse esquematismo que soletrei longamente durante o ano passado. E Lacan acrescenta: "seguindo o traçado descoberto por Freud como a pulsão mais radical, e que ele denomina: pulsão de morte."

Dito de outro modo, temos uma articulação entre sujeito barrado, representado por um conjunto vazio – sujeito $ – e a falta no Outro. A barrado, que é a representação do desejo do Outro, se deixa representar pelo fato de que entre dois significantes há sempre um intervalo, há sempre um sentido que corre sob o significante, que não se deixa representar pelo próprio significante, sendo portanto equivalente ao desejo. Bom! De acordo, se assim posso dizer, em nome de vocês!

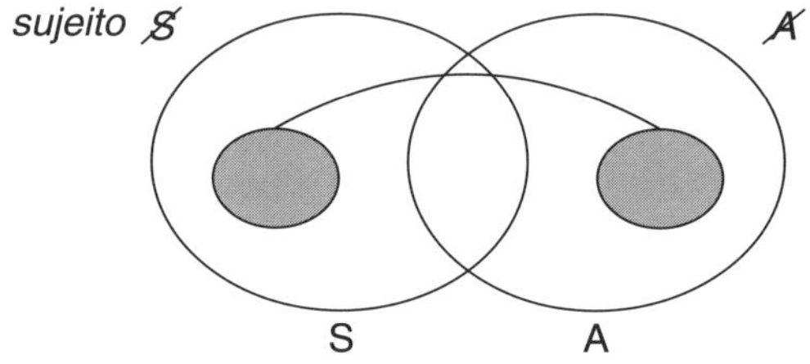


Ele acrescenta: essa relação entre sujeito e desejo, que é puramente de ordem significante, segue o traçado da pulsão de morte, é equivalente à pulsão freudiana:

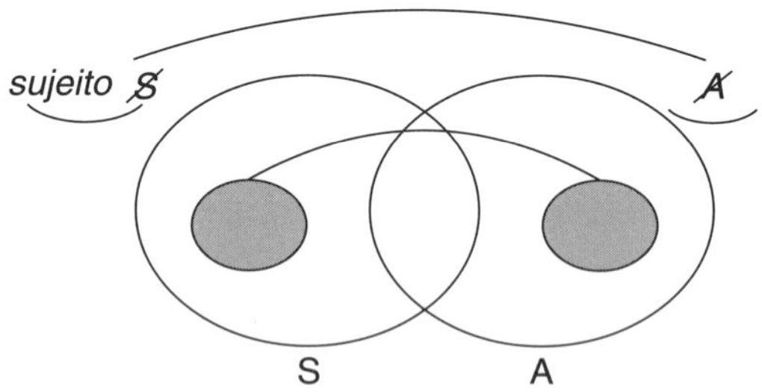


Aqui porém, falta um pouquinho, ousaria dizer, de carne!

De maneira surpreendente, Lacan, que fez todo esse trabalho no estilo lógico – traficando a teoria dos conjuntos tão sábia e sutilmente, não grosso modo –, interrompe a lógica e passa ao mito. Expõe o mito da lamela como variante do relato de Aristófanes, no *Banquete* de Platão, relato que, no *Seminário: A transferência*, considera como o mais simplório de tudo o que foi expresso no *Banquete*.

Após ter modificado a teoria dos conjuntos, modifica o discurso imbecil de Aristófanes, para introduzir um pouco "de carne" nessa lógica, e passar do desejo do Outro à pulsão. Mas o que animou e condicionou todo o seu trabalho foi o fato de ter deduzido a pulsão a partir do desejo.

Então, a que o mito o conduziu, o que lhe permitiu?

O mito permitiu-lhe dizer: a libido é um órgão do corpo que não é encontrado no corpo, que não é imaginário, tampouco simbólico, mas "irreal", no sentido do irreal em contato direto com o real. Já me ocorreu, ao longo do que disse a vocês e a outros, justificar esses termos, fazer variações sobre o irreal. Hoje, vejo, antes de tudo, no emprego da expressão "órgão irreal", para traduzir a libido freudiana, a pesquisa do elemento não-significante. Aqui, o termo traduz um pedaço do corpo – parte perdida do vivente –, que permite dizer: a libido vem se alojar no circuito que vai da falta do sujeito à falta do Outro. Essas duas faltas, recobrem-se. Eis uma falta e eis a outra que a recobre:

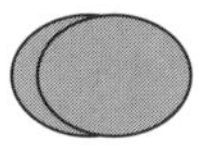

Ao se recobrirem, elas positivam-se como um objeto. O corpo empresta uma de suas partes para satisfazer à função lógica. Este é um ponto essencial em Lacan: o objeto *a* propriamente dito é uma consistência lógica, é feito das duas faltas:

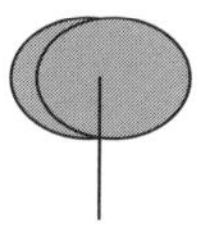

É como se essa estrutura feita de duas faltas se apoderasse de uma parte do corpo. Por isso, o que complementa a consistência lógica do objeto é uma extração feita sobre o corpo, uma extração corporal.

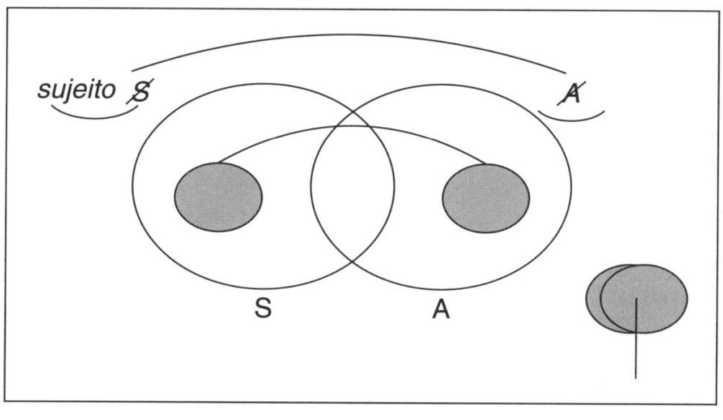

Lacan, em "Posição do inconsciente" não pode fazer de outra forma senão introduzir a pulsão a partir do desejo do Outro. E apreendemos qual a sua necessidade de deduzir a pulsão a partir do desejo. O desejo, no sentido de Lacan, é fundamentalmente ligado à falta, ao menos *phi*. A partir dessa falta, de algum modo criada pela castração, o desejo se institui. Nesse sentido, o que é menos *phi* senão o que Freud chamou "o objeto perdido"? E vem do corpo, ou está ligado ao corpo, um certo número de objetos em condições de exercer essa função. Por isso, Lacan pôde falar de objeto causa de desejo. Mas ele só é causa de desejo via castração.

No ensino de Lacan, seguimos um deslocamento que faz passar, para qualificar a operação significante, da barra ao corte. Barra e corte não são de modo algum a mesma coisa. A barra suprime, a barra apaga, a barra mata, a barra risca, e vem outra coisa. Ao passo que o corte, como marca significante, separa, e deixa um resto. Antes do objeto *a*, Lacan fala da barra do significante. Mas, a partir do momento em que promove o objeto *a*, fala do corte promovendo, correlativamente, o corte significante.

É fato que a articulação do desejo e da pulsão, pelo viés do objeto, não apaga a diferença essencial entre desejo e pulsão. O desejo é sempre nostalgia, é a face do objeto perdido apresentada pelo objeto. Portanto, há sempre, no desejo, um certo "não é isso". Por essa razão, a defesa se liga ao desejo como uma túnica de Nesso, da qual não podemos nos desfazer. A pulsão não é nostalgia, é satisfação, e não é tanto o objeto perdido quanto o encontrado. Foi o que conduziu Lacan, no traçado da pulsão, a uma elaboração específica que não cria somente uma cadeia significante.

## Desembaraçar o escópico do especular

É surpreendente que tal elaboração passe, no *Seminário 11: Os quatro conceitos*, de Lacan, por um exame do campo escópico.

O campo escópico, no fundamento de seu ensino, encontrava-se sob o aspecto do estádio do espelho. Salvo que o estádio do espelho privilegia no escópico o especular, o espelho, o instrumento introduzido no campo escópico que permite redobrá-lo. E todo o esforço de Lacan, contra seus próprios fundamentos, no *Seminário 11*, é no sentido de desembaraçar o escópico do especular, e de marcar tudo o que o especular faz esquecer do escópico. Porque o especular é o privilégio dado à imagem, à forma. E, de fato, o desejo é conciliado com a forma do corpo. A última palavra do campo escópico, confrontado com o desejo, é a beleza, é o que de melhor ele pode dar.

Lacan já a delineara, antes desse *Seminário*: a beleza é sempre o véu da castração. Sob a imagem radiante do corpo do outro, coloquemos este $i(a)$ entre colchetes $[i(a)]$, com o valor B (a beleza):

$$\frac{B[i(a)]}{}$$

Essa imagem radiante dissimula, em definitivo, o horror da castração:

$$\frac{B[i(a)]}{-\varphi}$$

O estádio do espelho, com suas virtudes identificatórias, mantém-se cuidadosamente debaixo da barra, e tem de se haver com a imagem do outro, com a imagem do corpo próprio como outro, mas deixa ausente, suprime, tudo o que concerne à castração, só nos dando o produto no afeto da jubilação ligado ao estádio do espelho. No fundo, esse júbilo é uma denegação ou um desmentido da castração.

No *Seminário 11*, Lacan propôs-se tratar o campo escópico a partir do que ele chama "nossa experiência", ou seja, da "falta constitutiva da angústia de castração", partindo do menos *phi* no campo escópico.

$$\boxed{\begin{array}{c}(-\varphi)\\ \dfrac{B[i(a)]}{(-\varphi)}\end{array}}$$

A novidade que ele introduz é arrancar o campo escópico das contemplações do desejo, para encontrar constantemente o menos *phi*. Tanto em seu exemplo dos *Embaixadores*, quanto no das *Meninas*, esse é o ponto do qual ele nos fornece – para retomar o termo que empregara quanto a Winnicott – um emblema de menos *phi*. E a novidade que introduz, a partir daí, no lugar das fascinações e dos objetos imaginários do desejo, está em descobrir o objeto da pulsão, ao qual denomina olhar, não sem justificativa, partindo da experiência da psicose. Vamos abordar a pulsão no campo escópico, seguindo o exemplo *princeps* que Lacan propôs. Direi por que ele é *princeps*.

O exemplo é *princeps* pelo caráter evanescente da materialidade do objeto. É um objeto que, para cingi-lo, é preciso apreender que sua consistência é lógica. No sentido de Lacan, o objeto *a* é uma consistência lógica, seu ser é uma fórmula de lógica ou de topologia, redutível a uma fórmula matemática. Essa fórmula ou essa consistência lógica apodera-se de uma materialidade, que só lhe dá, de cada vez, uma imagem aproximada. Essas são apenas algumas das realizações do objeto *a*, realização da fórmula lógica que é o objeto *a*.

Para entrar nesse terreno e abordar a pulsão no campo escópico, seguindo o exemplo *princeps* proposto por Lacan, vou partir de um ponto um pouco mais longe do que o encontrado no *Seminário 11*.

Em meu Seminário de D.E.A., assinalei a crítica feita por Lacan de uma passagem da *Fenomenologia da percepção* de Merleau-Ponty. Foi sobre essa crítica que Lacan retomou Merleau-Ponty, partindo de sua última obra, póstuma, publicada no mesmo ano do *Seminário 11*. Lacan pescou na *Fenomenologia da percepção*, obra de quinhentas páginas, duas páginas entre outras, 411 e 412, e por razões que podemos perceber. Ele ficou interessado nessa passagem antes de tudo porque, de maneira surpreendente, nesse momento de sua construção, Merleau-Ponty valoriza o fato de que o próprio *perceptum* é estruturado. A palavra "estrutura" vem, então, sob a pena de Merleau-Ponty, e é muito surpreendente que ele tente, nesse lugar, apreender, na percepção, um nível que está aquém do que é, para nós, a realidade perceptiva organizada. Podemos perceber a grandeza e a forma de um objeto, e, segundo o ponto de vista de onde o olhamos, essa grandeza e essa forma são variáveis. Se olho este lápis deste ponto de vista, só vejo sua ponta, posso apenas adivinhar seu tamanho. Conforme o ponto de vista de vocês nesta sala, vocês têm sobre esse objeto uma outra percepção de seu tamanho. A questão é: o que vamos considerar como a verdadeira grandeza ou a verdadeira forma do objeto, uma vez que é uma função variável segundo a perspectiva? Merleau-Ponty tenta relativizar o que chamamos verdadeira grandeza e verdadeira forma do objeto. Para conhecermos a verdadeira grandeza do objeto, tomemos uma régua e a coloquemos em cima do objeto, depois digamos: "Isso tem tal comprimento". Mas Merleau-Ponty não utiliza a régua; então, diz: "Consideramos como a verdadeira grandeza, a que obtemos à distância na qual podemos tocar o objeto; e a forma, a que o objeto toma no plano paralelo ou no frontal." Podemos ainda perguntar se é preciso que o olhemos desta, dessa, ou daquela forma. O que não nos preocupa na variação, é que temos como referência o sistema objetivo do mundo; a partir da régua, temos confiança de que há um comprimento e só um. É próprio do psicólogo partir do mundo objetivo, ter confiança de que ele existe e, depois, confrontá-lo às variações perceptivas de uns e de outros. E se há pessoas que vêem atravessado, sempre poderemos lhes dizer: "O objeto não é assim."

A Merleau-Ponty interessa a tentativa de sua *Fenomenologia,* no veio de Hurssel, de passar como que por debaixo do mundo objetivo, reconstituir e tentar descrever o mundo pré-objetivo, chamado por ele "a percepção viva". Antes que a verdadeira grandeza e a verdadeira forma se cristalizem, o que percebemos verdadeiramente?

Toda a *Fenomenologia* de Merleau-Ponty consiste em opor, em definitivo, o ponto de vista de Deus – Deus que vê o mundo desdobrado em sua verdade, diante dele, para quem não há esconderijo, que sabe exatamente qual é a grandeza dos objetos e sua forma – e, depois, meu próprio ponto de vista ancorado em meu corpo, que depende da posição de meu corpo no mundo, e que não é uma percepção por alto, mas uma percepção implicada. Diz ele: "O mundo da experiência é sempre vivido por mim de um certo ponto de vista. Não sou seu espectador – ou seja, o espectador exterior que vê o mundo se desdobrar em uma cena –, faço parte dele." É a novidade que ele pensa introduzir: a inclusão do *percipiens* no *perceptum*, no mundo percebido.

E Lacan, quando acentua os fenômenos de mimetismo, está no mesmo veio. O mimetismo só é pensável se concernente a um organismo vivo, totalmente implicado no contexto, no mundo, a ponto de assumir as próprias cores do meio. Não somente o homem está mergulhado, engajado no mundo da percepção, o organismo animal também. E os fatos do mimetismo demonstram ser o animal um organismo desse tipo. O que Merleau-Ponty comenta ao nível da percepção pertence à mesma lógica que fazia Jean-Paul Sartre comentar o engajamento político no mundo: "Embora o tenha, não sou espectador, faço parte, participo das relações de força do mundo que me envolve." Há, pois, uma versão política da teoria da percepção.

Merleau-Ponty finalmente privilegia, na percepção, algo diferente das propriedades geométricas dos objetos, para as quais podemos referir-nos à régua para fixá-las de maneira invariável. Podemos sempre rebater as propriedades geométricas do mundo da percepção e sobre referências objetivas. Ele diz que o mais interessante não são as propriedades objetivas, são, por exemplo, as cores, as qualidades dos objetos. Fez então um estudo da cor, dos jogos de luz, das iluminações, que são precisamente outros tantos elementos não presos no ordenamento geométrico do mundo.

No *Seminário 11*, há um certo eco de tais referências, quando Lacan distingue a óptica dos geômetras, a que um cego poderia fazer, compreender, calcular, da óptica onde há uma certa carne, onde há a cor e a luz.

De certa forma, a oposição entre a geometria da ótica e da cor já é um esboço da diferença da ordem do significante, na qual eu calculo, Deus calcula. E há todas as chances de que os cálculos que eu faço com os significantes não sejam diferentes dos cálculos que o bom Deus faz com os significantes. O bom Deus, não o Deus malvado. O bom Deus que calcula da mesma maneira. Ao passo que, do lado das cores, temos um elemento que escapa à ordem significante. Por isso, vemos que Lacan, na *Fenomenologia da percepção,* é levado a pescar o que concerne aos jogos de luz e iluminação.

Vemos então, ao estudarmos os modos de aparecimento da cor, que poderíamos pensar haver uma idéia de azul no céu das idéias – o azul é a cor do céu sem nuvens – e, também, que as coisas azuis realizam, mas ou menos bem, o azul do céu. Mas não é dessa maneira que Merleau-Ponty trata a coisa: ela a trata a partir da diversidade dos azuis.

Nem todos os azuis! Quando dizemos em francês: "Ah! Ele se decepcionou! Ficou pasmo! (*il en était bleu*)", trata-se de um azul que não é da ordem da percepção. Ou quando dizemos a alguém que entre em algum lugar que ele não conhece as regras: "Entrar numa fria!" (*c'est un bleu!)*, tampouco é o bom sentido do azul.

Não é desse que se trata, mas sim do azul perceptivo. Olhando ao redor, vejo, nesta sala, azuis, azuis diferentes. A primeira diferença é o azul dos objetos – a roupa de alguém, o pulôver de outro –, depois, o azul que seria dado, por exemplo, se as luzes projetassem uma luz azul. Se não estivéssemos em um patronato católico, mas em uma boate, poderíamos imaginar que as cores mudam por um momento e nos banham numa atmosfera azul. Portanto, ao freqüentarem as boates vocês podem ter a idéia de que o modo da cor aparecer sobre um objeto e a cor da iluminação são dois modos totalmente diferentes da mesma cor aparecer.

Merleau-Ponty, no rastro de um certo número de estudos, bastante sérios, de psicólogos alemães, estuda ou menciona a cor dos corpos transparentes, a cor dos reflexos, a cor intensa, a cor radiante. Disso conclui que existem "diferentes funções da cor"; que tudo isso não faz a mesma cor, que é uma abstração – podemos dizer *o* azul – e que, de fato, existem todas as nuances, todos os modos de aparição que são diversos. Essa diversidade só torna mais surpreendente o que ele isola como contraste entre a cor do objeto e a iluminação. No fundo, ele tenta, recompor o que Katz, um psicólogo alemão, em *Farbwelt* – "O mundo da cor" – chama de "uma lógica da iluminação".

É precisamente por essa passagem que Lacan se interessa em sua crítica a Merleau-Ponty: a idéia da lógica da iluminação, de uma estrutura já presente no percebido, e que tem uma organização lógica. Lógica da iluminação não é ato do juízo – não foi a consciência reflexiva do sujeito que a introduziu no mundo –, é lógica no próprio mundo!

Lacan descreve a estrutura do *perceptum* e as lógicas a que obedecem às relações entre a coisa iluminada e a iluminação.

Já está um pouco tarde para que eu entre nos detalhes da experiência. Farei isso da próxima vez.

Embora Lacan, no *Seminário 11*, tenha deixado isso para trás, em minha opinião isso é o pano de fundo de toda sua análise do campo escópico, e a pergunta sobre a iluminação é um ponto de virada. Sobre essa estrutura, antecipo-lhes que a iluminação – a iluminação de ambiente que torna as coisas visíveis – é um modo do Outro. A iluminação de um lugar torna as coisas visíveis e leva-nos a vê-las.

No *Seminário 11,* vemos que esse valor de iluminação se deporta sobre um ponto luminoso. É dessa concentração de iluminação que Lacan fará como um emblema do objeto *a* no campo escópico, e o chamará "olhar".

Sou obrigado a interromper neste ponto. Recomeçarei por ele na próxima vez, e continuarei as lições que podemos tirar disso.

*17 de maio de 1995*

# – Lição 19 –
# Uma lógica da percepção

Retomo do ponto em que interrompi, há quinze dias. O importante naquilo que percebo, não é o fato de se tratar de minha representação, mas sim que o percebido tem sua estrutura. Essa tese foi elaborada por Lacan, a partir dos dados de ordem psicológica explorados por Merleau-Ponty em sua *Fenomenologia da percepção*, especialmente em sua segunda parte intitulada, "O mundo percebido", capítulo III: "A coisa e o mundo natural".

## Fenomenologia e lógica

Pode-se dizer que o que se apresenta em Merleau-Ponty como uma fenomenologia da percepção é estendido por Lacan no sentido de uma lógica da percepção. E falar de lógica, no lugar de fenomenologia, não é divergir da linha indicada por Merleau-Ponty, que não hesita em formular: "Nossa percepção é, inteiramente, animada de uma lógica", na página 361. A própria teoria da *Gestalt* apresenta aspecto lógico. Pelo menos, presta-se à abordagem lógica, a uma logicização. Como prova, os dados psicológicos que foram levantados e teorizados pelos psicólogos da *Gestalt* demonstram, já na percepção, um funcionamento do tipo *a posteriori*. Mostram que adjunção de um elemento suplementar ao campo perceptivo, submetido a certas condições prévias da experiência, é suscetível de reorganizar a percepção de um conjunto e de dotá-lo, para o sujeito, de um valor, de um sentido novo.

Lacan sabia disso muito bem. Há um testemunho disso, ligeiramente camuflado, ao qual ele recorria quando se apoiava, para ultrapassá-la, sobre uma referência. Vocês o encontram no princípio do capítulo da interpretação, em "A direção do tratamento", nos *Escritos*, à página 599, onde faz troça e, ao mesmo tempo, assinala a tentativa, segundo ele tocante, de George Devereux, por utilizar, forçando-a, a teoria da *Gestalt* para teorizar o efeito de interpretação na psicanálise. O *a posteriori* já está presente na percepção, e no sentido de que a soma de um novo elemento é suscetível de fazer ver o espetáculo de modo diferente do que foi oferecido previamente.

Assim, a referência à teoria da *Gestalt* é, em Lacan, mais importante do que pode parecer se seguirmos de modo desatento o percurso de seu ensino.

## A *Gestalt* e a percepção do todo

A *Gestalt* demonstrou que o campo perceptivo é organizado. Isso que dizer que seus elementos formam um sistema.

E é assim que, no que se refere ao campo visual, Merleau-Ponty pôde dizer que "as cores, os caracteres geométricos e todos os dados sensoriais dos objetos", incluindo "sua significação" para o sujeito, "formam um sistema". E não podemos abstraí-los do meio perceptivo onde estão mergulhados, a não ser que se modifiquem. Assim, como vimos, é preciso distinguir a idéia platônica de uma cor, o azul abstrato do azul perceptivo – por exemplo –, que, dependendo da iluminação ou do material em que se encontra, não é o mesmo: o azul da lã e o azul da seda não são o mesmo azul. Essa conexão se estende, de vez em quando, ao conjunto do campo perceptivo. De tal sorte que a *Gestalt* enfatiza a percepção do todo, o domínio do todo na percepção. E Merleau-Ponty pôde falar de uma "lógica total do quadro ou do espetáculo", na qual o sujeito experimenta a "coerência ... das cores, das formas espaciais e do sentido do objeto".

O que hoje chamaríamos de holismo, como os anglo-saxões, é o ponto de partida de Lacan no que concerne à sua teoria da percepção, teoria que o conduz à pulsão.

Sem dúvida, tomo cuidado com o que digo. Recebi, por fax, esta manhã, os escritos de um senhor, que escrutina cada uma de minhas palavras lançadas em um dia de desânimo a respeito do passe. Ele as escrutina, como todos o fazem, com certa maldade! Portanto, sei que preciso estar muito atento. Sou forçado a me sentir vigiado. Aliás, é sobre isso que vou falar hoje: como é ser vigiado, todos o somos, mais ou menos. A partir desse holismo, há como um forçamento lacaniano da *Gestalt* e de sua teoria fenomenológica, que consiste em assimilar a organização do campo perceptivo – seu caráter sistemático, a conexão de suas diferentes partes, seu interpenetrar-se, seu entrelaçamento para além da interdependência – a uma estrutura significante. Digo, medindo minhas palavras, que se trata de um certo forçamento, uma vez que podemos discutir o caráter de elemento propriamente dito, de elemento significante, das partes constituintes do campo perceptivo, onde não há apenas sim ou não, branco ou preto, mas gradações que, como tais, não deixam, de maneira evidente, o elemento discreto, separado, que exigimos como constituinte de uma estrutura significante.

Contudo, o que orienta a aproximação feita por Lacan do campo perceptivo como organizado é a noção de que ele é habitado por uma estrutura significante que já está ali. É sua maneira de traduzir os dados reunidos pela teoria da *Gestalt*.

Sua tese não é somente a de que o percebido tem uma estrutura, mas que há uma estrutura significante. E mesmo que o percebido é estruturado como uma linguagem, feita de elementos significantes, o que o leva a falar, pelo menos uma vez, de significante percebido. Assim, o que põe como primado do significante sobre o sujeito, traduz-se em termos de primado do *perceptum* sobre o *percipiens*. Sua teoria da percepção consiste sempre em mostrar em que o *percipiens*, sujeito da percepção, é determinado pela estrutura do *perceptum*.

É isso que orienta – para tomar um exemplo que deve lhes ser familiar – sua análise das alucinações verbais no caso Schreber. Ele não formula a questão nos termos da psiquiatria: qual a relação subjetiva do *percipiens* com o *perceptum* alucinatório? Ele crê de fato no que alucina? Percebe alguma coisa? Que grau de assentimento atribui à sua alucinação? Lacan formula uma outra questão sobre as primeiras – pois é legítimo interrogar-se sobre o grau de certeza, sobre a presença ou não da certeza na relação do sujeito com sua alucinação. A novidade, porém, consiste em formular uma pergunta diferente daquela acerca da implicação subjetiva no *perceptum*, ou seja, saber qual é a estrutura presente no *perceptum*, independentemente do grau de crença atribuída pelo sujeito. E, sob a condição de formular a pergunta concernente à estrutura presente no *perceptum*, podemos descobrir que a estrutura da fala já esta aí presente: os fenômenos das alucinações verbais deixam-se classificar, distinguir como fenômenos de código e de mensagem. Não é suficiente descrevê-los, é preciso ainda relacionar a fenomenologia da percepção alucinatória com lugares bem precisos da estrutura da fala, à qual esses fenômenos estão ligados.

Isso nos permite dizer que a relação causal do significante, S, com o significado, *s*, é homologa à do *perceptum* com o *pecipiens*,

$$\frac{S}{s} \qquad \frac{perceptum}{percipiens}$$

da mesma forma que o significado varia em função do significante:

$$f(S) \longrightarrow s$$

Simplificando os matemas de Lacan em "A instância da letra", o *percipiens* é função do *perceptum*, e não deixa o *percipiens* ser unívoco, mas confere-lhe valores e identidades distintas.

$$\frac{S}{s} \qquad \frac{perceptum}{percipiens}$$

$$f(S) \longrightarrow s$$

Partindo dos mesmos dados que os que inspiram Merleau-Ponty, Lacan vai bem além da fenomenologia. Ele identifica, assimila, segundo esse esquema radical, o sujeito da percepção à posição do significado e, desse modo, o define como essencialmente variável, diferenciado em função do *perceptum*. Ele não produziu esse esquema, como tal, porém, a meu ver, ele sustenta toda a sua teoria da percepção. E acreditem que, antes de dizê-lo, eu mesmo me esfalfei para apreender a lógica subjacente de sua abordagem.

Isso é muito distante de Merleau-Ponty, a quem a *Gestalt* conduziu, pelo contrário, a manter o sujeito da percepção fundamentalmente unitário. Um sujeito da percepção que ele definiu, numa nota da página 357 de sua *Fenomenologia*, como: "a existência", em termos precisos, "o estar no mundo através de um corpo".

A partir dos mesmos fatos, Merleau-Ponty fez surgir como lugar da unidade de percepção a percepção que acontece através de um corpo. Ao passo que Lacan dispersa esse sujeito da percepção, tornando-o integralmente função da estrutura do *perceptum*, o que ele chama: "conciliar o sujeito com a estrutura".

## Da teoria da percepção à pulsão

Devemos deixar-nos penetrar pelo que há de radical nessa perspectiva para apreender o comentário feito por Lacan sobre um exemplo selecionado por ele na *Fenomenologia da percepção*, páginas 355-6. Passagem já comentada por mim há muitos anos no seminário de D.E.A. e que evoquei rapidamente durante as férias, diante de outras pessoas. Enfim, espero terminar com a leitura lacaniana desse exemplo que me intrigou por muito tempo.

É uma experiência simples de iluminação. Os elementos reunidos são: um espaço, um recinto de uma casa, onde uma lâmpada deixa cair um facho luminoso sobre um disco negro.

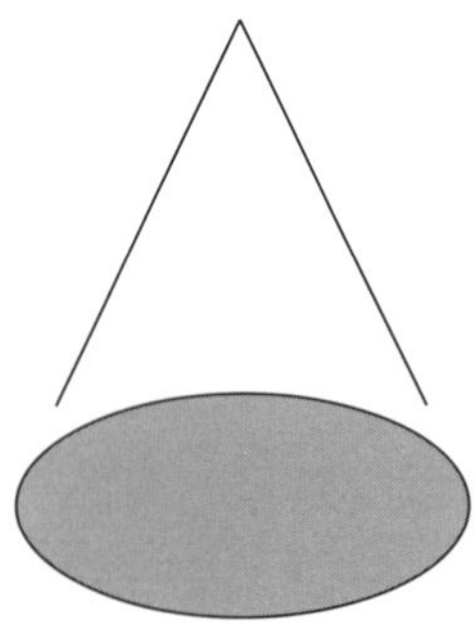

A fim de polir o disco negro, fazemo-lo girar – como talvez vocês ainda o façam, apesar do CD, com alguns discos velhos – e o observamos. Temos assim uma percepção que não nos permite distinguir o que sabemos, como montadores da experiência, isto é, os elementos presentes no campo perceptivo. O disco aparece fracamente iluminado, e o facho luminoso se deixa perceber como cone esbranquiçado, do qual o disco é a base:

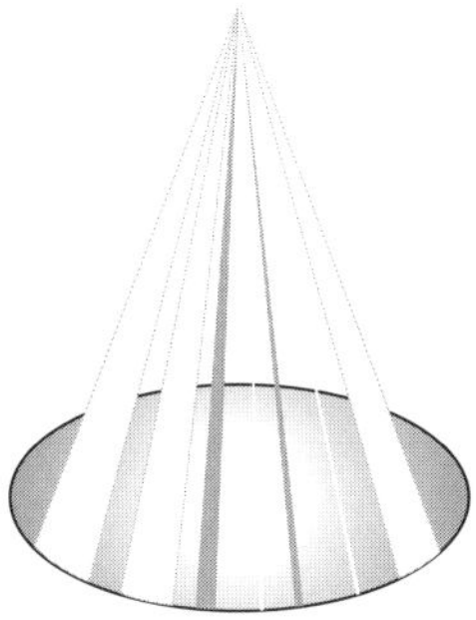

Temos uma espécie de ilusão: vemos materializar-se, no campo visual, a forma de um sólido cônico.

E dedicamo-nos a modificar essa percepção, introduzindo um elemento suplementar, "um quadrado de papel branco", diz Lacan. Nós o colocamos, diz Merleau-Ponty: "diante do disco" – o que podemos supor em relação ao observador que está na posição onde estou. E, então, mutação perceptiva.

O campo perceptivo muda totalmente. Percebemos, então, o disco negro, desta vez, violentamente iluminado, como o pedaço de papel branco:

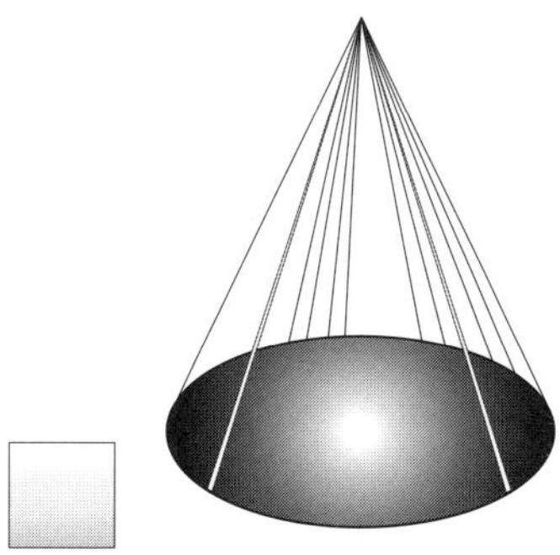

E percebemos subitamente o contraste entre o papel branco e o disco negro, ao mesmo tempo em que a luz volta a ser transparente, ou seja, o cone esbranquiçado que aparecia antes desaparece e nos encontramos diante do que Merleau-

Ponty chama "a estrutura iluminação-objeto iluminado". Dito de outro modo, a introdução do papel branco permitiu o discriminar perceptivo, o restabelecimento da luz em sua função de iluminação transparente e o aparecimento do disco negro, a ponto de parecer que um objeto novo tenha surgido na sala.

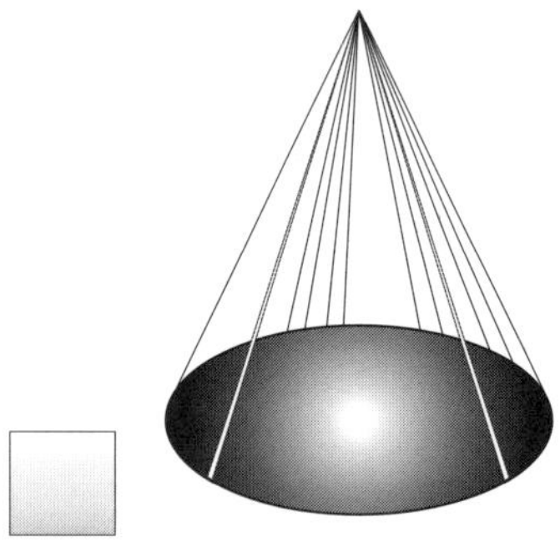

Isso supõe, nota o psicólogo autor da experiência, que pomos frente a frente duas superfícies, com diferentes poderes de reflexão da luz.

## Enunciação e enunciado

Esse é o exemplo selecionado por Lacan da considerável obra *Fenomenologia da percepção*, a fim de acrescentar o seu próprio comentário. E podemos apreender facilmente as razões de sua escolha.

Em primeiro lugar, o exemplo põe em cena uma mutação perceptiva por ter sido introduzido um objeto suplementar, bem delimitado, recortado: um pedaço de papel branco, o que, aliás, é o que de melhor se presta a ser assimilado a um significante.

Em segundo, a mutação perceptiva não tem como causa, se observarmos bem, uma tomada de consciência que se faria como observador. Se o espetáculo diante dos olhos se modifica, não é devido a uma atenção acurada da parte do observador. Há fenômenos, como esse, nos quais, em um primeiro tempo, vemos alguma coisa e, num segundo, outra. Há fenômenos de acomodação à escuridão, por exemplo, que fazem com que o mesmo espetáculo que nos parece, de início, totalmente escuro, progressivamente, e sem que nada seja modificado no espetáculo, torna-se visível em razão de um processo que se passa no espectador. Questionamos de que ordem é o processo de acomodação do olho.

Mas, aqui, não se trata de atenção acurada, nem de avaliação que permitisse restabelecer, por exemplo, a imagem da lua à distância afastada em que se situa esse astro. A mudança perceptiva não se produz pela reflexão do sujeito, nem por um ato do juízo, que faria, por exemplo, com que ele tivesse visão global e entusiástica do Panthéon e, em seguida, se pusesse a contar-lhe as colunas. Exemplos esses tomados da psicologia do filósofo Alain.

Aqui, a modificação perceptiva é o efeito da modificação do próprio *perceptum* e determina uma mudança da percepção dos elementos já presentes: a luz e o disco negro.

Em terceiro lugar, temos aqui o exemplo de um funcionamento *a posteriori*, em nível puramente visual: um elemento desaparece, o cone esbranquiçado; outro aparece e se destaca, o disco, e a própria iluminação muda completamente, já que, no início, aparecia como se estivesse materializada sob a forma visual de um sólido, e, no segundo tempo, torna-se o que nunca deixou de ser: luz incidindo sobre um objeto.

Podemos dar um quarto motivo para a seleção desse exemplo: vemos, como que emergindo, na aparição do contraste preto/branco – disco preto/papel branco –, o nascimento de um par significante: $S_1 - S_2$.

## O sujeito múltiplo, o Outro e os dois tempos da alienação

O breve comentário de Lacan sobre esse exemplo apresenta algumas dificuldades, porque o comenta de duas maneiras opostas. E se não nos ativermos às fórmulas que escrevi no quadro, que fazem o sujeito depender da estrutura do *perceptum*, fórmulas comportando que o sujeito é múltiplo, não nos acharemos no comentário de Lacan. Com efeito, ele comenta esse exemplo demonstrando dois estados do sujeito e, podemos até dizer, dois sujeitos distintos da percepção. A percepção é diferente em um tempo e em outro, e podemos dizer que o sujeito da percepção no primeiro momento é distinto do sujeito do segundo momento. Do primeiro ao segundo momento, podemos dizer que o sujeito da percepção do cone esbranquiçado, que elide o disco preto, é, no segundo tempo, recalcado. Lacan utiliza esse exemplo como uma espécie de paradigma perceptivo do recalque. E, ao mesmo tempo que o sujeito da primeira percepção é recalcado, um novo emerge e "se afirma" nas "formas violentamente iluminadas do papel e do disco". Eis um modelo para balizar, por exemplo, a diferença entre sujeito da enunciação e sujeito do enunciado.

Quanto à iluminação, digamos que ela é o Outro. Lacan diz: ele tem "uma localidade outra". No primeiro tempo, o Outro está encarnado numa luz opaca, esbranquiçada, uma luz tornada visível. Mas, no segundo, essa luz feita transparente pode ser traduzida como um "rechaço do Outro".

Podemos ver aí o esboço do mecanismo da alienação significante. No primeiro tempo, é como se o sujeito estivesse afogado na "consistência leitosa" da iluminação. Digamos que o sujeito, nesse primeiro tempo, nada mais é que o disco preto que não chegamos a distinguir como tal, que não emergiu em forma própria e que aí se encontra em estado confuso, no lugar do Outro.

No segundo tempo, o disco preto aparece bem, mas como forma oposta ao quadrado branco, como se estivesse transformado em significante, como se fosse um significante do sujeito e, também, a transformação do sujeito em significante oposto ao significante do quadrado branco.

Eis aqui justificada a escolha desse exemplo na psicologia da percepção. Uma estrutura está manifesta no próprio fenômeno, e o forçamento de Lacan consiste em conciliar o sujeito da percepção com a estrutura do espetáculo percebido. Como se o sujeito estivesse, no primeiro tempo, investido pela luz, nesse efeito de percepção turva, como se encontrasse recalcado pelo significante do quadrado branco e a elisão fizesse emergir um sujeito da percepção claro e distinto.

No fundo, trata-se aqui de uma disciplina: a de expulsar o preconceito, segundo o qual o sujeito da percepção é invariável. E, pelo contrário, fazer variar sua definição ao sabor da percepção, ela própria efetiva, segundo a organização a cada vez específica do campo perceptivo. E se nos dobrarmos a essa disciplina, aos dados psicológicos recolhidos pela teoria da *Gestalt*, muitos desses dados podem ser vertidos por conta da teoria estrutural da percepção, a qual obedece ao primado do significante percebido.

Podemos dizer que, no exame clínico, as conseqüências são ainda maiores. Em vez de centralizar o interesse sobre a crença, centraliza-o sobre a estrutura presente no próprio fenômeno. E, dessa estrutura, deduzir o sujeito de que se trata, e não tomar o nosso sujeito da percepção como a norma da realidade perceptiva, da qual é preciso saber o que a constitui e a sustenta.

## A pulsão no campo escópico

Tal exemplo, que toca a lógica da iluminação, inspira e está presente nas análises do *Seminário 11: Os quatro conceitos fundamentais,* no qual a luz tem lugar essencial, concernente à pulsão no campo escópico. Mesmo se referindo, de maneira manifesta, à obra de Merleau-Ponty, *O visível e o invisível* – obra póstuma publicada durante o *Seminário* –, a lógica da iluminação, de modo mais secreto, continua sendo a causa da reflexão de Lacan.

## "Um dado a ver preexiste ao visto"

Vale a pena, a esse respeito, deter-se no que parece ser uma filosofia um pouco arriscada, sustentada por Merleau-Ponty a propósito da iluminação, uma vez que ela permite ver, guia o olhar e, de certo modo, diz o que é para ver. A iluminação merleau-pontiana dá a ver.

Desenvolvendo essa intuição fenomenológica, ele é levado a esboçar a iluminação como lugar do Outro no nível da percepção. A iluminação, de certo modo, nos precede, precede a visão e, graças a ela, apreendemos o próprio espetáculo. Nesse sentido, a iluminação já sabe o que é para ver, antes de mim.

Merleau-Ponty não só faz da iluminação um *analogon* perceptivo do Outro, mas também um *analogon* perceptivo do Outro como sujeito suposto saber. Ele compara a iluminação ao guia que já saberia, antes de mim, para onde devo olhar. Eu o cito: "Quando me conduzem num apartamento que não conheço ao dono da casa [ou seja, quando há um amigo do dono da casa que me conduz, e que talvez seja o verdadeiro dono da casa], há alguém que sabe em meu lugar, para quem o desenvolvimento do espetáculo visual oferece sentido, vai em direção a um fim, e eu me remeto e me presto a esse saber que não tenho." É o que acontece quando visitamos um museu e, eventualmente, um amigo, talvez um guia, se ocupa de nós e, antes mesmo de abrir as portas de uma sala, conta-nos o que vamos ver. Depois, abrem-se as portas e verificamos que os quadros estão em seus lugares. Bem, abrem-se as portas se tivermos sorte, se estivermos na Itália, elas poderão estar fechadas para restauração!. Mas, normalmente, o guia pode contar antecipadamente o espetáculo e, depois, lhe teremos acesso.

Ou ainda: "Quando me fazem ver, na paisagem, um detalhe que não pude distinguir sozinho, há alguém que já o viu, que já sabe aonde é preciso ir e olhar para ver."

E Merleau-Ponty, sem transição, a partir desse exemplo, reintroduz a iluminação que: "conduz meu olhar e me faz ver o objeto". Num certo sentido, a iluminação sabe e vê o objeto. É qualquer coisa de surpreendente a noção que ele forja da iluminação como ela própria vendo o objeto, antes que eu o veja.

Essa noção encontra-se integralmente no *Seminário11* de Lacan, e ainda acentuada quando ele propõe a idéia de um teatro sem espectadores, a cena iluminada sem ninguém para vê-la: "Se imagino um teatro sem espectadores, onde a cortina se levanta sobre o cenário iluminado, parece-me que o espetáculo é ele próprio visível, ou está pronto para ser visto, e que a luz que busca os planos ... realiza, diante de nós, um tipo de visão."

Com isso, ele pretende demonstrar que a visão, antes de ser um ato do sujeito da percepção, já está presente no espetáculo do mundo, e que nós respondemos, por meio dela, ao que é uma espécie de apelo do mundo perceptivo com o qual concordamos. Isso resultará, na obra de Merleau-Ponty, num hino à "carne comum ao sujeito e ao mundo", e mesmo no esforço de deixar cair o vocabulário que opõe o ser ao mundo, para só falar da "carne" comum, na qual há menos oposição e mais entrelace carnal, ao ponto de não mais distinguirmos quem é quem.

Em primeiro lugar, é essa intuição que Lacan explora quando diz, misteriosamente, que "um dado a ver preexiste ao visto", ou seja, antes da visão é preciso supor a visão prévia e o dom dessa visão. Ele explora no sentido de marcar o caráter prévio do Outro sobre os atos do sujeito, sobre seu ato perceptivo.

Em segundo lugar, Lacan formula que a visão do espetáculo do próprio mundo, sua autoscopia – que é uma outra maneira de falar de visibilidade –, preexiste à minha visão do espetáculo do mundo. De certo modo, é preciso que o espetáculo se veja a si mesmo para que minha visão possa emergir. É nesse sentido que ele diz que o espetáculo do mundo aparece como *omnivoyeur.* É como se ele já devesse ter visto ali no mundo, antes de minha visão e condicionando minha visão.

Merleau-Ponty tem uma frase extraordinária, mais lacaniana que Lacan. Diz: "Nós percebemos, a partir da luz, como pensamos a partir do outro na comunicação verbal." No fundo, tal como na fala, condicionando-a, já existem o sentido e o significante. Da mesma maneira, é preciso que já haja a visão para que eu possa ver.

## A função do olhar em Lacan

Esse trecho surpreendente não esconde o fato de que, por essa via, Merleau-Ponty introduziu o olhar, sua função. Mas, aqui, não posso dizer que tenha sido mais lacaniano que Lacan. Ele foi muito menos lacaniano que Lacan quando introduziu o olhar. Contudo, ele suspendeu a introdução da função do olhar à análise da iluminação. Ele reintroduziu o olhar muito naturalmente, do lado do sujeito da percepção. Ele nomeia o "olhar" como o "aparelho": "... que, em nós, é capaz de responder às solicitações da luz, segundo seu sentido". É como se, no espetáculo oferecido pela luz, ela mesma nos solicitasse ver. Ver como um ser no mundo, através do corpo, em nossa perspectiva, em função de nossa localização no espaço.

Para Merleau-Ponty, levado a introduzir a função do olhar, trata-se de uma resposta do sujeito à solicitação recebida do espetáculo do mundo. Então, de certo modo, para ele, o olhar é o sujeito da percepção como resposta às solicitações da estrutura perceptiva.

Por trás do olhar, há o corpo. Esse olhar, que estremece com as solicitações da luz, está encaixado no corpo. Desse modo, a resposta perceptiva é global. Respondo com o olhar, mas, na verdade, respondo com o corpo todo. Para Merleau-Ponty, o corpo todo está sempre presente nos diferentes registros da percepção, os quais são apenas abstraídos de forma ilegítima.

O olhar lacaniano é bem outra coisa. Damo-nos conta de que, a partir dos mesmos fatos e da mesma intuição que Merleau-Ponty, sua orientação diverge totalmente.

O olhar lacaniano está do lado do mundo, do lado do *perceptum* e não do *percipiens.* Foi o deslocamento que Lacan operou sobre a construção de Merleau-Ponty, que inspirou sua reflexão do *Seminário 11.*

O olhar, em Lacan, não é uma resposta perceptiva à titilação do percebido; é o que nos inclui, como seres olhados, no espetáculo do mundo. É o que advém quando subimos ao palco do teatro sem espectadores. Não quando nos tornamos o espectador, depois de sermos precedidos pela iluminação, e onde podíamos nos dizer que havia algo de visível antes que nós nos víssemos. É o olhar que nos envolve quando subimos à cena do teatro sem espectadores, e onde certamente nós vemos, mas onde, fundamentalmente, somos seres olhados pela iluminação. Como o resto.

## A mancha

Lacan introduziu algo diferente da função da iluminação como lugar do Outro. Há um Outro da percepção, é o lugar, o espaço da visibilidade, da luz, o que não vemos até que um pequeno travesso apague a luz, por exemplo. Nesse momento, damo-nos conta do que perdemos. Mas, via de regra, não vemos esse espaço. Ele dá a ver. Por isso, Lacan, no *Seminário11,* lembra a função invisível do dado a ver.

Aqui, é preciso ler Heidegger sobre a poesia, esse dom. Esse consentimento do ser a que haja o visível e o favor que nos é feito, com o qual, segundo ele, temos de concordar por meio de um consentimento. Para Heidegger, a própria percepção é uma espécie de "sim!", que responde a essa oferta – estou inventando parcialmente, mas enfim, esse é o tom, é a música!

Por isso, em outro nível, no das experiências psicológicas, Merleau-Ponty pôde dizer que a iluminação é sempre neutra. São divertidas as notações que ele fez para mostrar a iluminação, sempre aquém de toda cor, tendendo à cor zero. É muito justa essa observação que ele toma emprestado a um psicólogo: se passamos da luz do dia à iluminação elétrica, não halogênica, a iluminação mostra-se amarelada. Depois, progressivamente, o tom amarelado desaparece e retorna a luz normal do ambiente. E, estando nós acostumados à iluminação elétrica, se ainda entrar um pouco da luz do dia, esta luz parecerá azulada. Isso mostra, de modo bastante depurado, como a luz da iluminação ambiente tende à neutralidade, a ser como o meio invisível de onde as cores podem surgir.

Lacan acrescenta não existir somente o meio de visibilidade do qual se possa dizer que ele está no lugar do Outro, ou encarne esse lugar. Existe outra função, a que faz mancha no lugar do Outro. É o que, no lugar do Outro como meio de visibilidade transparente, faz concentração de luz, ali onde ela não parece servir para se ver os objetos, mas sim onde ela própria se dá a ver. É o ponto luminoso, ou ainda o que faz opacidade no campo do Outro.

Até o momento, não assinalei esta função na obra de Merleau-Ponty: a mutação da função do olhar e seu deslocamento.

Para Merleau-Ponty, do lado do mundo existe o dado a ver e, do lado do sujeito o olhar solicitado, excitado, pela visibilidade prévia do percebido. Portanto, temos, de um lado, o dado a ver do mundo e, do outro, o olhar do sujeito.

Em Lacan, temos o dado a ver que é o próprio lugar do Outro perceptivo, mas, nesse mesmo campo, temos o olhar como objeto *a*. Esse olhar não é o do sujeito, é o do Outro.

Disso decorre a crítica da contemplação, essa atitude subjetiva pela qual o sujeito se harmoniza com o que é dado a ver. E, com efeito, o olho é o aparelho que se harmoniza com o dado a ver e fornece o modelo do acordo perfeito e indolor, via de regra. O espetáculo do mundo se oferece e nós o percebemos sem nenhum esforço motor, exceto o de levantar as pálpebras, o que pode apresentar algumas dificuldades em certas condições clínicas. Contudo, não demanda um gasto de energia fantástico. Mas se vocês levantarem as pálpebras, então talvez tenham que se levantar etc. A contemplação, todavia, supõe esse mínimo.

Criticando a contemplação e a satisfação proveniente dela, quando harmoniosa, exemplo perfeito de homeostase, Lacan marca que o elidido na visibilidade e na visão, que aí responde, é o olhar como olhar do Outro.

Eis a diferença existente entre dar a ver e mostrar: dar a ver é oferecer. E eis vocês passeando em sua visão. Vocês olham isto, e depois aquilo; um pouco mais de um lado, um pouco do outro, e se distraem. É o ambiente do dar a ver. Pego um pouco disso agora, um pouco depois...

Ao passo que o mostrar comporta um forçamento. Lacan, *en passant,* dá-lhe o valor de forçar a ver. É o caso no qual o espetáculo se impõe, e onde não posso não ver. Já há nisso uma obrigação, e até coerção.

É a diferença que Lacan introduziu, sutilmente, no comentário à historieta de Chuang-Tsé, que sonha ser uma borboleta e, acordado, questiona-se: "Será que não é a borboleta que sonha ser Chuang-Tsé?" Parece ser perfeitamente reversível. "Pois se sonho que sou a borboleta, é bem possível que a borboleta sonhe que é Chuang-Tsé e que eu seja apenas sonho de borboleta."

Lacan marca não existir simetria entre o sonho de Chuang-Tsé e o que seria o sonho da borboleta. Porque, no estado de vigília, quando Chuang-Tsé é Chuang-Tsé, ele se coloca questões sobre o que é ser Chuang-Tsé. Ele se coloca em relação a alguma coisa diferente, em relação aos outros, a seu sonho, e pergunta a si mesmo: "Sou eu, verdadeiramente, Chuang-Tsé?" A condição para ser Chuang-Tsé é a de se perguntar se ele é de fato Chuang-Tsé. Seria grave, na medida em que ele não tivesse dúvida sobre isso. Ao passo que, sonhando, ele é a borboleta do sonho e ponto final! Ele não se coloca a questão. Ele é absolutamente a borboleta, é o comentário de Lacan.

E eu acrescento: por que ele o faz, senão porque, no sonho, sou forçado, sou coagido, sou dominado de ponta a ponta? No sonho, sou inteiramente governado pelo Outro, é o Outro que comanda e não sei aonde isso me leva. Ali, não tenho espaço para me colocar a questão e me distrair, perder tempo, como no estado de vigília. E, nisto, o sonho é o olhar do Outro, porquanto ele me coage. Ao passo que, na vigília, penso que sou quem vê e, portanto, tenho ilusão de atividade, de propriedade. São as minhas representações, e, de fato, pode-se dizer que, de meu lado, existe o aparelho do olho.

A diferença entre o olhar de Merleau-Ponty e o de Lacan é que o olhar lacaniano está no campo do Outro. Ele o diz com todas as letras: "No campo escópico, o olhar está fora." Assim, não existe somente a visibilidade de fora, não há somente a autoscopia do visível, há, além disso, o olhar, que não está ligado ao *sensorium* da vista. É o exemplo que ele pega de Sartre, para quem o que faz a função do olhar pode ser um barulho. Nesse caso, a função pode ser tomada emprestada ao *sensorium* da audição, e não somente à visão.

O próprio termo "olhar" implica que privilegiamos o campo visual. Seja qual for o sentido a que ele pertença – é difícil que isso se produza a partir do sentido do paladar, por exemplo –, à visão ou à audição, ele é fundamentalmente o que me faz ser visto ou olhado. E mais olhado que visto, se conservamos o termo "visão" para a reciprocidade intersubjetiva e especializamos o termo "olhar" para qualificar o objeto surgido no campo do Outro.

O espetáculo do mundo é dado a ver ao sujeito da percepção, mas ele mesmo é dado a ver ao Outro; ele é dado a ver à percepção impensável do Outro. É por isso que Lacan pôde dizer: "O quadro ... está em meu olho, mas eu, eu estou no quadro."

Ele indica o que o guia: "O que é luz me olha." É um tipo de deslocamento da análise de Merleau-Ponty. Não é apenas: o que é luz vê, mas também o que é luz me olha, e, para que o Outro me olhe, sem me ver por um olho, é suficiente a luz perder sua transparência, basta que ela cintile, reluza, produza um reflexo, faça nascer uma opacidade ou uma mancha.

Então, no primeiro tempo, temos o espetáculo do mundo, circunscrito pelo Outro como luz.

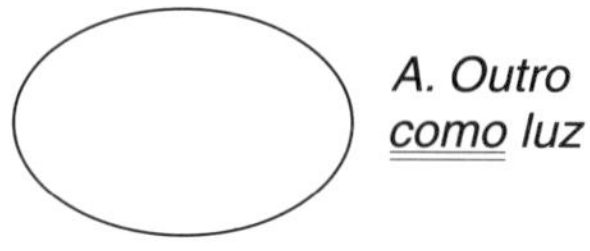


E podemos crer que somos o sujeito da percepção, cujo aparelho olhar é suscitado, nos termos de Lacan, o aparelho do olho.

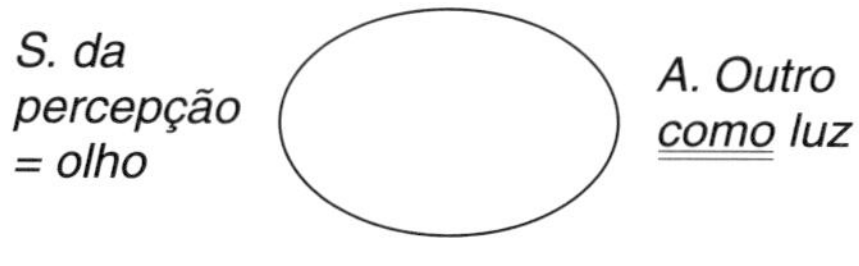

Mas, no segundo tempo, alguma coisa muda quando, no campo do Outro como luz, aparece a mancha com valor de olhar incidindo sobre o sujeito.

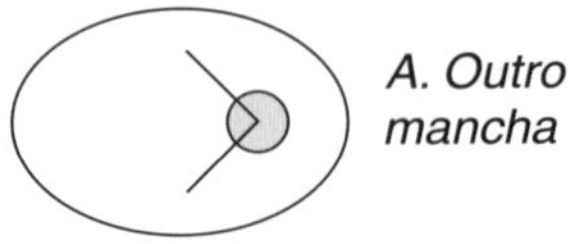


E então, no terceiro tempo, a operação própria dessa mancha é introduzir o sujeito no espetáculo do mundo, fazê-lo entrar no quadro:

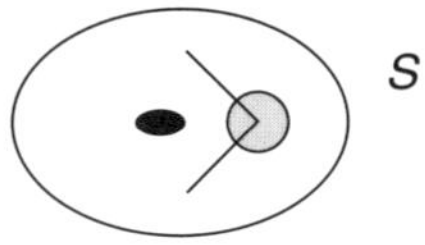


E, no limite, fazê-lo tornar-se mancha:

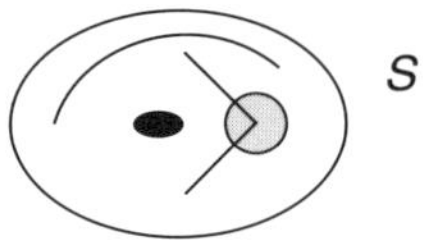


Lacan comenta em seu *Seminário 11* o "tornar-se mancha", em relação ao sujeito, solicitação, não somente da luz, mas também da mancha, que introduz um tornar-se mancha, por parte do sujeito, e que, de algum modo, o atrai. Aqui, ele completa Merleau-Ponty e os dados psicológicos da *Gestalt* por meio dos fenômenos do mimetismo, onde se trata menos de adaptar que de identificar o organismo à mancha. É com o mimetismo que assistimos ao sujeito fazendo-se mancha, entrando no quadro e produzindo – para acomodar-se à estrutura do percebido – o semblante, destacado dele próprio, pois poderá assumir um outro. Assim, o mimetismo ilustra um certo "fazer-se objeto" por parte do sujeito. E Lacan pronuncia, a esse propósito, a palavra "separação". Tal como lhes mostrei um certo esboço do mecanismo da alienação, ao nível da percepção, temos também, no mimetismo, um certo esboço da separação do objeto, uma separação primitiva na qual o sujeito se liberta de uma parte de si mesmo, se automutila de seu semblante.

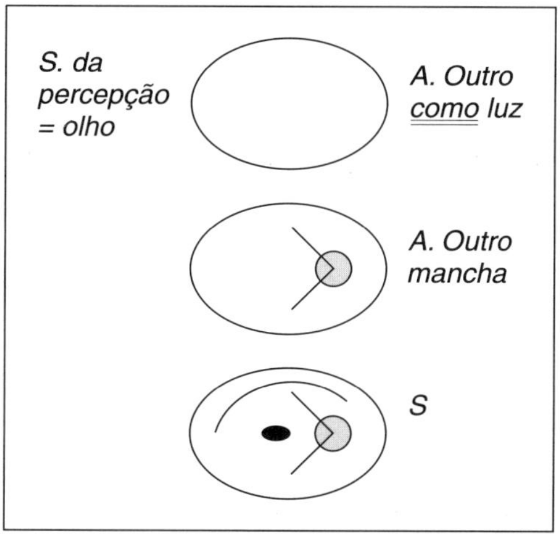


Assim, no campo escópico lacaniano, não se trata apenas de que antes que eu veja as coisas, elas se vêem a si mesmas – como diz Merleay-Ponty –, mas sim, que "as coisas me olham". Aqui, em vez de um acordo, de uma solicitação e de uma resposta, há uma esquize entre o que vê e o olhado.

*31 de maio de 1995*

# – Lição 20 –

# Lacan *versus* Merleau-Ponty

Dediquei nosso último encontro ao olhar do Outro, o que já basta para distingui-lo daquilo que seria pura combinatória do significante. Caso o seja, é uma combinatória dotada do poder de olhar.

A esse olhar está ligado um afeto, sempre de censura, dimensão ausente na *Fenomenologia da percepção*, da qual Lacan tomou seu ponto de partida para renovar a noção da pulsão escópica e, com ela, da pulsão em geral.

Ao olhar do Outro está sempre ligada uma estranheza – ele a traz consigo, nutre os fenômenos de *Unheimlichkeit*, de estranheza inquietante.

A fenomenologia da percepção, tal como é desenvolvida por Merleau-Ponty, vai no sentido exatamente contrário. Ela celebra – não é feita apenas das análises da percepção, mas de um elogio, de um canto – o "co-pertencimento" do mundo e do ser no mundo. Ela parte da noção de abertura subjetiva ao mundo, implicada no conceito de intencionalidade, para, como por um movimento irresistível, formular uma reversibilidade do mundo e do ser no mundo. É um canto que tem acentos poéticos, além de adaptação. No fundo, trata-se de um canto, por vezes de tons poéticos, ao que está para além de uma adaptação. Enfim, trata-se, de certo modo, de uma adaptação ontológica em que se desdobram todos os temas da reversibilidade entre fora e dentro, pondo em questão os próprios termos de envelopamento, entrelaçamento, troca e quiasma.

Para nós, com Lacan, isso se resume a um comentário, de estilo ontológico, da relação entre *a* e *a'*:

$$(a \text{———} a')$$

E me fez dizer, há bastante tempo, que a filosofia de Merleau-Ponty é, para nós, como uma descrição metódica do imaginário.

Por certo, quanto à reversibilidade imaginária, o que Lacan chamou objeto *a* faz mancha, do mesmo modo que o sujeito barrado faz furo.

Nas análises que podem parecer de estilo fenomenológico, às quais Lacan se entrega, ele sempre introduziu, com o objeto *a*, uma dessimetria fazendo obstáculo à reversibilidade e, com o sujeito barrado, um desequilíbrio, um obstáculo: dessimetria e desequilíbrio que apelam sempre à função de um véu que oculta.

É assim que Lacan substitui o acordo *a-a'* do imaginário por uma desarmonia.

(*a* ——— *a'*)
*o objeto a*
*o sujeito* $\cancel{S}$

Onde, em Merleau-Ponty, reina o fluido, a bruma, a plenitude, a serenidade – retomando o termo que Heidegger deu a um de seus pequenos escritos, dos mais poéticos –, onde a serenidade envelopa a experiência fundamental do sujeito no mundo, em Lacan, pelo contrário, a ênfase é posta na dissonância, na angústia – que, no primeiro Heidegger, tinha o status mais eminente –, na culpa, no pânico, no paroxismo.

Enquanto Merleau-Ponty consagra-se, em definitivo, a conduzir as diferentes vertentes da experiência subjetiva à homeostase fundamental, a ênfase de Lacan recai sobre o mais-de, o excesso, o suplemento, o que transborda, o que vicia a homeostase, que apenas é sonhada.

O fato de Lacan ter-se apoiado em Merleau-Ponty, e de Merleau-Ponty ter recorrido a aforismos de Lacan, e ter lhe tomado emprestadas certas imagens, não retira a oposição radical que ora traço, e que me surpreendeu, desde que comecei a ler Lacan e a seguir seu *Seminário*.

## A função do olhar do Outro

Tomemos o exemplo, da visão, da visibilidade.

O apaixonante em Merleau-Ponty a esse propósito, que ele sublinha em seu escrito *O olho e o espírito,* posterior à *Fenomenologia da percepção,* é que aquele que vê, o vidente, não é um puro sujeito da visão, sua definição não se esgota em sua propriedade de ver, uma vez que aquele que vê está mergulhado, "imerso, no visível através de seu corpo". É o que orienta sua descrição, pois, para ele, há uma espécie de "enigma" fundamental contido "no fato de que meu corpo é, ao mesmo tempo, vidente e visível", paradoxalmente capaz de olhar e se olhar.

Portanto, o essencial a ser apreendido é a autoscopia. Não o olhar do Outro, mas o olhar do Mesmo.

O "paradoxo" é que aquele que vê é inerente ao que ele vê. Ele é infinitamente sutil para inventar a descrição do momento no qual "o visível se põe a ver", ao mesmo tempo que o vidente se mostra visível. Merleau-Ponty o chama: um "estranho sistema de troca", e situa, aqui, o estranho. O estranho é, para ele, o próprio fenômeno da familiaridade. É o *Heimlichkeit*, o fenômeno filosófico do qual a filosofia tem de dar conta, dizer de que maneira estamos em casa, no mundo. Bem mais que todos os fenômenos de distúrbios da percepção, para ele, é o fenômeno da percepção normal que é o enigma.

## Merleau-Ponty: no lugar do Outro, o Ser

Todavia, ele eventualmente tropeça no olhar do Outro quando tenta, a partir de sua teoria da percepção, dar conta da pintura. Ele cita, por exemplo, o pintor André Marchand – é uma citação que Lacan poderia fazer –, comentando: "Em uma floresta, senti repetidas vezes que não era eu quem a olhava, senti, certos dias, que as árvores me olhavam, e me falavam."

Pode-se dizer que, em sua reflexão, esse testemunho estaria na borda do Outro, no ponto de situar a função do olhar do Outro.

Contudo, o que apaga essa apercepção esboçada é que, no lugar do Outro, vem o Ser.

O comentário que ele faz é orientado pela noção de um meio de co-pertinência, no qual não é que haja o Outro, mas sim que o Mesmo e o Outro são feitos da mesma carne, são rebentos provisórios do mesmo Ser, penetrados por ele.

Assim, à notação da experiência, que para nós é a do olhar do Outro, ele acrescenta: "Existe, verdadeiramente, inspiração e expiração do Ser." Se o pintor pode, por um momento, se sentir visto pelo mundo que o envolve – nomear as múltiplas árvores que compõem a floresta –, é porque existe no Ser: "Respiração, ação e paixão tão pouco discerníveis que não sabemos mais quem vê e quem é visto."

Portanto, onde poderíamos isolar a função ativa do olhar do Outro, apassivando o sujeito, ele vê um meio de confusão, onde não se sabe mais quem vê e quem é visto. No lugar do grande Outro, o Ser vem para, de algum modo, afogar a oposição, o conflito, a experiência perturbadora, o assujeitamento pelo espetáculo e, ao contrário, ser versado/vertido em proveito de um tipo de troca bem-aventurada com o mundo.

## Hegel, o inferno de Sartre e o paraíso de Merleau-Ponty

Disse que a dimensão do olhar do Outro está ausente da fenomenologia de Merleau-Ponty. No entanto, ele se coloca a questão em um capítulo de sua obra póstuma, inacabada, não corrigida, de *O visível e o invisível*. E a partir de Sartre.

Porque Sartre tem um sentimento vivo e, até mesmo exacerbado, tanto em sua filosofia como em sua obra literária, da alteridade do Outro e da rivalidade fundamental do sujeito com o Outro, que faz com que "o próximo" seja sempre "minha negação ou minha destruição".

Quanto a isso, ele está na linha de pensamento do Hegel de *Fenomenologia do espírito*, para quem o par, senhor e escravo, procede da "impossibilidade da coexistência das consciências" de si, a ponto de ser preciso que uma leve a melhor sobre a outra, a submeta, através do que Hegel sonhou como luta de morte. Tal solução, sendo extrema e não comumente verificada, foi substituída por Sartre, assinala Lacan em sua *Proposição* sobre o passe, pela noção de que a intersubjetividade é o inferno. Queremos acabar com o Outro, porém, não conseguimos e, portanto, fazemos indefinidamente a guerra, o que ele chama "o inferno".

Nada está mais longe da tonalidade afetiva, da *Stimmung,* na filosofia de Merleau-Ponty. No fundo, se Sartre é o inferno, Merleau-Ponty é o paraíso.

Todo seu esforço quando tenta detalhar o que se passa com o olhar do Outro é de temperar a ferocidade das análises sartrianas. Ele admite não existir "relação recíproca" exata "entre eu e o próximo, visto que sou o único a ser eu", mas torna fluida a antinomia entre o eu e o próximo, dedicando-se a mostrar que existe, sempre, "passagem do próximo em mim e de mim no próximo" – passagens.

Assim, de modo explícito, em nota na página 113 de *O visível e o invisível*, opõe-se aos filósofos para os quais o outro, em geral, é "o não-eu", que fazem do próximo, "o juiz que me condena ou que me absolve". Ele substitui o problema do outro, no singular, pelo problema dos outros, no plural, o que supõe uma mediação. Nunca estou sozinho diante do outro e de seu olhar. Existe uma espécie de comunidade de outros que nos engloba aos dois de uma vez, e que faz com que, condenando ou sugerindo, eu seja reconhecido como o próximo. São acentos não distantes do otimismo intersubjetivo do primeiro Lacan, em seu "Relatório de Roma".

Há sempre uma comunidade entre eu e o próximo. E, na passagem da página 115, destaco para vocês: "Dizemos que o próximo é o responsável X de meu ser-visto." Ele nunca diz "Não!". Nunca diz "É falso!". Ele desliza de um pensamento a seu contrário. Jamais há uma objeção propriamente dita. Há um "também", e uma outra perspectiva que podemos tomar. Assim, um discurso entrecortado por interrupções, é substituído, se não por um rio tranqüilo, pelo menos por uma troca, por uma passagem. "Mas então, é preciso acrescentar que ele só pode ser – o próximo responsável de meu ser-visto –, porque vejo que me olha, e só pode me olhar, eu, o invisível, porque pertencemos ao mesmo sistema do ser para si e para outrem, somos momentos da mesma sintaxe." Eis aqui tudo o que, em Hegel, é luta até a morte, em Sartre, é inferno e em Merleau-Ponty: "Somos momentos da mesma sintaxe, participamos do mesmo mundo, somos provenientes do mesmo Ser."

A esse respeito, o olhar do Outro está como afogado, dissolvido em meio à visibilidade geral, como ele o exprime à página 187: "Não sou eu quem vê, mas ele que vê, ... uma visibilidade anônima nos habita a ambos".

Assim, o sujeito da percepção merleau-pontiano – caso ainda se possa empregar aqui o termo "sujeito" – está em relação com um outro que o supera, mas que não o domina, que não está por cima, que é, antes, como o torrão natal, de onde o sujeito é um rebento. As metáforas de ordem vegetal abundam em Merleau-Ponty assinalando, ao mesmo tempo, que nos distinguimos e que permanecemos ligados, por nossas raízes, à terra comum, a um Ser que, por vezes, ele qualifica de selvagem, ainda que, em sua selvageria, esteja bem controlado, seja o solo da comunidade. Disso decorre, em seus escritos não diretamente filosóficos, um desenvolvimento de ordem, digamos, humanista, que se estende da percepção ao próprio pensamento e à linguagem.

Não existe apenas percepção, não existem apenas *perceptos,* existem também as idéias. Contudo, estas são apreendidas por ele como "atos de ideação", cuja fonte é o Ser comum e primordial.

Podemos lhe opor que 2 + 2 = 4. Não é este, todavia, o tipo de verdade. O tipo de existência assim exemplificada não é dependente de negociações ocultas com o Ser e com o próximo, que é dele um outro rebento.

Mas não é assim que convém tomá-lo. "Toda ideação, faz-se em um espaço de existência, sob a garantia de minha duração", isto é, o que garante a certeza de 2 + 2 = 4 – é o que chamaríamos o Outro, o espaço onde podemos, por exemplo, fazer matemática –, é o ser no mundo que eu sou. É enorme esta idéia! "Toda ideação se faz em um espaço de existência, sob a garantia de minha duração, que deve retornar a ela mesma para aí encontrar a mesma idéia que eu pensava há um instante."

Dito de outro modo, a garantia última da articulação significante é a existência como ser no mundo.

Por isso, ele pôde dizer: "Sob a solidez da essência e da idéia, existe o tecido da experiência, a carne do tempo."

## Merleau-Ponty: a noção de reversibilidade ontológica

Por certo, a linguagem traz a possibilidade do dizer verdadeiro e do dizer falso, trazendo portanto alguma coisa que é da ordem do negativo. Poderíamos mesmo dizer que ela traz o sim e o não, a oposição. Com o significante, poderíamos argumentar que ela traz o binário e que, assim, a linguagem traz a morte, o que foi a tese de Lacan desde o início, conquanto cunhe essa versão mortífera da linguagem em termos de falta.

É surpreendente ver como, em Merleau-Ponty, esses ângulos e oposições estão todos apagados.

A linguagem é como um broto da experiência. Ele diz, por exemplo: "Como a nervura traz a folha de dentro, do fundo de sua carne, as idéias são a textura da experiência; seu estilo, mudo inicialmente, é proferido em seguida." Portanto, ele supõe sempre que a linguagem proferida, sobre o que nós nos centramos, é, de alguma forma, preparada, pré-inscrita na própria carne do mundo. O vivido, diz ele, é sempre vivido-falado, e, se recobramos a linguagem com todas as suas raízes e toda a sua folhagem, este é o mais válido testemunho do Ser.

O que é muito divertido é que nisso ele conduz Lacan a apoiar sua concepção: "A própria visão, o próprio pensamento são, dizem, 'estruturados como uma linguagem'." E põe no rodapé: "J. Lacan".

Não creio que Lacan tenha dito que a visão e o pensamento fossem estruturados como uma linguagem. Ele o disse do inconsciente, que não aparece na passagem da página 168 de *O visível e o invisível.*

Mas, no fundo, ele utiliza Lacan para situar, no Ser, e, antes mesmo que algo seja proferido, uma articulação silenciosa. Como se, falando, o sujeito fosse apenas atravessado pela revelação do que já estava ali.

E assim, onde os estruturalistas valorizam a descontinuidade – o que opõe a natureza e a cultura, a experiência e a linguagem, a experiência e a ciência –, todo o esforço de Merleau-Ponty é, ao contrário, para restabelecer e valorizar a continuidade.

A palavra-chave de *O visível e o invisível* é "reversibilidade", da qual ele faz o fenômeno fundamental sobre o qual se fecha essa obra inacabada. Reversibilidade daquele que vê, do vidente e do visível, da fala e do que ela significa, da percepção muda e da fala. De tal sorte que podemos, ao mesmo tempo, falar, página 203, de uma existência quase carnal da idéia, e de uma sublimação da carne em idéia.

E todas as possibilidades da linguagem são, para Merleau-Ponty, já dadas no mundo mudo, quando se trata do corpo humano.

Penso, por meio de todo este percurso, ter feito o suficiente para indicar a dívida de Lacan, assim como marcar a incompatibilidade de sua concepção com a de Merleau-Ponty.

## "Um distúrbio de memória na Acrópole"

Para irmos a um outro extremo, tomaremos agora uma experiência subjetiva, feita para nos distanciar da noção de reversibilidade ontológica: a experiência de uma desarmonia.

Achamos que aquilo que perturba a percepção ensina mais sobre sua estrutura do que o fenômeno da harmonia e o que é da ordem do acordo. Para nós, é quando algo não funciona que podemos aprender alguma coisa, inclusive sobre as condições vigentes quando "tudo vai bem". A percepção normal nunca nos ensinará o que acontece com a percepção anormal, e tampouco nos informará sobre a estrutura da percepção normal. Assim, recorremos às perturbações da fenomenologia da percepção, acreditando ser nelas que poderemos aprender, ao mesmo tempo, as condições da percepção normal e da anormal.

Fazendo assim, deslocamos, com Freud, o lugar da verdade.

Essa experiência subjetiva é a que Freud relata e que tornou célebre com seu pequeno texto de 1936 intitulado "Um distúrbio de memória na Acrópole". *Störung*, distúrbio, o que não funciona, desarmonia. É preciso perceber que o título de Freud é de natureza a nos desviar, caso nos esqueçamos de que o distúrbio de memória do qual se trata é o resultado de um processo muito mais complexo, que Freud se dedica a tentar recompor numa tentativa fenomenológica.

Não se trata de um distúrbio de um sujeito bizarro, como buscam os psicólogos. A fim de pensarem sobre o que não vai bem na percepção, precisam sempre de um estropiado qualquer. Então, via um certo número de relatos de experiências, concluem: "Nossa! Como ele pode ver semelhantes coisas! Ele não se percebe mais, a metade de seu campo visual está partida, não sente mais seus membros" etc. De fato, buscam o monstro, se assim posso dizer. E, como sabemos, em psicanálise, os monstros somos nós!

Freud, diferentemente de Merleau-Ponty, não vai buscar tratados de psicólogos alemães Ele mesmo se interroga sobre o que não faz dele um sujeito tão normal assim. E é desse lugar que ele traz um testemunho. É um fato: a dimensão da enunciação não está presente na fenomenologia. Em geral, os relatos de auto-experiência, que costumamos encontrar aqui e acolá, são de uma inocência, de uma iniqüidade total. Enquanto, tratando-se dele próprio, Freud paga com sua pessoa de outra maneira.

No fundo, é um capítulo de fenomenologia da percepção, uma vez que relata o momento em que ele sentiu, de maneira fugidia, quase imperceptível, certo vacilar em sua relação com a realidade perceptiva, de modo algum da ordem do acordo, da harmonia, mas, ao contrário, com uma certa tonalidade de dissonância.

Vale a pena relembrar o contexto desse pequeno escrito. É uma carta para celebrar um outro, Romain Rolland, cuja personalidade de grande espírito vale a pena ser circunscrita fora do conflito.

Existe toda uma atmosfera de época, em que há interpelação de grande gênio a grande gênio, de grande consciência a grande consciência, entre filantropos: "O senhor é uma grande consciência!" e "E o senhor, uma outra!". Poderíamos zombar desse culto dos grandes homens que, com o Romantismo, começou a tomar ares de uma infecção, e que encontramos, sob forma esgotada, na primeira metade do século XX. É uma espécie de culto do heroísmo intelectual na idade pós-heróica, em que estamos condenados a viver.

Há, no texto, algo da atmosfera neoclássica, presente na emoção diante da Acrópole. O culto do gênio grego é datável do século XIX como o culto da Renascença, que nos valeu o escrito de Freud sobre Leonardo da Vinci.

A autenticidade do fenômeno não impede que os temas, ao mesmo tempo do grande homem, Romain Rolland, e da emoção espantosa diante das produções do gênio grego, sejam fenômenos de época, que valeriam ser desenvolvidos por si mesmos. Freud é dessa época e tem sobre ela seus preconceitos. Não podemos dizer que não temos os nossos. No entanto, os dele são, para nós, perceptíveis por causa do distanciamento temporal.

Então, trata-se de uma carta que Freud escreveu, aos 80 anos, a Romain Rolland, por ocasião de seu 70º aniversário. Dez anos de diferença, que também separavam Freud de seu irmão mais novo, o qual apareceu na história de "Um distúrbio de memória na Acrópole". É uma coincidência com a qual Freud diz só ter se surpreendido no momento de redigir sua análise. É como se Romain Rolland, *mutatis mutandis*, estivesse no lugar do irmão mais novo, que partilhou com Freud a experiência de visitar a Acrópole, sendo então a ele que Freud entrega essa análise.

Quando Freud a relata, é uma experiência antiga, datada de 1904, quando tinha 48 anos, que, diz ele, há alguns anos, vem lhe retornando à memória sem cessar. Portanto, é uma insistência, digamos um *automaton*, que o assedia. Decide analisar tal lembrança e a experiência à qual ela se refere para chegar a um termo, e assim descobrir para nós o real veiculado e oculto pelo *automaton.*

Ao mesmo tempo em que se trata um distúrbio de memória sobre a Acrópole, Freud experimenta um distúrbio de sua memória, se assim podemos dizer, no presente, visto que ela lhe impõe o retorno dessa lembrança.

## Os nós do desejo e da defesa

Suponho que vocês conheçam o texto. De todo modo, vou resumi-lo rapidamente. Naquela época, Freud fazia regularmente com seu irmão mais novo, no final do mês de agosto ou princípio de setembro, uma viagem à Itália. Na ocasião, todavia, só podiam se ausentar por uma semana por causa dos negócios do irmão. Estavam em Trieste e pensaram em ir à ilha de Corfu, porém, um amigo de seu irmão lhes disse: "Mas o que vocês vão fazer em Corfu? É melhor ir a Atenas."

Ali estavam os dois irmãos, um de 48, outro de 38, rumo a Atenas e com um curioso "afeto" de "mau humor", registrado por Freud. Embora não tivessem jamais visto Atenas, um lugar de espírito elevado, a respeito do qual se pode supor que sempre tenham tido o desejo de conhecer, podendo, então, realizá-lo, eis que estão aborrecidos, achando que nada está bom, inclusive no momento de entrar na fila para os tíquetes.

Nessa descrição, já temos o toque de que, para se chegar a ver algo, não basta abrir-se para o mundo. Quando se quer ver algo particular, é preciso fazer muito esforço. Deslocar-se, comprar bilhetes, tomar o barco etc. Aqui, estamos muito próximos de uma experiência que não foi somente a experiência ontológica da percepção. Devemos pegar as bagagens, decidir para onde vamos e o que vamos ver. Portanto, não é o mundo do co-pertencimento com o mundo perceptivo. Temos também a notação de que o desejo apela a certa defesa, e que o desejo é, aqui, quase indiscernível da defesa contra o desejo. Ao mesmo tempo que embarcam para Citera, é como se os pés lhes pesassem, pois gostariam de estar em outro lugar. Assim, no início dessa descrição sumária, já encontramos os nós do desejo e da defesa.

Chegaram à Acrópole e uma estranha idéia vem a Freud – *merkwürdige Gedanke* – ou, como emprega a expressão, *befremdliche Gedanke*, idéia estranha, desconcertante, surpreendente, notável.

É esta idéia que, segundo Freud, constitui o distúrbio de memória.

É o enunciado número 1 da experiência. Em seguida, o número 2, que lhe inspirou o título: "Assim, tudo isto existe realmente como aprendemos na escola!" E, quanto ao enunciado acima, Freud vai fazer quilômetros de análise – como Marivaux – e, de fato, sobre algumas frases veremos desdobrar-se uma sutileza extraordinária que mostra o que se obtém com o microscópio analítico: surge uma idéia, que poderia ter sido esvaziada, mas que não somente não o é, como ainda, ao contrário, é o mistério do enunciado de sua juventude que retorna muitas vezes para assediá-lo em sua velhice.

A atitude analítica consiste em outorgar maior apreço a um enunciado desse gênero.

O essencial da análise de Freud é nos conduzir do enunciado número 1 ao enunciado número 2, o qual, precisamente, não lhe veio à consciência, o que o faz prestar atenção nos seus mínimos detalhes.

Freud pontua primeiro o testemunho de uma divisão subjetiva. Como se houvesse, primeiro, uma pessoa com a certeza de que a Acrópole sempre existiu. Em segundo lugar, como se houvesse uma outra que duvidasse disso. Ele faz uma comparação com aquele que teria duvidado da existência do monstro de Loch Ness, e que, depois, ao vê-lo, seria obrigado a exclamar: "Logo, isso existe verdadeiramente?!" Com um "logo" que não é o de uma consecução lógica, mas o "logo" conotando a irrupção de um fato que desmente as considerações racionais anteriores. O então que assinala que, a partir daí, é preciso levar em conta, ao refletir, um elemento que não havia sido previsto.

E Freud vê, nesse enunciado, o testemunho de uma esquize do sujeito entre certeza e dúvida, e de coexistência da certeza e da dúvida.

Ele empreende então uma análise sobre essa base, muito frágil, muito tênue, uma análise da crença e da implicação subjetiva.

No primeiro momento – distingo três deles –, podemos opor o conhecimento por ouvir dizer ao vermos com nossos próprios olhos.

É como se o sujeito, Freud, tivesse posto em dúvida a fala do Outro, no tempo da escola – a fala, os livros –, como se tivesse dito: "Você me diz isso, mas quem prova que seja assim?" É como se existisse, em Freud, a emergência de uma ponta de histeria, e ele se visse obrigado a aceitar o testemunho de seus próprios olhos.

Eis aí um nível de análise que poderia parecer satisfatório, e, no entanto, Freud o declara insatisfatório. Declara insatisfatória a ênfase posta sobre a autenticidade irremediável do visível, enquanto poderia parecer que ele faz valer o enunciado número 1, ou seja, que nada substitui o fato de ver por seus próprios olhos, que a percepção viva supera todas as abstrações linguageiras e teóricas.

Ele não fica satisfeito e é preciso supor que isso não dê conta da *Stimmung* própria desse enunciado.

Segundo momento: de Atenas a Trieste.

Freud refere-se, para compreender o enunciado de maneira mais satisfatória, ao mau humor de Trieste. E tenta analisar por que estavam, os dois, de mau humor, quando a caminho de Atenas. E relaciona-o a uma coisa bem diferente, à convicção inconsciente na qual deveriam estar, de que, afinal, seria impossível lá chegar, porque seria bom demais para ser verdade: *Too good to be true,* pois não haveria (fundamentalmente, diz Freud) nada de bom a esperar do destino.

E aqui aparece a instância do supereu severo, quer dizer, ele retorna ao que é uma experiência do desejo e da barreira à realização do desejo. Como se o sujeito fosse fundamentalmente cético diante do advento daquilo que lhe traria proveito, do que poderia satisfazê-lo.

Terceiro momento: retorna de Trieste a Atenas.

A análise feita do mau humor em Trieste, ele a aplica ao fenômeno que se produziu em Atenas, e conclui que o enunciado não deveria ter sido: "Assim tudo existe realmente como nós aprendemos na escola?!", mas que, se não tivesse sido deformado por um processo inconsciente, deveria ter sido: "Eu nunca acreditei que pudesse estar em Atenas e ver a Acrópole."

No fundo, a dúvida era: "É bom demais para mim poder vir a realizar meu desejo de ver a Acrópole". E, então, ele reconstitui o enunciado puro, sem deformação. Dito de outro modo, haveria, diz ele, um deslocamento do inacreditável. O que deveria ter sido inacreditável: "Eu, eu estou diante da Acrópole", tornou-se, "Inacreditável! A Acrópole existe realmente como dizia o Outro." O que persiste nesse deslocamento, como ele assinala, é uma recusa em crer – *ein Unglaube* – uma descrença.

Eu acrescento que esse elemento de descrença, que persiste e que é o fio de Ariadne de toda a experiência, é: existe o inacreditável que diz respeito ao desejo satisfeito.

Como se a realização do desejo tivesse, por ela mesma, o efeito de irrealização. No fundo, a realização do desejo é feita pelo sonho. E cada vez que existe desejo realizado, podemos dizer que existe um efeito de sonho.

É o que encontramos no episódio freudiano.

## A transposição do sujeito em direção ao objeto percebido

Temos, progredindo na análise, o deslocamento duplo, a transposição dupla, *Umsetzung*, que, em primeiro lugar, rejeita o fenômeno no passado e o relaciona àquilo em que se acreditava na escola. É o que justifica que fale de distúrbio da memória.

Em segundo lugar, passa das relações com a Acrópole à própria existência dela. Dito de outro modo, a segunda transposição é como uma transposição do sujeito em direção ao objeto percebido. Há aí alguma coisa do sujeito – que é indiscutivelmente o sujeito do desejo, em particular o sujeito do desejo de ver a Acrópole –, um deslocamento do sujeito do desejo sobre o objeto percebido e que, aparentemente, não deixa intacta a percepção do objeto.

Isso é observado nos três elementos que Freud distingue. Diz ele: "A situação incluía a minha pessoa, a Acrópole e minha percepção da Acrópole." Ele distingue o sujeito como *percipiens,* o que vê, o vidente; a Acrópole, que se pode supor ser aquela da qual se falava na escola, ou seja, o significante da Acrópole, a Acrópole narrada; e, por último, a percepção da Acrópole, isto é, o significante percebido.

Além dos três elementos, existe o quarto, que é a dúvida, que aparece inquebrantável, uma vez que, na juventude, "duvidei que poderia ver a Acrópole com meus próprios olhos. É como se tivesse deslocado, para minha juventude, a dúvida quanto ao fato de a própria Acrópole existir. Como se, quando na escola me falavam da Acrópole, eu duvidasse de que pudesse vê-la um dia com meus olhos e, na falsa lembrança que me vem, é como se eu duvidasse que a Acrópole existisse." É como se ele tivesse elidido a presença do *percipiens* em prol da dúvida sobre a realidade do *perceptum.*

Existe aí, segundo Freud, um deslocamento da dúvida, que repousa sobre a distância entre o significante e a referência, e que valoriza o poder de irrealização do próprio símbolo.

Poderíamos distinguir cinco momentos válidos como construção. É como se o enunciado de Freud implicasse:

- Primeiro, "falam-me da Acrópole". Então, aqui, a Acrópole é apenas o significante do Outro.
- Segundo, "não vejo a Acrópole enquanto me falam dela. Isso é um fato. Posso ver imagens da Acrópole, posso imaginá-la, mas não a vejo de percepção viva e pessoalmente".
- Terceiro, "sabendo quem sou, sem dúvida nunca verei a Acrópole".
- Quarto, " a Acrópole é invisível, pelo menos para mim".
- Quinto, é como se o sujeito tivesse deduzido disso: "A Acrópole não existe", e como se o sujeito do passado fosse forçado, no momento em que estava na Acrópole, a reconhecer sua existência, embora não tivesse acreditado quando lhe falaram dela, na escola.

## "O que vejo aí não é real"

Mas isso não é exatamente o que Freud diz. Há uma espécie de salto, pois, diz ele: "Finalmente, minha análise é muito confusa, e só se resolve colocando-se que...", e Freud diz que, ao contrário, o quinto ponto: "a Acrópole não existe", crença suposta do passado, está, de algum modo, em sua experiência, colocado no presente. É como se o segredo do enunciado número 1, que aparentemente diz: "Assim, tudo isto existe realmente tal como aprendemos na escola?!" – e que supõe que, na época, não se acreditasse –, de fato fosse "A Acrópole não existe, apesar da percepção que tenho dela neste momento."

E Freud descobre, sob o enunciado número 1, o enunciado número 2, sensivelmente diferente: "O que eu vejo aí, não é real." Como ele diz: "Toda essa situação ... se resolve de uma só vez caso se admita que ... tive ou poderia ter tido, por um instante, esse sentimento: *Was ich da sehe, ist nicht wirklich* – o que vejo aí, não é real."

Eis a passagem do enunciado número 1 ao número 2, que é reconstruído. Freud não tinha tal idéia na cabeça. No lugar dela, teve o que chama de seu distúrbio de memória.

Temos, pois, defesas empilhadas, ou uma defesa ao quadrado.

Pensar que alguma coisa não é real, quando a temos sob os olhos, já é uma defesa. E, Freud emprega o termo *Verleugnung* (*verleugnen*) –, uma negação do tipo desmentido: o sujeito não quer saber que já aconteceu. "Isso não é real" já é uma defesa.

Além disso, digamos que o enunciado do distúrbio de memória é uma defesa da defesa pela "falsificação do passado". Temos, pois, duas defesas encadeadas.

Depois desses meandros, qual é a análise definitiva proposta por Freud? Ele a propõe tomando emprestado elementos descobertos no curso do caminho, precisamente em termos de desejo.

"Por que não creio que chegaria a ver Atenas? Justamente porque me sentia muito miserável, porque em minha família ninguém viu Atenas."

Ver Atenas seria marcar, aqui, "a superioridade dos filhos" sobre o pai.

Ele evoca – quando está com seu irmão mais novo –, Napoleão I, o imperador, "no dia de sua coroação", virando-se em direção a seu irmão mais velho, dizendo-lhe: "Que diria o senhor nosso pai se pudesse estar aqui?"

Apreendemos que a defesa – e mesmo a dupla defesa – ali estava para evitar a culpa de ter feito melhor que o pai. Portanto, uma interdição de ultrapassar o pai.

## A extração do objeto *a* como olhar e como mais-de-gozar

O que se denota no distúrbio da percepção, contra o qual Freud se defendeu, é a emergência do olhar do pai. É o que aparece nessa evocação. Foi no momento em que ele, Freud, estava na Acrópole com o irmão que esse olhar do pai foi convocado, o olhar carregado de reprovações, de natureza a inspirar-lhe: "O que vejo aí não é real", contra o que Freud se defendeu com o distúrbio de memória.

Além do mais, a visão da Acrópole, para Freud, estava ligada a um prazer intenso, pode-se dizer a um gozo, ou a um mais-de-gozar, verdadeiro júbilo.

No estádio do espelho, a jubilação vem pelo fato de eu ver no espelho a forma completa que sou eu.

Mas, aqui, em Freud na Acrópole, existe um: "Eu estou aqui, e gozo desta visão", "Eu me acoplo ao gozo interditado dessa visão". Há como um verdadeiro incesto visual. E é então que a figura do pai surge. E Freud conclui: "O que nos impediu de gozar de nossa viagem" – há a palavra *Genuβ* – foi um sentimento de piedade", ou seja, os filhos sentiram a instância do olhar do Outro paterno como inimiga de seu gozo.

O que atrapalha a percepção do espetáculo tão desejado da Acrópole é o olhar do pai, que recai sobre os dois irmãos quando estavam gozando. Há o exemplo célebre de Proust, em que a foto do pai é convocada no momento em que se dá o gozo interditado. E é também o olhar do pai que vem fixar a Jovem Homossexual e a projeta fora da cena.

Aqui, o olhar do pai surge, se assim podemos dizer, na Acrópole. Não é tanto o fato de eles verem a Acrópole, mas sim que essa Acrópole os olha com olhar do pai. Olha esses dois pequenos judeus da Morávia, que fizeram o caminho até a Acrópole, que são de uma tradição na qual O Mais Alto deve permanecer sem imagem. Evidentemente, esses dois pequenos judeus da Morávia fazem mancha no quadro onde resplandece a beleza grega.

Assim, Freud narra a maneira como a Acrópole se tornou, para ele, a lata de sardinhas que olhava para Lacan! Esse olhar não é de nenhum olho que vê, surgindo, porém, do próprio espetáculo. A beleza do espetáculo encobre o mais-de-gozar e, desse modo, esconde o olhar do pai. Para além do que é velado, do pouquinho de horror descoberto por Freud, está o horror da castração que paira sobre esse pequeno escrito. É a impotência do pai que nunca pôde ir a Atenas, nem permitir que seus filhos fossem. É, sobretudo, a impotência do próprio Freud, porque é assim que ele próprio se apresenta no preâmbulo a Romain Rolland: "um homem empobrecido", cuja "produção está exaurida", ou seja, exatamente como a encarnação de menos *phi*, encarnação da castração.

E, por trás da imagem deslumbrante e no intenso mais-de-gozar do espetáculo, no que bem poderíamos chamar o *agalma* da Acrópole – é agora ou nunca o momento de se servir desse termo! –, há o menos *phi* – $(-\varphi)$ – da castração, a do pai, que é porém a do próprio Freud no momento em que analisa o episódio. Podemos dizer que só no momento em que o próprio Freud encontra o menos *phi* é que conseguiu analisar o episódio. De um modo geral, o campo escópico esconde a castração: se não duvidamos de que aquilo que vemos é real, é na medida exata em que o campo escópico esconde a castração.

O episódio volta a assediar Freud em sua velhice, e ele só chega a decifrá-lo no momento em que não passa de um homem velho, quase impotente, com necessidade da "indulgência" do Outro.

Esse exemplo da fenomenologia indica em quais condições se sustenta o campo da realidade perceptiva, em quais condições podemos dizer, mesmo em silêncio: "O que vejo é real." Isso supõe o recalque do sujeito barrado do desejo, que é, aqui, o sujeito Freud que se auto-analisa; e supõe a extração do objeto *a* como olhar e como mais-de-gozar.

É a este preço, do recalque do sujeito do desejo e da extração do objeto *a*, que verificamos a homeostase na percepção.

Quando o recalque falha, e o objeto *a* marca seu lugar, emerge o enunciado do desmentido e da estranheza: "O que vejo aí não é real." No fundo, é esse enunciado que, no exemplo de Freud, encontra-se transposto para só aparecer como um simples distúrbio de memória.

Assim, há uma antinomia onde é preciso escolher entre a *wirklich* da percepção e a *wirklich*, o real, do objeto *a*.

*7 de junho de 1995*

## – Lição 21 –

# A pulsão escópica

A análise da pulsão escópica, por Lacan, inspirou, depois da publicação do *Seminário 11*, toda uma literatura estética pela qual, mais tarde, um historiador se interessaria.

### *Studium* e *punctum*

Contento-me em tomar, dessa literatura, a obra notável de Roland Barthes sobre a fotografia, publicada em 1980 sob o título *A câmara clara*. Suas diversas descrições apóiam-se na oposição que traduz e repercute a do olho e do olhar. Uma oposição entre o que Barthes chama, utilizando palavras latinas que fazem função de matemas: *studium* e *punctum*.

Ele opõe, em sua leitura das fotografias, duas dimensões: a do *studium*, que reúne tudo o que se pode saber, tudo que se aprende da imagem representada sobre a referência da qual se trata, e que desperta, segundo ele, os "interesses sensatos". E o *punctum* que faz mancha na imagem: "o que me aponta", atravessa, açoita, risca o *studium*. O *punctum* é "um detalhe ... que me atrai ou me fere" na imagem.

Isso o conduz a distinguir dois tipos de fotografia: a "sensata", que representa, que instrui sobre a natureza da referência, chamada por ele "fotografia unária", tomando emprestado a Lacan este adjetivo para dizer que se trata de imagem verídica – ou pelo menos verossímil –, total e homeostática. E, depois, a fotografia que dá lugar ao detalhe que incomoda, que atrai, que, de certo modo, desdobra a imagem e impõe mudança de leitura.

A oposição barthiana do *studium* e do *punctum*, na fotografia, resulta diretamente do *Seminário 11*, ao qual Roland Barthes faz referência. Aos esteticistas mais informados, a esquize do olho e do olhar inspirou toda uma estética estruturalista, cuja elaboração continua até os nossos dias.

Deixo de lado esse capítulo, pois meu interesse, este ano, está na consistência da articulação de Lacan concernente à pulsão. Quero repatriar essa análise a seu lugar: a doutrina da experiência analítica.

## A redefinição do campo visual

Lacan dedica quatro lições de seu *Seminário 11* à pulsão escópica. Aparentemente, elas são fortuitas, já que motivadas pela publicação da obra póstuma de Merleau-Ponty, intitulada *O visível e o invisível*, apresentando-se, então, como *excursus*. Podemos pensar, todavia, que o *excursus* inscreve-se em uma lógica não aparente, que é mais secreta e que podemos, hoje, tornar manifesta.

Já assinalei que, aos olhos de Lacan, a articulação entre alienação e separação, à qual ele consagrou "Posição do inconsciente" – que comentamos, recortamos, ano passado –, constitui o prolongamento do "Relatório de Roma", "Função e campo da fala e da linguagem" sua seqüência propriamente dita, e que, assim, se cumpria, em sua opinião, a refundação da psicanálise, um recomeço de seu ensino.

Devemos constatar que a redefinição do campo visual no *Seminário 11* constitui o momento básico dessa refundação, ainda que esse momento esteja elidido no escrito que se consagra à lógica da alienação e da separação.

Por que a definição do campo visual é um momento essencial do recomeço, se pelo menos especularmos sobre o fato de não se tratar tanto de um *excursus*, mas sim de uma parte integrante da renovação? A resposta que proponho é que a referência ao estádio do espelho permanece essencial à fundação inicial, concluída pelo "Relatório de Roma", que é conexo ao estádio do espelho. E, assim, "Posição do inconsciente", em 1964, é simetricamente conexo à esquize do olho e do olhar. É o que proponho. Preciso ainda demonstrá-lo:

$$\left.\begin{array}{lcl} \text{RR} & \lozenge & \text{EE} \\ \text{PI} & \lozenge & \text{O/O} \end{array}\right\}$$

"Função e campo da fala e da linguagem" introduziu, na psicanálise, a instância do simbólico, sob a forma e a partir da intersubjetividade. E, nisso, esse "Relatório" introduz uma ruptura. Até então, Lacan pensava a psicanálise a partir do imaginário. E eis que ele a pensa a partir do simbólico, ou seja, da linguagem. Isso o leva a atribuir ao inconsciente uma estrutura de linguagem. Em verdade, ele enfatiza sobretudo a primazia da fala no simbólico. E, ao longo dos anos, desenvolve, restitui o lugar da linguagem.

Isso fez com que opusesse o imaginário ao simbólico, isto é, definisse essencialmente o simbólico a partir do imaginário, por sua diferença, seu contraste, e sua oposição a ele. É como está resumido na oposição cruzada, armadura do esquema Z, entre simbólico e imaginário.

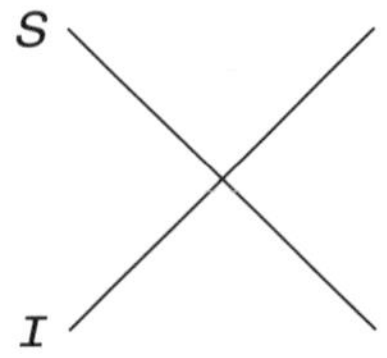


Desde o gesto fundador de seu ensino, o simbólico tomou seu valor quanto ao imaginário, que é, de certo modo, sua pedra angular, seu parâmetro em relação ao qual o simbólico se diferencia. Nesse sentido, a referência ao imaginário permanece essencial.

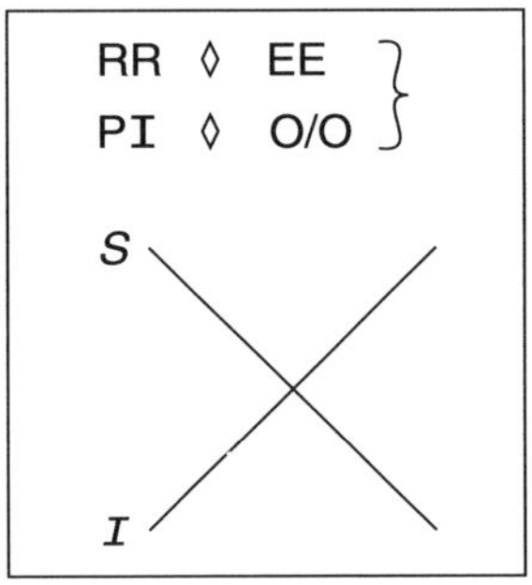


Essa já é uma forma de se apreender que, no momento de originar a refundação, como em 1964, ele seja levado, pela segunda vez, à referência tomada na dimensão imaginária. Isso é o bastante para se duvidar de que se trate de *excursus*.

## O gozo é da ordem do imaginário

De saída, pode-se dizer que a perspectiva tomada por Lacan sobre a psicanálise, em seu "Relatório de Roma", integra o estádio do espelho, ao menos pelo fato de que, como assinalei este ano, o gozo é da ordem do imaginário. Convém opor ao gozo um outro termo de ordem simbólica, que se pode designar pela palavra "acordo"; ao gozo da imagem se opõe o acordo que é unicamente de ordem simbólica.

Cada vez que se produz uma falha na dimensão simbólica, alguma coisa da ordem do imaginário é convocada para remediá-la.

## O princípio geral da clínica de Lacan

Este é o princípio geral da clínica de Lacan, como está prescrita pela fundação de seu ensino: a toda falha simbólica responde uma inserção imaginária. Assim, a clínica do imaginário está implicada no ensino sob o signo do simbólico.

Tomemos um exemplo do *Seminário 4: A relação de objeto*: a análise do exibicionismo reativo, nele proposta. Trata-se de um comportamento exibicionista induzido por um momento de falha da elaboração simbólica, tal como ela se repercute na análise: a essa falha, a esse déficit simbólico, responde o comportamento que consiste em apresentar ao Outro, anônimo, uma imagem fálica. Encontramos a referência à página 165 do *Seminário 4*:

"... o sujeito ... tenta, pela primeira vez, uma relação real com uma mulher .... Ele se sai mais ou menos bem ... e, quando nada até o presente deixasse prever nele a possibilidade de tais sintomas, ele se entrega a uma exibição muito singular e bastante bem calculada, que consiste em mostrar seu sexo à passagem de um trem internacional ...".

A indicação "bastante bem calculada", atém-se ao fato de que, como o Outro desfila diante dele em grande velocidade, ele não se arrisca a ser preso pela polícia.

"O sujeito – acrescenta Lacan – foi, assim, forçado a dar vazão a alguma coisa que estava implícita à sua posição. Seu exibicionismo nada mais foi que a expressão, ou projeção, sobre o plano imaginário, de alguma coisa da qual nem ele mesmo compreendeu todas as ressonâncias simbólicas ...."

Essa exibição, de ordem imaginária, na medida em que se trata de apresentar ao Outro uma imagem, responde a certa desigualdade entre o sujeito e o símbolo, no caso, o da virilidade. E, na falta de harmonia com o símbolo viril, ele apresenta ao Outro a imagem fálica.

Tomo tal exemplo, escolhido por Lacan, como paradigma da clínica feita de uma articulação entre o simbólico e o imaginário. Em termos precisos: uma falta, uma falha, um déficit, uma desigualdade no nível simbólico se traduz pela emergência do elemento imaginário. E, durante anos, Lacan comentara os casos oferecidos pela literatura analítica a partir desse esquematismo.

É o que estabelece a doutrina da perversão em geral, proposta por ele no *Seminário 4*. Ele caracteriza a posição perversa como a recusa da mediação simbólica e, por conseguinte, correlativamente, por uma "valorização da imagem", "molde da perversão". Assim, ele pôde dizer, na página 121 do *Seminário 4*, que "a dimensão imaginária aparece prevalecendo, cada vez que se trata de uma perversão".

É o que orienta sua releitura do caso da "Jovem Homossexual", de Freud. Se passamos sobre os meandros detalhados, minuciosos, da análise, trata-se de uma projeção do que não se cumpre na ordem simbólica sobre o eixo imaginário. Lacan disse, página 135: "A relação do sujeito com seu pai, que se situava na ordem simbólica, passa na direção da relação imaginária." A causalidade é da ordem da decepção, devido à gravidez da mãe.

Em outros termos, após ter indicado a fórmula na dimensão simbólica, nós a encontramos projetada no sentido da relação imaginária. E, então, é o sujeito, identificado com o pai imaginário que cuida do objeto, a dama, na falta de uma relação simbólica realizada: o imaginário faz suplência à falha simbólica.

## O princípio da tese de Lacan sobre a pulsão

De um modo mais geral ainda, esse é o princípio da tese de Lacan sobre a pulsão. O real em jogo na pulsão é arrastado nessa mesma lógica. Da mesma maneira que ele pôde se interrogar sobre o exibicionismo reativo ao tratamento – pelo menos reativo à realização do ato sexual –, ele se interroga sobre a bulimia reativa no tratamento de um sujeito fetichista. Por que, então, aparece a pulsão oral? A essa questão ele responde referindo-se à emergência, à primazia da relação oral com o simbólico e às dificuldades subjetivas com o simbólico. "Cada vez que a pulsão aparece na análise ou alhures [esse "alhures" é essencial, ele quer dizer que cada vez que a pulsão aparece], ela deve ser concebida em relação ao desenrolar de uma relação simbolicamente definida." E, desse modo, o porvir da pulsão é arrastado pela mesma lógica que o imaginário, uma lógica prescrita pelo estado da relação simbólica.

Foi assim que Lacan afirmou – o que foi retomado de maneiras diversas – que a satisfação da necessidade não é a primeira, que entregar-se à alimentação ao seio não responde apenas à necessidade animal no pequeno homem, mas sim que essa satisfação é ela própria compensatória do amor insatisfeito ou da frustração. Isso é também relacionar de modo fundamental o que parece ser da ordem da necessidade real com a dificuldade sobre o eixo simbólico. O amor, tal como Lacan o introduz no *Seminário 4*, é uma relação essencialmente simbólica, na qual a mãe é um objeto simbólico. Quando há supressão nesse nível, ou seja, frustração de amor, e não se apresenta o signo de amor, intervém o objeto real, substituto do simbólico. Ancoramo-nos no objeto real quando a satisfação simbólica faz falta, de tal sorte que ela não é satisfação da necessidade e sim álibi da frustração de amor. Isso implica o objeto real só valer na medida em que é "uma parte do objeto simbólico", uma parte da mãe que é desigual para acarretar a satisfação simbólica.

Nesse sentido, o objeto é definido como objeto parcial do objeto simbólico, substituto do dom simbólico que falta. Portanto, o objeto parcial é definido sobre o fundo do simbólico.

## Reformulação do estádio do espelho

Na via que traçamos, ele não parece contingente, mas tão necessário que, no *Seminário 4*, assistimos a certa reconsideração do estádio do espelho, encontrada em certas passagens das lições X e XI. Como Lacan o introduziu, o estádio do espelho consiste em uma pura experiência na qual o sujeito se confrontou, como corpo, com sua própria imagem. E observamos os efeitos de elação e de júbilo que se seguem. No *Seminário 4*, o estádio do espelho é reconsiderado quanto ao desejo da mãe, ou seja, em relação ao falo, uma vez que ele falta ao desejo da mãe, e quanto a uma instância que só tem valor, que só é pensável na ordem simbólica. Portanto, no *Seminário 4* assistimos à reformulação do estádio do espelho, experiência imaginária, em função das coordenadas simbólicas e, essencialmente, em função da falta do objeto, só pensável na dimensão simbólica. Então, o valor da imagem de si, muda, pois ela toma o sentido, o peso, de ser o substituto da falta.

## Ser o objeto que tampona a falta

No estádio do espelho, diz Lacan "o próprio sujeito se encontra empenhado a vir substituir essa falta". Existe aí uma dialética complexa, que toma a falta como referência essencial. É quanto à imagem como totalidade que o sujeito se encontra em déficit.

Seguem-se duas conseqüências opostas ao nível do afeto. Enquanto a imagem total é ele mesmo, há um afeto de júbilo que traduz um tipo de "eu sou mais do que pensava" e, ao mesmo tempo, há um afeto de depressão. É isto que Lacan, na época, acrescenta à sua análise do estádio do espelho: o afeto de depressão. É a relação com a falta que está compreendida na experiência do estádio do espelho. Como ele o exprime, na página 180: "É com referência a esta imagem que o sujeito realiza que, a ele, alguma coisa pode faltar."

Podemos tentar recompor os tempos dessa dialética, que vai da percepção da imagem total à oferta que o sujeito faz dela. A imagem é total, e, em relação a ela, o sujeito sente-se em déficit. Essa imagem, ainda que seja a dele mesmo, é Outra, pois ela é total e ele é incompleto. Sob este aspecto, é a imagem do Outro, porque é Outra. Por essa razão, falta ao sujeito alguma coisa, mas ao Outro também. Como diz Lacan, isso falta tanto à mãe como a ele. É então que ele se propõe a ser o objeto que tampona a falta. Lacan acrescenta o efeito depressivo ao estádio do espelho, no qual enfatizara o afeto do júbilo produzido pela superioridade da imagem do sujeito sobre o sentimento de si-mesmo. O efeito depressivo comporta referência à onipotência da mãe, dissimulando a referência à sua falta.

Aqui, pode-se dizer que o Outro é formulado em termos de potência, e o sujeito em termos de "resistência". Em que nível essa resistência se produz?

Chamo a atenção para as considerações de Lacan no *Seminário 4*, página 190: essa resistência se produz no nível da ação? A ação seria essencialmente a atitude negativista: recusar fazer, que está presente sobretudo no nível anal, mas encontra-se, sob outra forma, também encarnada na histeria, na qual o não – n.ã.o. – é essencial para o sujeito, a fim de demonstrar que ele existe fora da onipotência do Outro. É precisamente porque o sujeito histérico é habitado pelo consentimento fundamental para com o Outro, porque seu desejo é o desejo do Outro, que ele pode se colocar como tal a partir da recusa: "isso nunca é isso", jamais lhe dizem o que convém, o saber do Outro está sempre em déficit. Contudo, a resistência é situada, por Lacan, não ao nível da ação, mas "ao nível do objeto", e acrescenta – proposição de um grande futuro que nos faz ainda pensar – "o objeto aparece sob o signo do nada". É o que poderá nos introduzir a uma clínica da anorexia: a criança, pondo em xeque sua dependência para com o Outro, nutrindo-se não de alguma coisa, nem mesmo do seio como objeto parcial do objeto simbólico materno, mas desse objeto anulado, nutrindo-se do "nada" como objeto.

Eis o que introduz o *Seminário 4* no que se refere à pulsão. Em todos os casos, a pulsão deverá ser pensada a partir do amor, visto que o amor, a relação simbólica, introduz o objeto "nada". Pode-se dizer que foi preciso esperar o *Seminário 11* e a articulação da alienação e da separação para conferir a essa definição, já presente no *Seminário 4*, todo o seu valor: tematizar o objeto da pulsão essencialmente como objeto "nada". Toda a incerteza manifesta no elaborar dos alunos de Lacan, no que concerne ao objeto *a*, vem de uma apercepção insuficiente das conseqüências relativas ao fato de o objeto da pulsão ser o objeto "nada". Infalivelmente, fomos conduzidos a supor uma substância para o objeto da pulsão. Porém, desde o início – de maneira dissimulada no *Seminário 4* –, ele está incluído no conceito de pulsão a partir do amor, na definição do gozo imaginário a partir da relação simbólica: o objeto do qual se trata na pulsão é o objeto "nada".

A este respeito, podemos dizer que o *Seminário 4* circunscreve, dá fórmulas do objeto "nada", encarnando-o sob a forma do pênis da mãe.

## A castração da mãe, sua falta de pênis

É por isso que o *Seminário 4* concede esse lugar à função do véu enquanto operador que permite realizar a falta, ou seja, que, verdadeiramente, do nada faz um objeto. O véu que esconde permite, ao mesmo tempo, que, sobre ele, seja projetado, imaginado, pintado, portanto, venha a ser uma ausência.

Por certo, no esquema que Lacan propõe no *Seminário 4*, por trás do véu ele distingue e liga o objeto e o nada. Mas notemos que, em relação ao sujeito, ele situa todos os dois do mesmo lado. Ele sublinha a cumplicidade do objeto e do "nada", "nada" que, no *Seminário 4*, é eminentemente a castração da mãe, sua falta de pênis. E o objeto aparece, então, como aquilo que pode tomar o lugar da falta, sempre de maneira ilusória.

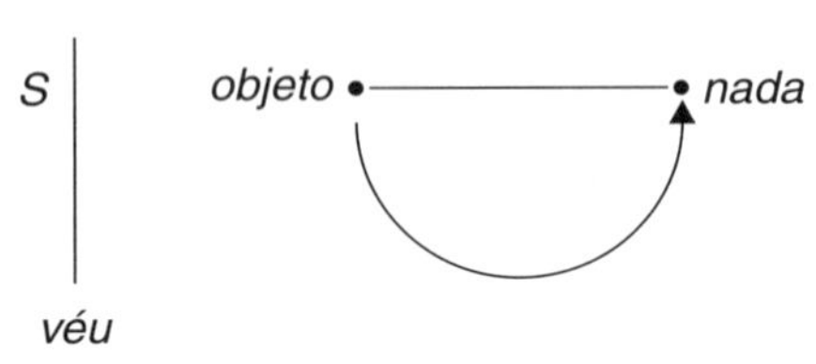

Aqui, o que Lacan chama "véu" – e do qual se serve antes de tudo a propósito do fetiche – é uma nova forma do espelho. O "estádio do véu", se assim posso dizer, é uma versão renovada do estádio do espelho, incluindo a castração.

Isso acrescenta ao estádio do espelho que o objeto-imagem, pintado sobre o espelho, tem por trás o nada, e que a fascinação própria da imagem no espelho decorre do fato de ela vir preencher o vazio introduzido pela castração. Dito de outra forma, o que Lacan chama nesse *Seminário* de função do véu deve ser reportado ao espelho do estádio do espelho, porque ela nos permite situar o elidido do campo visual na análise da descrição desse estádio. E o elidido foi a instância do desejo apegada ao objeto "nada", por trás do objeto-imagem.

O *Seminário 4* reenquadra, assim, a relação imaginária no simbólico. De certo modo, a relação simbólica do sujeito, do objeto, e do para-além do objeto, que é falta, desce para o plano imaginário quando se trata da perversão, e o exemplo citado é o do fetichismo.

Lacan tomava o objeto fetiche como modelo no lugar da imagem do corpo próprio. A função eminente que, até então, concedia à imagem do corpo próprio no espelho, ele a desloca sobre o objeto-fetiche O que era espelho torna-se véu. Acrescente-se a isso que o objeto tem sua função de menos *phi*, função da castração. Isso mantém que o objeto do desejo é imaginário, mas toma seu valor a partir do simbólico. Portanto, é da falta simbólica que o valor do elemento imaginário é convocado.

O fetiche por excelência, o fetiche maior é, no fundo, o fetiche invisível, o próprio pênis, o véu perfeito do menos *phi*. É por isso que, a cada vez que se trata da sexualidade feminina, Lacan fala de "perversão" entre aspas, porque, nela, o fetiche sendo o próprio falo, o pênis elevado ao valor de falo, é de algum modo, invisível. Lacan manterá sempre as aspas no termo "perversão" quando trata da sexualidade feminina.

A perversão é definida pela identificação do sujeito com o falo. Mas essa é uma fórmula tão geral que vale tanto para a psicose como para a neurose. Esse é seu pecado, se assim posso dizer.

Toda a clínica de Lacan prescrita pelo "Relatório de Roma" e pela articulação que ele comporta entre o simbólico e o imaginário é uma clínica de identificação com o falo. Do mesmo modo que, antes do "Relatório de Roma", era uma clínica do eu, uma clínica da imagem de si – identificação que poderia ser de ordem delirante –, sua clínica, depois do "Relatório de Roma", é uma clínica da identificação com o falo. Tanto para a perversão – é o que encontramos no *Seminário 4* – quanto para a psicose e para a neurose.

Na "Questão preliminar", Lacan dedica-se a transcrever a instância do falo como significação evocada pela metáfora paterna. Já foi abundante e freqüentemente comentado por mim tudo o que isso implica. Hoje, contento-me em marcar que ele trata a psicose a partir de uma falta simbólica, a foraclusão, e que recorre à mesma lógica em ação, ou seja, a falta simbólica induz a uma regressão ao imaginário, uma regressão subjetiva ao estádio do espelho. Por meio desse recurso ao imaginário, ele compreendeu que o sujeito pode conceber que está morto, por exemplo, o sujeito Schreber. E, para situar a metáfora delirante que vem substituir a falta simbólica, Lacan recorreu ao imaginário e mostrou como a estrutura imaginária se restaura e vem substituir o simbólico. O caso oferece esse recurso, pois o sujeito Schreber se engancha à própria imagem no espelho. Então, o retorno ao estádio do espelho é, de certo modo, tornado imagem, exceto que o sujeito, ali, percebe a própria imagem como feminina, faz tudo para que ela o seja, traveste-se para isso. No fundo, ele realiza um tipo de colapso entre o objeto e o nada fálico:

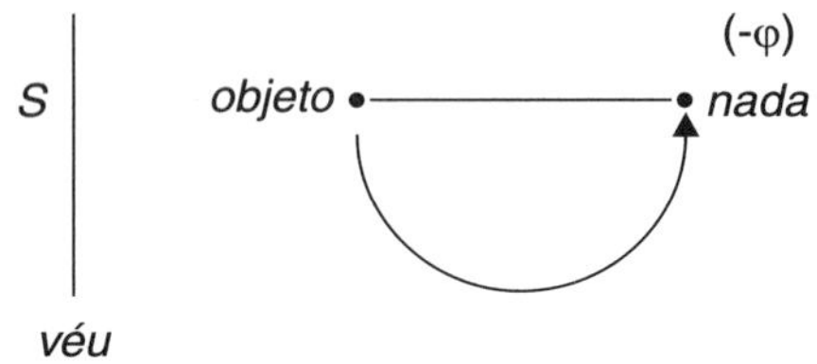


Quer dizer que a imagem-mulher do sujeito psicótico é uma certa conjunção, o colapso entre o status do objeto-imagem e o objeto-nada.

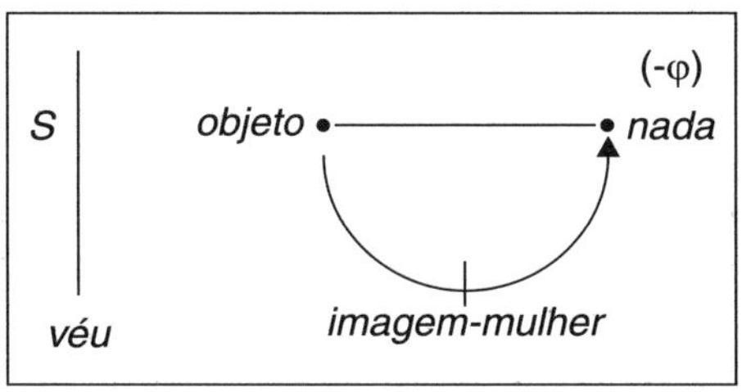


É o gozo narcísico, o objeto-imagem como objeto-nada que o sustenta no desastre de seu mundo e lhe permite reconstituir um mundo delirante, relativamente estável. Ao mesmo tempo, o lugar do Outro está infiltrado por desse gozo, isto é, esse Outro divino quer copular com o sujeito. Temos, então, a figura, ao mesmo tempo, atroz e beatífica do simbólico que quer gozar do sujeito. Portanto, pode-se dizer, uma degradação do simbólico no imaginário. O gozo, que é de ordem imaginária, infiltra a relação simbólica. E, para Lacan, nesse escrito, é o próprio diagnóstico, a própria assinatura da psicose. O gozo que, normalmente, é de ordem imaginária, infiltra o lugar do Outro a ponto de ser o Outro que quer gozar, não estando portanto em oposição com o imaginário.

E Lacan pôde falar, então, de "fantasia psicótica", caracterizada pela "ausência de mediação": o Outro, aí, não é um lugar neutro, não é um terceiro neutro, mas um terceiro gozador. E, se notarmos a foraclusão do Nome-do-Pai como, $P_0$, o veremos substituído por um Outro ao qual daremos o índice G [Ag], para dizer que se trata do Outro gozador, tal como a significação fálica elidida dá lugar à imagem do objeto castrado, que é a imagem da mulher especular.

$$\frac{Ag}{P_0}$$

Eu disse perversão, psicose, e também neurose, tal como Lacan a apresenta em seu escrito "A direção do tratamento", em que põe em causa, no fim da análise, a identificação neurótica com o falo. Ele prescreve como chave do fim da análise: renúncia ao desejo de ser o falo, o sujeito tendo que descobrir que não o é. Por certo é um falo que, aqui, permanece no nível da significação, sem passar para o nível da imagem como é o caso no exemplo do Presidente Scherber. Não vou entrar nas diferenças que Lacan tenta impor, realço a unidade dessa lógica que atravessa a perversão, a psicose e a neurose. Lógica feita da articulação entre o simbólico e o imaginário. Ela relaciona a emergência dos elementos imaginários e da pulsão – do gozo – com as falhas simbólicas, e caracteriza, de modo geral, o infortúnio do sujeito como sua identificação ao falo.

## O campo visual libidinizado

Para sair um pouco dos textos, mesmo percebendo sua proximidade com a experiência, talvez eu possa comentar um pequeno caso clínico. Trata-se de uma criança. Sinto alguma dificuldade para observá-las porque gosto muito delas. Eu me entendo com elas melhor do que com vocês! E o resultado é que não sou muito inclinado a observá-las com a distância necessária.

Tenho estado recentemente em Granada, na Andaluzia, observei uma criança de sete meses, mais interessante por estar em idade anterior ao estádio do espelho. A mãe, questionada por mim, afirmou que a criança não tinha nenhum interesse pela própria imagem no espelho. Eu tinha todas as razões para interessar-me pela criança, que me foi apresentada com a maior solicitude, pois, cabe dizer, ela era o produto de uma análise. A mãe, ainda jovem, veio em demanda de análise animada pelo desejo de ter um filho, e, depois de algumas entrevistas preliminares, a demanda não me pareceu inaceitável. Segui o curso da análise, que foi animada por tal perspectiva, obrigando o sujeito a grandes remanejamentos em sua existência para chegar a este resultado: ela teve de deixar o homem com o qual estava casada para se casar com um outro. E eu tinha, então, a oportunidade de ver o resultado de uma análise: o bebê.

Observando o bebê, indiferente à sua própria imagem, ficou sensível para mim que a imagem essencial é a do corpo do Outro, e não a do corpo próprio. O pequerrucho, que não reconhecia a própria imagem no espelho e não se interessava por ela, estava visivelmente interessadíssimo nos rostos do pai e da mãe, e até mesmo demonstrava extrema sensibilidade às caretas do pai e ao riso da mãe.

Isso tornou evidente que pode haver relação com o corpo do Outro antes de haver qualquer relação com a imagem do corpo próprio. Então, não podemos dizer que o corpo se introduz no campo do gozo através da imagem do corpo próprio, pois, me pareceu flagrante que o corpo se introduz através da imagem do corpo do Outro. Digo campo do gozo porque o campo visual aparecia claramente como uma fonte de gozo para essa criança, cujo interesse pelo rosto era claro. Por exemplo, ela parecia ficar absolutamente encantada quando seu pai a punha de cabeça para baixo, ou seja, quando se produzia uma inversão do campo visual. Eu acharia isso desagradável! Pois bem, esse bebezinho de sete meses estava encantado com essa manipulação. Ao vê-lo na cadeira, respondendo às solicitações imaginárias do pai, caretas, gestos etc., não poderíamos negar que houvesse intensa libidinização do campo visual para a criança. Havia manipulações, mas havia também o campo visual como tal visivelmente libidinizado. E, se acoplarmos o que foi dito à falta de interesse pela própria imagem no espelho, só poderemos concluir que existe uma prevalência da imagem do corpo do Outro.

Será que, para ele próprio, ele é uma imagem para o Outro? Não é de todo evidente. Por exemplo, não fica claro que ele próprio faça caretas para fazer o pai rir. Ele é, sobretudo, um objeto de manipulação. Há manipulações úteis – nós pegamos a criança no colo para levá-la para a cama, colocá-la à mesa –, existem finalidades necessárias. Mas existem, visivelmente, manipulações que não respondem a nenhuma finalidade necessária, são feitas para o gozo. No caso, elas eram especialmente numerosas, o que me surpreendeu, mas, de fato, os adultos manipulam os bebês para gozo: o gozo deles? Do bebê? Há aqui uma zona bastante obscura.

## Um imperativo de gozo

O que quer dizer essa cena? Neste momento, alguém responde: "Isso quer dizer eu te amo." Quer dizer – mensagem dirigida ao bebê – "você tem um lugar no mundo, você me interessa, eu te amo". Existe uma significação de amor que envolve esse bebê. Mas, para dizer a verdade, não era a significação de amor a mais presente, a mais insistente. Se assim fosse, eu não teria refletido. É que havia, sobretudo, uma significação de gozo, de ambas as partes. E essa cena, que me ficou na lembrança, era como se fosse aureolada, organizada por um imperativo de gozo. É preciso gozar à solta!

Lacan dá razão ao Marquês de Sade quando ele diz que podemos somente gozar de uma parte do corpo do Outro. Evidentemente esse não é o caso quando se trata de bebês, com quem podemos gozar de seus corpos integralmente. Podemos colocá-los de cabeça para baixo, os pés para cima, ou seja, aqui, é a totalidade do corpo que chamamos um objeto *a*, e não simplesmente o parcial. Manipulamos essa bolinha na sua totalidade.

Centramo-nos sempre sobre o *Fort-Da*, no qual o bebê manipula o carretel – de acordo! – e tiramos, daí, muitas conseqüências. Mas, no caso, a criança é o carretel e, realmente, é ela que manipulamos, que o Outro manipula. De tal sorte que vemos esse bebê, capturado no *Fort-Da* paterno, manter-se um pouquinho retirado do estádio do espelho. Imaginei que houvesse uma relação entre essa manipulação intensa, da qual ele é objeto, e o fato de ele retardar sua entrada no estádio do espelho. Suponho que ele vá entrar. Pedi à mãe que tomasse notas. Veremos se ela o fará! Porque, com a representação, teremos, no mínimo, uma referência que ainda não temos, e sobretudo porque podemos ver bem a diferença quanto ao que advirá, normalmente, ao menininho: o gozo fálico. Nesse estado *infans* e manipulável, todo o corpo está entregue ao gozo. É diferente pensar que o gozo irá se concentrar, no futuro, em um órgão. É claro que o gozo fálico não se encontra atualmente no gozo do corpo, e é preciso separar os dois gozos, tal como são na experiência. Por isso, Lacan pôde dizer que o gozo fálico está fora do corpo e rasga a tela imaginária.

Podemos tentar a genealogia cujo ponto de partida é anterior ao estádio do espelho.

Num primeiro momento – no qual imagino ter apreendido a criança –, a felicidade, na qual a imagem do corpo especular ainda não capturou, aprisionou o gozo do corpo, ou seja, o garotinho se mantém à distância do estádio do espelho: "Ainda um momento, senhor carrasco!"

No segundo momento, verossimilmente, será o gozo do corpo imaginário, o estádio do espelho, no qual a imagem vai absorver o gozo do corpo.

Depois, no terceiro momento, será o gozo fálico, anômalo, que se encontrará fora do corpo, gozo marcado por um menos em relação ao corpo. Porque esse corpo de gozo, que ele tem atualmente, é um corpo, de certo modo, assexuado, embora possamos nos perguntar se o pai manipularia a filha exatamente como manipula o filho.

Podemos perguntar também a partir de que se introduz a prevalência da imagem do corpo próprio, já que temos, aí, o exemplo de um pequeno ser que a dispensa perfeitamente. É evidente que estaríamos muito inquietos se ele a dispensasse para sempre. Esperamos o momento em que a imagem absorverá o gozo. E talvez então, ele sinalize para seu pai a fim de que este tome distância e respeite sua pessoa. Ele dirá, talvez, ou fará compreender que, sendo quem é sua pessoa, não lhe convém ter a cabeça voltada para baixo e os pés para cima. E ele terá o sentimento de dignidade de sua pessoa. Conseguirá um *habeas corpus*. Por enquanto, é o pai que possui seu corpo e dispõe dele.

É fato que no reino animal não existe tal prevalência da imagem do corpo próprio, embora nele os fenômenos imaginários sejam inteiramente constituídos. Lacan escavou com entusiasmo, e por muito tempo, a literatura etológica para indicar que a imagem, nesse nível, tem efeitos reais, sendo um fator no desenvolvimento do organismo animal a percepção da imagem do semelhante; e, na própria existência do animal, existem manobras de intimidação e de reconhecimento de ordem imaginária. Mas, ao mesmo tempo, não encontramos aí um privilégio da imagem do corpo próprio. Para dar conta desse privilégio, Lacan sempre pôs em questão o fato de que ele deveria responder a uma falta. A fórmula geral de tudo o que ele concebeu sobre isso, proposta por mim é: *i* de *a*, *i(a),* a imagem do outro, que é também a imagem do corpo próprio, inscrevendo-se sobre a falta:

$$\left.\frac{i(a)}{(-)}\right\}$$

Desde a elaboração do estádio do espelho por Lacan, a imagem tem a função de tamponar a falta.

$$\boxed{\frac{Ag}{P_0} \quad \left.\frac{i(a)}{(-)}\right\}}$$

Inicialmente, ele imagina essa falta orgânica, específica do desenvolvimento do homem, uma vez que ele é marcado, diferentemente das espécies animais, por uma franca prematuração – referência ao conceito de Bolk.

Assim, Lacan deu conta do afeto de júbilo, pelo fato de a imagem total, no espelho, antecipar a maturação orgânica. Pode-se dizer que, já no estádio do espelho, há a idéia de que, quanto ao estado do corpo prematuro, marcado por um menos – que é sua não coordenação, sua insuficiência etc. –, a imagem, *i(a),* se antecipa ao desenvolvimento cronológico:

$$\text{——}\ (-)\ \text{————}\ i(a) \longrightarrow$$

E o estádio do espelho é precisamente o retorno dessa imagem, presentificada pelo espelho, sobre o estado real do corpo.

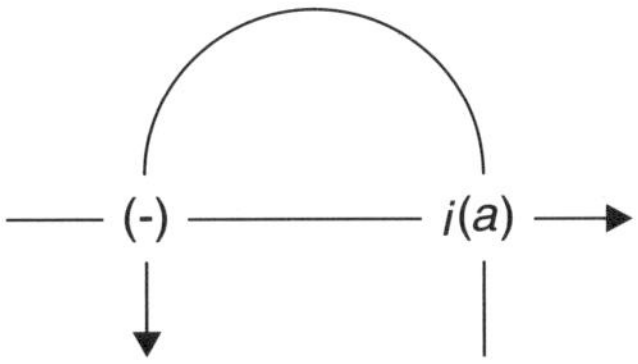


Existe no estádio do espelho um funcionamento de antecipação que retroage. Pode-se dizer que o que está escrito aqui, *i(a)*, é o Outro como simbolizado pela imagem do corpo. E, no lugar desse menos, há a significação produzida por esse Outro, significação oscilante entre o júbilo e a depressão.

O que expus rapidamente hoje, concernente ao reenquadramento dessa relação, consiste em dar outro valor ao menos. Não um valor orgânico, mas simbólico. A fórmula geral torna-se então *i (a)* sobre (-φ):

$$\frac{i(a)}{(-\varphi)}$$

A prevalência da imagem do corpo, no homem, decorre do fato de que ela vem tamponar a falta simbólica da castração. Por isso mesmo, a imagem está implicada na lógica da castração. A fórmula desenvolvida é: – *i(a)* sobre *a* (-φ):

$$\left.\begin{matrix}\dfrac{i(a)}{\dfrac{(a)}{(-\varphi)}}\end{matrix}\right\}$$

A imagem dissimula o objeto que inclui e que vem tamponar a castração.

$$\boxed{\frac{i(a)}{(-\varphi)} \;\Bigg|\; \left.\begin{matrix}\dfrac{i(a)}{\dfrac{(a)}{(-\varphi)}}\end{matrix}\right\}}$$

Isso implica haver na imagem uma carga libidinal marcada por *a*, imagem que, em regra, deve ser regulada. Ao escrevermos: *a* sobre menos *phi*, isso quer dizer que a consistência do campo visual, ou seja, da percepção e da realidade perceptiva, supõe a metáfora paterna, o Nome-do-Pai.

Na psicose, observamos precisamente uma deslibidinização da imagem dos outros. É o que se traduz na experiência de Schreber através da visão dos homens feitos às pressas, visão de sombras de homens. Isso traduz a retirada da libido que daria consistência de realidade à imagem. Essa libido se concentra inteiramente sobre a imagem de si. É o que Lacan chama o gozo narcísico de Schreber, no qual, de fato, é sua própria imagem que é invadida de libido, a imagem de seu corpo próprio como feminino.

Na histeria, em que o sujeito histérico sofre a falta do significante que o representaria no Outro, a imagem do corpo próprio, eventualmente, vem substituí-lo. Eu o escreveria assim: $\$$, e, em cima dele, *i(a)*, a imagem do corpo:

$$\frac{i(a)}{\$}$$

A imagem do corpo próprio, ocasionalmente faz a função de substituto ou de tampão para a falta simbólica de um significante capaz de representar o sujeito. Daí o cuidado dedicado a essa imagem do corpo, ou a negligência para com ela, o que, a cada vez, deve ser relacionado ao vazio do sujeito na histeria. A imagem do corpo próprio, é preciso dizer, pode ter função de significante. E o sujeito pode se fazer representar por sua imagem diante do significante do Outro. Assim, ele pode constituir mensagem ao Outro tanto quanto essa imagem depende da mensagem do Outro. Por essa razão, podemos observar, na análise, uma renarcisização da imagem do corpo próprio.

Na neurose obsessiva, observamos, por vezes, o cuidado extremo com a imagem do corpo próprio. O sujeito dá testemunho de uma imagem totalmente significantizada, que traduz, sobre a imagem, a mestria do Outro, que, aliás, sempre se interessa muito pela imagem do corpo próprio. É, no mínimo, extraordinária a atenção que os militares prestam em relação à farda de um simples cabo: "Cuide-se! Seja impecável!" No fundo, há um dandismo militar que mostra o domínio sobre o sujeito passando pelo domínio da imagem: o pobre cabo deve estar impecável para ir se deixar esquartejar. E é evidente que a resistência subjetiva à dependência para com o Outro, como exprime Lacan no *Seminário 4,* passa pelo fato de fazer de sua própria imagem um objeto excremencial, e, portanto, ostentar a falta de cuidados.

Mas o relacionamento com o Outro mantido pelo sujeito é, eventualmente, bem indicado pelo estado da imagem do corpo próprio que ele propõe. E isso conduziu Reik a aconselhar aos analistas que observassem de modo preciso a maneira de andar do paciente, suas roupas e sua aparência geral, o que é, com certeza, um desvio da prática analítica, mas que tem sentido, pois, de fato, a imagem é um intermediário, ocasionalmente um significante proposto ao significante do Outro.

A imagem pode tomar valor de objeto tanto quanto de significante. Por exemplo, na anorexia, na qual o (-φ) esvazia o objeto oral, transforma-o em objeto-nada, e recai também sobre a imagem do corpo próprio. Temos, assim, as imagens do grande luto anoréxico, as virgens negras que se apresentam no consultório do analista e são como a encarnação do (- φ), da castração e da morte.

Na bulimia, podemos dizer que o objeto oral serve para tamponar o menos *phi*, sendo a imagem do corpo sacrificada. O amor narcísico é, de certo modo, sacrificado ao gozo oral.

Em suma, a imagem do corpo traduz sempre a relação do sujeito com a castração. É a maneira simples de apreender que o segredo da imagem – tal como Lacan o descobre em sua análise da pulsão escópica –, o segredo do campo visual, é a castração.

*14 de junho de 1995*

## – Lição 22 –

# O objeto *a* como consistência topológica

Terminei a última lição dizendo que o segredo do campo visual é a castração. Esse segredo confere seu brilho às obras que escondem e desmentem a castração.

E, talvez, seja esse o segredo da estátua grega, desmentir a castração. E também o segredo da exaltação, tão particular ao século XIX, da civilização grega antiga como uma civilização sem mal-estar, exaltação marcada, me parece, por inegável toque homossexual.

### Dissimular o -φ

A estátua grega, imagem idealizada do corpo humano, seguindo Hegel, é utilizada pelo artista para tornar perceptível, materialmente, o elemento espiritual da humanidade, reprimindo o elemento psíquico, ou para representá-lo sob forma impecável. Sobre a estátua grega, Hegel diz que ela oferece à visão a imagem divina no auge da felicidade, auto-suficiente, em uma duração tranqüila, sempre a mesma. Nessa suspensão do tempo, acrescentemos, retrai-se entre parênteses a castração inerente ao tempo, inerente à diferença e à decadência introduzida pela duração. É a imagem da homeostase perfeita.

Desse modo, se a imagem fascinou quando, se impôs quando começou a se instalar o mal-estar na civilização – por isso eu dato do século XIX a exaltação da civilização grega antiga –, é porque dela nos resta o que aparece como imagens de um corpo sem gozo, corpo não trabalhado pelo gozo.

Para tornar novamente presentes essas imagens exaltadas, que permanecem, ainda hoje, como a referência ao corpo humano perfeito, pensemos no que a imagem grega exclui por completo, e que eu designaria pela representação do esgar. Há formas de arte que exaltam o esgar. Os gregos, que não a ignoravam, repeliram-na para a cena do teatro cômico. Pensemos nos rostos que nos são apresentados pela arte de Hieronymus Bosh, ou no expressionismo, ou no trabalho artístico do esgar. E Lacan fala, em *Televisão*, do "esgar do real".

É o que está excluído das estátuas gregas, nas quais há, pelo contrário, como uma penetração integral do imaginário pelo simbólico, mas também o domínio do simbólico pela harmonia imaginária, e sem resto. Isso é exaltado e dá a sensação de uma espiritualização da matéria.

É bastante divertido – na ordem do esgar –, pensar que essas estátuas perfeitas pagaram um alto preço pelo desmentido da castração encarnado por elas, ou seja, elas nos chegaram particularmente mutiladas. É uma certa vingança exercida pelo tempo contra as imagens da plenitude. De certo modo, essa vingança se exerceu especialmente para tirar um tributo de castração dessas imagens. Podemos dizer que é culpa dos turcos, mas, além disso, eles foram apenas os mensageiros de tal vingança.

Na civilização grega, não se ignorava o que havia de excessivo, de perigoso, de fatal em se erguer assim monumentos de perfeição serena, não se ignorava, enfim, a mentira que ali estava representada. Por isso, como marcou Nietzsche, ao lado da dimensão apolínea da arte, a civilização grega abria espaço para o elemento dionisíaco: colocava-o de lado, mas assegurava-lhe seu lugar, de modo cru. Foi o que vi na ilha de Delos: falos erguidos, monumentais, que permanecem sob forma mutilada, ou seja, não temos mais do que a base dessas estátuas sob a forma – desculpem o termo – de colhões enormes. É o que ladeia a estátua grega de que fala Hegel.

Sigamos um pouco – visto que estávamos falando da imagem do corpo da última vez – a pista do esgar, para constatar que a arte cristã dá lugar eminente ao esgar da dor, e exalta uma imagem sobre a qual Nietzsche, me parece, tem razão de pensar que ela teria sido repugnante para o grego antigo: a imagem do corpo sofrido do Cristo na cruz.

Ao lado dessa imagem na qual a dor penetra no corpo – que é exaltado a esse título –, existem imagens de felicidade, sobretudo aquelas nas quais Deus é mostrado nos braços de sua mãe. Não é a felicidade grega, mas a felicidade materna e infantil, da qual o falo dionisíaco está excluído: é uma imagem dominada pela mãe. Ao mesmo tempo, um lugar é concedido à instância do falo, expondo de bom grado os genitais do menino-Deus, como um erudito assinalou. Mas, quanto ao Cristo adulto, ele é representado sofrendo sob o olhar do Pai.

Eis aqui alguns elementos de uma história psicanalítica da arte. Pensei dedicar esta última lição – a última, de verdade – a esse tema, e não me restringirei a ele. Se o tivesse feito, teria dado espaço a uma interrogação sobre a arte abstrata, e teria me divertido ao situá-la como uma espécie de anorexia abstrata.

Com efeito, inicialmente, trata-se de matar a imagem do corpo, e, com ela, toda imagem representativa, a fim de produzir imagens privadas de significação. A arte abstrata, que em um momento na história da arte pôde se apresentar como seu destino final, realizou uma desconexão da imagem e da significação. É como se ela celebrasse o triunfo da castração imaginária da significação.

Seria divertido falar de uma arte anoréxica, pois isso realçaria, por oposição, a bulimia imaginária que lhe é conexa. A civilização do mal-estar, a nossa, tal como a batizou Freud, caracteriza-se, no nível do imaginário, pela absorção acelerada e intensa de imagens, ao que ela convida o sujeito e da qual a televisão é o meio privilegiado, mas não único.

Todas as análises sugeridas por Lacan do campo visual convergem para um ponto mencionado por mim: em todos os casos, o segredo da imagem é a castração. Por isso, ele utiliza, como paradigma, o quadro de Holbein, no qual o par imaginário – os dois tipos engalanados, os dois ricaços que nos são apresentados – dissimula, nos desvia do objeto no qual Lacan vê o pivô do quadro, a cabeça de morte anamorfótica, da qual diz: é o (-φ), é o falo imaginário enquanto castrado. E, decifrando o quadro com a arbitrariedade que se pode censurar em sua interpretação, ele visa a deixá-lo como paradigma do segredo do campo visual. E, quando ele analisa o quadro de Velásquez, *As meninas*, ele vai buscar o segredo, o pivô do quadro, sob a saia da pequena princesa onde se dissimula, também, o (-φ).

Poderíamos dizer que a arte abstrata nos apresenta o menos *phi* de modo direto, por se tratar de imagens sem significação representativa, e com a audácia de colocar-lhes títulos tais que não podem dissimular o fato de que essas telas nos põem à prova da castração da significação. Nelas, o objeto do qual nos convidam a gozar – por mais que seja brilhante em sua pureza material, colorida –, é de certa forma oferecido no quadro, como elemento sempre essencial: (-φ).

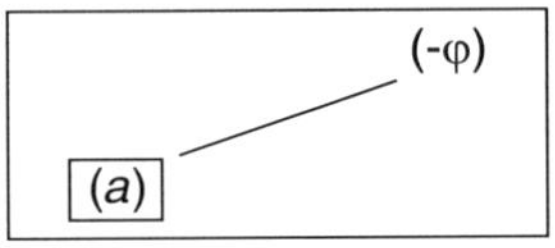


Isso é experimentado na arte abstrata que torna a iconologia impossível, o que não impede que a iconologia abstrata se desenvolva, só que ela é delirante, diferente da iconologia da arte da Renascença, por exemplo.

Se tivesse desenvolvido os elementos psicanalíticos da história da arte, eu teria falado de duas formas da arte abstrata. Teria distinguido a arte na qual a imagem se emancipa do significante e do efeito de significado, que especula sobre o que seria a beleza em estado puro, em estado selvagem, ou a arte na qual a cor reina sobre a forma, como queria Kandinsky.

Não me seria difícil opor a Kandinsky a escola de Malevitch ou a de Mondrian, na qual o significante mata a imagem significativa por meio da forma, totalmente oposta à forma do corpo, visto que se trata da forma geométrica, inteiramente a serviço do significante.

Poderia me divertir situando o momento do cubismo que nos fez assistir à geometria dissolvendo a imagem, ao trabalho de dissolução da imagem. Vejo nessa tentativa, hoje em descrédito e que já pertence ao passado, uma certa *mise en scène* da relação antinômica entre o significante e o objeto *a*, testemunhando que o gozo visual não se reduz à significação, mas escapa ao significante e a seus efeitos de significado. Talvez por isso, faz sentido pensar que essa tentativa seja contemporânea da psicanálise. Não vou me deter na história da arte. Pretendo, nesta última lição, reunir alguns elementos que suponho poder ainda desenvolver para vocês.

## Sonho e pulsão

Antes de dar o acorde final deste ano – do qual eu precisava para poder passar adiante – fiz um pequeno retorno ao *Seminário 11: Os quatro conceitos* para atribuir o lugar exato ao fato de que a análise da pulsão escópica, por Lacan, foi precedida da análise do sonho. Para apreender o que é um quadro, é preciso começar do sonho, pois ambos têm em comum o fato de serem duas versões da representação.

Aqui, destaco a lição V desse *Seminário* que, sob o título "Tiquê e autômaton", é dedicado ao real na representação, o considera a partir da representação do sonho, e formula a seguinte pergunta psicanalítica à representação: "O que é *wirklich*?", "O que é real na representação do sonho?". Estas questões analíticas opõem-se ao aforismo, segundo o qual "a vida é um sonho", aforismo que contém uma profissão de fé irrealista, ou seja, não haveria nada de real na representação. Sem dúvida, a suspeita de irrealidade liga-se a toda representação, seja ela o sonho, ou a percepção, ou o quadro, como o vemos, se partirmos do ternário: sujeito, representação e realidade.

*S* *Repr* *Realidade*

A partir do sujeito da representação, a suspeita de irrealidade é sempre legítima, isto é, com efeito, não há nada de real. Inscrevo, aqui, uma barra dupla para excluir a referência da realidade, que implica ser a representação nada mais que um sonho:

*S* *Repr* // *Realidade*

É o mesmo que comporta o esquema do véu, uma vez que ele faz alguma coisa disso que, na realidade, é nada. Assim, é a ação de menos *phi* que pode estender à representação a suspeita de irrealidade, que encontrou sua cunhagem mais forte, mais segura, na filosofia do bispo Berkeley. Lacan fez objeção a isso, tentando indicar o lugar de um real que não pode cair sob essa suspeita. A análise renovada do sonho precedeu o estudo da pulsão escópica. Por essa razão, a dialética do sonho e do despertar vem necessariamente nesse lugar: do sonho, acordamos. E acordamos porque a realidade irrompe na representação privada justo no momento em que a consciência e suas representações imaginárias aparecem como mais separadas da realidade.

Lacan dá como exemplo seu sonho, no qual a realidade irrompe sob a forma de batidas na porta, despertando-o. Se existe uma parte da vida que é sonho, há pelo menos uma outra que é despertar do sonho. Todavia, isso não é tudo. Ele acrescenta que, antes de acordar do sonho, pela intrusão da realidade,

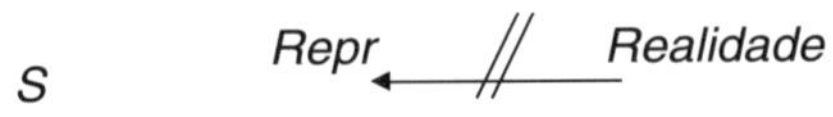


antes mesmo de ter acesso à percepção da realidade,

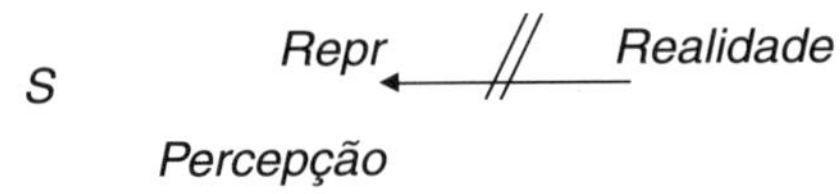


antes que a consciência do sujeito se reconstitua em torno da percepção da realidade, existe, fugidiamente, como uma tradução, em sonho, das batidas na porta vindas da realidade.

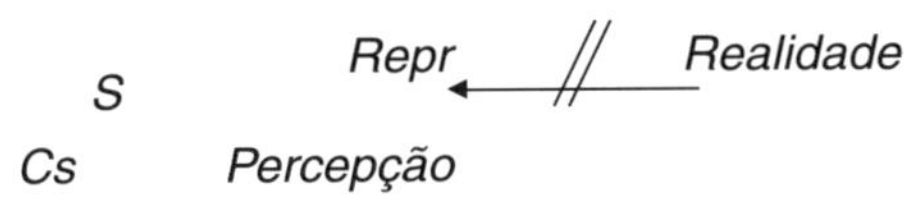


Portanto, algo acontece entre percepção e consciência: a tradução sonhada da realidade.

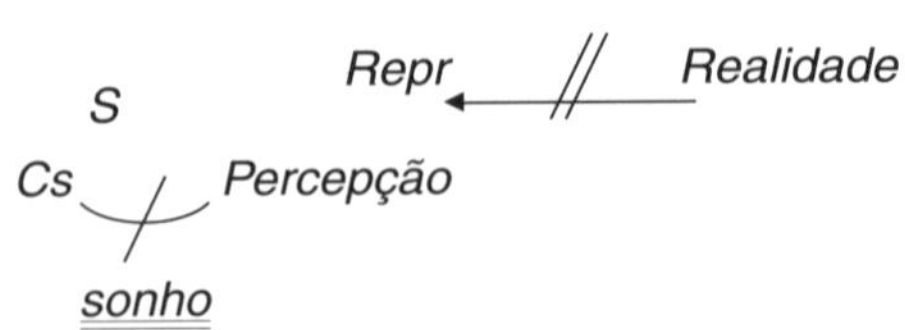


Ao elaborar a percepção das batidas na porta acontecidas na realidade, o sonho retarda o despertar, realizando assim sua função de permitir continuar a dormir. Mas ele assinala também a interposição de um outro espaço, de uma outra cena, de uma cena de tradução na qual, o que aconteceu, mesmo ligado à realidade do ternário, não constitui uma percepção dessa realidade, apenas sua tradução:

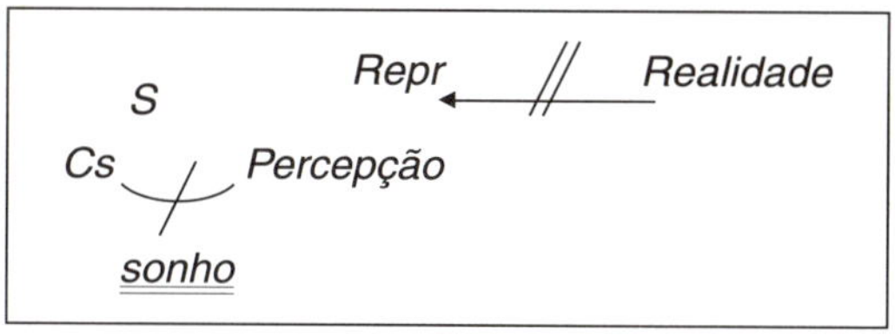


E aqui se encaixa o segundo sonho, ao qual Lacan recorre, o sonho que inicia o capítulo VII da *Traumdeutung*, o sonho do qual Freud diz não apresentar nenhum problema de interpretação: "O sentido, *Sinn* – diz ele –, é acessível de imediato." É o sonho do pai que velou, dia e noite, durante muito tempo, junto ao leito de seu filho doente. Quando da morte da criança, o pai foi repousar no quarto ao lado, mas deixou a porta aberta. Um velho, encarregado da vigília mortuária, estava sentado ao lado do cadáver. Ao cabo de algumas horas de sono, o pai sonha que a criança está ao lado de sua cama, que pega seu braço e murmura, num tom cheio de censura: "Não vês que estou queimando?" O pai acorda, percebe a luz viva proveniente da câmara mortuária, precipita-se nela, encontra o velho cochilando. O lençol e o braço do pequeno cadáver foram queimados por uma vela que caiu.

Aqui também, de modo mais complexo, temos a articulação do que aconteceu na realidade: a queda da vela – podemos supor, por que não?, que tenha feito certo barulho –, e a luz viva que se produziu: a articulação do que aconteceu na realidade com o que despertou o pai. Mas não foi isso que acordou o pai. O que o despertou foi a elaboração acontecida no espaço do sonho. Ele não foi acordado pela realidade comum em que ocorreu a pequena catástrofe, mas sim pela realidade psíquica. Por isso, Lacan pôde dizer: "existe mais realidade ... nessa mensagem do filho – 'Pai, não vês que estou queimando?' – do que no barulho da vela caindo." Em outras palavras, é menos a realidade do que a realidade psíquica, na qual "alguma coisa se repete ... através da realidade". No caso, a voz do filho, em sonho: "Pai, não vês que estou queimando ?", é o que faz intrusão como real na representação do sonho, da mesma forma que o olhar do pai fazia intrusão na representação perceptiva da Acrópole na lembrança de Freud.

Se tomarmos o que é da ordem da imagem e da representação, nessa perspectiva, vemos que a representação tem um avesso, que, nesse exemplo, se tornou presente por meio do sonho. Tornou-se presente através da voz do filho, tal como se tornou presente, no outro exemplo, através do olhar do pai. E aqui, o *Vorstellungsrepräsentanz*, o representante da representação, não é homólogo a esta, mas sim é, no inconsciente, seu lugar-tenente. Aqui, o que desperta é o mais íntimo da relação do pai com o filho, tal como fez vacilar Freud, diante da Acrópole, o mais íntimo da relação do filho com o pai e, podemos dizer, tendo a angústia como pano de fundo.

Então, essa outra realidade que não pode sucumbir sob a suspeita de irrealidade, essa realidade escondida por detrás da representação, a que Lacan chama "o real", ele o qualifica, nesse capítulo, de maneira não justificada passo a passo, de pulsão.

## O objeto-nada

O que é a pulsão quando não nos deixamos tomar pela miragem do estádio do espelho? O estádio do espelho faz crer que a pulsão está essencialmente ligada à imagem, que ela é o gozo imaginário. Por meio desse exemplo, Lacan faz perceber que a pulsão está ligada à mensagem, *M*. Por isso, ele a assimilou ao código de uma cadeia significante.

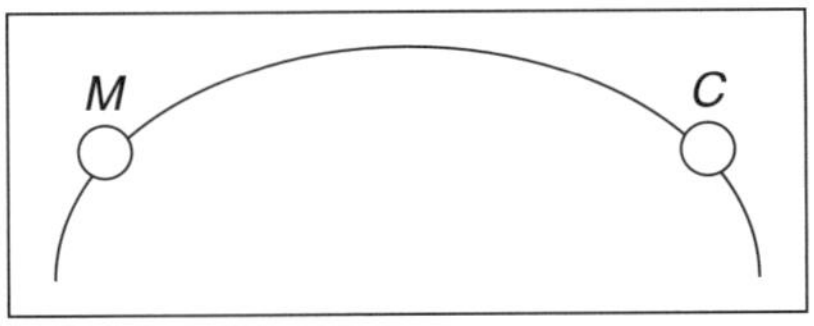


Em seu esquema de "Subversão do sujeito", a pulsão é apresentada como um tesouro de significantes, e topicamente homóloga ao lugar do Outro, como uma espécie de vocabulário especial da cadeia significante inconsciente. Ao mesmo tempo, faz dele uma forma de limite da demanda: quando o sujeito não diz nada, mas nem por isso deixa de falar com outros significantes que não os da linguagem articulada. É como se falasse sem falar. Resta o corte, presente no artifício gramatical da pulsão, diz Lacan. Mas cabe dizer que, desse corte, resta alguma coisa mais, que Lacan, em "Subversão do sujeito", não isola. Resta também, o próprio trajeto de que se trata.

Ele assinala que está funcionando, na pulsão, um objeto cingido pelo corte, não especular. Por essa razão, Lacan, no *Seminário 11*, é levado a fazer do objeto da pulsão o objeto-nada, por excelência. Mais adiante, elabora, nesse mesmo *Seminário*, os dois traços da pulsão, não só o corte, mas também seu trajeto e o objeto da pulsão como objeto-nada. Por vezes, nos surpreendemos ao encontrar, nos *Escritos*, o nada inserido na categoria dos objetos da pulsão, sob o mesmo título que o objeto anal, o oral, a voz, o olhar e o objeto fálico da castração. Pelo contrário, o objeto-nada é, por excelência, o objeto da pulsão, suscetível de se encarnar, de se materializar de maneiras diversas. E, por isso, para o objeto-nada,

Lacan não vê outro ser que o topológico. É o objeto *a* como consistência topológica que pode, em um segundo tempo, se encarnar, capturando diversas matérias sutis que foram isoladas sob quatro ou cinco aspectos diferentes. Para Lacan, antes de tudo, o objeto *a* é capturado por sua topologia ideal, e não deve ser confundido com o que lhe serve para cumprir seu percurso.

No momento em que Lacan apresenta o esquema de "Subversão do sujeito", a pulsão é, para ele, assimilável a uma cadeia significante, na qual o sujeito não fala, fala sem falar, uma cadeia significante desligada e paralela à cadeia significante normal, na qual o sujeito fala falando, isto é, significa. O que se revela, para ele, é: o que acontece com a cadeia da pulsão se não se trata essencialmente para o sujeito significar? A resposta elaborada por ele, já presente no texto de Freud, é que o sujeito que fala sem falar, não significa que ele goze. Existe, com a pulsão, um trajeto, que se assemelha a uma cadeia significante, cujo produto é propriamente satisfação, gozo.

Todo o progresso do ensino de Lacan, que está no horizonte de nosso trabalho deste ano, é fazer reunirem-se as duas paralelas: a do sentido e a do gozo.

## Fuga do sentido

O sentido é, essencialmente, satisfação, gozo. Cheguei a dizer, sábado passado: "Nada decide o sentido senão a satisfação." Cogitemos sobre o que é compreender: o que chamamos compreender? Para ir rápido, diria: compreender é estar contente. Por vezes, também estamos contentes por nada ter compreendido. Digamos, porém, que compreender tem ligação essencial com estar contente. A pergunta da interpretação "O que isso quer dizer?" abre explicações a traduções infinitas. E qual é o princípio de interrupção? Quando é que paramos de explicar? Paramos de explicar quando o outro confessa estar contente. Na interpretação, isso depende de encontrar por onde o sujeito está satisfeito.

Lacan formula a pergunta e ridiculariza a questão do sentido do sentido: *the meaning of the meaning*. E o que é o sentido do sentido? O sentido do sentido é o gozo. Quer dizer que a pergunta "O que quer dizer o sentido?" está no nível do que Freud chamou pulsão. Isso tem muitas conseqüências no que concerne à semântica, porque podemos relacioná-la ao significante. É a lição que comporta o esquema de Lacan:

$$\boxed{\frac{S}{s}}$$

que busca relacionar questões de sentido com o significante, o que implica a sintaxe dominar a semântica.

Desse ponto, introduzido por Lacan, ele nos convida a nos deslocarmos. A semântica é sempre uma questão de ética.

Lacan percebeu que o significado não vem por unidades bem delimitadas como o significante; o significado tem, por estrutura, uma propensão a deslizar sob a cadeia significante. Foi o que o conduziu a inventar o conceito do desejo, exatamente homólogo ao significado. A esse status do significado como desejo, ele deu o status de um termo formado da lingüística de Jakobson: metonímia. E foi como se, falando da metonímia do desejo, ele houvesse apaziguado a questão do sentido, questão reaberta por ele.

Falar de metonímia do desejo é apreender a linguagem a partir da perspectiva que nos foi oferecida pela lingüística saussuriana, enriquecida por Jakobson. Talvez isso mascare o essencial da questão. Talvez seja necessário passar por baixo dos termos "significante" e "significado", "metáfora" e "metonímia", para encontrar toda a pureza do fenômeno. Para designá-lo, não empregarei o termo erudito, "metonímia", mas a expressão para a qual Lacan nos dirigiu: "fuga do sentido".

Ogden e Richards formularam a questão sobre o sentido, e foram bastante audaciosos ou inconscientes para escrever um livro que traz esse título.

Durante muito tempo, Richards foi para mim apenas um nome nessa capa e em algumas outras, até que tive o prazer de encontrar uma recente biografia sua, que o torna vivo, atribuída ao universitário anglo-saxão, John Paul Russo (R.U.S.S.O.).

Patética, a segunda parte da vida de Richards! Ele se fez o inventor e, como diz Russo, o profeta e engenheiro do *basic english*: o inglês simplificado, que lhe pareceu necessário no momento em que essa língua estava em vias de se tornar a língua universal. Percebendo, de seu trabalho com Ogden, que, nas definições das palavras, sempre retornam as mesmas palavras, que para ele são de base, ele dedicou a segunda metade de sua vida a isolar o que se pode chamar "as idéias nucleares do sentido", pensando que, se conseguíssemos transmitir as palavras básicas, conseguiríamos que todos os homens falassem a mesma língua. Nova edição do sonho de Leibniz e do bispo Wilkins, que Umberto Eco recenseou há pouco tempo.

## O sentido é um objeto perdido

Richards ensinou alguma coisa a Lacan, o que encontramos em "A instância da letra", ou seja, a importância do contexto em toda questão de semântica. Para compreender um enunciado, é preciso fazer referência ao contexto, e, em termos simples, o sentido da frase depende do que foi dito antes: toda frase tem passado, e o sentido está alojado nele. Richards, já velho quando Chomsky apareceu, criticou-lhe a tentativa de isolar o sentido a partir de frases isoladas, como produto da estrutura gramatical. Explicou que o sentido, tal como podemos apreendê-lo a partir da estrutura gramatical, é sempre empobrecido, é uma espécie de talo de sentido, se comparado ao que é o sentido quando levamos em conta o contexto.

Isso faz a beleza, a grandeza, da vida de Richards e de suas pesquisas abundantes: suas tentativas de capturar o sentido. Já o contexto vai muito longe. O sentido depende do que se diz, em referência ao que foi dito, ao que diz o próprio locutor, que pode fazer um uso particular das palavras; em referência ao que disse o locutor, mas para além do que diz a comunidade na qual ele está imerso em seu diálogo eventual com outras comunidades. O contexto depende do lugar, do tempo, da história, do discurso universal. E nos perdemos. Quando procuramos capturar o sentido do contexto, ele se estende ao infinito, correndo de todos os fatos. Tentamos, então – esta é a tentativa sempre retomada de Richards –, enumerar os componentes do contexto, enumeração que vai ao infinito. Nada que nos surpreenda! Diremos: o sentido é metonímico – supondo existir nele uma cadeia significante ordenada –, é como um fluxo que se desloca por baixo. Todavia, podemos dizê-lo de outro modo, porque, desse que acabamos de mencionar, é ainda domesticar o sentido, a partir da cadeia significante, para fins de...uso.

O ponto de vista de Lacan é sensivelmente diferente: nunca chegamos a capturar o sentido, e, quando o capturamos por um enunciado, ele abre sempre uma nova pergunta: “Mas então o que isso quer dizer?”, o sentido é um objeto perdido, como um objeto perdido da linguagem. Não chegamos a recuperá-lo, ele é um objeto tal que não podemos pôr-lhe as mão em cima, o objeto-sentido.

Enquanto pomos o significante em um lugar, em relação a um outro, $S_1$ saúda $S_2$ – “E aí cara?” –, no que concerne ao sentido, pelo contrário, são dois tentando encontrá-lo – Ogden e Richards –, mas ele não se deixa encurralar.

Por certo, há nessa pesquisa toda uma face de impotência que torna quase insuportável, patética, a busca de Richards e Ogden. Nos dois, há um lado Laurel et Hardy, irresistível. O simples fato de que sejam dois que se puseram a capturar o sentido é cômico. Eles parecem ter acabado de sair do estádio do espelho! Ademais, os pares de homens são sempre ridículos: pensem em Rosencrantz e Guildenstern em *Hamlet,* que se apóiam um no outro, como Dupond et Dupont, para representar a homossexualidade ambiente no laço social. Para os que tiveram coragem, seria necessário estudar a literatura de Erckmann e Chatrian, por exemplo, a dos irmãos Goncourt ou a dos irmãos Tharaud. E depois, Flaubert, que imortalizou Bouvard e Pécuchet, porque é necessário haver dois para o todo saber. A fim de encerrar o sentido, os homens se põem a dois.

Um homem e uma mulher é outra coisa! Aqui, presentifica-se a fuga do sentido, e, em geral, não se passa no registro do cômico. É, antes, no registro trágico, um certo desconforto, certa dificuldade. Seria necessário ainda, se quisermos ser completos, falar dos pares do patrão e do criado, que encontramos em Marivaux e em Diderot, Jacques, o fatalista e seu patrão; em Brecht, Mestre Puntila e seu criado Matti. Dulcinéia está muito distante do par Quixote e Sancho Pança.

O sentido nos escapa por que somos bobos? Não é o que diz Lacan! Nem mesmo o que é mais patente no esforço de Richards. Heidegger dizia: "A verdade esconde-se, é seu traço, sua guisa, seu aspecto fundamental." Pois bem, Lacan completa: "O sentido foge como a verdade se esconde. O sentido escapa como líquido de um tonel."

Aqui, vemos bem o que isso comporta, isto é, dissimula a expressão da metonímia do significado ou da metonímia do desejo; comporta que a fuga do sentido é um real da linguagem. O sentido é o objeto perdido da linguagem, no sentido, se assim posso dizer, do objeto *a*. E, quando Ogden e Richards tentam pegá-lo, o sentido zomba deles.

## Real e contingência

É muito difícil o acesso à definição, proposta por mim, da fuga do sentido como de um real. Porque a representação que fazemos do real é justamente a de uma resistência, alguma coisa impossível de mudar, à qual associamos a noção de permanência. Em relação ao significante, que tem circuitos e se desloca, somos formados para representar o real como o que retorna ao mesmo lugar, e, portanto, com uma imagem de imobilidade. O sentido, visto que ele escapa, opõe-se às representações que temos do real.

Para acessar o que evoco, precisamos nos dar conta de que o permanente, a fuga do sentido, é uma propriedade de estrutura do sentido, o que constitui um real da linguagem. O sentido não se deixa captar, escapa, qualquer acontecimento pode desviá-lo. Alguém pode empregar um termo ou uma expressão em um momento, e eis que passa rapidamente para a língua, de modo aleatório, imprevisível. Podemos até dizer que não há nada de real aqui. E, desde que façamos a etimologia, veremos como as aventuras do sentido pulverizam o significado. Porque a duquesa fulana disse ao senhor fulano: "A palavra me falta", ou tal erudito, eis que a expressão entra na língua francesa. Assim, estamos sempre na contingência, o que parece o próprio oposto do que é real.

É, portanto, de um ponto de vista superior que precisamos perceber que, ali, há um real. O fato de o sentido não se deixar prever em seus avatares, é isso o real do sentido, ou seja, é isso o que, do sentido, pertence, como real, à linguagem.

O sentido não é acuado por, nem se inscreve em nenhum significante.

E é aí que Lacan propõe que distingamos, na própria fuga do sentido, o status mais seguro, "mais científico", da relação sexual. É na fuga do sentido, através desse fenômeno, que aparece, na linguagem, a inexistência da relação sexual. Então, Ogden e Richards são: Sr. Ogden e Sr. Richards.

Vou tentar mostrar essa conexão, um pouco em curto-circuito. Sobre a relação sexual, Lacan diz que a linguagem "jamais deixará outra marca senão o de uma chicana infinita".

Vamos tentar representar isso de maneira simples. Eis a bolinha do significante, • . Trata-se de fazê-la cair a pique no buraco do significado, O:

Ei-la bem conduzida – que faz que se diga o que se quer dizer – e acertamos em cheio:

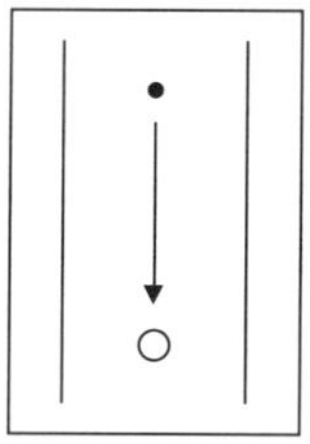

Dizer que existe uma chicana infinita, é outra coisa. Há diversos joguinhos desse tipo, nos quais fazemos passar a bolinha por uma rede disposta em ziguezague, de modo que nunca sabemos em qual buraco a bolinha cairá: no 10, no 100, no 1000. É em um esquema desse tipo que a questão se apresenta. Colocamos a bolinha e ela vai em ziguezague e cai aqui, onde é pega.

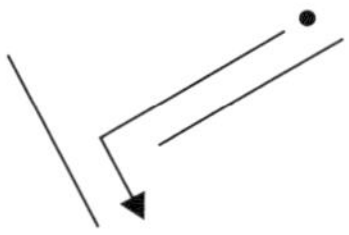

Depois, há ainda outra chicana.

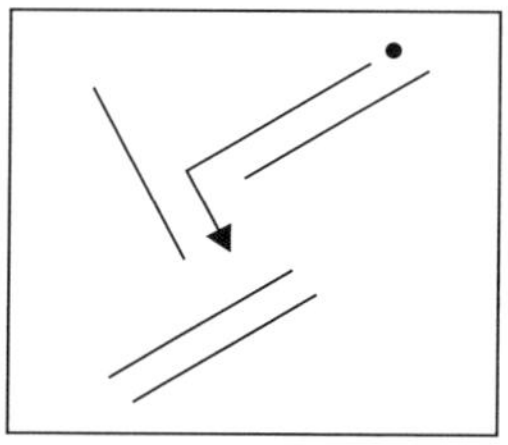

Para Lacan, é assim que a linguagem funciona, ou seja, jamais saberemos exatamente aonde cairá, em qual buraco. É como o joguinho. Ele propõe, inclusive, que o jogo é infinito, isto é, que a bolinha não cai nunca. É nesse sentido que a fuga estrutural do sentido é um real.

Isso diz exatamente que, se o sexual não está ao nível do significante – no nível do significante temos o falo, não o sexual como relação –, pois bem, sua conclusão é que o sexual está ao nível do significado, da fuga do sentido. No fundo, isso dá conta da escrita do próprio Lacan.

Lacan escreveu, sempre e cada vez mais, ao nível da fuga do sentido, ou seja, textos em chicana.

É divertido ver, por exemplo, colegas espanhóis, que não sabem francês, dizerem: "Não consigo compreender Lacan porque não tenho acesso a esse texto." Então, os colegas bilíngües o traduzem para o espanhol, o decifram, o fazem passar de uma língua para outra. Depois, os mesmos colegas espanhóis, por exemplo, dizem: "Não entendemos nada!" Evocam nesse momento o fato de que eles, como nós mesmos, não compreendemos nada! É exatamente o que diz Lacan: "Uma mensagem decifrada pode continuar um enigma". E, justamente por continuar um enigma, pedimos uma tradução a mais, o que ocupa seus alunos. A mim, em particular, e a outros.

Procuramos a metalinguagem porque gostaríamos de permanecer no significante, sonhamos encontrar o significante que poderia capturar o significado. E, de fato, somente a fadiga nos interrompe, é o momento em que dizemos: "Basta, já fiz minha parte!" Na análise, às vezes, chega-se ao final pela fadiga.

Uma análise é, por excelência, passar pela experiência da fuga do sentido. E o ponto de basta que encontramos, quando chegamos à sua conclusão, é sempre, definitivamente, a satisfação. Foi o que assinalei ao final do primeiro ano em que escutei os testemunhos do passe: o ponto de basta que sempre encontramos é a satisfação. O passe, é sempre um testemunho de satisfação.

## O real da ciência e o nosso

Vamos dar ainda um pequeno passo na direção do que não posso desenvolver em todos os detalhes: o real que isolamos é bastante especial em relação ao real que o discurso científico chega a situar, porque o real, no discurso científico, é seguido de um impossível demonstrado pela necessidade. Nós, ao contrário, seguimos a partir da contingência, porque no primeiro plano dos fenômenos do sentido está, precisamente, a contingência. Todos os efeitos de contexto são, por excelência, o reino da contingência. Quando Michel Bréal, titular da primeira cadeira de semântica em Paris, tentava circunscrever a razão das transformações das significações – por que uma palavra que quer dizer alguma coisa passa a dizer outra? Como aparecem as locuções novas? Como as locuções morrem ou caem em desuso? –, só pôde constatar o fato de que isso era com certeza excêntrico, que não se pode extrair nenhuma lei da gravitação ou da energia do sentido. Por isso, não podemos, como na ciência, esperar uma fórmula do tipo da proposta por Newton para a gravidade, ou de Einstein para a energia, fórmula que permitiria conter o real de que se trata.

Foi a partir daí que Lacan opôs psicanálise e ciência: em psicanálise, operamos sempre a partir da contingência. Para nós, não é que no real esteja escrita uma fórmula, tal como Newton pôde fazê-lo. Devemos, pelo contrário, inferir que no real há uma fórmula não escrita: a da relação sexual. Em outras palavras, tentamos situar um real a partir da contingência, remetendo a uma fórmula não escrita, visto haver uma fórmula que falta e que faz com que a linguagem continue a funcionar em chicanas infinitas.

Damo-nos como objetivo atravessar a fantasia. Bom! Seria preciso, primeiro, perceber o quanto a fantasia é útil. Obrigado, fantasia! É ela que, nesta chicana infinita, nos dá um ponto de basta. É graças ao congelamento do sentido, chamado fantasia, que nos detemos e nos situamos. Enfrentar o real sem fantasia – não desejo isso a ninguém – é, de modo aproximativo, o que se chama esquizofrenia. Quando temos uma fantasia, mesmo que sejamos completamente loucos, conseguimos nos sair bem. Vejam Schreber! A travessia da fantasia consiste em perceber e cingir o que existe de contingência no real daquilo que chamamos uma história.

É delicado servirmo-nos somente do par do significante-significado. Aliás, em seu escrito a que me referi, "Introdução à edição alemã dos *Escritos*", que se encontra em *Scilicet* n. 5, é surpreendente que Lacan faça toda uma construção sem utilizar a diferença entre significante e significado, e que a substitua pelo par signo-sentido. Inclusive, no final do texto, ele desvaloriza explicitamente o termo "significante": "A lingüística fundou seu objeto isolando-o sob o nome de significante." Em outras palavras, no momento em que reflete sobre a fuga do sentido, ele desvaloriza o termo "significante" como sendo objeto da lingüística e não da psicanálise. É como se, na dimensão da linguagem, a lingüística tivesse retirado o par significante-significado, como se ela, de algum modo, abstraísse esse par para pensar sobre os efeitos de significação. Mas, se a seguimos nessa via, não mais apreendemos que há produção de gozo na linguagem.

É por isso que Lacan substitui o par significante-significado por signo-sentido. É como retornar aquém da diferença entre significante e significado que permite pensar os efeitos de significação, mas independentemente de seu valor de gozo sexual. É, no fundo, truncar a linguagem, se a pensamos desde seu objeto perdido, o sentido. Lacan então restitui como primeiro uso do signo o gozo sexual e, como primeiro uso do significante, o efeito de significado.

Quanto aos sonhos, "via régia do inconsciente", dizia Freud, constatamos, em primeiro lugar, não simplesmente que são para interpretar, mas que, se são para serem interpretados, é porque estão cifrados. Assim, nossa questão é: o que devemos interpretar, a significação ou o porquê da decifração? E constatamos que o primeiro efeito do inconsciente é cifrar, é entregar-nos a mensagem cifrada. Lacan propõe-nos, como definição do inconsciente: "o inconsciente é cifração". E temos de supor, nessa própria cifração, uma satisfação, um gozo.

Quanto a isso, os discursos, incluído o analítico, se põem como uma rolha. Lacan chama discursos às diferentes maneiras de arrolhar a fuga do sentido. E, no discurso analítico, a rolha é o analista. E quando o analista, como rolha, salta, só resta ao analisante, caso ele tenha chegado até aí, até fazer saltar essa rolha, tornar-se, por sua vez, uma rolha.

Napoleão dizia que, no amor, a coragem está em fugir... Se não é coragem, é o quê?... Vitória? Então, Napoleão dizia que, no amor, a única vitória está em fugir!

Pois bem, na psicanálise, a coragem está em permanecer, fazer a experiência da fuga do sentido, até testemunhar um real.

*12 de julho de 1995*

Este livro foi composto pela Futura Editoração,
em Times New Roman e Helvética, e impresso pela
Cromosete Gráfica e Editora em fevereiro de 2005.